Thomas Arnold

Memorials of St. Edmund's Abbey

Volume 2

Thomas Arnold

Memorials of St. Edmund's Abbey
Volume 2

ISBN/EAN: 9783348024112

Printed in Europe, USA, Canada, Australia, Japan

Cover: Foto ©Lupo / pixelio.de

More available books at **www.hansebooks.com**

MEMORIALS

OF

ST. EDMUND'S ABBEY.

EDITED BY

THOMAS ARNOLD,

M.A., UNIVERSITY COLLEGE, OXFORD
FELLOW OF THE ROYAL UNIVERSITY OF IRELAND.

VOL. II.

PUBLISHED BY THE AUTHORITY OF THE LORDS COMMISSIONERS OF HER MAJESTY'S
TREASURY, UNDER THE DIRECTION OF THE MASTER OF THE ROLLS.

LONDON:
PRINTED FOR HER MAJESTY'S STATIONERY OFFICE,
BY EYRE AND SPOTTISWOODE,
PRINTERS TO THE QUEEN'S MOST EXCELLENT MAJESTY.

And to be purchased, either directly or through any Bookseller, from
EYRE AND SPOTTISWOODE, EAST HARDING STREET, FLEET STREET, E.C.; or
JOHN MENZIES & Co., 12, HANOVER STREET, EDINBURGH, and
90, WEST NILE STREET, GLASGOW; or
HODGES, FIGGIS, & Co. LIMITED, 104, GRAFTON STREET, DUBLIN.

1892.

Printed by
EYRE and SPOTTISWOODE, Her Majesty's Printers.
For Her Majesty's Stationery Office.

CONTENTS.

ERRATA ET CORRIGENDA.

— ·

Page 32, line 26, *pro* delectus *lege* deletus.
  „ 137, „ 14, *pro* mal baily *lege* malbaily.
  „ 140, „ 100, *pro* puis *lege* pius.
  „ 143, „ 197, *pro* docerent *lege* doterent.
  „ 145, „ 259, *pro* a le gent *lege* algent.
  „ 146, „ 297, *pro* sesbardirent *lege* sesbandirent.
  „ 148, „ 368, *pro* fins *lege* fin.
  „ 150, „ 442, *pro* regum *lege* regium.
  „ 151, „ 483, *pro* bealces *lege* bealtes.
  „ 157, „ 674, *pro* en vers *lege* envers.
  „ 157, „ 701, *pro* . *lege* „
  „ 157, „ 702, *pro* ; *lege* ?.
  „ 158, „ 729, *pro* lui *lege* liu.
  „ 160, „ 780, *pro* iame *lege* barne.
  „ 163, „ 903, 904, *pro* en *lege* eu.
  „ 168, „ 1084, *pro* an deus *lege* andeus.
  „ 174, „ 1319, *pro* ces *lege* ceo.
  „ 176, „ 1374, *pro* Form ent *lege* forment.
  „ 176, „ 1374, *pro* sigledesh. *lege* sigle desh.
  „ 181, „ 1574, *pro* dismes *lege* dis mes.
  „ 187, „ 1784, *pro* poesce *lege* poeste.
  „ 190, „ 1897, *pro* doceient *lege* dotoient.
  „ 194, „ 2030, *pro* partros *lege* pertros.
  „ 199, „ 2197, *pro* de le *lege* dele.
  „ 200, „ 2236, *pro* dinci *lege* dirci.
  „ 202, „ 2312, *pro* Del tut *lege* deltut.
  „ 202, „ 2313, *pro* pourpes *lege* pompes.
  „ 220, „ 2962, *pro* E irent *lege* Eirent.
  „ 224, „ 3120, *pro* baldesure *lege* bald e sure.
  „ 232, „ 3383, *pro* mal fe *lege* malfe.
  „ 239, „ 3645, *pro* sa restut *lege* sarestut.
  „ 248, „ 3956, *pro* defi *lege* de fi.
  „ 265, „ *pro* 1557 *lege* 1257.

INTRODUCTION.

ANNALS AND MEMORIALS OF ST. EDMUND'S ABBEY.

II.

OF the pieces, composed in or relating to the abbey of St. Edmund in the thirteenth and part of the fourteenth centuries, which are printed in the present volume, the larger and more important moiety is now published for the first time. They consist of: 1, a chronicle by an unknown hand breaking off at A.D. 1212; 2, three narratives of abbatial elections,—those of Hugo de Northwold (1215), Symon de Luton (1257), and Thomas of Totyngton (1302); 3, a French metrical biography of St. Edmund by Denis Piramus; 4, an account of the expulsion of the Franciscan friars from Bury in 1257 and 1263; 5, the story of the Great Riots in 1327, and the sack of the monastery; 6, notes on the deeds of the sacrists, chiefly their building operations, between 1065 and the close of the thirteenth century; and 7 (in the Appendix), the agreement of 1331 winding up the business of the riots, and a series of extracts from the miracle register of the abbey, dated between 1267 and 1341.

The chronicle in *Harl.* 447 was edited by Dr. Liebermann (see I., p. lxviii.) in his "Ungedruckte Anglo-Normannische Geschichtsquellen," Strasburg, 1879. No. 4 was printed, with some inaccuracy, by Battely in his *Antiq. S. Edmundi Burgi*, Oxford, 1745. No. 6 may be found in Dugdale's Monasticon (III., 162) printed, however, from a bad MS. Everything else in the volume is, so far as I know, printed now for the first time.

I. *Harl.* 447. To what I have said in the footnotes to this chronicle I have little here to add. The unique copy of the text occurs in a fine volume of the Harleian collection, written in hands of the thirteenth century, of which the prior and larger portion consists of a copy of Malmesbury's *Gesta Regum*. The MS. formerly belonged to the monastery of St. Edmund. In the main, as stated in Hardy's *Catalogue* (III., 30), the work is an abridgment of Diceto; but the later portion is not without an independent historical value. With regard to John's reign, its accuracy is confirmed by the Itinerary,[1] and it corrects several errors and omissions of Wendover and Matthew Paris. Taxter used it freely; see the footnotes between p. 15 and p. 25. The writer seems to have been a monk of Bury, and to have been present at the death of Abbot Samson (p. 20, note *a*). Absolute unlikeness of style forbids his identification with the author of "Electio Hugonis," who must have been a much younger man.

II. Electio Hugonis. II. *Electio Hugonis*. The same MS. (*Harl.* 1005), called in the monastery "Liber Albus," which contains the chronicle[2] of Jocelin de Brakelonde, yields also this valuable contribution to the English history of the thirteenth century, which it is matter of surprise should have remained till now unprinted. The "Electio Hugonis" was used by the writer of a work preserved in the public library at Cambridge (Add. 850), giving a sketch of the history of the abbey from Canute's reign to the middle of the fourteenth century; but since that time there is no evidence of any historical writer having ever had recourse to it. Yet it gives a number of new and curious details throwing light on the character of King John; Stephen Langton it helps us to see a little more clearly than before; it corrects in several places the received chronology of Matthew Paris; finally it minutely explains the phases of a contention in which

---

[1] See *e.g.* infra, p. 8, notes *c*, *e*, *f*, and p. 9, note *a*.   [2] Vol. I., 209–336.

the same principles which the Guelfs and Ghibelins represented abroad, were at war for the mastery within the walls of an English convent.

The thread of narrative running through the marginal analyses gives a meagre outline of what occurred ; and this for most readers will probably be sufficient; but since there are passages of no common interest and value to which a mere analysis fails to do justice, I propose to draw attention to these by giving them a fuller treatment. The reader will thus be spared the trouble of wading through more of the cumbrous Latin of the original than he may find desirable.

The preliminary facts are few and simple. Samson died on the 30th 'December 1211 ; the king kept the abbatial property in his own hands for a year and a half ; then, in July 1213, he wrote to the convent desiring that they would send to him, whether he were in England or beyond the sea, discreet men from among their number, duly instructed and empowered, to choose an abbot for them according to the custom of England.

.From the terms of the king's letter (p. 31) it may be assumed that he expected the convent to follow the same course as at the election of Samson thirty years before, namely, to propose to him certain names, any one of which would be acceptable to them, and leave him free to say which of the names he preferred. This is what he meant by "the custom of England." But at this time, under the pontificate of Innocent III., a high ecclesiastical current was running in England and the western church generally, tending to make the clergy resist all lay interference in the matter of appointments, and claim for chapters, whether cathedral or monastic, the right of "free election." The tendency was so strong that at first it carried away all the monks, the older and more cautious, as well as those who were young and enthusiastic. Proceeding by what was called the "way of compromise" (*via compromissi*) the

convent nominated seven of its members to choose an
abbot, and undertook to abide by their choice. The
seven unanimously elected Hugo de Northwold (p. 33);
not a dissenting voice was heard; and the abbot elect,
attended by Herbert the prior and others of the community, proceeded to court to seek confirmation from
the king.

John, when he heard that the convent had agreed to
a single name only, and allowed him no choice in the
matter, was angry, and refused to confirm the election.

From this point a division began to show itself among
the monks, and increased till they formed two nearly
equal parties. These may be designated the king's
party, and the free-choice party. The king's party
was headed by Robert de Gravelee, the sacrist, a man
so unpopular in the convent, that a successful protest
had been made (p. 31) against the inclusion of his name
among the seven electors. The offences charged against
him, however, do not seem to have been very serious;
perhaps he was of an arbitrary temper, and of somewhat
rough and unconciliatory manners; but his age,
experience of affairs, and practical ability, secured to
him great weight in the deliberations of the chapter.
As soon as he understood the nature of the king's
objection, he allowed its force, and from that time
exerted himself to obtain a reversal of what had been
done, so that Hugo should resign his position as abbot
elect, and in a fresh election the king's customary rights
should be respected.

A curious account of a sermon (p. 59) preached by
the sacrist while the controversy was proceeding, shows
him asserting the duty of submitting to state authority,
whether resistance came from laymen or ecclesiastics.
Herein, of course, he was in sympathy with the jurists
of France and Italy, and with the views held later on
by the great Ghibelin poet of Florence. " There are
" certain dogs," he said, " of such a kind, that when

" their own badness is not enough for them, they go and
" instal themselves in some country where they find
" other dogs of a like temper to themselves, and enticing
" them to come along with them to the sheepfolds, end
" by throttling and killing them. So it was with
" William the Bearded, who, while overturning the
" peace of the city of London against his lord the king,
" was himself overturned, and sent to the gallows by
" the Archbishop of Canterbury. So it was also with
" the monks of Canterbury, who, after the death of
" their chief shepherd, considering how they might
" appoint his successor without the royal assent,
" engaged in strife with their lord the king; whence
" through their manifest guilt their house was nearly
" brought to ruin, being only saved by the Divine
" mercy."[1]

With the sacrist was Jocelin the almoner, who, by
some words dropped in the chapter (p. 35), was the first
to start the view that the convent had made a mistake,
and that it ought to put itself right with the king.
I am strongly disposed to think that this was Jocelin de
Brakelonde, the biographer of Samson. In that
biography Jocelin names himself as at one time chaplain Vol. I.
to the abbot, at another time guest-master; and if he p. 231.
was the same person whose name occurs in the obscure Ib., p. 326.
passage on p. 272 (vol. I.) he had been also almoner. It
is impossible to be certain one way or the other; but
the Jocelin of the present work would be just of the age
and standing in the convent that Jocelin de Brakelonde
must have been if he had lived to this time; and when
the half-cynical, melancholy tone of the reflections of
the latter on the election of prior Herbert is remembered
(I., 326), it may be admitted that he would have been

---

[1] The reference is to the election
by part of the Canterbury monks,
of Reginald their sub-prior, in 1205, | to succeed Archbishop Hubert; see
Lingard, H. of E. II., 156.

likely to grow into the disenchanted, disillusioned Jocelin—"vir duplex animo et varius"—(p. 64) of our treatise, who deemed it mere folly and waste of time to enter into a conflict with the ancient monarchical government of the land, and was only bored by the enthusiasm of the young monks.

Another chief member of the king's party was the blundering precentor, Richard, of whom it was said that when he intended to tell the legate (p. 43) that he knew nothing of canon-law, ("Domine legate, Boloniam non " vidi, nec leges scio,") he said, "Babiloniam" by mistake for "Boloniam" (Bologna). Walter the sub-sacrist, William the pitantiary, Albinus the sub-prior, and Adam the infirmarian, took the same side; in fact, nearly all the "obedienceers" or office-holders were of the king's party. Prior Herbert affected to be neutral, but as the struggle proceeded, he came more and more under the ascendency of the sacrist.

In the free-choice party the person of principal rank was Peter the cellarer; but master Nicholas, and master Thomas of Walsingham, being both effective speakers, had the chief hand in guiding their counsels. Richard of Saxham could always be depended upon. The writer of the tract ranges himself earnestly on this side; the sacrist he calls a fox, and the north wind ("aquilo, " unde omne malum"), while those who stood by the election of Hugo are the sound, the faithful, the incorruptible party.

The turns and complications of the business were many, and anyone who wishes to study and understand them may find ample employment in the "Electio " Hugonis." The legate Nicholas, who had spent the Christmas of 1213 at Bury by the king's desire, in order to bring about an accommodation, utterly failed to do so (p. 46). The pope, hearing of the schism that had broken out among the monks, issued a commission (p. 69) to the abbot of Wardon, the prior of Dunstable,

and the dean of Salisbury, directing them to inquire
into the validity of Hugo's election. The proceedings of
this commission take up most of the remainder of the
tract. Since it did not touch what was, practically, the
point of importance,—whether the king would accept
Hugo and invest him with the temporalities, or refuse
to do so,—it might seem at first sight to have been
labour thrown away. John had no strong objection to
Hugo, nor does he seem to have preferred any other
candidate ; but he wished to barter his confirmation for
money (p. 124), or, failing that, to make it serve his
interests in some way or other. To pay money would
have savoured of simony; and Hugo, backed by
Langton, would not meet the king's wishes in that way.
The dispute had apparently come to a dead lock. This
being so, although nothing that the commission should
decide could force the king to accept the candidate, still
a solemn declaration after full inquiry that Hugo was
in an ecclesiastical sense fully qualified to be abbot of
Bury, necessarily had its effect on the king's mind.
This declaration was made. On the 10th March 1215
the commissioners pronounced a judgment entirely in
favour of Hugo's election ; and three months later the
king, on the field of Runnymede, received him into
favour, and allowed him to do homage for the temporalities of the abbey.

The narrative draws closer and closer to John as it
proceeds, and, as coming from an intelligent contemporary and eye-witness, is of historical value. In the
summer of 1214 Hugo travelled to Poitou to find the
king (p. 89). It was after the battle of Bouvines; at
first John was ungracious and repellent; but after a
time, through the influence of Robert de Curtun, the
legate of France, he showed marked favour to his
petitioner, wrote to the convent speaking of him as
"their elect," and ordered instructions to be sent to the
justiciary (Peter des Roches bishop of Winchester) to
restrain all waste on the lands and woods of St. Edmund.

Time passed, and the king suggested to Hugo that he should return to England; he himself would soon follow. Both sailed from France about the same time, and arrived in England on the same day, Oct. 13, 1214,—the king landing at Dartmouth, Hugo at Dover. The mistake of Wendover and Paris as to the date is mentioned in a note on p. 92.

After reaching Bury on the 23rd October, Hugo applied to the chapter for leave to take away the convent charters in order to show them to the king, who had said that if they proved the right of the convent to free election, he would yield. The chapter refused to let the charters be removed, because the king had declared his intention of soon visiting the monastery. Hugo therefore had copies made of the charter, and departed with his friends to find the king (p. 94). But the other side had been beforehand with him; the sacrist, Adam the infirmarian, and others interviewed the king at Windsor on the day before Hugo's arrival in London, and laboured to set his mind against the election. Hugo met the king " outside of London," but found difficulty in having speech with him owing to the opposition of the other side. When he spoke of his election, the king referred him to Peter des Roches, who, being waited upon, knew nothing about the matter; and this happened more than once. Next day Hugo came to the chapel where the king was about to hear mass (p. 95); at the close of which he mildly complained of the useless trouble to which he had been put, in trying to find out John's intentions. The king replied, " What would you have me say to you ? I am fonder " of myself and my crown than of you and your " dignity.[1] You have stirred up war against me, and

---

[1] *Honorem.* The word might be understood of the "honour," or barony, held by an abbot of Bury; but as the king did not yet allow that he was abbot, it seems more likely that he was thinking merely of the distinction or promotion to which Hugo aspired.

" this will not at all serve your turn." Hugo
strenuously denied this, and John said, " It was not
" specially on your account that I spoke, but on account
" of certain others."[1] Finding that he could effect
nothing, Hugo returned to Bury, whither, on the 4th
November, the king followed. But two days previously
he wrote thus to the prior and convent, " We have
" heard that Hugo of Norwold, who represents himself
" as your abbot elect, has given you to understand that
" he has our favour and goodwill. But, that the truth
" of the matter may be more fully known to you, we
" send you word that he has never deserved our favour,
" nor done anything towards us which should be a
" reason why he ought to have it." It is evident that
John was not yet prepared to restore to Hugo or any
one else the temporalities of the abbey, unless it should
be made worth his while.

Tuesday the 4th November had arrived; the king A.D. 1214.
was in Bury, and declared that he would meet the
monks in the chapter-house.[2] " The lord king entering
" the chapter-house, no layman being with him except
" Saer de Querci, Earl of Winchester, and Philip de
" Hulekotes, who carried a sword before the king,
" there was a deep silence, and thus he spoke: 'My
" 'brothers, although it is not my wont to enter a
" 'chapter-house of monks, yet, on the occasion of my
" '*peregrinatio*, I thought it good to come and pay you
" 'this visit. Now, therefore, inasmuch as, the Lord
" 'so disposing, I have carried my purpose into effect,
" 'I request of you that in the process of your election,

---

[1] John when he said this was
probably thinking of Stephen Langton, and of the good understanding
which he must have known to
prevail between him and certain
barons.

[2] It would be useless to seek now

for any vestiges of this chapter-
house, which was built under Abbot
Ording in the 12th century (p.
290); for it was pulled down, and
a new one built up from the foun-
dations, by the sacrist Richard de
Newport, about 1230. See p. 293.

b 2

" 'made without due discretion, you would observe my
" ' ancient customary right. This if you do. and shape
" ' your conduct by my counsels, then, all danger of
" ' delay being removed, whatever man you may choose
" ' from amongst you, whether it be he who gives
" ' himself out for abbot elect, or some one else, accord-
" ' ing as you may arrange, I will receive as your pastor
" ' and admit to my favour. But if you close your ears
" ' in this way against my counsels, however sound, I
" ' am obliged to forewarn you of three dangers ahead,
" ' so that, becoming aware of these, you may of two
" ' evils choose the least. The first is, that your house,
" ' owing to the quarrel or dissension which has arisen
" ' among you concerning the election of your abbot, is
" ' likely in course of time to fall into poverty and
" ' penury. The second, that your fair fame, so widely
" ' spread through all the orders and in every place, will
" ' be besmirched. The third, that you will incur the
" ' ill-will of your prince.' For these three reasons the
" king advised and enjoined the elect to deliberate with
" his friends on the propriety of resigning his election
" into the king's hands, and withdrawing the appeals
" made in favour of it. Then Sir Hugo, the elect, as
" one through whose mouth the Holy Ghost openly
" spoke, answered; ' Although all that belongs to us lies
" ' in the hand of our lord the king, and it falls to him
" ' of right to maintain ecclesiastical liberties unharmed
" ' and inviolate, yet I will cheerfully obey the king's
" ' will in all things and on all occasions, *salvo jure*
" ' *ecclesiastico.*' After these words, by which the rights
" of the Church were fully guarded, the king, by the
" advice of Pharaoh and his host, commanded that the
" two parties should divide. For he calculated, accord-
" ing to what he had heard from Pharaoh, that is——,[1]

---

[1] " *Sacrista* " must have been written here, but the word has
fallen out.

" that in the royal presence he would not find, for fear
" of the royal majesty, six monks in all the convent
" who would resist his will. But a thing wonderful
" and truly amazing [happened], that when the two
" parties divided at the king's command, sitting on
" different sides of the chapter-house, the party of
" faithfulness on the right side wonderfully outnum-
" bered the sacrist's party on the left. Surprised at
" this unlooked for result, the unfaithful, that is, the
" sacrist's party was filled with stupor and confusion ;
" and so also was the king himself " (p. 97).

A debate now arose, and two different versions of
Hugo's election were submitted to the king, one by Robert
the chamberlain, the other by the sacrist. Thomas of
Walsingham and Richard of Saxham went up to the
king, and vehemently entreated him to confirm an
election which had been in all points thoroughly canonical. John replied (p. 100), "Brothers, an unused charter
" is of no value ; and since till now you have kept
" silence about these things [the old charters supposed to
" give the monks an absolute right of election], so that
" at no time have they been alleged in bar of my cus-
" tomary liberties, they must be deemed idle and
" frivolous." A strange speech was presently made by
a monk named Henry Rufus, one of those half-insane
persons whom the actual presence in the flesh of a royal
personage excites almost beyond the control of their
wavering reason. He began, " Adorande rex et tremende," declared that he had been fearfully persecuted
by the other side for his loyalty to his king, and prayed
that "the royal majesty would make his fury blaze
" forth against the enemies who opposed his dignities
" with a mighty hand and a stretched-out arm." The
king, as if disdaining to give an answer, said nothing ;
but the stout soldier, Philip de Hulekotes, who had
heard something about the king's peace, and thought to
reassure the speaker, said, "O man, being fenced in on

" every side by the *pax regia*, do not be afraid." Soon afterwards the king, " minas prætendendo," threatening the monks as to the consequences of continued contumacy, departed to his lodgings.

In March 1215, after the confirmation of his election by the papal commissioners, Hugo travelled into Nottinghamshire to seek the king, and found him in Sherwood Forest. John was probably at Clipstone, near Mansfield, where there was a royal hunting lodge. Hugo and his companions, " when they saw the king coming from a " long way off, got down from their horses, in order " that, meeting him on foot, they might the more easily " win his favour; and when he came up, they went down " on their bended knees before him, entreating the " king's benevolence and grace. By this humility, so " openly displayed before him, the king was wonderfully " appeased; and not letting the elect remain any longer " prostrate on the ground, he raised him up, and " addressed him in these words, ' Welcome, sir abbot " ' elect, *salvo jure regni mei.*' "[1] Then, walking forward, he held much private conversation with him. Next morning Hugo went to the chapel where the king was about to hear mass (p. 124); after it was over, John said to him, " Go to William Brewere; he will explain " to thee my will more fully." Hugo called on Brewere, and discussed the election with a certain prior and Paganus the Lombard, an advocate. At last Brewere told him that the king had appointed the coming 13th of April to meet his barons at Oxford, there to consult with them on some difficult questions of state, *super quibusdam arduis regni sui*; and that on this occasion,

[1] The importance attached by the mediæval mind to *salvos* of this kind, by which legal rights were guarded in the midst of partial concessions, finds many illustrations in our annals, *e.g.*, in the history of Thomas-à-Becket, and in the communications between the king and the clergy in 1530.

after taking counsel with his faithful barons, he would settle the affair of the Bury election.

Hugo went to Oxford; but still no progress could be made; although the archbishop, William Longsword earl of Salisbury, and other great personages pleaded his cause. "But the king had determined within "himself by no means to assent to Hugo's wishes, "unless a certain amount of money passed in the first "place, 'nisi præcederet certa quantitas nummorum'; "and to this, though the king's counsellors urged him "to it, Hugo, backed by the advice of the lord of "Canterbury, refused to consent." The king's final answer was this; "Since, by the advice of my faithful "lieges, I have already begun to negotiate with the "Pope through my envoys concerning all elections "made, in whatever part of England, in derogation "of my liberties, I suspend the affair of thy election "for the present, until, through the said envoys, "I shall have received the Pope's directions in more "detail."

We have now arrived at June 1215, and the author is within a few paragraphs of the end of his treatise; yet he has not said one word about the stupendous events which were shaking the public life of England, and which were to make this year and this month memorable for Englishmen to all time. The melodramatic scene related by Wendover, and referred by him to the 21st November 1214, the archbishop meeting the discontented barons in the great church of St. Edmund, reading to them Henry I.'s charter, and hearing them swear on the high altar to make war on John unless he gave them the liberties contained therein,—on all this the author is absolutely silent. Whether this silence of a monk of the house as to an event so remarkable throws any doubt on the story, is a question which I leave to authorities like Bishop Stubbs, and our new Regius Professor at Oxford to consider. However, it is grati-

fying to find that the strife of which Magna Charta was
the fruit is not entirely passed over by our author.
" After the lapse of a few days," he writes, " a
" ' commotio ' arose between the lord king and the
" barons of England, because the lord king was endea-
" vouring with all his might to annul their charter on
" the greater liberties which had been confirmed by the
" illustrious king Henry, his father."[1] Langton regarded this " commotio " as a reason why Hugo should
lose no time in placing himself in a position to confront
all possible eventualities ; he therefore sent desiring
Hugo to come to him ; and when he came, he advised
him to get himself blessed without delay. Hugo
accordingly went to Rochester, and was blessed at
Halling by the bishop of that see. After his benediction (May 17) he celebrated mass ; immediately after
which the startling news arrived that London had fallen
into the hands of the insurgent barons (p. 127). Hugo
returned to Bury, but following Langton's counsel,
ceased not to press his suit on the king. His messenger,
Robert of Saxham, found John at Staines, attended by
the earls of Warenne and Pembroke, and Robert de
Burgate. With a countenance bland and kind, John
said to the messenger. " Brother, return home at once,
" and charge your elect as from me to make haste and
" come to me without a moment's delay. When he has
" come, I will by the grace of God do such a great thing
" as will turn to the praise and honour of your house, and
" of the whole English church."

Hugo complied, and this was to be the last of his
weary journeys. Accompanied by prior Herbert,
Richard the precentor, Robert the sacrist, Richard of
Hengham, and master Nicholas, he travelled southwards,
and found the king at Windsor on Whit Tuesday

---

[1] The writer names Henry II. by mistake ; the charter in question
was that granted by Henry I.

(June 9). What follows, to nearly the end of the tract,
is of sufficient general interest to warrant translation :—
" While he [Hugo] was conversing about his business
" with the lord of Canterbury, who was then at Wind-
" sor, the king came up and made as if he would pass
" between them. Then the lord of Canterbury, having
" first made an obeisance, said, ' My lord the king, this
" ' is the abbot of St. Edmunds, who ceases not through
" ' us to entreat earnestly for the favour of our lord the
" ' king.' The king replied, ' Let him come to me
" ' to-morrow in Staines Meadow,[1] and there by the
" ' grace of God and with the aid of your merits we
" ' will attempt to settle his business.' When Hugo
" came there and waited for a long time in the meadow
" that lies [between Staines and Windsor], after dis-
" cussions not a few, and messages for and from barons
" passing to and fro, which were often despatched to
" them on this matter by the lord king, at length he
" admitted the abbot to the kiss of grace and favour,
" postponing, however, the fealty which was due from
" him to the King till the next day.

" When this was over, the king followed him and
" said, ' Father Abbot, now I have one request left
" ' which I must make of you, and which must be
" ' satisfied by your kindness, namely, that your prayer
" ' might prevail, so that we may not be deprived of the
" ' company at our table of him whom the divine mercy
" has this day restored to my favour.' "

The abbot assented, and they dined together that
day at Windsor.

" Now while they were sitting after dinner on the
" royal couch, conversing on many matters in turn in
" the chamber, the sacrist rose up before them all, and
" prostrating himself before the king did obeisance to

---

[1] The. *pratum de Staines* is Runnymead, the great meadow, west of Staines bridge, which bor- ders the right bank of the Thames for a good part of the distance between Staines and Windsor.

" him [adoravit eum] on his bended knees, saying,
" 'Blessed be the God and Father of our Lord Jesus
" 'Christ, who hath so visited the heart of our lord the
" 'king, that he not only admits the lord abbot to his
" 'favour, but remembers not the past discord.' To
" this the king replied as one in a rage, adding an oath,
" in the hearing of the abbot and others, 'By the Lord's
" 'feet, half a year ago I would have received him into
" 'my favour and love but for thee'; and turning to
" the abbot, he said, 'O abbot, this sacrist has won thee
" 'many enemies in my court. For after my return
" 'from the parts beyond the sea I was disposed, on the
" 'petition of the legate of France, to take thee into my
" 'favour. But my courtiers, who were endeavouring
" 'to support the cause of this sacrist against thee, not
" 'only used all their efforts to prevent my doing so,
" 'but also, while baffling my purpose, inflamed my
" 'feeling of indignation against thee.' After thus
" addressing the abbot aloud in the sacrist's presence,
" the king began in a low voice to tell him of every-
" thing that this same sacrist had ferreted out in his
" court [as a weapon] against the lord abbot. Per-
" ceiving this, the sacrist reddened visibly, and in his
" confusion, not being able to endure the king's look
" any longer, he secretly retired without asking the
" king's leave.

"   After all these things had been so finished and
" transacted, before so numerous and distinguished a
" body of nobles, the lord abbot, after doing homage to
" the king the next day, made haste to return to his
" own place. And although he had been in the earlier
" stages of the business so fiercely assailed by the
" adversaries of God and the Church, that they might
" bar and cancel his promotion, and hinder him from
" winning the king's favour, yet from that day forth
" he was called, not indeed by them, but by the king,
" 'father abbot' and 'holy father' with all honour and

" reverence. So favoured by fortune, the worshipful
" abbot Hugo, adorning his high post by the divine
" appointment,[1] having manfully quelled the storm of
" the mighty sea raging against him, vigorously met
" and overcome diverse perils which often threatened
" him, and publicly trampled under foot the perjury and
" false witness that were employed against him, so bore
" himself towards all men, as not only to make himself
' beloved by those who were ' of the household of faith,'
" who for his sake had honourably borne ' the burden of
" the day and the heats,' but even in the case of others
" (whom I will not call his enemies, but yet I would
" that they were his friends) to labour zealously to
" promote them to high office and dignity in the
" Church."

The tract to which I have drawn attention in the
foregoing pages cannot fail on many accounts to attract
the notice of historical students. Not the least singular
feature in it is the favourable picture which it draws of
King John. The writer belonged to the party in the
convent which from first to last accepted Hugo's election
as canonical, and regarded John's assertion of his "customary rights" as an unwarrantable interference with
the monastic liberties. Yet the impression left of the
king's character is that of a monarch who habitually, or
at least frequently, attends mass; whose manners, when
he likes, are polished, courteous, and kind (p. 128);
who can bear to be opposed and contradicted; who,
though forced by his money troubles into what looks like
rapacity, gives so little offence by it that knights,
burgesses, and socmen join hands with enthusiastic
unanimity in releasing him from all their claims (p. 113);
finally, whose contention as to his right to be consulted
in the choice of an abbot for Bury was affirmed to be
reasonable in June 1214 (p. 75) by the very man,

[1] The text seems to be defective here.

Robert FitzWalter, who a few months later was in arms against him as the leader of the confederated barons.

III. *Epistola Roberti abbatis de Thorneye.* The third piece in the volume is a letter from Robert Graveley after his promotion to the abbacy of Thorney, giving private information to his successor in the office of sacrist at Bury on the important questions, (1) whether the abbot of St. Edmund's had a customary right to use the sacrist's waggon and horses; (2) what had been the practice as to the supply of wine.

IV. *La Vie Seint Edmund le Rey.* Denis Piramus, the author of the French poem so named, lived much at court, as he tells us, in early life, and wrote poetry such as its frequenters loved. In a note on p. 138 I have examined the question of his authorship of the romance of *Partonope;* and in addition · to what is there urged against it, may point out that if he had been himself the author, he would hardly have spoken as he does in the lines " Si est il tenu," &c. (l. 32 *seq.*) " Yet he," the writer of Partonope, fabulous and fanciful as his subject is, " is held for a good author, and his verses are much " liked and praised in these splendid courts."

Assuming then that Denis did not write *Partonope*, we know absolutely nothing about him, except what he writes of himself in this Life of St. Edmund. Sir Thomas D. Hardy mentions (*Catal.*, No. 1107) what, if true, would be rather interesting, that he " composed the " Life of St. Edmund to amuse the king and his nobles " during a sea voyage." But the only origin for this statement is a singular misconception by Sir Thomas of the words of the Abbé de la Rue (*Essais sur les Bardes*, III., 104), who, quoting a few lines from Denis's description of *Edmund's* voyage, calls attention to the games and other employments with which he and his barons amused themselves.

That Denis had passed much of his life in England, may be inferred both from what he says of his career at

III. Epistola Rob. abb.

IV. La Vie Seint Edmund.

court, which the Abbé de la Rue understands without hesitation of the court of Henry II., and also from the poem itself. The sprinkling of English words in it— " north," " knivez," " eslinges," " screp," " boelin," " holgurdin," welcomer, " lof," " powes," " ham,"—seem to show that he wrote French under difficulties, in the midst of an English-speaking population ; and the direct statement that the heads[1] of the monastery (l. 3283) had entrusted to him the labour of writing the second part of the translation, makes it probable that England was his ordinary place of abode.

The free and copious style of the poem, and the earnestness with which the poet carries out his task, give it, I think, more interest than most of the French romances and other pieces dating from the same century possess. For this reason, among others, I was unwilling to annex a bald English translation, but preferred to compile a glossary as perfect as I could make it, so that anyone who desired to master the poem might, if he had only a tolerable knowledge of modern French, be easily able to do so. While thus engaged, I have been much struck by the extraordinary wealth of the old French language, and have felt less surprise at the doubt which Robert Grosteste, Wadington, Gower, and many other Englishmen entertained as to the possibility of the native speech ever coping with it for purposes of literature.

It is worth while to compare Denis's poem with another old French poem recently published, under the careful editing of Mr. Orpen, on the conquest of Ireland by the Normans in 1170. There is on the whole a remarkable likeness in the grammatical forms which

---

[1] The abbé understands " segnur " of the abbot then ruling, but as the verb in the dependent sentence is plural, it seems better to take *segnur* in the plural also. See l. 57, and compare vol. I., p. 94.

occur in the two poems, and the age of production of the
one cannot widely differ from that of the other.

"The Song of Dermot and the Earl" will always be
much more read, on account of its historical importance;
on the other hand, in power, vivacity, and variety of
expression, and in metrical regularity, Denis Piramus
much surpasses his Franco-Irish brother. The propriety of Mr. Orpen's course in giving a literal English
translation of his interesting fragment need not be
questioned, because,—its historical being greater than its
literary value—it was right to provide for its contents
becoming widely known with as little trouble as possible.

V. Electio
Symonis.

V.—*Electio Symonis* Before describing the next
piece, on the election of Abbot Symon, it may be
advisable to devote a few words to the course of conventual affairs in the forty-two years which had passed
since the accession of Hugo. The life of this excellent
man and pattern monk covered nearly the whole of it,
for he died in 1254. In 1224 he appeared in the royal
camp before Bedford Castle, the stronghold of the
infamous Fulk de Breauté. The registers (see Battely,
p. 156) inform us that he was attended there by the
knights holding manors under St. Edmund (vol. I. p.
317), and also by some holding the saint's land by
the curious tenure of a serjeanty, under which they
were bound to forage for the abbot when he was
attending the king in war, and to do transport service
for him, some with carts, some with pack-horses, some
with their own backs.[1]

Conven-
tual affairs,
1215–1257.

Herbert the prior, whose appointment was made in
Samson's time, and whose conduct during the contentions
at the time of Hugo's election seems to have been rather
weak,[2] died in 1220. His successor, Richard de Insula,

---

[1] "Quidam eorum per carrectas,
et quidam per equos saccos et
brochos, et quidam eorum ad
tergum." Reg. Pinchbeck, quoted
by Battely, *loc. cit.*
[2] *Infra*, pp. 39–66.

or de l'Isle, a man "genere clarus, sed moribus clarior," says Matthew Paris, was elected abbot of Burton in 1222. In 1229 Hugo, whose mild and winning character, tempered by firmness,[1] gained for him general goodwill, was selected for the vacant see of Ely. The king, Henry III., took him into great favour, and his relations with that forcible-feeble ruler, during his episcopate of twenty-five years, are described with considerable fulness by Matthew Paris. In 1236 Henry sent him to Provence with the bishop of Hereford, to receive from Count Raymond her father, Eleanor, his affianced bride, and bring her to England. The envoys were made welcome everywhere; with Eleanor in their charge they passed through Navarre into France, where the king and queen entertained the party with warm hospitality, crossed from Witsand to Dover, and brought Eleanor to the king at Canterbury. Here the marriage at once took place, and five days afterwards Hugo was among the bishops present at the magnificent double coronation of king and queen in Westminster Abbey.

In 1248 he attended the parliament in London in the spring; and in the following October came up again to the great fair at Westminster, about St. Edward's day, for the profit and enhancement of which the king forbade the holding of many country fairs, among them that of Ely. Hugo complained of this, but only got fair words in reply.

The great aim and the persistent toil of Hugo's episcopal life were crowned in September 1252, when the works of decoration and enlargement on which he had long been engaged were completed, and the renewed cathedral was dedicated in the presence of many bishops and a great concourse of people.

In the same year William de Valence, the king's half-brother, "flown with insolence and wine," com-

---

[1] See the "Electio Hugonis" *passim.*

mitted a riotous drunken outrage in the park-lodge belonging to the bishop at Hatfield.[1] Hugo took the news very quietly; they might have had all they wanted for the asking, he said; why this brutality and violence? "It is a cursed thing," he went on, " that there should be so many kings in one kingdom, " and all tyrants." The allusion, of course, was to the queen's uncles and brothers, and to the sons of Henry's mother by the Count de la Marche.

The fact that Hugo was asked to give the episcopal benediction to two abbots of Bury,—Henry in 1235, and Edmund de Walpole in 1248,—is a sufficient proof that kind feeling and friendly relations prevailed without interruption between the convent and the bishop.

On those June days, decisive of the fate of a nation, which Hugo passed on Runnymede in 1215 (*infra* p. 128), he was probably too much engrossed with his own affairs to give much thought to the parley between John and the barons which resulted in the signing of Magna Charta. Later on, it is evident that he attached its full weight to that great covenant, for it appears that in the year before his death,[2] he took part with his brother bishops,—his signature being third on the list,—in denouncing solemn excommunication against any who should transgress the liberties of the church and realm of England, especially those contained in Magna Charta and the Charter of Forests,—" præcipue " earum quæ continentur in carta libertatum regni " Angliæ et carta de foresta."

Hugo died in August 1254. Matthew Paris, who probably knew him well, speaks of him as the glory

---

[1] Till the Reformation the manor of Hatfield, now well known as the residence of the Cecils, having been originally granted by Edgar to St. Etheldreda in the tenth century, was the property of the bishops of Ely.

[2] Matt. Par., V, 375, Rolls ed.

of the Benedictine order, " flos nigrorum monachorum,"
and says that as he had been known in England as
an abbot among abbots, so also he shone brightly as
a bishop among bishops.

Returning to the succession of abbots, we find that
on the nomination of Hugo to the see of Ely in 1229,
Richard de l'Isle, who had been for seven years abbot
of Burton, was recalled to his own monastery, and in-
stalled as abbot of Bury on St. Edmund's day[1] (Nov.
20).

In 1232, the wife of Hubert de Burgh, the disgraced
justiciary, found sanctuary at Bury.

About this time Gregory IX. (1227-1241) applied
himself with zeal to the reformation of exempt houses,
and to this end sent visitors among them. These
visitors are said[2] to have been often insolent and un-
just, and the monks were forced to appeal to Rome
against their proceedings. Entrusted with such an
appeal Abbot Richard went to Rome; and on his return,
while awaiting at Pontigny,[3] " ut parceret expensis,"
the answer of the Holy See, he was attacked by mortal
illness (1234).

Henry, the prior of the convent, was elected abbot
in 1235, and sat for thirteen years. The necessities
of the Papacy in its struggle with the house of Hohen-
staufen compelled it to seek resources in pecuniary
levies from rich monasteries in many parts of Europe,
and Bury came in for its full share of this tribute.
As some sort of indemnity, the monks obtained bulls
and briefs, both under Abbot Henry and under his
successor, renewing and extending the former grants
of exemption from episcopal control, and placing the
monastery still more immediately under the Holy See.

---

[1] Annals of Burton, p. 245,
(Rolls ed.).

[2] Matt. Par., III., 239.

[3] *Add.* 850, (Camb. Pub. Lib.)
f. 207.

When the pressure became unusually heavy, they
petitioned the king to shield them from the exactions
of the pope, but this stood them in little stead. Matthew Paris relates[1] that, in 1240, the abbots of Battle
and of St. Edmund's went on some such errand to the
king. Henry, in reply, said to the legate who was
present, " See, Sir Legate, these deceivers are blurting
" out papal secrets; deal with them as you like; I put
" one of my best castles at your disposal." Whereupon
the abbots disappeared, the *agrémens* of prison life in
a Norman castle being well understood.

In 1235 a royal charter granted Abbot Henry the
right to hold two annual fairs at Bury, one outside
the north, the other outside the south gate, and also
a market at his manor of Melford.[2]

Taxter, one of the continuators of Florence, states
under 1238 that in that year the first attempt was
made by the Franciscans and Dominicans to establish
themselves at Bury, but that receiving no support
from Otho the legate, who was then at the monastery,
they desisted from the endeavour.

In 1242 prior Gregory died, and was succeeded by
Daniel; who dying in 1244, the next prior was Richard
At-Wood. These particulars are given by Taxter.

In 1245 Abbot Henry had the gout, and was excused
on that account by Innocent IV. from attendance at
the council of Lyons.[3]

In the same year Queen Eleanor bore a son, to whom,
out of reverence for the saint, the name of Edmund
was given; he is known in history as Edmund Crouch-
back.[4]

---

[1] IV., 36 (Rolls ed.).
[2] Reg. Sacr., quoted by Battely, p. 92.
[3] Matt. Par., IV., 413.
[4] Taxter, in Florence; Add. 850, f. 207 (Camb. Pub. Libr.) The curious letter which Henry III. wrote to the convent on the occasion is given in this MS.; it will appear in the third volume of these memorials.

Henry died in 1248; and the monks agreed to elect Edmund de Walpole, and sent him for confirmation to the pope; nothing is said about the king's assent to the election. Innocent IV. raised objections, but finally agreed to accept Edmund de Walpole as his own nominee; at the same time the new abbot was required to hold himself responsible to one of the pope's creditors in the sum of 800 marks.[1]

Edmund de Walpole, so far as can be judged from the few facts recorded of him, seems to have been a man of little capacity or energy. When the king took the cross in 1250, the abbot of Bury did the same, exposing himself thereby, says Matthew Paris,[2] to general derision; he ought to have understood that a monk, in virtue of his profession and his vows, is always carrying the cross of Christ.

In 1252, or about that year, Richard of Clare, seventh earl of Gloucester, began to set up a claim to St. Edmund's manor of Mildenhall. The aid of the pope was obtained, and a bull was issued in 1254 menacing the earl with excommunication.[3] Litigation went on for many years; at last, by an agreement with Abbot Symon,[4] Earl Richard renounced his claim to Mildenhall, receiving however several small parcels of land in Essex and Suffolk, and full jurisdiction in his court at Clare. The instrument is not dated, but Taxter states it to have been made in 1259.[5]

Prior Richard died in 1252, and was succeeded by Symon, afterwards abbot.[6] Till now the election of a prior seems to have been made without much formality. In the full account given of the election of prior Herbert by Jocelin de Brakelond (I., 322, *seq.*) Abbot Samson is

---

[1] Matt. Paris, V., 40.

[2] *Ib.*, V., 101, 196.

[3] MS. Lamb, quoted by Battely, p. 98.

[4] Reg. Kempe (Harl. 645), p. 65.

[5] Taxter, in Florence, sub anno. When the note at p. 295 (*infra*) was written, I had not observed this passage in Taxter.

[6] Taxter.

said to have named four candidates, out of whom he desired the monks to choose one to be prior. In point of fact, in this as in most other things, Samson had his own way. Now a regular scrutiny was adopted. The election was entrusted to a committee of three, the abbot and two monks, one nominated by him, the other by the convent, who took the votes of all the monks; as the result of the voting, Symon was declared to be prior.

An incident which occurred in 1253 showed the weakness of Abbot Edmund.[1] A quarrel had arisen between Archbishop Boniface and the Lincoln chapter, concerning the patronage of certain benefices. The archbishop threatened extreme measures, and gradually all the canons submitted, the archdeacon of Lincoln alone holding out. Finding himself in danger of incarceration, the archdeacon went to Bury, thinking he should find there a safe asylum. But the abbot either could not or durst not protect him, and he was thrown into prison. Afterwards he went to Rome, where the pope received him kindly, and promised him support; but he died on his way home.

Edmund de Walpole died on the 31st Dec., 1256.

We are thus brought to the fifth document in the present volume (p. 253), on the election of prior Symon to the abbacy.

It proceeded without hindrance; there was no schism in the convent; the king gave leave to elect; and when the choice was made, his consent to it does not seem to have been applied for. But a rule had now been adopted at Rome, that the abbot elect of an exempt monastery must repair personally to the Curia for confirmation. Symon therefore crossed the Alps; his election was confirmed, and he was blessed by Alexander IV. at Viterbo. The costs, Taxter says, were two thousand marks.

---

[1] Matt. Par., V., 413.

VI. The next piece, "Expulsio Fratrum Minorum," VI. Expulsio Fratrum.
is a narrative, in two parts, of the expulsion of the
Franciscans from Bury, after they had been established
there for five years and a half. (See *infra*, p. 270, note).
The first part, written by some monk of Bury in a
spirit strongly hostile to the friars, ends with the
arrangement for their removal to Babwell, a site granted
to them by the convent, two or three miles to the
north of the town of Bury. The second part is a
collection of official documents, showing how the process
of expulsion was actually carried out in November
1263, under a rescript of Urban IV. ·

VII. *Gesta Sacristarum.* This interesting record of VII. Gesta Sacristarum.
the proceedings of various sacrists of St. Edmund's,
from the times of Abbot Baldwin to the end of the
thirteenth century, throws great light on the external
history of the monastic buildings during the whole
period. At the close of it the convent appears to have
been under a heavy debt (p. 296). As stated in the
foot note at p. 289, this document has been already
printed in the Monasticon, though imperfectly, and in
part by Battely.

VIII. *Electio Thomæ.* The account of the election VIII. Electio Thomæ.
of Abbot Thomas of Totyngton in 1302 (p. 299) is found
in the Registrum Thomæ (Harl. 230). It was regularly
and smoothly carried out, the license of the king
(Edward I.) to elect, and his assent to the election when
made, being punctiliously asked for and obtained.

IX. *Deprædatio Abbatiæ.* The tract on the plunder IX. Deprædatio Abbatiæ.
and burning of the abbey in 1327 is contained in the
Registrum Hostlariæ, a fine MS. in the Cottonian
collection, marked Claudius A. XII. About half the
volume, the earlier portion, is written in a good
twelfth century hand, the rest is in hands of the
fourteenth and fifteenth centuries. It has 196 leaves.
Folios 190 and 191 describe a fire at St. Edmund's in
1465. At the back of folio 195 are the words " Regis-

trum Hostilariæ pertinens cum diversis contentis." Then
some rude lines follow :—

> Jonh feretrarius est—camerarius—atque precentor,
> Banfield supprior—baronarius—hospitilator.

This tract, though not to be compared with the
"Electio Hugonis" in respect of the insight to be
obtained by means of it into the characters of individuals, shows by the very magnitude of the disasters
which it describes, what were the wealth and social
importance of the conventual body at this period. But

Conven-
tual affairs,
1257-1326. before taking further notice of it, I propose to return
to the beginning of the prelacy of Abbot Symon (1257),
and continue the sketch of the history of the monastery
which was broken off on p. xxxii. The period of seventy
years now in question, embracing the last years of
Henry III. and the whole of the reigns of Edward I.
and Edward II., was generally prosperous for the monks
of Bury. A mansion fit for the reception of royal
persons was provided by the monks within the convent
precinct, and hither Henry frequently came; indeed,
Rishanger and others assert that he died here; but as
this is not mentioned by Everisden, a Bury monk and a
contemporary, it is probably untrue. His strong-minded
son, whatever the cause may have been, was also firmly
attached to the convent, paid it frequent visits, and held
in it important parliaments.

The Franciscans, as has been seen, were obliged to
migrate outside the boundary line marked by the four
crosses in 1263. In giving them Babwell, the monks
appear to have behaved with a certain measure of
generosity; but from what is recorded of the proceedings of the friars during the great riots in 1327, it
is manifest that they harboured resentment against the
rich and powerful Benedictines, and readily sided with
the populace against them.

In the commotion between Henry III. and the barons,
the abbey, availing itself of its privilege of sanctuary,

appears to have played for some time a neutral part. A.D.
After the defeat and death of Simon de Montfort in 1257-1326.
1265, many of the barons of his party sought and found
shelter at Bury. "Tunc enim," says John of Oxnead
(Oxenedes), borrowing apparently the words of Taxter,
" in conspectu baromun pretiosa fuit libertas sancti
" Edmundi." But this state of things could not last
long. The Earl de Warenne and William de Valence, the
king's half brother, came to Bury in May 1266, and
charged the abbot and the townsmen with favouring
the king's enemies. The outlaws who had been disinherited after the battle of Evesham, and who were
particularly strong and numerous in the eastern
counties, found that Bury was a convenient centre
where they could store or sell the plunder collected
during the life of rapine to which they were reduced,
and whence they could sally forth on fresh expeditions.
Everisden, who perhaps witnessed what occurred, says
that the king's officers "sternly summoning before them
" the abbot and the burgesses of the town, charged them
" with favouring the king's enemies, because the dis-
" inherited barons were in the habit of storing and
" selling there without hindrance their booty and the
" produce of their robberies. When the abbot [Symon
" de Luton], for himself and his convent made a fully
" sufficient answer, the officers turned the weight of the
" charge upon the burgesses, who, answering indiscreetly
" and without taking counsel with the abbot, made
" their own guilt apparent to the king's servants.
" There was also at that time a quarrel between the
" abbot and convent and the burgesses, because the said
" burgesses had been for a long time unruly and
" troublesome towards him and his bailiffs. And
" because they were now under the necessity of buying
" themselves off with money, and could not accomplish
" this successfully without taking counsel both with
" abbot and convent, they asked of them with tears

A.D.
1257-1326. " that through their intervention money might be given
" to the king's officers, that so their own liberties and
" those of the convent might be preserved intact. This
" was done; they paid down 200 marks to the king,
" and promised 100 pounds to the convent."[1]

Being dislodged from Bury, the disinherited seized on
the Isle of Ely in August 1266,[2] and held it till July of
the following year, when the Prince Edward reduced
them to submission, allowing them to have the benefit
of the terms of the Dictum de Kenilworth.[3] These
harsh terms the outlaws of Ely had hitherto declined,
hoping that by standing out they would get back their
estates at a smaller sacrifice. On the 16th December
1266 they took Norwich by storm, carrying off with
them seven carts full of plunder.[4] It was on this
occasion that Roger de Skerning, the newly elected
bishop of Norwich, sought an asylum at Bury.[5]

---

[1] Flor. Wigorn. Thorpe (Eng.
Hist. Soc.) II., 197.

[2] *Ib.*, p. 199.

[3] Drawn up in Oct. 1266.

[4] So Everisden in Thorpe's
Florence; but the reading in Oxenc-
des, who is here copying Everisden,
is undoubtedly right; " septies
viginti," a hundred and forty. See
Barth. de Cotton (Rolls series), p.
141.

[5] Taxter refers to the flight of
the bishop to Bury as if it happened
in 1263, before the battle of Lewes,
but the Cambridge MS. (Add. 850)
though not giving the exact date,
evidently intends to place the flight
considerably later. Blomefield, in
his History of Norfolk, II., 350
(quoted by Yates, p. 106) connects
it, as I have done in the text, with
the raid upon Norwich in 1266.

Taxter's Chronicle, of which the

best MS. is Cott. Jul. A.1, ends in
1265. In certain MSS. it is followed by a continuation extending
to 1295, which, as it agrees with
the corresponding passages in a
MS. at the Herald's Office (Arundel
XXX.) the whole of which is
ascribed to John de Everisden,
(Hardy's Cat. III., 176) may be
taken to be the work of that writer.
This conclusion is confirmed by
reference to Bale, who has a notice of
John Everisden in his *Summarium*,
where he assigns to him the authorship of a historical work on
" Series temporum " beginning with
the same word, "Fructuosum,"
as that with which the chronicle
opens in the Herald's College MS.
(f. 97). In the last-named MS. a
few scattered notices continue the
chronicle from the end of the 13th
century to 1335, and this doubtless

A.D.
1257-1326.

In February 1267, Henry III. came to the monastery with the legate Ottoboni and a throng of courtiers, intending to put down the insurgents in the Isle of Ely. The legate publicly excommunicated them unless within the next fortnight they should submit to the king. Alarming rumours being spread about the town, the legate hastily returned to London. The king, early in March, left Bury for Cambridge, and thence conducted, but in his usual ineffectual manner, the blockade of Ely.

Everisden tells a story about some horses which a party of outlaws from Ely stole from the premises of the monastery at Bury, but were afterwards induced to restore, laying their swords at the same time on the royal martyr's shrine as an offering. The same story occurs in the Bodleian MS. 240 ; see *infra*, p. 362.

On the occasion of the great riots at Norwich in 1272, when the cathedral and priory were burnt, Henry (1 Sept.) repaired to Bury, and after a stay there of eleven days, went on to Norwich and took a sanguinary retribution on the rioters.

On the 16th November 1272, Henry III. died at Westminster (Everisden). If he had died at Bury, as stated by Rishanger, it is certain that Everisden, as belonging to the monastery, would have recorded the fact.

On the 17th April 1275 " the lord king [Edward I.] " and queen came to St. Edmund's on pilgrimage, as " they had vowed in the Holy Land. The lord king, " with the assent of his council, after examining " the muniments of the church of St. Edmund, granted

is the reason why Bale speaks of Everisden's work as ending in 1336. But this can hardly have been so, for under 1255 the writer says of himself, " Hic attonsus fui." In the MS. of Florence printed by the English Hist. Society, this chronicle breaks off at 1295. Bale says that Everisden was a monk and the cellarer of Bury; nothing else is known about him. See Luard's Introd. to Barth. de Cotton (Rolls series).

" to the convent the right of inspecting weights and
" measures without any interference on the part of
" officials."[1]

In 1264, under Abbot Symon, the first serious conflict
between convent and town, as to their respective
privileges, took place ; and on account of the scenes of
violence and rapine to which the unceasing friction
between the two authorities eventually led, it seems
desirable to investigate the subject somewhat closely.
Naturally the monks regarded the town as existing
merely for the glory and by the favour of St. Edmund,
and for the good of his monastery; the conventual view
was that "the town belonged to the convent and to the
" altar, and specially for the purpose of finding lights
" for the church," (vol. I., p. 277). But, no less
naturally, the view of the burgesses of Bury was
different; they were, they said, "in the king's assize, and
" would not be called to account, against the liberty of
" the town and their charters, for the holdings which
" they and their fathers held well and in peace, without
" claim or challenge, for a year and a day " (ib., p. 280).
However, under Abbot Samson, the townsmen did not
dispute that their privileges had been conceded by
different abbots, and that the government of the town
should be exercised by those whom the convent might
appoint. It was accordingly agreed soon after Samson's
election, that two new port-reeves[2] (præfecti) should be
nominated in chapter, and this was done; also that the
ancient horn, the mot-horn, for summoning the borough
court (portmanne-mot), should be put into the hand of
these port-reeves by the prior. The arrangement
worked well for many years; later on, the sacrist was
substituted for the prior, and was considered to appoint
the port-reeves ; " but in process of time," says Jocelin

---

[1] Everisden.

[2] On the portreeve, see Stubbs'
Constit. Hist. I., 404, note.

(I., p. 277), " I know not how new ' præfecti ' were " appointed elsewhere than in the chapter, and without " the knowledge of the convent." In short, as they grew in wealth and numbers, the townsmen enlarged their privileges and diminished their rents and tributes; and though they were willing for a time to pay the convent 100 shillings by the year for the right of being undisturbed in their shops and stalls, they felt so strong after Samson had given them a charter, that they ceased paying the 100 shillings and never recommenced it (I. p. 281).

This charter of Samson's (printed by Battely, p. 155, from the Registrum Nigrum) has an immediate bearing on the events of 1264. It confirms to the town all the customs and liberties which it had in the times of Henry II. and his predecessors; and it declares that, with regard to watch and ward and the custody of the gates, the ancient custom is that the town shall furnish eight watchmen night by night, all the year round, two for each ward, and a larger number at Christmas and on St. Edmund's day; also that the town should find four gatekeepers for the four gates, the fifth or eastern gate being in the custody of the abbot. Nothing is said about the appointment of the port-reeves; but the duty of burgesses to sue and be sued in their own borough-court (*portmanne-mot*), instead of going outside the borough to the hundred-mot or the shire-mot, is isisted upon. What is evidently assumed is that the port-reeve is the abbot's servant and administers justice in the abbot's name.

Seventy years passed, and now, in 1264, the state of things was much changed. Among the burgesses a set of younger and more ardent men had risen to influence; in their conception the town was primarily *their* town, and made by their industry, not the abbot's; and they desired to form all citizens willing to join it into a guild or corporation, with a common horn, " despising " the old horn of the whole community, which had been

" authorised from time immemorial."[1] This " old horn "
is evidently the *mot-horn*, which, in Samson's time, the
prior or sacrist used to put into the hands of the port-
reeves, thereby installing them in their functions.
Moreover, these young revolutionists showed little reverence for the convent or its servants; the latter they
quarrelled with and beat, and often drove inside the
monastery, the gate of which they attacked; as to the
former, they went the length of sometimes shutting the
north gate of the town against the abbot, and the south
gate against the sacrist and the cellarer. From this it
is clear that the plan by which the gates were kept
under Samson's charter had now broken down, and that
a violent party among the burgesses could overawe the
port-reeve and let in or keep out persons at their pleasure. One may conceive the amazement and indignation
of Abbot Symon at finding himself barred out of his
own town; St. Edmund's town; the creation of the
saint's virtues; the visible seal of his martyrdom. It is
as if, in these days, while the dean and canon of Christ
Church were attending university sermon at St. Mary's,
the college servants at Christ Church were to rise in
rebellion and bar the great gates into Tom quod, so that
the august procession could not return. However, on
this occasion, the young Cleons of the town had gone
too far. Symon complained to the king, and asked for
a commission of inquiry; and the older burgesses, fearing
that the result of such a commission might be the loss or
curtailment of their privileges, intervened with effect in
the dispute. A "concordia" was arranged, by which
the guild was abolished, and a sum of forty pounds
in silver paid to the abbot in compensation for all
violent and wrongful acts committed before Easter,
1264; while for similar acts committed since that date
he was to have his legal remedy against the individuals

---

[1] Reg. Pinchb. (Battely, p. 159).

A.D.
1257-1326.

guilty. All which the " communitas villæ " promised to help him to carry out, twenty-four of the principal burgesses taking their " corporal oath " to that effect.[1]

Although defeated, the unruly element in the town must have observed during these events how little physical force the convent had at its command to defend its property from a serious attack. Its servants could be scattered like chaff by a combined onslaught of the townsmen; the sheriff of Norfolk was a long way off, and the king at Westminster farther still. The " police protection " being thus glaringly deficient, it becomes no matter of surprise that a crisis like the deposition of Edward II. (1326-7), relaxing the hold of law and justice all over England, should have led to the formidable uprising of the townsmen against the authority of the convent, and the outrageous spoliation of its property, which are described at a later page.[2]

In April 1279 Abbot Symon died at his manor of Melford. Whereupon, says Everisden, " the king took " possession, as well of the convent's portion [of the " estates] as of the barony, a thing till then unheard of; " and this portion belonging to the convent could not be " wrung out of his hands either by entreaty or purchase. " After a sufficient allowance had been made for the " convent, and after the homages of the conventual " manors had been taxed for the king's service, as well " within Bury St. Edmund's as without, everything " was placed at the disposal of John de Berewich, the " king's attorney."[3] In this way, under the pressure of public emergencies, the arrangement which had been made by Robert II., about 1106, providing that on the death of an abbot, only his own portion of the estates should be occupied by the king, not that assigned to the monks, was broken through.[4]

---

[1] Reg. Pinchbeck (loc. cit.)
[2] See p. 322 seq.

[3] Everisden in Thorpe's Florence, II. 221.
[4] See vol. I. p. 292.

John of Northwold, the hospitalarius or guest-master, was chosen by the monks, apparently with the king's consent, to succeed Symon, "John, the elect of St. " Edmund's, after he had got through all his business at " the court of Rome, having been blessed by the hand " of Pope Nicholas [III.] himself, his barony having " been restored to him by the lord king, and all other " things, as well those belonging to the convent's por- " tion as to his own, was on the day of the Holy " Innocents [Dec. 28, 1279] solemnly received in his " church. His expenses in the Roman journey had " mounted up to eleven hundred and seventy-five marks " ten shillings and ninepence " (Everisden); the credit allowed him by the convent having only extended, according to the Cambridge MS.,[1] to five hundred marks.

In 1279 the first Statute of Mortmain was passed ; thus tersely and lucidly described in the Cambridge MS. (Add. 850, f. 209); "In the same year the lord king " Edward determined, provided, and ordained that " persons in religion should not in future acquire lands " or tenements."

In 1281, at the cost of a payment to the king of 1,000l., a new partition was made between the property of the abbot and that of the convent, "so that for the " future they should in no case be confounded."[2]

In the same year the king, being about to make a punitive expedition into Wales, exacted large subsidies from his military tenants, and also from cities and monasteries. Everisden gives the particulars of this taxation, and adds that the abbot of St. Edmund's was leniently treated in the matter, for whereas an ordinary knight's fee was assessed at fifty marks, the abbot was only required to pay three hundred pounds for all the service due from him. This seems extraordinary

---

[1] Add. 850, f. 209. | [2] Everisden in Flor. II., 225.

leniency, for the abbot of St. Edmund's was still liable (*infra*, p. 323) to account to the king for forty knights holding under him.

The attachment of Edward to St. Edmund's must have been real, for again, in 1285, we find him at Bury, in execution of a vow. "The lord king of England, " with the queen and her three daughters, came to Bury " (Feb. 20) to pay the vows that he had made in his " Welsh war to God and St. Edmund, intending to con- " tinue his journey towards Norfolk next day."[1] On this visit he caused his marshal of weights and measures to inspect those in use at Bury, an interference which the monks thought was not in accordance with their charters; however, he ordered that all gains arising from such inspections should always be applied to the repairs and decoration of the shrine.

About the year 1291 the pressure of the king's demands both on ecclesiastical and monastic revenues was severely felt. Endeavouring to stop this constant drain, Abbot John produced his charters in Parliament, and protested against the king's exactions. Soon afterwards Edward had a dream, in which he thought that St. Edmund was treating him as he had treated Sweyn. This, according to the miracle-register of the convent, led to some change in his conduct.[2]

In 1292, "the lord king, coming to St. Edmund's on " the eve of the translation of St. Edmund (28 April), " with his son and daughters, celebrated the feast with " all solemnity; and remained, either at the abbey or at " Culford (one of the abbot's manors three miles distant " from Bury) for ten full days; and pursuing his jour- " ney, he proceeded to Walsingham," on his way to Scotland. "On his departure he gave us a charter, to " the effect that no one of his justices, under colour of

---

[1] Everisden, p. 234.   [2] *Infra*, p. 365.

A.D.
1257-1326. " any past usurpation, should presume on any occasion
" to sit within the banna leuca of St. Edmund."[1]

In the same year a fresh dispute arose as to the
custody of the town gates, complicated now by a claim
on the part of the burgesses to elect an alderman as the
head of their municipal government. The king sent
down a commission of inquiry; and in the end, although
the abbot was declared to be legally in the right, it was
settled that the burgesses should, on Michaelmas day in
each year, present a person to be confirmed in the office
of alderman, and that the abbot should not, without
reasonable and manifest cause of objection, refuse such
confirmation. The alderman so elected was to present
four proper persons to the sacrist to be employed as
keepers of the four gates.[2]

In 1294, "on the feast of St. Edward, king and
" martyr (18 March) the lord king came with great
" devotion to St. Edmund's, and remaining there but
" for one night, left the convent table richly and
" abundantly provided for the next day."[3] Further on [4]
Everisden appears to say that the abbot of St. Edmund's was accountable to the king for six knights only,
but the MS. must be here corrupt. Had he been accountable for six knights only, his treatment at the time of
the taxation of 1281 would not have been lenient, but
harsh. A passage on p. 323, below, shows that in 1301
the abbot was still accountable to the king for forty
knights' fees.

The scrutiny and inspection of all convents ordered
by Edward this year, appeared a shocking indignity to
Everisden. Even the house and town of St. Edmund,
he bewails, known for a city of refuge for so many ages,
" they violently profaned with their scrutiny."[5]

---

[1] Everisden, p. 264.
[2] Collect. Buriens., (quoted in Yates' History of Bury, 126).
[3] Everisden, 268.
[4] Ib., 271.
[5] Ib., 272.

A.D.
1257-1326.

Returning from Scotland in 1296 after a successful campaign, Edward held a parliament at Bury St. Edmund's in November. The government was in urgent need of money ; the cities and boroughs granted him the subsidy of an eighth ; from others a twelfth was demanded. Nothing could be obtained from the clergy.[1] The archbishop, Robert Winchelsey, thought himself precluded from assenting to their being taxed by a bull lately received from Boniface VIII., ordering that no contribution from the ecclesiastical revenues should be made to any temporal prince without the consent of the pope. This was the famous bull " Clericis laicos."[2] But the final answer to the king's demand was to be made to the council at Westminster. When it came it was still in the negative, and Edward, much incensed, ordered that the clergy should be put out of the king's protection. This induced among them a more reasonable view of their obligations. While the contest lasted, the king's hand fell heavily on Bury. " On Ash Wednesday [1297] " all the goods of the abbot and convent . . . . were " confiscated, and all their manors seized, together with " the borough of St. Edmund's Bury."[3]

John of Northwold died on the 29th October 1301 ; the election of his successor, Thomas of Totyngton, is described in the tract on the subject printed further on.[4] On this occasion letters passed between William the prior of Bury, and the abbot of St. Benet Hulme, which are preserved in the Cambridge MS. already often quoted.[5] They make it extremely probable, if not certain, that the writer of that MS. was a monk, not of Bury, but of St. Benet Hulme, and explain what it would be otherwise difficult to understand, the appearance in his work of several passages giving a most unfavourable

---

[1] *Flores Hist.*, III., 98, Rolls ed.
[2] Milman's *Latin Christ.*, VII., 60.
[3] Yates, p. 149.
[4] *Infra*, p. 299.
[5] Add., 850.

impression of the character of some of the Bury monks, and of the state of discipline among them.

A letter written by Abbot Thomas (whose term only lasted ten years) to Henry, abbot of St. Benet Hulme, shows that at this time St. Edmund's was burdened with a heavy debt, the pressure of which caused him to decline the invitation to be present at Henry's installation.[1]

In 1305 the disputes between the convent and the town again called for the interference of the king's justices. The abbot charged the aldermen and burgesses with " withholding fines, tolls, &c.; resisting the officers em- " ployed in distraining; throwing stones upon and " damaging the roof of the church; stoning the work- " men employed in repairing the same; beating the " servants of the abbey; interrupting *vi et armis* the " bailiff of the convent in the discharge of his office, " &c."[2] The justices imposed fines, and the quarrel was in some way smoothed over, but the friction and mutual dislike remained.

Thomas died on the 7th January 1312, and was succeeded by Richard de Draughton, a learned theo- logian and canonist. In his time the terrible rising of the townsmen against the convent took place, which is described in the tract "Deprædatio Abbatiæ" (*infra*, p. 323). This tract opens with an interesting sketch indicating the successive steps of the revolution caused by the landing of the queen in the Orwell in 1326. Great riots broke out in London, and were followed by disturbances at Bury, Abingdon, and other places. From the coast Queen Isabella moved on to Bury, arriving there on the 29th September. All this is mentioned in the tract, but the writer does not allude to a circumstance recorded in the *Annales Paulini* (p. 314) that in the abbey at Bury the queen found 800 marks that had been deposited there by the justiciary

---

[1] *Ib.*, f. 210.   [2] Yates, 128.

Hervey de Stanton, and borrowed the money to defray the charges of her household. With regard to the "Depraedatio," the tract can be left to speak for itself; but a somewhat different view of the case, obtained from a perusal of the Cambridge MS., must not be left out of sight. At the beginning of the riots nearly half the monks in the monastery were away at different places in the country round Bury enjoying themselves.[1] This could not have happened under the government of Samson, nor under that of Hugo de Northwold; it certainly argued a great laxity of discipline, and was propably attended by other mischiefs of a grave character;[2] and since the general feeling in those days was that which Chaucer's lines express,—

—that a monk, when he is cloisterlees,
Is likned til a fish that is waterlees;

(Prol. Cant. Tales).

the respect for the monks on the part of the people of Bury must have sunk to a low ebb, and probably this coolness interfered with any fervent or active expression of sympathy with them in their misfortunes.

After much delay, and great plunder and destruction of property, the abbot (p. 347) obtained a royal order addressed to Sir Robert Morley, sheriff of Norfolk, and Sir John Howard, directing them to put down the disturbances at Bury, and take cognizance of the criminal and illegal acts that had been committed.

---

[1] The mention of the holiday-keeping monks comes in in connexion with the adventures of William de Stowe, the sacrist of Bury, who, being in eminent peril of his life, took refuge in the monastery of St. Benet Hulme. "Thither came to him many of his "fellow-monks, who were in the "country for the sake of enjoying "themselves with their friends "(*causa spatiandi cum amicis* "*suis*). For at the time aforesaid "there were thirty-two monks "enjoying themselves in different "places outside the monastery." Add. 850, f. 210.

[2] See the charges brought against the convent by the bishop of Norwich twenty years later; Add. 850, f. 220.

Riots of
1327.

This Sir Robert Morley was afterwards known as a brilliant knight and a gallant naval commander. He gave a splendid tournament at Stepney in 1331,[1] and in 1340, being in command of the northern English fleet, bore a distinguished part in the victory at Sluys.[2]   In 1347 he assisted in dispersing the French convoy destined for the relief of the garrison of Calais[3], and after much other good service, the particulars of which may be seen in Dugdale's *Baronage*, died in France, being then in attendance on the King, in 1360.

The narrative before us throws little light on the motives of the rioters for seizing and carrying off Abbot Draughton, and, after confining him at various places in England, deporting him to Diest in Brabant.   The design seems to have emanated from John de Berton, whom the rioters had set up as alderman, in the place of his more pacifically disposed brother Robert.   Anger against the abbot on account of his breach of the agreement which they had forced him to make with them seems to have been the chief cause of their proceedings ; but how men of sense could imagine that he would observe such terms any longer than the duresse lasted which had forced him to submit to them, it is difficult to understand.   A tantalizing obscurity also rests upon the manner in which the abbot's place of exile was discovered, and his restoration to his friends brought about ; only we are told that the counsel and aid of the faithful Ralph de Polsted were greatly instrumental in the successful result.

The reader is requested to cancel the note at p. 367, since it confounds together two distinct John de Beaumonts, the English knight of the name, son of Sir Henry de Beaumont, and John de Hainault, sire de Beaumont, brother of William count of Hainault and

---

[1] *Chron. Edw. I. and Edw. II.*, I., 353.

[2] *Ibid.* II., 293 ; and *Murimuth*, p. 106 (Rolls ed.)

[3] *Avesbury*, p. 385 (Rolls ed.)

uncle to Queen Philippa. It is the English John de Beaumont to whom the story in the text relates, and the account of his death tallies with the statement of Murimuth (p. 124), that John de Beaumont was killed in a tournament at Northampton in 1342. His death is assigned to the same year in Dugdale's *Baronage*, when it appears he was only 24 years old.

For advice with reference to the composition of this volume I am much indebted to the kindness of the bishop of Oxford. Mr. Madan of the Bodleian Library and Mr. R. Poole of Balliol have, whenever I have had occasion to apply to either of them, given me all the assistance in their power. My excellent friend, the Rev. S. S. Lewis of Corpus College, Cambridge, has, since this volume was begun, passed from amongst us, and the light of his vigorous mind is no longer shed on a hundred knotty points of archæology. In editing the French poem, I have to acknowledge the kind assistance of Prof. Paul Meyer, director of the École des Chartes, of Prof. Atkinson of Trinity College, Dublin, and of Prof. O'Donnell of the Catholic University College in Stephen's Green. Mr. Bickley, of the MS. department of the British Museum, has placed his palæographical knowledge at my disposal in the kindest manner.

Sir Edward H. Bunbury, of Barton Hall, besides allowing me to examine the convent register in his possession, aided me to identify some of the places mentioned in the tract on the "Deprædatio Abbatiæ." Thus, in the "Eldaghe," "Eldhawe," of pp. 307, 345, he at once recognised Eldo House, which, though not marked on common maps, appears on the six-inch Ordnance sheet, and is some two miles to the north of Bury; Neuton (p. 342) he identified with the present Nowton, a village to the south of the town; and he suggested that the "Kateshil" of p. 113 is more probably the "St. Edmund's Hill" of the present day (an eminence just outside the town, on the road to Barton), than the modern " Cateshall," the site and appearance of which do not correspond to the description given.

Mr. Dewing, now residing at Nowton, has again assisted me with valuable suggestions bearing on the architectural history of the abbey. Mr. Beckford Bevan, of Bury, kindly facilitated my gaining access to the ancient abbey papers preserved among the archives of the corporation. Mr. J. R. Thompson, the author of a Life of St. Edmund, and the Rev. T. B. Parkinson, gave me much useful assistance.

Observations on the miracle-register of the abbey in Bod. 240, and an examination of the claim of the church of St. Sernin, at Toulouse, to have come into the possession of the relics of St. Edmund in 1216, are deferred to the concluding volume.

THOMAS ARNOLD.

Dublin, September 1892.

ANNALES SANCTI EDMUNDI.

U 66211.   Wt. 23689.   A

ANNALES SANCTI EDMUNDI.

(Harl. 447.)

Diceto, 175. 1032.ª Aielnothus archiepiscopus Cantuariensis cum aliis episcopis primam basilicam Sancti Aedmundi consecravit sub Canuto rege die Sancti Lucæ Evangelistæ. St. Edmund's church.

1044. Uvius abbas Sancti Aedmundi obiit primus. Successit Leostanus ejusdem ecclesiæ monachus. First abbots: Uvius. Leofstan. Baldwin.

1065. Leostanus obiit, abbas Sancti Aedmundi. Baldewinus medicus Aedwardi regis et monachus Sancti Dionisii Franciæ successit, qui novam ecclesiam Sancti Aedmundi fundavit tempore regis Willelmi.

Diceto, 200. 1068. Matildis uxor regis Willelmi consecratur in reginam Angliæ die Pentecostes ab Aldredo Eboracensi archiepiscopo ; quæ dedit Werketune Sancto Aedmundo.

ª These Annals commence at the Christian era. In the main, the early portion of them is shortened from the *Abbreviationes Chronicorum* and *Ymagines Historiarum* of Diceto ; where Diceto stops, the writer takes up a source common to him and Wendover. Down to A.D. 1031 they seem to contain no notice * of St. Edmund or his monastery which is not borrowed from Diceto. From that point the compiler begins to add passages of his own composition, and these gradually become numerous and of considerable length. They have been printed by Dr. Liebermann in his *Ungedruckte Geschichtsquellen*, the connecting passages being merely *indicated*. Without reprinting these connecting passages, I have thought it necessary, for the purposes of the present work, to reproduce all that the writer inserts about St. Edmund's, and also such passages as are not found in any existing chronicle, from 1032 to the point when the MS. breaks off.

---

* No notice, that is, in the original hand; there are certain interpolations of later date in the MS., on which Dr. Liebermann (*Un-* *gedruckte Anglo-Normann. Geschichtsquellen*, pp. 107–127) may be consulted.

A 2

Lanfranc.

1071. Lamfrancus Romam pro pallio profectus ab Diceto, : Alexandro papa honorifice suscipitur. Hujus tempore vigebat religio per Angliam.

1096. Facta est translatio Sancti Aedmundi in novam ecclesiam.

1098. Obiit Baldewinus abbas Sancti Aedmundi.

1100. Willelmus rex junior [obiit], cui successit Henricus frater ejus, qui die consecrationis suæ dedit

Abbot Robert I.

abbatiam Sancti Aedmundi Roberto, filio Hugonis Cestrensis comitis, monacho Sancti Ebrulfi, renitentibus monachis Sancti Aedmundi. Sed anno iii., ab Incarnatione 1102, in generali concilio a Sancto Anselmo, eo quod abbatiam absque electione contra privilegia monasterii accipere præsumserat, dejectus est; et

Abbot Robert II.

Robertus prior Westmonasterii, vir magnæ religionis, abbatiam suscepit, et annis iiii. transactis obiit; cui

Albold.

successit Aleboldus prior Sancti Nigasii de Mollent,[a] qui parum plus quam iv. annis vixit. Huic successit

Anselm.

Anselmus, nepos Sancti Anselmi, et post xxvi. annos tempore regis Stephani vitam finivit.

Ording.

1138. Ordingus prior apud Sanctum Aedmundum in Diceto, abbatia successit Anselmo. Anselmus, ab ecclesia Londoniæ semotus, vix in suam abbatiam recipitur, Ordingo repulso.

1146. Robertus abbas [b] scripsit hucusque.   Diceto,

Fire at St. Edmund's.

1150. Officinæ ecclesiæ Sancti Aedmundi omnes combustæ sunt.[c]

---

[a] *Mollent*. Or Mellent; Meulan in the Vexin, on the Seine below Paris. St. Nicaise, sent by St. Dionysius of Paris, is said to have first brought Christianity to Rouen in the third century. *Ord. Vit.*, v. 4, 6.

[b] Robert de Monte, abbot of Mont St. Michel in Normandy, author of a continuation of the Chronicle of Sigebert de Gemblours.

[c] From 1147, at which date the *Abbreviationes Chronicorum* of Diceto ends, the writer takes up the *Capitula Ymaginum* of the same author, and makes excerpts from it down to 1184. Here he begins to use, or abbreviate, the *Ymayines* of Diceto, and continues to quote, either from that or the *Capitula*, down to 1200. See Dr. Liebermann's work, mentioned on p. 3.

1156. Ordingus abbas Sancti Aedmundi obiit; Abbot
successit venerabilis Hugo, qui prior Westmonasterii
extiterat.

Diceto, 269. 1163. Henricus de Excria victus in duello.

1166. Samson abbas factus est monachus. Samson a monk.

Diceto, 273. 1173. Comes Legecestriæ captus est apud Sanctum Battle of
Aedmundum. Fornham.

1180. Obiit Hugo venerabilis abbas Sancti Aedmundi.

1182. Samson monachus Sancti Aedmundi, die
Sancti Oswaldi episcopi apud Waltham prope Winton- Feb. 29.
iam electus, ii. kal. Martii apud Merewelle a Ricardo Feb. 28.
Wintoniensi et Augustino Waterfordensi episcopis Election of abbot Samson.
benedictus, die Palmarum et Sancti Benedicti a fra- Mar. 21.
tribus susceptus est.[a]

Diceto, 279. 1189. Convenit etiam multitudo episcoporum apud
Londoniam in ordinatione Sancti Gregorii.[b] Judæi Sept. 3.
eodem die occisi sunt apud Londoniam. Hoc anno[1] Massacres of Jews.
Judæi etiam occisi sunt apud Sanctum Aedmundum
Dominica in Ramis Palmarum. Qui vero remanserunt, Mar. 18.
procuratione Samsonis abbatis ejecti sunt[c] eodem anno,
circa festum Sancti Dionisii. Willelmus Elyensis Oct. 9.
episcopus, apostolicæ sedis legatus, concilium celebravit Council at West-minster.

---

[1] Inter lineas legitur, " vacat hic sed in anno sequente."

---

[a] The statement in the text appears to be confused. St. Oswald's
day is the 29th Feb.; but the year
in which Samson was elected was
not leap-year, and the narrative of
Jocelin (vol. i. 227) seems to fix
his election to the 21st February
at Bishop's Waltham. A week
later, at Marwell or Merewell, a
small village in the Isle of Wight,
near Carisbrooke, where Henry of
Blois, bishop of Winchester, had
founded a college of priests, he
received the blessing from the
bishops, as stated in the text.

[b] See Hoveden, iii. 8 (Rolls
ed.).

[c] Taxter, in his Chronicle, printed
by Mr. Thorpe in his edition of
Florence of Worcester, seems to
quote this passage; which, however,
is wrongly dated 1189; the expulsion of the Jews from Bury was
in 1190. See vol. i. 249 of the
present work.

William Longchamp expelled. apud Westmonasterium.   Anno proximo sequente expulsus est ab Anglia.[a]

1190. Exercitus Christianorum ante Acon magnus fuit. Ibi enim convenerant magnates de pluribus partibus Christianitatis cum populis suis in tantum, quod ipse Saladinus cum toto exercitu suo eis resistere non potuisset, nisi esset proditio ipsorum Christianorum.[b]

Hoc anno occisi sunt Judæi apud Sanctum   Diceto, Ym. Aedmundum Dominica in Ramis Palmarum; qui remanserunt ejecti sunt.

Chateau Gaillard built. 1197. Castrum Andeliacum cœpit fundari.[c] Circa dies istos Willelmus cum Barba suspensus est Londoniæ et **Affair of William the Bearded.** ix. alii cum eo.[d]

1198. Alwoldus Wintoniensis episcopus canonicos seculares in ecclesia Sanctæ Mariæ de Coventre reperiens, **At Coventry, Hugh de Nonant turns out the monks, and brings in canons. A papal commission reinstates the monks.** eos ejecit, et monachos induxit. Hugo Cestrensis episcopus in contrarium sentiens a Coventreia monachos expulit, seculares canonicos inducens. Hubertus Cantuariensis archiepiscopus et Hugo Lincolliensis episcopus et Samson abbas Sancti Aedmundi, juxta mandatum summi pontificis Celestini papæ tertii, canonicos amoventes a Coventreia monachos reintroduxerunt, præficientes eis priorem Jobertum nomine, xv. kal. Februarii.[e]

---

[a] The entry about William Longchamp also properly belongs to 1190. The "regionale concilium" (*Ymagines*, p. 656, Twysden) which he summoned to Westminster was held on the 15th October; and his flight to Normandy, according to the same authority, was on the 29th Oct. 1191.

[b] This entry about the siege of Acre seems to belong to 1191 more properly than to 1190, since the kings Philip and Richard, who must be meant by "magnates," did not land in Palestine till the former year.

[c] Hoveden and Matthew Paris date the building of the "Chateau Gaillard," at Andelys in 1196.

[d] The affair of William with the Beard also belongs to 1196; see Diceto, Hoveden, and Matthew Paris.

[e] The passage *Alwoldus . . . Februarii* is not to be found in the *Decem Scriptores*; it occurs only in two MSS. of Diceto, and is given in a note in the Rolls edition (ii. 153). That Ethelwold, bishop of Winchester in the time of Edgar, brought back monks specifically to Coventry, is a fact not mentioned

Super qualibet carucata terræ in Anglia positi sunt **Taxation.**
v. solidi in plerisque locis,[a] in quibusdam vero comitatibus in quolibet hundredo xxv. libræ.

Diceto, Ym. 1199. Ricardus rex Anglorum, cum regnasset annis ix. **Death of king Richard.** mensibus sex, diebus xix., in Aquitannico ducatu, Lemovico territorio, castello Calnz, vii. kal. Aprilis . . . die Martis, **John succeeds him.** vir operi martio deputatus, diem clausit extremum. Johannes dominus Hyberniæ . . . sollempniter est inunctus in regem . . . per manum Huberti Walteri Cantuariensis archiepiscopi, v.[1] kal. Junii.

Post coronationem vero parvo intervallo temporis moram fecit in Anglia, in Normanniam rediens cum festinatione.

1200. Ante[b] mediam Quadragesimam rediit rex **Taxation.** Johannes in Angliam, et de singulis carucis per totam Angliam exegit tres solidos, exceptis tamen carucis

---

[1] *vi.,* Diceto, Hoveden, Matthew Paris.

---

elsewhere; but that he was generally instrumental in turning out secular canons and substituting monks was known from the statements of Florence, Huntingdon, and others. Taxter has this passage, partly in the same words, under 1198. Jobertus was prior of Wenlock; see Annal. de Theokesb., p. 56 (Rolls ed.). On Samson's part in the restoration of the Coventry monks, see i. 295–6.

[a] The method of imposition of this tax of five shillings on the carucate (at that time passing as a hundred acres, Hoveden, iv. 47, Rolls ed.) is fully described by the historian just named. But for the statement that in certain counties a round sum of twenty-five pounds on each hundred was accepted (as if on an estimate that the average acreage in these counties was 10,000 acres per hundred) our author is alone responsible. An examination of the machinery for levying the tax described by Hoveden will show that this modification could have been easily introduced. See Stubbs' *Const. Hist.,* i. 510 (quoted by Dr. Liebermann).

[b] Our author, having now no more help from Diceto, whose *Ymagines* come to an end early in 1200, often quotes from a source common to him and Roger of Wendover. Dr. Liebermann has explained (*Ungedruckte Geschichtsquellen,* p. 101) why it cannot be reasonably held that Roger, though later in date, copied from our author. The common passages are here printed in small type.

virorum religiosorum.[a] De episcopis et abbatibus et ceteris tamen religiosis non modicam pecuniam accepit

Marriage of Blanche and Louis,

sub pretextu redimendæ pacis versus regem Franciæ. Rex Johannes rediit in Normanniam, et fecit pacem cum rege Franciæ, maritans neptem suam filio regis Franciæ.[b] Rex Johannes duxit excercitum versus

and of John to Isabella of Angoulême, Aug. 24.

Gasconiam [c] et omnes sibi rebelles in brevi subjugavit. In reditu suo accepit filiam comitis Engolismi et in die Sancti Bartholomei eam desponsavit.[d] Idem rex cum

Coronation, Oct. 8.

regina sua secundo die Octobris,[e] coronatus est octavo die mensis ejusdem apud Westmonasterium.

State and splendour kept up by the arch- bishop.

1201. Rex . . . Johannes celebravit Natale apud Gelde- Wendover, i. 311. ford. Archiepiscopus Cantuariensis Hubertus, vocatis multis militibus, Natale celebravit apud Cantuariam. Militari cingulo donavit circiter xii. juvenes, aliis multis festiva indumenta distribuit, quasi a pari cum rege contendens.

John in Northum- berland; at Bury, March 19, he is enter- tained by Samson.

Unde et ipsius regis incurrit indignationem. Rex adiit Northumbriam, ubi magnam adquisivit pecuniam. Inde rediens Sabbato Palmarum adiit Sanctum Aedmundum ; [f] Samson abbas exhibuit eum cum omni sequela sua

---

[a] Taxter mentions this exemption, but Hoveden and Wendover do not allude to it. If historical, it was probably connected with the recent heavy demand made by the pope on the English clergy for the support of the crusade (Hoveden, iv. 108).

[b] Blanche, daughter of John's sister Eleanor and Alfonso of Castile, married Louis, son of Philip II. See Miss Norgate's *Hist. of the Angevin Kings*, ii. 395.

[c] This expedition to Gascony, as Dr. Liebermann says, is not mentioned by the chroniclers, but is proved to have taken place by the Itinerary of John, deduced by Mr. Hardy from the Patent Rolls.

[d] In her learned and valuable

work just quoted, Miss Norgate (ii. 399), speaking of John's marriage, says, " No one gives a date." She had overlooked Taxter, who here, as elsewhere, follows our author.

[e] A word or words omitted ; either " appulsus," as suggested by Liebermann, or " mari se commit- " tens," would suit the sense. John (Itinerary, 1201) was at Valognes, near Cherbourg, on the 1st, and at Fremantle, near Winchester, on the 6th October.

[f] The Itinerary shows that John was at Bury on Monday, the 19th March. This visit is not mentioned by Jocelin de Brakelonde; on the other hand, our author says nothing of the earlier visit in 1199, which Jocelin notices (vol. i. p. 314).

Wendover, 311.

honorifice eo die et in crastino. Inde recedens adiit Cantuariam. Rex cum regina sua die Paschæ coronatus est apud Cantuariam. Archiepiscopus Cantuariensis copiosas At Easter . . . ne dicam superfluas, ministravit expensas. Dominica ᵃ he is again crowned. ante Ascensionem Domini apud Theokesbiri multis magna- John at Tewkes- tibus congregatis, edictum propositum est, ut comites et bury. barones regis cum rege transfretarent ; quod et quidam fecerunt ; alii vero, impetrata licencia remanendi, dederunt ii. marcas . . . de quolibet scuto. Celebravit

Wendover, 312.

rex diem Sanctam Pentecostes apud Portesmue et postea transfretavit. Rex Anglorum in magnam gratiam regis He visits Paris. Francorum receptus est. Parisius a clero et populo cum sollempni processione suscipitur, et a rege Francorum modis omnibus sicut decuit honoratur.

Hoc anno horridæ tempestates, tonitrua, . . . grandines, inundationes pluviarum, non solum in Anglia sed etiam in aliis regionibus, mentes hominum concusserunt et dampna . . . in locis pluribus intulerunt. Quadragesima pars reddituum . . . ecclesiarum ex precepto papæ Inno- Imposts to support a centii tertii collecta est ab episcopis per dioceses suas crusade. ad succurrendum terræ Jerosolimitanæ. Tam magnates quam plebei, qui crucis signaculum deposuerant, auctoritate apostolica sub interminatione anathematis resumere sunt coacti.

Wendover, 313.

1202. Rex . . . Johannes celebravit Natale . . . apud Strained relations Argentonium. In media Quadragesima habitum est collo- between John and quium inter reges Francorum et Anglorum per internun- Philip. cios inter Buttavant et Guletune, ubi rex Franciæ fecit summoneri regem Angliæ, ut Parisius veniret xv. die post Pascha, ei responsurus super quibusdam excessi- bus, quos ei imponebat. Interim, recurrentibus nunciis, convenit inter eos, ut post clausum Pascha iterum convenirent inter Buttavant et Guletune de

---

ᵃ That is, on the 29th April; for Easter fell this year on the 25th March; and this agrees with the Itinerary, which shows that John was at Tewkesbury on the 30th April. Wendover, dating the event on Ascension day (May 3), is in error ; on that day John was at Marlborough.

Philip takes Botcavant, Eu, and other places.

pace tractaturi. Quod colloquium [a] cum successus non haberet, die sequente ex improviso rex Franciæ . . . irruit in castrum de Buttevant et illud solo tenus prostravit. Exinde progrediens cepit in manu forti villam de Augi, et castrum de Leuns, et alia plura . . . Radepunt per dies viii. obsidens et nichil proficiens, superveniente rege Johanne, confusus recessit. Post dies paucos acies suas convertit ad Gurnai; et, fracto stagno, impetus aquarum maximam partem murorum, qua villa claudebatur, prostravit. Unde fugientibus cunctis . . . sine omni contra.

Fall of Gournay.

dictione rex Francorum villam de Gurnai intravit et optinuit.

Aug. 15.

Hugo [b] assumptus est in monachum die Assu[m]ptionis beatæ Mariæ Virginis.

Philip supports prince Arthur,

Rex Francorum donavit Arturum nepotem regis Angliæ cingulo militari. Reversusque Parisius, deputatis præfato Arturo magistris et custodibus, et insuper assignatis eidem ducentis militibus de propria familia,

and sends him into Poitou.

misit eos versus Pictaviam, ut bellicis tumultibus regem Angliæ fatigarent. Illis autem proficiscentibus, nunciatum est . . . reginam Alienor in castro de Mirabel paucorum subfultam præsidio commorari. Quo audito, furoris sui impetum illuc converterunt, et ex improviso præfatum castrum circumvallantes nullo defensorum re-

Queen Eleanor besieged at Mirabel.

sistente munimine, ad deditionem compulerunt. Turrim tamen, in qua se regina cum paucis . . . receperat, obtinere non potuerunt.

---

[a] This meeting between the kings, according to our author, was held "post clausum Pascha," by which perhaps may be understood a fortnight after Easter, which fell this year on the 14th April. John, who was at Orival on the 28th, and at Pont de l'Arche on the 30th April (both places are near Rouen), was in a position to hold such a meeting at the time indicated; for Gulctune (Le Goulet) is near Vernou-sur-Seine, within the French border. Wendover makes the interview to have occurred in Lent: but on that occasion, according to our author, envoys, "internuntii," met, not principals.

[b] Beginning from this point, Taxter's entry for the year is a summary of what is here given. Hugo was afterwards abbot of Bury.

Wendover,
314.
Regina vero Alienor in arcto constituta, nuncios ad
filium suum regem Angliæ, qui tunc morabatur in
Normannia, cum omni festinatione direxit, rogans . . .
et obsecrans, ut pietatis affectu matri succurreret desolatæ.
Quo audito rex, omni mora postposita, cum armata manu
die noctuque celerius quam credi potest spatium prætervolans
itineris longioris, usque Mirabel . . . pervenit. Quod cum
cognovisseut . . . Pictavenses, exierunt obviam regi pomposo
congressu . . . pugnaturi. Sed rex, Deo volente, superbis
eorum conatibus prevaluit et omnes in fugam convertit, tam
pernici equorum cursu insistens fugientibus, ut una cum
hostibus suis rex cum exercitu suo castrum de Mirabel
ingrederetur. Fuit igitur infra præfati castri ambitum con-
flictus durissimus, sed . . . in brevi finitus; capti sunt
etenim Arturus et plusquam ducenti milites de nobiliori-
bus Pictaviæ cum eo, ita quod nec unus pes eorum
evasit. Ligatos igitur in manicis ferreis et compedibus,
vehiculisque bigarum impositos, novo et inusitato genere
equitandi transmisit rex partim in Normanniam, partim in
Angliam, ut fortioribus municipiis absque metu evasionis
custodirentur. Arturus vero [apud][1] Falesiam sub vigilanti remansit custodia.

John rescues
her; cap-
tures the
castle and
garrison.

Wendover,
315.

Arthur im-
prisoned at
Falaise.

Comes de Flandria cum comitissa sua iter arripuit
versus Jerosolimam. Terræmotus magnus et horribilis
factus est in Terra Jerosolimitana.—Arturus evanuit.[a]
Celebravit rex Johannes Natale apud Cadomum. . . .

Count Bald-
win sails for
the Holy
Land.

Arthur dis-
appears.

A.D. 1203.

Wendover.
316.
Peracta sollempnitate Paschali, rex Franciæ collecto exercitu
cepit plurima municipia regis Johannis, quorum quædam
delevit, quædam ad sui præsidium integra reservavit.

Philip con-
quers great
part of
Normandy.

Wendover,
317.
. . . Comites vero et barones . . . Angliæ, qui
cum rege Johanne erant, accepta licentia, quasi
statim redituri ad propria remearunt, rege cum admodum

---

[1] Depromptum est verbum ex Wend.

[a] That " Arthur disappeared " is
the only fact out of the story about
the interview between him and
John and its fatal result, told by
Wendover, which our author
adopts. Even this is omitted by
Taxter.

paucis . . . in Normannia relicto. — Hugo de Gurnai,
traditor manifestus, castrum de Munford, quod rex
Johannes cum toto ipsius honore contulerat ipsi Hugoni,
regi Franciæ tradidit, et milites ipsius clam de nocte in-
troduxit; sicque spretis juramentis, non habito respectu
ad fidelitatem, quam domino suo ligio debebat, ad regem
Franciæ convolavit.

Castrum de Rupe[1] obsessum est.

Magnates Normanniæ quidam a domino suo rege discesserunt, quidam ficte et alienato corde ei adhæserunt.

Collecta est pecunia per totam Angliam in regis
auxilium, scilicet septima pars omnium reddituum[a]
baronum et monasteriorum conventualium.

Rex Johannes applicuit in Angliam apud Portesmue die
Sancti Nicholai. Inde adiit Sanctum Aedmundum;[b]
deinde Sanctum Thomam [archiepiscopum et marti-
rem].[c] [2]

1204. Celebravit rex Johannes Natale apud Cantuariam,
Huberto archiepiscopo omnia necessaria regiæ festivitati ministrante.—In crastino Circumcisionis Domini convenerunt
fere omnes magnates Angliæ apud Oxeneford, tractaturi
de regiis negotiis. Promissa sunt regi auxilia militaria,
de . . . scuto scilicet duæ marcæ et dimidia; episcopi
vero et abbates non prorsus sine promissione recesserunt.
—Comites et barones se transfretaturos cum rege
spoponderunt.—Pridie nonas Martii captum est castrum
de Rupe et omnes milites ducti in Franciam.—Prima

Margin notes (left):
Fall of Montfort.
Chateau Gaillard besieged.
Taxation.
John returns to England, Dec. 6; visits Bury.
A convention at Oxford.
Fall of Chateau Gaillard.

Margin notes (right):
Wendover, 318.
Wendover, 320.
Wendover, ii. 8.

---

[1] *Rupe Andeliaci*, Wend. | [2] *arch. et mart.*, manu recentiore.

---

[a] Wendover has "mobilium." A subsidy of the seventh part of a taxpayer's *movables* is more likely than an impost to the extent of the seventh part of his *rents*, or income.

[b] The Itinerary shows that John was at Barfleur on the 5th, at Portsmouth on the 7th, and at Bury

on the 18th and 19th December 1203. During this visit he gave the monks a grant of ten marks a year in exchange for a sapphire and a ruby. See Mr. Gage Rokewode's note in his edition of Jocelin, p. 154.

[c] Taxter follows our author closely all through the year 1203.

vigilia noctis kalendis Aprilis tantus rubor in cœlo apparuit Brilliant Northern Lights. in parte aquilonari et orientali, quod ab omnibus videntibus verus ignis crederetur.   Duravit autem . . . usque ad noctis medium ; et, quod magis mirum est, in ipso vehementissimo rubore stellæ micantes apparuerunt.— Tota Loss of the French provinces. Normannia, et Andegavia, et Cenomannia, et Pictavia in regis Franciæ dominium sine contradictione cesserunt, [quæ olim ad dominium regum Angliæ solebant pertinere].[1]

Comes Flandriæ Constantinopolim cepit et factus A Latin emperor at Constantinople. est imperator Constantinopolitanus.

Regina Alienor diem clausit extremum xi. kalendas Death of queen Eleanor. Aprilis,[a] cujus anima requiescat in pace.[b] Amen !—Rex Johannes interim omnimodis vacabat deliciis, hylarem vultum omnibus exhibens, acsi ei nichil deperisset.[c]

Wendover, 9. 1205. Rex Johannes apud Teokesbiri vix per unius diei moram Natale celebravit.[d]—Terra vehementissime congelata Severe frost. agriculturam suspendit a xix. kalendas Febr. usque ad xi. kalendas Aprilis. [H]oc anno renovata fuit moneta, anno Renewal of the currency. Domini MCLVIII. olim facta, scilicet anno i⁰ coronationis Henrici secundi.[e]—Quartarium frumenti xiv. solidis vendebatur.[f]

---

[1] Manu recentiore.

---

[a] Taxter adds that she was buried at Fontevraud; her wooden effigy there is well known.

[b] These words, as Dr. Liebermann observes, have a contemporary ring.

[c] In Wendover this sentence occurs in substance immediately after the mention of the treason of Hugo de Gurnai ; see p. 12.

[d] The Itinerary shows that he was staying at Malmesbury, whence he went to Tewkesbury for Christmas day, and returned at once to Malmesbury.

[e] See Stubbs' *Const. Hist.*, i. 488. A second coinage was ordered by Henry II. in 1180. The repair of the coinage here mentioned, though not mentioned by Wendover or Paris, is noticed by Coggeshall (p. 151), and in the *Annals of Winchester*, which say under this year " mutatio monetæ facta " est."

[f] Wheat is said (*Annal. Theok.*) to have stood at the same price in 1203.

Expedition fitted out at Portsmouth.

Circa Pentecostem rex . . . congregavit apud Portemue Wendover, 10. exercitum grandern et navium multitudinem copiosam, mare transiturus, ut in manu forti terrarum quas amiserat dampna resarciret. Archiepiscopo et quibusdam aliis hoc dissuadentibus, rex, eorum spreto consilio, cum pauco June 13.
It proves abortive. comitatu, ceteris ad propria reversis sine regis licentia, idus Junii[1] mare ingressus est. Sed mutato consilio die June 15.
John exacts money all round.
June 23. tertio applicuit apud Stodland juxta Warham.[a] De . . . baronibus, militibus, domibus religiosis, pecuniam infinitam exegit rex.—Castrum Chinonis in vigilia Sancti Johannis Death of archbishop Hubert. Baptistæ a rege Franciæ captum est.—Hubertus Cantuariensis archiepiscopus iii. idus Julii diem clausit extremum apud Thenham.[b]

1206. Celebravit rex Johannes Natale apud Oxeneford. Wendover, 12. John embarks at Portsmouth, and lands at Rochelle.
May 26.
June 7.
Is well received.
His successes. —Rex grandem exercitum coadunavit in ebdomada Pentecostes apud Portemue, et naves conscendit vii. kalendas Junii,[1] et applicuit apud Rupellam vii. idus Junii.[1c] Quo audito congratulabantur incolæ terræ illius et quantocius ad dominum regem confluentes, opem . . . et auxilium certissimis assertionibus compromiserunt. Securius ergo abinde procedens peragravit provincias et partem terræ . . . non Wendover, 14. modicam sibi subjugavit.

Truce for two years.
Nov. 1.
John returns to England. Interim quibusdam viris religiosis de pace inter reges reformanda sollicitis, biennales inducias impetraverunt. Factumque est hoc in festivitate Omnium Sanctorum.—Reversus est igitur rex in Angliam et applicuit apud Portemue pridie idus Decembris.

---

[1] *Julii*, Wend.

---

[a] According to the Itinerary, John was at Portsmouth on the 13th and at Dorchester on the 16th June; these dates are consistent with his landing near Wareham on the 15th. The "Julii" of Wendover, followed by Paris, is therefore an error.

[b] Of the archbishop's palace at Teynham there are still some ruins standing.

[c] Here again our author is right in his dates, and Wendover wrong. John was at La Rochelle on the 8th June. After going on board ship at Portsmouth on the 26th May, he remained some days in the Isle of Wight; for he dates from Yarmouth between the 28th May and the 1st June.

Johannes Ferrentinus, apostolicæ sedis legatus, collecta maxima pecunia per totam Angliam, tandem celebravit concilium apud Radinges in crastino Sancti Lucæ Ewangelistæ; quo peracto, sarcinulis cum maxima cautela dispositis et . . . commendatis, festinus viator ad mare perveniens, Angliam a tergo salutavit.[a]

John of Ferentino, legate, in England.

Holds a council at Reading, Oct. 19.

Wendover, 35.

1207. Celebravit rex Johannes Natale . . . apud Wintoniam. Sexto kalendas Febr. circa mediam noctem ventus vehemens et repentinus adveniens ædificia diruit, arbores prostravit, oves et pecudes exaggeratis nivibus involvens interire coegit. Pridie kalendas Martii eclipsis solis.

Jan. 27.

Great snow-storm.

Feb. 28.

Wendover, 37.

Caesatis electionibus[b] Norewicensis episcopi et supprioris Cantuariensis, electus est in archiepiscopum magister Stephanus de Langetune presbyter cardinalis et consecratus a summo pontifice Innocentio civitate Biterni[1] xv. kalendas Julii. Ob hanc . . . causam rege indignante, expulsi sunt monachi Cantuarienses . . . omnes præter xiii. valetudinarios ab Anglia, substitutis quibusdam monachis Roffensibus, et de Sancto Augustino, et de Faveresham, ad ministrandum in ecclesia Cantuariensi per præceptum regis, Fulcone de Cantelu procurante, immo dissipante exteriora, terris archiepiscopi . . . remanentibus incultis.

Election of Stephen Langton to the see of Canterbury.

Wendover, 38.

John drives the monks of Christ Church, Canterbury, into exile.

Circa festum Sancti Clementis maxima fuit inundatio aquarum.

ib., 39.

Nov. 23.

Wendover, 44.

Eodem anno, die Sancti Remigii, regina peperit . . . filium . . . et vocatus est . . . Henricus.—Rex Otto venit in Angliam[c] et, colloquio habito inter regem

Oct. 1.

---

[1] *Viterbii,* Wend.; *Biterbii,* Taxter.

---

[a] Taxter's narrative for 1205–6 is merely an abridgment of our author.

[b] It is evident that our author, who has not hitherto said a word on the disputed election for Canterbury, has here greatly abridged the common source which he and Wendover had at command. The elections of Reginald and John de Gray are described at length by Wendover immediately after his notice of the death of Hubert at Teynham.

[c] Henry II. married his daughter Matilda to Henry the Lion, duke of Saxony, the head of the great house of Welf or Guelf; and for a hundred years from that time warm friendship and sympathy united the English royal family and the Welfs. The money and influence of Richard had helped to make Otto or Otho, his sister's son, king of the Romans;

Johannem avunculum suum et ipsum apud Stapelfordam, Wendover, 35.

Otho of Brunswick in England; John meets him at Stapleford; supplies him with money.
Taxation.
Feb. 9.
Geoffrey of York leaves the country.
Bad seasons. in thalamo Samsonis abbatis Sancti Aedmundi, rediit in terram suam, acceptis v. milibus marcarum argenti a domino rege.—Tertia decima pars data est regi de omnibus catallis habitis in octavis Purificationis Sanctæ Mariæ. Solus . . . archiepiscopus Eboracensis nolens consentire, res suas relinquens direptioni, clamculo recessit ab Anglia.[a]—Hoc anno et præcedente fructus terræ in omnibus pomeriis fere defecerunt.

1208. Rex Johannes celebravit Natale . . . apud Windelsores. Facta est inundatio aquarum vehementissima et dampnosa. In crastino Purificationis beatæ Mariæ eclipsis Wendover, 41. lunæ, primo coloris sanguinei, postea teterrimi.

Feb. 3. Londoniensis, Elyensis, . . . Wigornensis episcopi. ex Wendover, 45. præcepto domini papæ x. kalendas Aprilis totam Angliam ib., 43. sub generali interdicto incluserunt, quia rex Johannes, inEngland laid under an interdict.obediens præceptis domini papæ, archiepiscopum Cantuariensem et monachos recipere recusavit. Ob quod domiib., 47.nus rex vehementer indignatus, omnes redditus ecclesiastiJohn prepares to confiscate all ecclesiastical revenues, but shows favour to St. Edmund's.
Severities against the clergy.cos confiscare disposuit, et pro parte majori in usus suos convertit. Ob reverentiam tamen Sancti Aedmundi abbatiam Sancti Aedmundi in omnibus libertate pristina donavit apud Geldeford, ubi Pascha celebraverat.—Amicæ[b] clericorum Angliæ coactæ sunt per ministros regis ad sese redimendas.—Horrea clericorum Angliæ obserata sunt, et custodiis ex parte regis positis tradita. Philippus dux Wendover, 47. Murder of Philip of Suabia.Suaviæ, regis Ottonis adversarius, in propria camera occisus est. Archiepiscopi, episcopi, duces, et ceteri ib., 48. principes Alemanniæ fidelitatem et homagia fecerunt Flight of William de Braose.Ottoni. Willelmus de Brause circumvallatus hostibus

---

and now we find John also ready to assist him. See Pauli, " Der Gang " der internationalen Beziehungen " zwischen Deutschland und England," Gotha, 1859. The manor of Stapleford, in Essex, had been taken by abbot Samson into his own hands some years before; see i. 237. The

object in arranging that the meeting between John and Otho should take place at Stapleford, instead of in London or at the neighbouring royal mansion of Havering, seems to have been secrecy.

[a] The events of the year are strangely transposed.

[b] Taxter has concubinæ.

vix evasit, cum tota familia sua fugiens in Hyberniam.[a]
—Facto interdicto, Londoniensis, Elyensis, Wigornensis,
. . .[b] et Herefordensis episcopi ab Anglia recesserunt.
—Albi monachi in principio interdicti cessantes, postea ad
mandatum abbatis sui divina celebrare presumpserunt; unde
excommunicati fuerunt.

1209. Rex Johannes celebravit Natale . . . apud Bristowe, et ibi prohibuit capturam avium.—Dux Saxoniæ [c]
Henricus venit in Angliam ex parte regis Ottonis colloquium habiturus cum domino rege.—Lodowicus filius
Philippi regis Franciæ cingulo militari donatus est apud
Compendium et centum alii . . . cum eo.—Ecclesiis
Angliæ conventualibus indultum est semel in ebdomada
celebrare divina, clausis januis.— Rex Angliæ duxit
exercitum grandem usque ad Scotiam, ubi confederati
sunt reges Angliæ et Scotiæ, datis obsidibus regi
Angliæ.—Combustæ sunt sepes et fossata complanata
ubique per forestam, et segetes traditæ bestiis ad devo-
randum.[d]

Rex Johannes cepit homagia de omnibus hominibus
libere tenentibus per totam Angliam, tam de clericis
quam de laicis liberum tenementum tenentibus. Et
Walenses venerunt facere homagia sua apud Wdestoch.—
Albis monachis iterum indultum est semel in ebdomada
celebrare divina, sicut ecclesiis conventualibus.

Stephanus archiepiscopus Cantuariensis, et Londoniensis et Elyensis episcopi, ex mandato regis
Johannis venerunt in Angliam [e] circa festum Sancti
Michaelis, colloquium cum eo habituri et de pace
ecclesiæ tractaturi. Sed nunciis regis et archiepiscopi

---

[a] Wendover explains the cause of the flight of William de Braose.

[b] Wendover adds "Jocelinus " Bathoniensis."

[c] Wendover's mistake here, " dux Suaviæ," which Matthew Paris follows, shows that neither of them knew much of German poli- tics.

[d] Wendover only says (p. 50) that all this devastation was *ordered*

by the king. Taxter agrees with the statement in the text.

[e] Wendover and Paris do not mention this visit. The Annals of Worcester speak of it, using in part the same words as our author. The Annals of Dunstable say that the bishops named landed at Dover in October, "ad tractandum cum " rege de pace," but to no pur- pose.

intercurrentibus, nichilque proficientibus, redierunt in Franciam infecto negotio. Albigei,[1] homines nepharii et nominis Christi inimici, ab exercitu collecto per Franciam pro parte majori deleti sunt in partibus Tolosanis.—Rex Otto profectus est Romam et ibi coronatus diademate imperiali iiii. nonas Octobris,[a] die existente Dominica. Sententia lata est in dominum regem Johannem circa festum Sancti Dionisii, nisi satisfaceret ecclesiæ infra octabas Omnium Sanctorum, quod non fecit.— Omnes episcopi de Anglia recesserunt, ne regi Johanni communicarent, præter Wintoniensem.—Hugo Lincolliensis episcopus consecratus est a Stephano Cantuariensi archiepiscopo in Francia apud Meludinum, die Sancti Thomæ apostoli.[b]

The Albigenses.

Oct. 4.

Papal sentence against John.

Oct. 9.

All the bishops, except Peter des Roches, leave England.

Dec. 21.

Wendover, 54.

1210. Celebravit Natale rex Johannes apud Windelsores, ubi interfuerunt omnes magnates de Anglia, communicantes ei.—Gelu gravissimum per vii. ebdomadas durans semina frugum hiemalium exussit, pecudes et volucres et pisces interfecit.

Severe frost.

Orta est dissensio .   inter dominum papam et imperatorem.

Breach between the pope and the emperor.

Wendover, 55.

Judæi per totam Angliam capti, tam feminæ quam masculi, carcerali custodiæ traditi sunt.—Exercitus grandis collectus in Wallia apud Penbroc cum rege profectus est in Yberniam. Ibique eis, quæ ad pacem erant, dispositis, in Augliam remeavit.[c]—De domibus religiosis per Angliam cujuscunque ordinis sine exceptione ad grave tributum persolvendum regi coacti sunt.

The king crosses to Ireland.

Taxation of religious houses.

ib., 57.

---

[1] *Albigei,* Taxter.

---

[a] Fleury (*Hist. du Christianisme,* LXXVI.) places the coronation of Otho on the 27th Sept. This appears to be the received date; see Stacke's *Deutsche Geschichte,* i. 484. Wendover, Paris, and Taxter agree with our author.

[b] Wendover gives the 20th December as the day of Hugh's consecration.

[c] John (Itinerary, 1210) was in Ireland from the 20th June to the 24th August.

Imperator Otto a domino papa Innocentio excommu- The pope excommuni-
nicatus est, et omnes magnates Alemanniæ a fidelitate ei cates Otho in favour of
præstanda absoluti, quia regem Siciliæ orphanum et Frederic. his ward.
pupillum ac apostolicæ tutelæ relictum· usque ad exhæredationem persequi non cessabat. Matildis . . . uxor Death of Matilda de
Willelmi de Brausa et Willelmus filius ejus . . . carcerali Braose.
custodiæ deputati . . . defecerunt.ᵃ

Turris apud Sanctum Aedmundum fortissima absque Fall of the tower at St.
omni impulsu turbinis aut tempestatis magis prodigio- Edmund's.
saliter quam causaliter cecidit ix. kalendas Octobris.ᵇ Sept. 23.

1211. Rex Johannes transegit Natale . . . apud Ebora-
cum.—Walliam totam sibi subegit, et leges et assisas Subjugation of Wales.
Angliæ Walensibus imposuit.—Willelmus de Brausa apud
Codubam ¹ diem clausit extremum et sepultus est Parisius
apud Sanctum Victorem.

Comes Boloniæ a . . . rege Franciæ recessit.

Pandulfus subdiaconus, sedis apostolicæ cardinalis, et fra- Pandulf, a confidential
ter Durandus venerunt in Angliam cum mandatis aposto- emissary of the pope,
licis ad reformandam pacem inter regnum et sacerdotium. visits Eng- land.
—Sed diabolico instinctu præpediti, infecto negotio re- The mission fruitless.
dierunt.—Scutagium captum est ab hiis, qui exercitui
Walensium non interfuerunt, scilicet ii. marcæ.—Vir nobilis Death of Roger de
et miles egregius, Rogerus constabularius Cestriæ, vitam finivit. Lacy.

1212. Rex Johannes celebravit Natale apud Wildeshores.² Dec. 30, A.D. 1211.
Sexto die Natalis Domini apud Sanctum Aedmun- Death of abbot
dum obiit piæ [me]moriæ Samson, venerabilis abbas Samson.

Left margin notes: Wendover, 56. / ib., 57. / Wendover, 58. / ib., 59. / ib., 58. / ib., 60.

---

¹ Cordubam, Wend. ; Curbulam, | ² Sic in MS.
Paris. |

ᵃ Wendover says that Matilda | (p. 86), " Turris ecclesiæ Sancti
and her son were captured by John | " Edmundi impulsu venti cecidit."
in some castle in the county Meath, | The same reading appears in
and that they were starved to | Thorpe's Florence (ii. 169); and
death by the king's order. This | Dr. Liebermann (p. 149, note 53)
is repeated by Taxter, who adds | naturally assumes its correctness.
that Matilda was the donor of a | But the excellent MS. of Taxter,
precious cloth to St. Edmund's | Julius A. 1, has " sine aliquo im-
monastery for the use of the | " pulsu venti cecidit "; and is thus
refectory. | in perfect agreement with Harl.
ᵇ Bately, quoting Taxter, has | 447.

ejusdem loci.   Qui, cum feliciter abbatiam sibi com-
missam rexisset annis xxx. [duobus mensibus minus],[1]
et eam debitis multimodis liberasset, privilegiis libertatibus possessionibus ædificiis amplissimis ampliasset,
cultumque ecclesiæ in interioribus et exterioribus
sufficientissime instaurasset, ultimo filiis vale præ-
sentato, a quibus benedictus in secula meruit benedici,
astantibus omnibus, non miserabilem sed mirabilem
ejus transitum admirantibus,[a] anno interdicti iiii.
quievit in pace.

Otho in
Italy;
the pope
and he can-
not come to
terms. Otto imperator, dispositis pro libito omnibus in
regno Apuliæ et in insulis adjacentibus, reversus est in
Tusciam; ubi, dum moram aliquandiu faceret, tracta-
tum est de pace inter dominum papam Innocentium et
ipsum; sed infecto negotio Italiam intravit excommunicatus.

March 4.
The Scottish
king's son
knighted by
John. Dominica qua cantatur Letare Jerusalem, filius regis Wendover,
Scotiæ, quamvis statura parvus, procerus tamen et [60.]
aspectu placabilis, a rege Angliæ Londoniæ apud domum
Hospitalis [b] cingulo militari donatus est, et ipse xii.
nobiles de Scotia fecit milites eodem die.—Quidam
Raid of Mac-
William. cognatus regis Scotiæ, Macwillelmus nomine, cum
multitudine gravi Scotiam applicavit, et maximam
partem terræ depopulatus est, multis utriusque sexus
conditionis et ætatis morti addictis; et hoc, ut
dicitur, de assensu quorundam magnatum Scotiæ.
John sends
Brabanters
to the help
of John at
Durham. Rex Johannes misit in auxilium regis Scotiæ Bra-
bantios multos, ducente eos quodam nobile Anglico.—
Rex Johannes profectus est Dunolmum,[c] colloquium

---

[1] Accedunt hæc verba super lineam, manu non multum recentiore.

---

[a] One can hardly doubt that the
monk who wrote thus was present
at the dying scene.

[b] Matthew Paris has, "apud
"Sanctam Brigidam hospitale de
"Clerkewell tenens festum." The
hospital at Clerkenwell belonging
to the knights of St. John had a
great hall in which parliaments
were sometimes held. John (Itinerary, 1212) was at St. Bride's on
the 4th March.

[c] The king (Itinerary, 1212) was
at Durham on the 28th June.

habiturus cum rege Scotiæ; eoque illac degente, Rising of the Welsh.
Walenses confederati, juramentis et obligationibus
mutuis constricti, omnes sub Leulino, (qui in Pascha
cum rege Angliæ fuerat, dicto rege apud Kantebrige
Pascha celebrante,) insurrexerunt subito et ex inspe-
rato in regem Angliæ, castra, quæ rex Angliæ fecerat
in Wallia, nullo resistente, devastantes, homines regis They kill many English- men.
Angliæ omnes, nullo delectu habito, decapitantes;
inter quos Robertus Lupus, qui multa mala Walensibus intulerat, captus est.

Imperator Otto nuncios suos in Angliam ad regem Emissaries from Otho well re- ceived by John; they return loaded with gifts.
avunculum suum direxit, Cunradum de Diche, et
alium Cunradum, et quendam senescallum suum;
quibus negotia domini sui et causam legationis suæ
proponentibus, rex multa contulit in auro et argento,
equis et vestibus variis; sicque reversi sunt.—[C]omes
Boloniæ multis a rege Angliæ ditatus pecuniis in
partes transmarinas reversus est, Hugone de Bove,
nobile quodam transmarino et milite strenuo, ut dicitur,
cum dicto comite iter agente.[a]

Malgerus Wigornensis episcopus apud Pontiniacum Death of the bishop of Worcester.
diem clausit extremum,[b] ibique in pace sepultus est.

[R]ex Angliæ nuncios suos direxit ad imperatorem, John sends envoys to the emperor.
Walterum de Grai cancellarium suum, Sacrum de
Quenci comitem Wintoniæ, Willelmum de Cartelu
dapiferum suum, Willelmum Traigoz; qui in Alleman-
niam profecti præ nimia commotione terræ cum They reach him with difficulty.
magno conductu vix ad imperatorem pervenerunt.
Quibus ibidem commorantibus imperator in expeditione
existens cum filia ducis Sueviæ Isabel [c] matrimonium

---

[a] A document among the Patent
Rolls shows that in 1212 the Count
de Boulogne and Hugo de Bove
were actively engaged in sending
over recruits to John. This perhaps explains the "multis ditatus
" pecuniis." In August, the same

year, the king granted the barony
which had belonged to Gilbert
Pechie to Hugo de Bove.

[b] On the 1st July; Stubbs' *Registrum Sac. Angl.*

[c] Otho married Beatrice, daughter
of Philip of Swabia.

sollempniter contraxit, eamque carnaliter cognovit; quæ paucis diebus post, optato fruens matrimonio, in fata cessit.

Robert Vipont in Wales.

Robertus de Veteri Ponte [a] a Walensibus obsessus et ad desperationem fere perductus cum multis aliis vix per regem Angliæ cum celeritate summa properantem liberatus est, castro in quo obsessus erat igne consumpto funditus.

Godfrey of Louvain captured.

[G]odefridus de Luvein ex præcepto regis per Flandriam latenter iter faciens, ad ducem de Luvein iturus, a filio regis Franciæ Lodowico captus est.

St. Omer and Aire surrendered to France.

Præpositus Sancti Audomari de consensu burgensium reddit burgum cum pertinentiis et Arium [b] cum pertinentiis Ludowico filio regis Franciæ.—Orta est dissensio inter Ludowicum et comitem Flandriæ,[c] rege Angliæ inde gaviso et auxilium contra inimicos non modicum sperante. Sed astutia regis Franciæ discretione prævia turbata sedavit.

Death of John Cumin, archbishop of Dublin.

Johannes Cumin, archiepiscopus Diflinensis, in senectute laudabili et admirabili mortuus est, et ad patres suos positus; post quem electus est ad sedem illam archidiaconus de Stafforde,[d] qui a rege Angliæ licentiatus in Yberniam profectus est.

John de Gray in Ireland.

Johannes Norwicensis episcopus II[us],[e] collecto exercitu, terram regis de Keneliun [f] in manu forti

---

[a] Robert Vipont is named by Wendover (ii. 60) as one of the "wicked counsellors" of king John. He was concerned in the siege of Mount Sorrel and other operations in 1217.

[b] By the "arium" of the MS. the town of Aire, near St. Omer, is evidently intended.

[c] Ferraud, count of Flanders in right of his wife, the daughter of the emperor Baldwin (Liebermann).

[d] Henry de Loundres, archdeacon of Stafford, surnamed "Scorch-villeyn," founder of the castle of Dublin.

[e] The first John, bishop of Norwich, John of Oxford, elected in 1175, died in 1200. Stubbs' Registrum.

[f] Dr. Liebermann well refers to the Annals of Loch Cé (Rolls series). Cenel-Eoghain (Kinel-Owen) was "the tribe and terri-"torial name of the septs of the "O'Neills and their correlatives." This expedition of John de Gray,

ingressus, castrum ibi firmavit. Quod dictus rex moleste
ferens, collecto exercitu suo, dictum episcopum fugavit,
multosque de exercitu suo interfecit. Castrum tamen
debellare non potuit.

[R]icardus de Marisco,[a] præcipuus regis Angliæ Exactious of Richard de Marisco.
consiliarius, debita Judæorum cum usuris ab omnibus
improbissime exigens, multos desolatos constituit.

Fama (malum, quo non aliud velocius) de comitatu Alarming rumours.
in comitatum, de civitate in civitatem, de castro in
castrum, de vico in vicum discurrens, apud quosdam
prædicavit: reginam raptam, juniorem filium regis[b]
apud Merleberge interfectum cum magistris et custodibus suis, castrum succensum, et omnia quæ in castro erant, direpta. Apud alios, thesauros regis apud
Bristov raptos ab advenis; apud quosdam, exteros in
Angliam in manu valida applicuisse. Hæc omnia nil
esse, rei exitus declaravit.

[I]gnis in furore succensus,[c] Londoniis ultra pon- Great fire in Southwark.
tem maximam partem civitatis cum ipsis civibus et
ecclesiis et possessionibus et suppellectili diversimoda
devoravit, nec ponti detulit, quamvis elemento con-
trario [pro]xime superpositus.[1] Tanta enim virtute

---

[1] Sic legitur in cod., et recte; *superposito*, Lieb.; sed elementum
aquæ nequit elemento ignis superponi.

---

the king's justiciary, into the North,
his defeat by Aedh O'Neill, king of
Kinel-Owen, with other particulars
here given, are related in the
Annals (ii. 247). The name ap-
plies chiefly to the present county
Tyrone, but must also have extended to Derry; for the chief seat
of the bishopric of Cenel-Eoghain
(united with that of Derry in the
middle of the twelfth century) was
Rathlure, now Maghera, thirty
miles south-east of Londonderry.
See *Chartularies, &c., St. Mary's*

Abbey, Dublin (Rolls series),
edited by Mr. Gilbert.

[a] Richard de Mariseo, at this
time archdeacon of Northumberland,
was afterwards bishop of Durham.
See the mention of him in the *De
Electione Hugonis* (*infra*, p. 105).

[b] Richard of Cornwall.

[c] Taxter, who omits all the historical details, from the death of
the empress Isabella to this point,
given by our author, has a brief
mention of this fire. See Matthew
Paris, ii. 536 (Rolls ed.).

protenditur, ut merito apud quosdam dubitetur, utrum plures flamma consumpserit, seu fumus extinxerit, aut flammam fumumque fugientes aquis immerserit perituros. An talia in detestationem impietatis humanæ, sine qua nil factum est, divina providerit dispositio, quis ambigat? cum peccatum naturale apud omnes Gen. vi. 2-7. inolitum aqua deleverit in diluvio, et, quod contra naturam sodomitica produxit detestatio, ignis assump- Gen. xix. 24. sit.

Rex Angliæ in Walliam profecturus, victualia ad Cestre duci fecit in multitudine non prius audita, a singulis domibus Cysterciensis ordinis bigas accipiens, ad arma, et cetera, quæ exercitui suo expedirent, deferenda.—[D]e singulis comitatibus, baroniis, monasteriis et prioratibus pedites cum ligonibus et securibus electi sunt, et, ut in Walliam eant, iter arripiunt.

Detectum est interius, et regi datum intelligi, quod omnes nobiles ejus per dominum papam a fidelitate ei præstita absoluti, litteras domini papæ receperunt; insuper quod de eo capiendo, si Walliam secundum propositum suum proficisceretur, ab omnibus magnatibus suis una et consona deliberatione provisum esset et statutum. Rex, hoc audito, non parum timens sibi, apud Notingeham moram fecit,[a] præcipiens ut

singuli quique ad propria remearent. Nec erat Anglicus quis, cui proditionis notam non imponeret. Ecce regni universalis turbatio; trepidant universi,

regis sævitiam timentes. Tandem vero, a nobilibus obsides accipiens, et eorum nobilium saltem consilio se crediturum, remotis a familiaritate sua alienigenis,

promittens, rex securitati redditus est.—[R]obertus filius Walteri, capi jussus sed præmunitus, præmissis

---

[a] The Annals of Margan say that John, "proditionem formidans "infra castellum de Notigeham "per xv. dies se clausum tenuit."

The time is shown by the Itinerary to have been really eight days, from the 14th to the 22nd August.

sub silentio uxore et prole sua, Galliam adiit,[a] quæ nulla fuit in alios, ut viderat, misericordiam regis non expectans.—Rex Angliæ securitatem literatoriam accepit a nobilibus Angliæ, quod, contempto papa et omnibus aliis, starent cum eo contra omnes.[b]—Gal- fridus Norwici, clericus nobilis, eo quod diceretur scriptum domini papæ coram baronibus de scaccario recitasse, a rege vocatus ut rationem redderet, apud Notingeham captus est, et in tantum ferro vestitus quod mortuus est.[c]—Archidiaconus de Huntedune captus est et incarceratus ; sed, datis ii. millibus marcis, servatis dignitate et loco et familiaritate, Londonias remissus est. [R]ege a conventu Sancti Aedmundi auxilium onerosum [d] petente, coactus est conventus, quamvis . . .

Cruel punishment and death of Geoffrey of Norwich.

The king demands a loan from St. Edmund's.

[a] See Wendover, ii. 62. Robert Fitzwalter was the commander of the " army of Holy Church " in the struggle for the Great Charter. Taxter gives an account, much abridged, of the plot and the king's measures.

[b] Taxter (p. 170) borrows this sentence almost verbatim.

[c] This seems to be the same case as that of Geoffrey, archdeacon of Norwich, whose cruel punishment is placed by Wendover (ii. 53) under 1209. Wendover's date appears to be wrong ; and the name of the archdeacon of Norfolk in 1209 was not Geoffrey. See Dr. Liebermann's note.

[d] It appears (infra, 105–111) that the king extorted from the monks during the interdict 4,000 marks. Taxter does not mention this, but says that the townsmen of Bury, quamvis inviti, promised the king an aid. It was given, and they forbore (p. 114) to press for repayment.

ELECTIO HUGONIS.

CRONICA DE ELECTIONE HUGONIS ABBA-
TIS POSTEA EPISCOPI ELIENSIS.

f. 171.

(Harl. 1005.)

A.D. 1211. Anno ab Incarnatione Domini MᵒCCᵒXJᵒ, nocte proxima instanti post festum[1] beati Thomæ martiris, hora xiiijᵃ, inter lupum et canem, venerabilis memoriæ abbas Samson, de hoc mundo migrans, ad illum qui terminos hominum posuit, quos impossibile est aliquem præterire, pro temporalibus celestia, pro labore requiem, pro mærore et tristitia gaudium et consolationem, pro perituris æterna commutans, ovesque suas morsibus luporum deputatas, non tamen sine gravi dolore a tanto pastore desolatas, licet mercenariorum tutelæ reliquisset, ejusque recessum deflerent irremediabilem, de subtractione ejusdem tractare non differentes, communi omnium superiorum inferiorumque consilio, pulsata tabula, omnes simul hora eadem in locutorium minutorum[a] convenire. Et licet ad præsens de pastore præficiendo sine regio assensu, et gratia ejus super electione libera perquisita, plene non possent tractare et sufficienter, ad majorem tamen cautelam et domus suæ securitatem, omnium voto pariter et assensu, sententiam excommunicationis cum stolis et candelis accensis a domino priore prolatam, et ab aliis omnibus respondentibus *Amen* deinde confirmatam, inferre non distulerunt, videlicet ne quis, vacante pastore, propriam procuraret ad abbatiam perquirendam promotionem, seu bona ecclesiæ ob causam abbatiæ

Marginal note: Death of abbot Samson.

Marginal note: The monks meet in the conversation-room; excommunication is pronounced against any who should seek to procure his own promotion to the vacancy.

---

[1] In marg.

[a] See vol. i. p. 221.

perquirendæ, per se vel per alium, sive pro se sive
pro alio, inconsulto conventu alienaret.

The sacrist and chamberlain go to the king, who is at Freemantle; they present dominum regem, gifts; which he at first declines, but finally accepts.

Quo facto, Robertus sacrista, Robertus camerarius,
et magister Thomas de Walsingh[am], communi consilio conventus illa nocte versus curiam properantes,
dominum regem, nisi fallor, apud Fresomantel inve-
niendo, humili præmissa ex parte conventus salutatione, causam rei eventus prosequuntur, et ad gratiam
ipsius regis facilius perquirendam ornamenta et supel-
lectilia præfati pastoris in auro et argento secum
deferentes ipsi protenderunt. Sed, licet non absurde,
utpote divina potius ammonitione quam terrore mun-
diali, ob reverentiam præfati sanctitatis viri, manum
suam ad oblata nulla voluit posse extendere ; quinimmo,
ut qui eidem regi in vita sua non destinavit, nec
post decessum temere attrectare præsumebat. Quo
viso, sacrista monachique secum comitantes, magis
terreno se præferentes amori quam divino, ad captandam regis benivolentiam impremeditanter dissimulata
veritate responderunt ; " Nos audivimus ex ore ejus,
" adhuc eo vivente, quod eo defuncto, ista domino
" suo regi nostro præcepit deferri." His ita auditis,
et nimis credulus eorum verbis, dominus rex, utpote
qui et monachi et sacerdotes fuerunt, verum etiam
et qui a via veritatis nullo timore seu amore terreno
debuerant declinare, oblata gratanter suscipiens eorum
electionem, a prædecessoribus suis et ab eodem scriptis
diversis confirmatam et concessam, coram præsentibus
liberam esse fatebatur. Sicque a curia discedentes,
custodiamque abbatiæ per consilium sacristæ sub
nomine prioris suscipientes, inconsulto conventu et
sæpius contradicente, præ diversis periculis, videlicet
utriusque partis commixtione, priori reportabant.

Vacancy till August 1213 ; a letter then comes from the king, desiring the

Sed cum in eadem custodia plane annum et quantum
restat amplius, a Natali usque ad kalendas Augusti,
gauderent, necdum aliquid de pastore præficiendo
tractassent, seu tractare permisissent, concepit dominus

rex in animo domibus terræ suæ universis pastore convent to send to him vacantibus consulere; proposuit enim tunc transfretare. fit persons Mandavitque literis suis domibus vacantibus, quatinus to choose an abbot. secundum consuetudinem antiquitus usitatam de pastoris electione prævisi curiam adissent. Hoc quidem mandatum speciale per literas domini regis suscepit conventus die Sancti Oswaldi regis et martiris in hæc Aug. 5, 1213. verba ; " J[ohannes] Dei gratia rex Angliæ, dux " Normanniæ, comes Andegaviæ et Aquitaniæ, priori et " conventui Sancti Ædmundi salutem. Mandamus " vobis quod sine dilatione et occasione mittatis ad " nos de discretioribus viris conventus vestri quot " videritis expedire, cum literis de rato, paratos et " bene instructos ad eligendum vobis abbatem secun- " dum consuetudinem Angliæ, et si forte in Anglia " nos non invenerint, nos sequantur, et custum quod " posuerunt in veniendo ad nos vobis computabitur " ad scaccarium. Teste me ipso apud Corfe xxv. die " Julij anno regni nostri xvº." Misimus propter July 25. priorem et sacristam. Consilio tandem domini Cantuariensis episcoporumque Deum timentium atque libertates sanctæ ecclesiæ foventium, super forma et modo electionis secundum Deum et canones, ut in unica persona eligenda unanimiter consentientes, corpus Domini et reliquias deferri in capitulo jubebant. Quibus allatis erexit se magister Nicholaus, et Master Nicholas multiplici ratione contra sacristam sufficienter præ- protests against the missa et ostensa, tum quia immitis et immisericors, interference of the sacrist tum quia fratrum derisor et contemptor, tum quia in the election. ambitiosus, tum quia domus suæ dilapidator, tum aliis quam pluribus ad digitum rationibus ostensis, appellavit ne idem sacrista eligens fieret neque electus. Exsurgensque R[icardus] de Saxam, postquam magister Nicholaus loqui cessavit, aliaque contra eandem personam consimilia proponens, eandem repetiit appellationem. Auditis tamen appellationibus in pleno capitulo, præsente sacrista, et eisdem appella-

Method of
selection.
Three
monks are
chosen, who
nominate
seven, tionibus cedentibus in negotio, volentes procedere
elegerunt communi consilio tres sub nomine Trinitatis,
qui præstito sacramento super corpus Domini et super
reliquias ibidem præsentes, quod non dimitterent pro
prece vel pretio, odio vel amore, nec pro morte nec pro
vita, seu pro aliquo temporali emolumento, quin
secundum conscientiam suam eligerent de toto conventu septem, de fidelioribus et melioribus et discretioribus, ad faciendam electionem, qui non essent
suspecti quod magis essent familiares unis quam
aliis, nisi propter Deum et vitæ meritum. Electis
vero tribus, videlicet A[lbino] suppriore, J[ocelino]
elemosinario, et R[icardo] precentore, præstito super
corpus Domini sacramento, sicut superius habetur,
exierunt foras, conventu tamen in capitulo remanente,
et conferentes ad invicem de singulis, moresque
omnium et fidelitatem revolventes, elegerunt Robertum
sacristam, magistrum Henricum de Ely, Joscelinum
de Altari, quondam celerarium, Johannem de Laneham
firmarium, Hugonem subcelerarium, magistrum Thomam
tertium priorem, et magistrum T[homam] de Walsing-
h[am], ut essent electores. Sed mox ut sacrista
inter alios fuisset nominatus,[1] N[icholaus] et R[icardus]
appellationem renovaverunt contra eundem. Unde
communi conventus consilio, eodemque consentiente,
ut tamen in rem procederent; delectus fuit sacrista,
appositusque fuit per conventum camerarius in loco
sacristæ. Quibus electis, juraverunt super corpus
Domini quod fideliter scrutatis singulorum conscientiis
et examinatis, tam ipsorum septem quam et totius
conventus, unum de misericordioribus et benignioribus
et discretioribus ad abbatiam regendam et pastorale
officium, secundum regulam Sancti Benedicti, sive de
seipsis sive de toto conventu, salva tamen conscientia

eligerent. Peracto quidem a septem tali modo sacra-

---

[1] Post *nominatus* codex habet, P.

mento, totus conventus juravit versa vice, priore ^{abbot the} incipiente, aliis omnibus singillatim sequentibus, quod quemcunque de conventu præfati septem eligerent, pro electo sine contradicto haberent. Quo facto finitum est capitulum. Et convenientes septem in capellam Sancti Sabæ, cœperunt illo die officium examinationis injunctum prosequi; duo tamen ex illis septem singulorum examen et nomina in scriptum redigentes. Examinatis quidem omnibus, moribusque singulorum et conversationibus virtutibusque inter se collatis et ponderatis, adquieverunt in unam personam. Qui mox ingressi capitulum petierunt literas de rato ad confirmandum sacramentum a conventu factum, scilicet quod quem septem præsentarent pro electo haberent. Quod quidem assensu omnium et voto concessum est. Exeuntibus[1] de capitulo cum literis de rato, modicoque facto intervallo regressi, nominaverunt voce jocunda fratrem Hugonem de Norwolde, virum honestæ conversationis et bene morigeratum, virum in utroque Testamento sufficienter edoctum, virum gratia et misericordia repletum, benignum, omnique amaritudine destitutum, sobrium et castum, modestum, pium, quietum, et in exterioribus agendis prudentem et probatum. Quo electo et nominato, et pro cujus electione causa canonice facta, omnes singillatim in osculum pacis irruentes benedicebant Deum. Eumque in sinistra parte chori in loco eminentiori juxta priorem collocantes, appellaverunt ne quid fraudis vel doli instinctu maligno seu machinatione alicujus contra eandem electionem fieret. Completa sunt ista tali modo in crastino Transfigurationis Domini in capitulo Sancti Ædmundi.

Electo itaque venerabili fratre H[ugone] in crastino Transfigurationis, quod est vij. idus Augusti, summo mane iter arripuit versus curiam ad perquirendam gratiam domini regis super electione facta, comitantibus

Margin notes:
- abbot the whole convent swears to accept.
- f. 172. The seven unanimously choose Hugo de Northwold.
- Aug. 7. The king withholds his assent to the election. The monks resolve to consult Stephen Langton.

---

[1] Sic in cod.

secum H[erberto] priore, R[oberto] sacrista, R[oberto]
camerario, J. postea abbate de Hulmo, J. de Lane-
h[am], magistro Nicholao, et magistro Thoma de Walsingh[am]; et præsentatus est ab istis domino regi
per interpositas personas, cum et ipsi accessum ad
eum non haberent. Sed dominus rex, audita forma
sub una persona, iratus noluit assentire. Quo viso,
et ibidem non sine magnis expensis moram fecisse,
[se][1] gravari sentiebant. Consilium inierunt ut dominum S[tephanum] archiepiscopum super hoc convenirent, per magistrum Nicholaum, qui profectus
est cum literis domini prioris patentibus ac sigillo
suo signatis in hæc verba:

Letter to
the arch-
bishop.

" Reverendo domino et patri sanctissimo S[tephano]
" Dei gratia Cantuariensi archiepiscopo, sanctæ Ro-
" manæ ecclesiæ cardinali, et totius Angliæ primati,
" H[erbertus] prior Sancti Ædmundi et conventus
" ejusdem loci debitam et devotam obedientiam cum
" salute. Noverit vestra paternitas quod nos una
" cum fratribus nostris universis, de pastore domui
" nostræ præficiendo tractantes, in loco quo fieri
" debet electio, secundum Deum et canones elegimus
" virum honestum et approbatum et sufficientem,
" dominum Hugonem de Norwalde, unanimi omnium
" voto et assensu. Quo electo nos omnes in eodem
" loco pro eo et pro electione nostra appellavimus,
" ne quid fieret in præjudicium ejusdem electionis.
" Ea propter dilectum fratrem nostrum magistrum
" Nicholaum monachum, capellanum nostrum, cum
" literis nostris patentibus, ut sub tuitione nostra
" jam dictam Innovet appellationem, destinamus."

Langton
rejoices.

Quibus coram domino Cantuariensi perlectis, extendens manus suas ad Deum dixit; "Gloria sit Altissimo;
" jam nunc in hac parte vincens ecclesia triumphavit."
Magister vero Nicholaus priori et domino Electo sociisque eorundem verba domini archiepiscopi et modum

---

[1] Alia manu.

gratulationis super cartam extremam festinanter exposuit. Qui mox regressi sunt omnes domum, præterquam Electus, et magister T[homas] de Walsingh[am],
et J. de Lanch[am]. Venientes vero domum statim Meeting of
dominus prior et sacrista, simulque totus conventus, the monks
in chapter.
introierunt capitulum ; factoque summo silentio,
præcepit dominus prior ut sacrista quæ facta fuerant
ad curiam et audita conventui detegeret. Ille vero,
non brevi utens eloquio, narravit quomodo a magnatibus curiæ jam famæ dispendium propter Electum
incurrissent, et non solum illi, sed etiam totus conventus ; dicens, ubi membrum scandalizatur, ibi et
totum corpus. Audientes autem hæc, commota est
pars magna. Erigens tandem se dominus J[ocelinus] Speech of
Jocelin the
elemosinarius petiit audientiam. Prorumpens quidem almoner.
in verba, voce flebilica recitare cœpit, quomodo minus
circumspecte quam debuit facta est electio, et maxime
de carta conventus de rato, contra regium assensum
et ejus usitatam consuetudinem, et periculum quod
inde imminere credebat proponens, ad hoc utens ut
cartam aliquo modo revocaret, appellavitque pro statu
regio et ejus usitata consuetudine, salva electione
licet sero. Quamobrem factus est illo die tumultus
magnus in populo, et sic assurgens conventus inci-
piendo *Verba mea* a capitulo discesserunt.

In crastino vero ante capitulum intravit sacrista The sacrist
proposes
ad priorem, ducens secum A[lbinum] subpriorem, at- that the
elect be
que R[icardum] precentorem, et J[ocelinum] elemosi- recalled to
Bury.
narium, et A[dam] infirmarium, et P. de Wrthstede,
et multos alios ; petiitque ut literæ quædam ab eis
compositæ pro salvatione domus, ut illi asserebant, et
ordinatæ, sub sigillo conventus munitæ, nostro dirigerentur electo. Quibus cum gratanter dominus prior
adquievisset, absentans se tamen illo die a capitulo,
reliquit domino A[lbino] suppriori omnem potestatem
secundum regulam Sancti Benedicti in subjectis
exercendam et ultra ; scilicet ut quoscumque reperiret

Marginal notes:
l Cor. xii. 26.
Ps. v. 1.

huic consilio repugnantes sub anathematis sententia
vinctos innodaret; factumque est ita. Peractis omnibus
ad ordinis rigorem spectantibus, prætendit R[icardus]
precentor literas memoratas a magnatibus et sapienti-
bus compositas ut ipse asserebat, petiitque ut perlectæ
et sub sigillo conventus impressæ nostro dirigerentur
Electo. Fuit autem hic tenor literarum : " Mandamus

Letter of
recall.
" tibi quatinus visis literis domum venire omni
" occasione postposita festines. Habemus enim quod-
" dam negotium terminandum, quod sine tua præsen-
" tia non potest duci ad effectum." Quibus perlectis,
facta est inter eos dissensio magna, eo quod ex parte
conventus talia sine consensu eorum Electo proposuis-

Dissension
among the
monks.
sent transmittere. Et assurgens magister T[homas]
tertius prior, cum tribus sociis secum astantibus, appellavit ne quid in præjudicium Electi fieret. Intuens
eum unus de parte sacristæ repulit, et manus injecit
in eum, scilicet Taillehaste. R[icardus] vero precentor,
existimans quod non essent plures in congregatione
quam isti tres, qui fidem Deo et sacramento in pleno
capitulo facto, præsente Dominico corpore et attestante,
servassent, circuivit conventum, singulos singillatim
conveniens et interrogans cujus vel qualis ·esset op-
pinionis aut sententiæ ; et inventi sunt illo die in
capitulo numero quadraginta viri, cum septem examinatoribus, pleni fide et veritate, qui pro morte nec
pro vita a via veritatis et ab Electo a Deo sibi dato
nulla ratione nec velle nec posse recedere promiserunt.
Unde venerabilis A[lbinus] supprior præmeditatam
super eos intulit excommunicationis sententiam, quam,
ut postea, in pleno capitulo, ad præsentiam coram
eisdem ductus, pœnituit se dedisse.

The sacrist's
party agree
that he and
the precen-
tor shall
take the
letter.
Illo autem die post prandium convenerunt sacrista
et R[icardus] precentor et alii quinque in domum
prioris, super hoc quod literas prædictas sigillo prioris
munitas sub pristina forma ex parte conventus
R[obertus] sacrista et R[icardus] precentor electo

deferrent ; factumque est ita. Concilium autem quinto
die sequenti apud Lundoniam præfixum erat. Venientes vero apud Leses Electum ibi invenerunt ; sed illo
die ei communicare noluerunt.

Mane autem facto R[obertus] sacrista et R[icardus] Interview of
the opposite
parties in
the presence
of the
archbishop.
precentor coram domino archiepiscopo se ingerentes,
Electum instanter accusare cœperunt, nitentes ejus
canonicam improbare electionem, quæ, secundum
quod proposuerant, minus canonica quam debuit
facta fuit ; et quod plures de domo in generali
examinatione fuerunt nominati ad officium pastorale et ad abbatiam quam Electus ; et quod septem
examinatores per vices probarent. Illis autem in
eodem loco super hoc persistentibus, venit Electus
tanquam a Deo missus. Qui cum ad dominum
archiepiscopum humili præmissa salutatione esset
ingressus, dixit ad eum archiepiscopus, " Frater, quid
" est hoc quod audio de te ? aurum tuum versum est
Is. i. 22. " in scoriam. Ecce, in quantis isti te accusant." Et
incipiens narravit ei omnia quæ a duobus jam præsentibus de eo erant persecuta. Ille vero hiis auditis,
potius admiratione quam stupore repletus, humiliter
petiit ut ibi coram eo ne diutius protelaretur ; rei
veritati perquisitæ finem imponeret. Dominus autem
archiepiscopus, præ tantis diversisque negotiis tota die
emergentibus, coram eo circumspiciens non posse istud
determinari, statuit eis judices, videlicet duos clericos,
qui in crastino Nativitatis beatæ Mariæ apud Sanctum Sept. 9.
Ædmundum venientes, rei veritatem subtilius inda-
garent, et cognita veritate auctoritate archiepiscopali
finem imponerent. Quibus conventui recitatis, conventus nimis moleste pertulit quod scrutinium super
viros religiosos per manus clericorum, semper ad insidias
eis assidentium, aliqua conditione exerceretur.

Quid plura ? in crastino voluit dominus R[obertus] Proposal of
the sacrist
to transact
certain
business ;
sacrista et R[icardus] precentor quædam proponere,
absente Electo. Sed sanior pars conventus, licet non

schism in the convent. ætate maturior, nequaquam consensit, ut eo absente ille vel alius aliqua quæ ad ejus spectabant electionem proponeret. Facta est illa hora dissensio magna et divisio, ita quod, a capitulo sine *Verba mea* et animarum absolutione discedentes, una pars, quæ cum f. 173. sacramento firmiter et inflexibiliter stetit, ad Electum in domum prioris confugit, altera vero quæ sacristæ erat, reclusit se in capella infirmorum, hostiis reseratis, et custodibus ad hostia positis. Ibi vero super hiis sollicite tractantes, mandaverunt Electum per dominum A[lbinum] suppriorem et J. de Laneham, ut ad illos solus venisset, nullo alio de suis secum comitante ; ad quod fideles ejus noluerunt assentire, nisi omnes secum possent interesse. Talibus R[oberto] domino sacristæ et aliis ibi exspectantibus renunciatis, discesserunt a capella psallendo *Verba mea.*　　p. 35.

A second attempt to persuade the king to consent to the election fails. Evolutis paucis diebus et tumultu aliquantulum sedato, et contramandatis clericis supramemoratis, Electus iterato præsentatus est apud Nothingh[am] per dominum priorem et R[obertum] sacristam, et R[obertum] camerarium, et magistrum T[homam] tertium priorem, et magistrum Nicholaum. Sed ibi per aliquot dies morantes, cum se nichil aspicerent ad tempus proficere, domum reversi sunt infecto negotio. Factumque est crastinum, et introeuntes in capitulum, facta est mentio per magistrum Nicholaum et magistrum Thomam et alios plures super absentia electi, plurima proponentes quod ejus præsentia magis expediret quam ejus absentia. Hucusque enim, postquam dominus H[ugo] electus fuit, a capituli ingressu privabatur.[a] Quod tandem concessum est, et vocatus collocatus

---

[a] Compare with this what is said of abbot Robert II. (vol. i. p. 356), that during the long period in which he exercised abbatial rights before his consecration, he only attended the chapter meetings on sufferance,—" capitulo . . . , nisi " vocatus a fratribus aliqua utili- " tatis causa, reverenter absti- " nens."

est in dextra parte capituli juxta priorem in sede superiori.

Processu vero temporis venit dominus S[tephanus] archiepiscopus apud Sanctum Ædmundum, ob devotionem et venerationem ipsius, vigilia passionis ejusdem. In crastino quidem post diem passionis venit in capitulum, et ibi, refocillans verbo Dei gregem beati martyris, exhortabatur ut unanimes in domo Dei permansissent, dicens, "si separabiles et superabiles, et "si inseparabiles insuperabiles usque reperiemini." Finito tandem sermone super hoc, qualis est rector civitatis, ¡tales et inhabitantes in ea, flexis genibus corruit dominus H[erbertus] coram eo, rogans humiliter et supplicans pro Electo. Postquam erexit se, R[obertus] camerarius et [1] recitavit quomodo electio secundum Deum processa est; rogavitque ut ob amorem Dei et ejus Genetricis, et gloriosi patroni nostri Ædmundi, partes suas fideles interponeret ad gratiam domini J[ohannis] regis captandam, quia non erat repugnantia, nisi in assensu solummodo domini regis. Steterunt omnes etiam cum eo, rei veritatis sicut proposuit testimonio. Dominus vero archiepiscopus ob unitatis gaudium et integritatis, perhibentis quod viderat et audierat, vultu jocundo respondit, et promisit sacramento, quod non minus pro causa nostra pro loco et tempore staret quam pro sua, quæ tamen specialiter eum tangere videbatur. His vero rite peractis, in capitulo comite Rogero et multis aliis tam monachis extraneis quam clericis et laicis existentibus, relinquens conventui benedictionem discessit, iter tendens versus Radinges. Ibi enim die Sancti Nicholai proxima sequente præfixum erat concilium generale.

In crastino vero post discessum archiepiscopi venerunt tres literæ, ut dictum est, singulis personis ex

Archbishop Langton at Bury; his sermon, Nov. 19.

The prior and chamberlain.

The archbishop gives the monks his blessing, and proceeds to Reading.

Dec. 6.

Letter from the king, requiring the presence

---

[1] Sic in cod.

parte domini regis, videlicet priori, sacristæ, et
R[icardo] precentori. Quarum literæ domini prioris in
pleno capitulo lectæ erant; aliæ vero nec auditæ nec
visæ ab aliquo fuere. Tenor autem literarum prioris
hic erat: "Miramur quod tantum distulistis firmam
" nostram de abbatia; unde mandamus ut visis literis
" ad nos inde responsuri venire festinetis." Alias
literas suscepit R[obertus] sacrista, ut scilicet prior,
R[obertus] sacrista, et R[icardus] precentor, visis literis,
domino regi apparerent, responsuri quare firma ejus
de abbatia tam esset protelata. Præparantibus se,
scilicet priore et R. sacrista et R. precentore, domino
regi in concilio apparere, perquirebant utrum Electus
ibi veniret necne? Quibus cum respondisset se ire,
commoti sunt; et cum pluribus sententiis, pariterque
objectionibus, propositis viderent iter ejus non posse
impedire,—verumptamen et cum antea semper pallia-
rent quod interius non habebant, ut scilicet quod ore
in antea prætendebant, in corde non habebant, diutius
eum blaudis pertrahere volentes sermonibus,—respondit
sacrista se esse læsæ majestatis reum si a domino rege
perciperetur Electo in itinere associari. Illic timore
trepidans et formidine ubi non fuit timor, concepto Ps. xiii. 5.
jam firmiter in animo suo, et fidelium amicorum usus
consilio, ut se domino Nicholao legato [a] et sanctæ
Romanæ ecclesiæ cardinali in concilio se præsentaret,
rogavit humiliter, qui ratione imperare debuit, ut in
itinere saltem domino priori propter scandalum læsæ
unitatis vitandum, posset associari, plurimas proponens
rationes, et non sine ratione carentes,[1] quod potius
simul apparere quam divisim ire possent et decentius.
Sed in vanum; non enim ratio potuit voluntatem

---

[1] Sic in cod.

---

[a] Nicholas, bishop of Tusculum, | as his legate to England early in
had been sent by pope Innocent | July 1213.

comprehendere. Unde dominus H[erbertus] prior,

Jer. iv. 6. consilio aquilonis a quo panditur omne malum suffultus et jam bene obnubilatus, minus circumspecte quam debuit et decuit, dedit responsum, in hoc ei nec posse nec audere condescendere. Quibus auditis, et jam omnibus ad iter suum spectantibus paratis, assumpto secum R[oberto] camerario et J[ohanne] de Lanch[am] firmario, plenam in domino habentes fiduciam, secure et audacter dominum E[ustachium] Eliensem apud quoddam manerium suum, scilicet Dittun, adierunt. *The elect, with two companions, travels to Reading, hoping to see the legate.*

Quos ut domnus Eliensis vidit, præ gaudio assurgens eis suscepit in oscula. Prosequentes tandem inter cætera causam rei gestæ ordinatim et exponentes, consuluit venerabilis Elyensis, ut Electus cum duobus sociis secum existentibus venerabilibus N[icholao] legato et S[tephano] archiepiscopo, Elyense episcopo duce, in concilio se præsentaret. Spem habuit in Domino certam, et non de ejus misericordia diffidens, quod isti duo gratia Dei interveniente iram domini regis, quam per filios degeneres contra electionem suam satis Deo dignam et causam ecclesiæ in animo conceperat, mitigarent. Ille vero vir erat miræ simplicitatis et mansuetudinis; in his omnibus non est commotus, *Character of the abbot elect.* neque immutatus est vultus ejus. Consilio tandem

Dan. v. 6. domini Elyensis utpote sano inclinans, profectus est apud Rading.

Veniente vero apud Rading, perrexit obviam domino N[icholao] legato, decem fere leucas extra Radinges; *The prior and sacrist also come to Reading.* et se osculantes invicem perrexerunt tribus pæne milliaribus simul loquentes, nullo alio mediante. Inter hoc dominus H[erbertus] prior et R[obertus] sacrista et R[icardus] precentor obviam legato venientes apparuere, et simul omnes pergentes venerunt cum domino legato ad Rading; ibique domino priore et H[ugone] Electo sociisque eorum in una domo hospitantibus, licet versus Rading non simul comparerent, in crastino vero dominus H[ugo] electus, accepta licentia a domino N[icholao] legato, domum cum R[oberto] camerario et

The elect returns to Bury.

J[ohanne] de Lanch[am] reversus est. Dominus autem prior, pariterque sacrista, propter magnas expensas, ut creditur, evitandas, et ut se exonerarent de censu abbatiæ, de quo paulo ante summonitionem super terminorum protelatione per breve domini regis acceperant, apud Londoniam iter suum deflexerunt. R[icardus] autem precentor solus apud Radinges ex parte eorum remansit, audiens, ut dicebatur, et expectans, quo fine

The precentor has an interview with the king, who tells him that the legate will spend his Christmas at Bury.

illa summonitio clauderetur. Ingerente se postmodum coram rege per comitem Salesberre, præcepit ei dominus rex, ut legato apud Sanctum Ædmundum properanti, ibique Natale suum super custum domini regis sollempniter celebranti, associaretur; factumque est feria iij. instanti post festum Sancti Nicholai apud Rading. Dominus vero prior et sacrista, apud Londoniam nuntium suum expectantes, postquam tale susceperant mandatum, cum tota pecunia quam secum attulerant domum sunt reversi, præparantes se ad suscipiendum legatum.

Dec. 21,1213. The monks in procession receive the legate.

Veniente quidem Domino legato, die Sancti Thomæ apostoli ante Natale, honorifice ad processionem susceptus est ad portam ecclesiæ, precentore incipiente summæ Trinitati. Quo sollempniter ab omnibus prosecuto, pervenit ante magnum altare, et facta oratione prosecutus est in cameram, præparans se ad ordines faciendos; fecit enim illo die ordines apud

He preaches in the chapter-house.

Sanctum Ædmundum. In crastino vero venit in capitulum, et prædicabat verbum Dei super hoc, *Vigilate animo*, etc.

After the sermon the affair of the election is discussed.

Peracto quidem sermone, præcepit ut populus ibi assistens amoveretur; habuit enim quoddam conventus secretum proferendum, quod nullo alio licuit communicare. Amotisque omnibus, facta est mentio super electione. Et exsurgentes sex examinatores, prostrati in medio, voce clara modum electionis et susceptionis et appellationis pro Electo et ejus electione cœperunt exponere, nihil tamen omittentes de contingentibus. Quibus expositis, surrexit precentor in medio, et dixit quod primo appellavit contra, primamque vocem in omnibus præcentoria dignitate sibi vendicabat, abhibendo [1] etiam de electione, quod sex f. 174. examinatores potius simplicitate quam fraude vel dolo fuisse credebat circumventos, supplicans ut ob honorem ejusdem curiæque Romanæ, subtilius per examinatores septem et totius rei veritatem perquisisset, et veritate cognita determinasset; si tamen ad honorem regis et regni cedere properasset. Sacrista autem et ejus parti inclinantes, licet sacramenti sui veritati obviantes, illud idem quod precentor proposuerat protestando petierunt. Major pars conventus et sanior veritati cum sex examinatoribus inflexibiliter perstiterunt et immobiles.

Illo vero die abstulit legatus conventui solitas misericordias.

In crastino quidem exsurgens magister Nicholaus Speech of master Nicholas. recapitulavit coram legato excellentissimo idiomate modum electionis et appellationis, et improbavit precentorem non debere ulla ratione magis primam vocem sibi usurpare in aliquo loco, præterquam in ecclesia, quam aliquem alium. Narratione sua tali modo super electione completa et improbatione, erexit se precentor in medio, et dixit, "Domine legate, Boloniam " non vidi, nec leges scio." Plures autem, putantes se Babiloniam protulisse, in tantam prosilierunt derisionem ut præ confusione dominus precentor a causa incepta penitus desisteret. Sacrista autem The sacrist holds that the consent of the king was understood and implied in the charter de rato. aliqua ratione cupiens eum suffulcire, cœpit proponere quod in carta conventus de rato subintelligebatur assensus regius. Et ut hoc verum esse judicaretur ab omnibus, steterunt testimonium perhibentes Albinus supprior, qui hoc idem affirmabat, Henricus, qui diffamare nitebatur Electum, Ædmundus, qui dixit, in eo quod Electus promotionem suam

---

[1] Sic in cod. ; *adhibendo ?*

procuravit, demeruit, J[ocelinus] elemosinarius, qui
nunquam pro regio assensu destitit appellare, Ricardus Taillehaste, qui manum injacit in·tertium priorem,
Adam infirmarius, qui omnia asserebat in irritum
revocare, Philippus, qui se jactavit in capitulo dedisse
consilium appellationis pro regio assensu, Ricardus
Calvus, qui in porticu abbatis coram omni populo
abbati de Bello-loco non septem examinatores sed
septem seductores nominavit; addendo ibi, quod licet
venerabilis H[ugo] electus in baculo pastorali ad
potestatem esset erectus plenariam, in eo tamen quod
chartam conventus de rato. in manus domini archiepiscopi tradidit, demeruit, Walterus, Willelmus,
Adam, Thomas Capra, Gregorius, et Galfridus, parti
veritatis in insidiis assidentes, clamaverunt nichil
verius his quæ a precentore et sacrista proferuntur;
qui tamen ventilatione cupiditatis, ne dicam infideli-
tatis, contra sacramenti sui veritatem circumventi,
tanquam arundo quæ a vento de facili huc illucque
defertur, sunt permutati.

Dominus autem legatus, subtilius rei veritatem cupiens indagare, præcepit textum deferri, super quem
prior totusque conventus cum septem examinatoribus
juraverunt, quod cum . requisiti essent de statu
ecclesiæ et electione verum confiterentur, nec omit-·
terent pro amore vel odio, prece vel pretio, neque
pro aliquo temporali emolumento, quin veritatem
dicerent; factumque est ita. Conventus quidem
exiens ·de capitulo, vocatus est prior causa exami-

nandi. Tanta vero fuit mora in examinatione super
inquisitis, ut illo die ab hora matutinali usque ad
horam reficiendi, qua conventus intravit in refectorium,
non erant examinati nisi prior et Electus. In

crastino quidem, scilicet vigilia Natalis Domini,
residui de numero septenario examinati, eorumque
examen, pariterque prædictorum, in scriptum est
redactum.

Inter hæc quidem dominus S[tephanus] archiepiscopus, quem veritas electionis non latebat, transmisit literas suas domino legato, supplicandi ne contra Electum et ejus electionem aliquid in sinistrum fieri permisisset, et ut electionem approbaret, canonicam, et a tanto conventu fideliter processam ; eidem tenorem literarum conventus de rato, et rescriptum literarum domini prioris de renovatione appellationis pro ejus electione destinavit. Abbas vero de Bello-loco, veniens ex adverso, domino legato ex parte domini regis literas hujus prætendit, ut visis literis ad eum redire festinasset.

Letter from the archbishop to the legate.

The abbot of Beaulieu tells him that the king expects him to return to court.

In die autem crastino, scilicet Natali Domini, scilicet tempore interdicti, talem conventui præstitit indulgentiam, ut ejus auctoritate quilibet sacerdos de conventu missam celebraret, alii autem inferioris ordinis viaticum susciperent. Celebravit et ipse illo die ad magnum altare, et cum fratribus in refectorio vescebatur. In crastino Natalis Domini, veniens in capitulo dominus legatus plurimum commendabat quæ viderat et audierat, præter quod inæstimatam super electione reperiit dissensionem ; et licet, ex diversis emergentibus causis prepeditus, eam ad præsens non posset diffinire, pro certo tamen in brevi ad honorem Dei et ecclesiæ scirent terminandam. His dictis erexit se abbas de Bello-loco in medio, et pluribus ex parte domini regis super electione præmissis, tanquam consulendo ammonuit rogavitque, ne libertatibus domini regis semperque usitatis in aliquo derogassent. Hoc enim, ut ait, erat via justitiæ, jus suum unicuique reddere, Cæsari quæ Cæsaris, etc. Unde siquid minus provide actum fuit in electione et discrete quam debuit et decuit, dum licuit revocassent. Exsurgens quidem magister Thomas de Walsingh[am], singulis allegationibus pro conventu sufficienter respondens, voce clara ostendit coram domino legato qualiter domus ista ex dono et confirmatione illustris domini J[ohannis]

Christmas indulgences.

The legate's farewell speech.

The abbot of Beaulieu defends the ancient and customary rights of the crown.

Master Thomas de Walsingham expounds the chartered liberties of St. Edmund's house.

regis prædecessorum et regum antiquorum, ut et regis Cnut et Sancti Ædwardi, diversis esset munita libertatibus et suffulta, et maxime de pastore eligendo, ut in carta Sancti Ædwardi Anglicano continetur sermone ;[a] scilicet quod, vacante pastore, liceat eis unum de seipsis quem melius voluerint ad dignitatem prædecessoris pristinam eligere. Quam et venerabiles prædecessores, H[enricus] pater ejus et R[icardus] frater ejus, reges Anglorum illustres, insuper et ipse carta sua singillatim confirmaverunt, et sigillorum munimine corroboraverunt. Et ne quis processu temporis super electione unica aliquid in sinistrum posset objicere, auctoritate confirmationis domini J[ohannis] regis ejusque prædecessorum protecti in factum processerunt.

The legate departs, leaving everything unsettled.

His itaque coram domino legato legatis[1] et responsis, dominique prioris et septem electorum testimonio majorisque partis conventus et sanioris super electione canonica confirmato, prout eidem legato a summo pontifice potestas erat indulta super veritate electionis cognita rigorem justitiæ exercere, omnimodo[2] dissimulans, illo die, scilicet in crastino Natalis Domini, infecto reliquit eos negotio, hospitans apud Meleford,[b] quoddam manerium scilicet abbatis Sancti Ædmundi. Qui quidem, prior, et venerabilis H[ugo] electus, sacristaque, secum illuc comitabantur. Dominus autem legatus, ad memoriam reducens fidelitatem quam super electione in examinatione compererat, atque proponens in animo eandem electionem in H[ugone] factam ad effectum perducere, præcepit domino H[ugoni] Electo

Dec. 26.

At Melford he proposes to the elect to come with him to court : this the sacrist successfully opposes.

---

[1] Sic in cod.   [2] Codex habet *oiodä*.

---

[a] See Codex Diplom., No. 895.
[b] At Long Melford, near Sudbury, 13 miles south of Bury, was a country house belonging to the abbots of Bury.

ut sibi versus curiam associaretur, confidens in Deum quod dominus rex ejus meritis eundem electum in gratiam susciperet et amorem. Quod cum sacristæ auribus perflatum esset, qui, tanquam vulpes in spelunca, semper dolum in facie prædulci texere contra Electum nitebatur, eidemque H[ugoni], postquam fuerat electus, sedens ad insidias et laqueos tetendens[1] ut eum illaquearet, talibus dominum legatum allocutus est, dicens ; "Domine pater, cum sit verissimum et " omnibus notorium, nos omnes de domo nostra in " electione H[ugonis] contra regias dignitates semper " usitatas facta odium principis incurrisse, non est " laudandum quod eidem H[ugoni] coram rege con- " ductum præbeatis, cum et vos honorem regis atque " jus suum probati estis per omnia manutenere." His igitur et aliis pluribus consimilibus dominus legatus a sacrista circumventus, præcepit ut dominus H[ugo] domum rediret, confitens ei per ordinem omnia quæ in animo disposuerat, si tamen sacrista permisisset ad effectum duxisse. Factumque est ut dominus H[ugo] electus domum in crastino rediret. Prior vero et sacrista domino legato usque Herlaue associati, inde domum accepta licentia sunt reversi.

In die vero Sanctæ Priscæ virginis, veniens sacrista in capitulo, volens præmeditatam explere malitiam, finxit se ire ad legatum pro negotiis domus, et maxime pro coyn et pro moneta adquirenda. Dominus autem rex tunc temporis pro certo transfretare proposuit.

Inter hæc quidem amici Dei et domini Electi fideles, circumspicientes quod sacrista, qui in omnibus adversus eum dolose et fraudulenter contra sacramentum suum operabatur, donisque interpositis plurimis curiam corrupit, et curiales contra eum excitavit, Electum consuluerunt ut curiam Romanam per aliquem vel aliquos suorum fidelium festinanter super rem actam adiret,

Jan. 18, 1214.
The sacrist prepares to go to the legato on convent business.
The king is about to go abroad.
The friends of the elect advise him to send a messenger to Rome.

---

[1] Sic in cod.

seque tantumdem a domo sua, pro periculis instantibus
evitandis, donec nuntii sui a curia redirent, absentaret.

f. 175. Itaque dominus H[ugo] electus domini S[tephani]
Cantuariensis archiepiscopi, Elyensis, et Lundonensis,[a]
aliorumque fidelium usus consiliis, transmisit magistrum

Accordingly he sends Thomas de Walsingham, with others, and till their return goes into retirement.

Thomam de Walsingh[am], et dominum Symonem
cognatum ejus, et Stephanum clericum filium Rogeri
de Walsingh[am], summo pontifici, secumque deferentes
literas domini S[tephani] Cantuariensis et Lundoniensis et Elyensis episcoporum, in testimonium totius rei
gestæ super facto electionis. Se quoque quinta die

Jan. 29. ante Purificationem, percepta in choro benedictione,
cum domino R[icardo] de Hengham a domo absentavit; factumque est ita.

The king is angry when he hears of the mission of Thomas; the sacrist visits, but cannot pacify him.

Sed cum hoc dominum regem diu latere non posset,
accedentes quidam ex suis exposuerunt ipsi regi secundum ordinem rem gestam, et quomodo magister Thomas esset pro electione nostra transfretatus. His
vero sermonibus pro certo compertis, iratus est dominus rex valde et turbatus. Interim quidem veniens
sacrista ad curiam domino regi, extra præmissa, ex
parte domini prioris et quam humili salutatione se
præsentavit. Dominus vero rex, præ magna ira quam
de magistro Thoma conceperat nondum animo sedatus,
specialiter benedixit priorem, omnesque alios de domo
sine ulla exceptione maledixit, improperans eidem sacristæ, per commune consilium contra libertates ejus
esset magister Thomas transfretatus. Sacrista vero,
volens domino regi satisfacere, cœpit jurare et detes-
tari quod ille, nec alius pro causa Electi promovenda
per eum, unquam extra domum pedem extulerat. Sed
cum sic nec sacramento neque alia re ad præsens cognovisset gratiam domini regis captare, neque animum
ejus ab ira concepta posse levigare, quin eundem sa-

---

[a] This was William de S. Mere l'Eglise, consecrated in 1199, died
in 1224 (Stubbs' *Reg. Angl.*).

cristam inter alios super assensu electionis contra
regiam dignitatem, ut asserebat, sibi adversantes con-
numeraret, præ magna confusione subtraxit se, et ad
dominum Wyntoniensem, non, ut creditur, manu acce- The sacrist asks Peter des Roches to speak to the king; he does so.
dens vacua, utpote a quo salus sperabatur, rogavit ut
apud dominum regem super exprobratis haberet excusatum, eundemque regem super coyn, si expedire videret, conveniret. Dominus autem Wyntoniensis, ob
amorem et reverentiam gloriosi patroni nostri, sinistra
tamen benedictione interposita, coram domino rege pro
negotiis domus, et maxime pro coyn impetrando, audacter se obtulit, exponens ei negotia domus pro quibus sacrista venerat, excusatione de magistri Thomæ
itinerisque consensu electionis unicæ præmissa.[1] Sed
cum hæc omnia rite a domino Wyntoniensi, licet in
vanum, essent prosecuta, dominus rex talia eidem
sacristæ per dominum Wyntoniensem destinavit re-
sponsa ; " Si sacrista conventusque suus cupiunt ut The king states the conditions on which he will receive the convent again into favour.
" eos in negotiis variis exaudiam, et ad gratiam meam
" reformentur pristinam, satisfaciant mihi de electione
" secundum antiquam consuetudinem et semper usi-
" tatam ; sin autem, incassum ulterius pro aliquo
" negotio, licet minimo, ad me redibunt."

Cum hoc sacrista percepisset, et se in voluntate The sacrist returns to Bury ; discord among the monks continues.
nihil proficere circumspexisset, inanibus jam sumptibus
deductis omnino, penitus infecto negotio domum reversus est. Veniens quidem domum die Purificationis Feb. 2.
accessit ad complices suos, præmeditatum ejus errorem
contra sacramenta sua foventes, et ut eosdem ad majorem protraheret malitiæ accensionem, apposuit lignum
et stipulas, verba inferendo videlicet comminatoria ex
parte domini regis universis electionem secundum Deum
in venerabilem fratrem H[ugonem] factam foventibus,
aliis vero gratiam suam in omnibus suis agendis consequi et benevolentiam ; hæc enim proposita majoris
constantiæ in malo causa fuerunt. Introgressus capi-

---

[1] Sic in cod. ; excidit aliquid, ut credo.

tulum in crastino cœpit retractare quæ ei a domino
rege super negotiis domus per dominum Wyntoniensem
fuerunt responsa, et quomodo domus nostra, ob furorem et iram quam dominus rex adversus nos propter
electionem unicam, quam et per magistrum Thomam
de Walsingh[am] curiæ Romanæ secundum Deum et
canones jam perceperat, protestatam,[1] nisi divina impediretur misericordia, in dispendium in brevi esset
casura. Ad hanc vocem dominus J[ocelinus] elemosinarius, A[dam] infirmarius, et Ædmundus, licet non
mundus, aliique de numero eorum, sicut provisum fuit,
in vocem clamosam erexerunt se dicentes, "Dignus est
" puniri qui talia sine consilio nostro et inconsulto
" conventu consequi probatur. Unde in argumento
" fidei habere possumus, illum potius contra nos et
" libertates ecclesiæ nostræ et regis libertates fore
" directum quam pro ecclesiæ libertatibus fovendis
" vel adquirendis." Sed cum insipientes, et quæ
Dei sunt non sapientes, turbarentur in quo potius
gaudere debuerant et lætari, cum[2] a diversis ma-
tribus procreati, diversa sentientes diversas dedere
sententias. Quidam enim a domo sua eum abjudica-
verunt; quidam vero habitu privari monachico; quidam autem ut in reditu omnis ei negaretur introitus.
Sic itaque lupi rapaces in ovem, impii in pium, in-
disciplinati et incompositi in virum honestum et omni
bonitate repletum sævientes, absque misericordia in
absentem contra legum instituta et canones sententiam
injuste et indiscrete prolatam confirmare nitebantur,
et mala pro bonis retribuere; dicentes, *Ponamus lig-* Jer. xi. 19.
num in panem ejus, et abradamus eum de numero
nostro, contrarius enim est operibus nostris, qui tamen
pro causa domus suæ et fratrum suorum Deum timentium innocens profectus erat. Pars quidem veritatis,
cum ad tantam conspiceret eos aspirare malitiam ut

---

[1] *protestans?*

[2] Sic in cod. ; sensus *ceu* aut *velut* efflagitat.

nec timore divino nec mundialis terrore pudoris ab
incepta desisterent malitia, quam ab aquilone haurie-
rant, causam magistri Thomæ, quæ eorum fuit, viriliter
defendentes, iterque suum protegentes, sic a capitulo
discesserunt.

Sed aquilo, id est sacrista, qui potius dicitur a Christo
segregatus quam sacratus, ejusque fautores, præ tanta
concepta malitia in Electum et ejus partem sævientes,
cum super hiis necdum quievissent, consilium illo die
inierunt, quod literas ex parte conventus sub eorundem sigilli impressione domino papæ per magistrum
Willielmum de Bans sub hac forma transmitterent;
videlicet, quod magister Thomas inconsulto priore et
conventu iter versus curiam Romanam arripuisset, nec
aliquid quod per dictum Thomam in itinere præsenti
factum esset, aut ab aliquo mutuatum, pro rato haberent. Sed cum, fama ventilante, ista auribus fidelium
et Deum timentium patefierent, exsurgentes magister
Thomas tertius prior et magister Nicholaus, sine mora
priorem in locutorium minute et [1] convocabant; et ut
minus læderent jacula quæ prævidentur, coram eo pro
sigillo conventus appellaverunt ne quid per idem
sigillum fraudis vel doli contra Electum et electionem
eo consentiente fieri permisisset. Magister quidem
Thomas in crastino appellationem coram priore et suppriore pro sigillo die præcedente factam renovavit;
magister vero Nicholaus post capitulum, assumpto secum Nigello in testimonium, coram suppriore pro ejus
clave appellavit. Tertio quidem sequenti die, in trans-
latione Sancti Botulfi, erexit se magister Nicholaus
in pleno capitulo, præsente priore, et appellavit pro
sigillo conventus propter quod tertio die præcedente
a quodam, nullo tamen nominato, audierat; si in una
clave ad conceptam corroborandam nequitiam esset
repugnantia (subaudis in clave tertii prioris,) clavem
regis facerent. Hoc autem dixit Walterus subsacrista

The sacrist proposes to his party to send a monk to Rome to thwart Thomas de Walsing-ham.

Continued dissension.

coram magistro Nicholao. Sacrista autem, cum videret
priorem et custodes clavium appellationi deferre illos,
et potius timore quam amore præmeditatam artius
mutare malitiam, moleste tulit. Et tamen [cum] per
duos dies totidemque noctes non reperisset qualiter
Electo sive parti ejus posset nocere, novam acisti[1] fellis
extraxit plagam et inauditam, ut per eam, si tamen ad
effectum perduxisset, tota domus processu temporis
gravius inde a domino papa læderetur, nec[2] tempore
interdicti infra gremium ecclesiæ Beati Edmundi uno
die et una ebdomada duæ celebrarentur missæ; una
scilicet a Godefrido clerico suo ante crucem, alia vero
illo die a monacho ad magnum altare; cum tantum
una missa per ebdomadam domibus conventualibus ex
permissione summi pontificis et executorum interdicti
esset specialiter indulta. Huic consilio aquilonis adquieverunt prior et supprior, precentor et A[dam]
infirmarius, W[alterus] subsacrista et Ædmundus,
J[ocelinus] elemosinarius, et Ricardus Taillehaste,
cum eorum obliquis[3] de numero eorum existentibus
licet indiscrete. Illo quidem die proposuit dominus
Henricus de London missam primam cantare, sed propter clericum passus est a sacrista repulsam.

f. 176.
The sound
party ap-
peal; Albi-
nus, the sub-
prior, tries
coercion.
　　　Pars quidem veritatis, sacramentum electionis obser-
vantes, intentionem sacristæ intuentes, quod rem istam
non ob aliam causam ad effectum ducere conaretur,
nisi ob detrimentum domus et Electi, ut hoc audito
ab executoribus et a curia Romana perinde protelaretur promotio, nitebatur contra, simulque appellavit.
Sed supprior Albinus, alas habens binas ut hinc inde
volaret, cui etiam potestas illo die erat in capitulo
commissa, *albini* obcæcatione voluntati sacristæ omnino deditus, licet præ multitudine fidelium in ea non
posset ex toto proficere, quosdam, ut alios perinde

---

[1] *aceti?*
[2] Pro " nec," sensus videtur ex-
poscere "nempe ut."

[3] Sic in cod; lege *reliquis.*

compesceret, sententiavit, scilicet Ricardum de Saxham et Hugonem de Theford. Prior vero in crastino veniens in capitulum, nimis credulus verbis sacristæ ob ejusdem ammonitionem, utpote qui semper Electoque parti ejus [a] sedit ad insidias, manum suam super innodatos injuste et justa causa domum suam protegentes aggravabat, cum de jure ex quo appellaverant et in persecutione appellationis perstiterunt. Teste Justiniano, non licuit pro causa appellata sententiam inferre.[b] Sed licet H[ugo] de Theford, illius non immemor prophetici dicentis, " Obedientiam malo plusquam sacrifi- " cium," necnon et beati patris nostri Benedicti in regula, " In omnibus obediendum est abbati nisi in " manifestis contra Deum," [c] ait in capitulo, " Et ego " pro causa electionis nostræ, ut per hoc tamen ma- " litia sacristæ et supprioris eorumque extinguatur " sequentium, libenti animo vultuque jocundo in no- " mine Domini suscipio ; " sic itaque, licet per duos dies in ultimo gradu ad aquam et in levi culpa pro causa sententiatus cognita, non tamen ad tantam malitiam tempore abbatis contentam expiandam, nec unquam postea septena dierum duorum, judicio meo, suffecit dieta.[d] Factumque est hoc die tertia ante primam ebdomadam Quadragesimæ.

In sequenti quidem ebdomada misit sequestratus ille Taupe et Hug[onem] canem carciferos [1] suos versus curiam Romanam, ea, ut a laicis dicebatur, de causa, quatinus Thomæ sociisque obviando, vel ubi in itinere reperiendo, aliquod conferrent impedimentum. Tule-

1 Reg. xv.
22.

The sacrist sends emissaries to Rome.

---

[1] Sic in cod. ; lege *garciferos.*

---

[a] With this writer, "*Electoque parti ejus*" is equivalent to "*Electo atque parti ejus.*"

[b] The first title of the 49th book of the Pandects of Justinian treats of appeals. "The effect of an " appeal is usually to suspend the " execution of the judgment till " it is confirmed by the superior

" court." Mackenzie on Roman Law, 1862.

[c] No such words are in the "Rule " of St. Benet ; " see the text as edited by Logeman for the E. E. T. Soc., 1888. The substance of the precept is in Chap. V. of the Rule.

[d] The text of this passage appears to be corrupt.

runtque iidem secum literas priori, clausisque magistri R. officialis, ex quæstu domini p., literasque prioris de Theford aliorumque plurium in testimonium domino Norwicensi,[a] [ut] firmius adversando electioni staret et immobilius. In crastino vero passionis Domini, magister Thomas de Becles, magister Nicholaus celera‧ rius, H. de Theford, R. de Saxham, H. de Hastinges, Nicholaus Romanus, aliique, provectiones Electi cupientes, communique utentes consilio, petierunt per magistrum Thomam et R[icardum] de Saxham, ut

Let er to the legate of France. prior istis literis, sub hac forma magistro R[oberto][b] legato electionem nostram secundum Deum et canones protestantibus, sigillum suum imponeret, ut exinde majore concepta constantia, veritatis super electione, amore Dei, et causæ nostræ justitiam libentius ad

The prior faces both ways. effectum ducere niteretur. Quo tandem favente, perrexerunt in domum quæ fuit quondam vetus infirmarium, ibique sigillo suo munivit, adjungendo ne cui illud revelarent, ne forsitan partis adversæ odium incurreret. Hoc autem dixit quia sibi timebat, eo quod sigillum suum sæpius hinc inde dederat superius in contrarium, ne perinde, si tamen aliis patefieret, in famæ dispendium incurreret. Quibus cum litteris egressis, et jam in voluntate sua in parte maxima promotis, consuluerunt super hoc, si expediret literas sub sigillo conventus sub forma pristina petere. Cui consilio fideles adquiescentes, ut per hoc tamen inter fideles et infideles majorem haberent discretionem ; facta est eo die mentio coram priore in

Master Nicholas asks that the letter may be publicly read. capitulo per magistrum Nicholaum sub forma præscripta, petiitque humiliter ut litteræ coram omnibus legerentur, et si quid reprehensibile in eisdem reperiretur, per commune deleretur consilium ; sin autem, cum et omnes singillatim faterentur promotionem

---

[1] Sic in cod.

---

[a] Jchn de Gray, bishop of Norwich. [b] Robert de Courçon.

electionis se velle procurare, quid contra ? opere enim
erat Dei monstranda dilectio, ne esset infructuosa
nominis appellatio.   Ad hæc sacrista, seu aquilo, a quo The sacrist appeals.
Jer. vi. 1. omne malum, et a cujus puteo universa hauritur
malitia, appellavit ne impetrata aliqua vel impetranda
alicujus suggestione falsa ad effectum ducerentur.
Post quem neque[1] alter ejusdem perversitatis instructus,
p. 44. scilicet R. de Sterteford, qui, ut superius habetur, non
septem electores sed seductores vocavit, appellavitque
ne Electus ulterius promoveretur; quorum videlicet
appellationibus justis nos omnes deferentes, ita sup-
plendo appellavimus cum eis, ne quid suggestione
falsa perquisitum, seu, ne Electus ad altiorem dignitatem, ut in episcopatum, alicubi a nobis sublatus
ulterius promoveretur.

Existente interim concilio apud Norhamtun, The precen-tor at Northamp-ton.
R[icardus] precentor ibidem se præsentavit, ut in
insidiis assidens perpetraret in occulto quod exsequi
non licuit in aperto; salva tamen gratia prioris, qui
eidem et aliis, electioni contra Deum et sacramentum
obviantibus, ut ei aliquando per H[ugonem] de
Theford improperabatur, in talibus nimis pronus
repertus erat licentiis, cum et potius eorum habenas
restringere debuisset quam relaxare.   Factumque est,
precentore [in] concilio existente, nuncius quidam domini Letter from the legate of France to the legate Nicholas.
R[oberti][2] citra montes legati, litteras ex parte domini
sui legato Angliæ prætendisset, in cauda quarum
continebatur, pro domo Sancti Ædmundi.   Avertens
se quidem legatus quæ electionem tangerent, con-
vocavit episcopum Wyntoniensem, et fracto coram
illo sigillo tradidit eidem legendas.   Quibus perlectis,
et super his quid esset consulendum interrogans,
respondit episcopus, " Domine legate, petitio tanti viri
" satis nobis expressum debet esse præceptum; quod
" nullo beneplacito nostro occurrit eidem super
" significatis respondere, vestrum est providere."   Sed

---

[1] Sic in cod.; subaudi *cessavit*, | [2] Supra lineam; textus habet
vel simile quid. | *regis*.

legatus Angliæ, tanti viri non immemor petitionis, humili tamen præmissa salutatione remandavit, quod

The precentor talks with Peter des Roches.

quantum cum Deo posset, preces ejus in electione promovenda exaudiat, sicut in casu consimili vice versa vellet exaudiri. R[icardus] vero precentor, cui necdum ista patebant, accedens propius advocavit dominum Wyntoniensem sub piro quadam, sciscitans ab eo qualiter pro regia dignitate. contra electionem esset operandum. Dominus autem episcopus, intuens quod si ad tempus differretur electionis promotio, non tamen processus[1] auferretur, primoque denudans ei literarum contentum pro electione et Electo tunc perlectarum, dixit ei, " Frater, cum omnibus res gesta " sit facti vestri notoria tanquam a Deo processa, " insuper ad ejusdem H[ugonis] electionem con- " firmandam cartam conventus habeat de rato, non " invenio qualiter sit subtrahendum quod tanto testi- " monio jam sit confirmatum, qualiter resistendum " quod cunctis eminet a Deo et canone fore processum." Ad quæ R[icardus] precentor, licet in responsis nimis festinus, et minus quam ejus deceret personæ providus, cum jam sibi universorum consilium contra unguem cedere conspiceret, dixit, " Per os Domini, antequam " ei H[ugoni] liber pateat ingressus, ictus dabuntur " grossi "; et eo dicto domum redire festinavit.

The precentor returns to Bury.

Ingressus quidem capitulum, salutationes ex parte legati præmisit;[2] subsequendo, quod cum super solitarum relaxatione misericordiarum fecisset mentionem, qualiterve ejus prohibitio, ne solitæ repeterentur commessationes, esset supplenda, tanquam non alia profectus esset ad curiam de causa, respondit legatus, " Et ego omnibus carnium com- " messationes prohibui, et adhuc prohibeo eis et " successoribus eorum in æternum, præter quod prior, " cum fuerit in camera, quos voluerit de fratribus " ad se convocet per tres vel per quatuor; similiter

---

[1] s ad finem alia manu additus. | [2] Cod. primisit.

" in domo infirmorum, dum non ad consequentiam
" trahatur, ad naturam refocillandam." Videntes
quidem Pharaonis sequaces partim vel nichil in Affair of the " comessa- " tiones."
voluntate sua se posse proficere, excusationem de
peccato quærentes, ut perinde facilius nequitiam
infunderent propriæ malitiæ in alios, dixerunt,
" Domine prior, ne miremini si quid fecimus non
" agendum, cum et ab aliis sæpius minati, ut si
" quando Electus prævaleret, a domo culpis nostris
" exigentibus expelleremur ";—Nitentes ad hoc ut
propriam in aliquem effunderent malitiam, more primi
parentis nostri Adæ, qui postquam transgressus et in
ictu oculi nudus effectus, ait illi Dominus, " Quid
" fecisti ?" Ille quidem volens in Dominum culpam
retorquere propriam ait, "Domine, mulier quam
" fecisti michi " etc., tanquam diceret, Si eam mihi
non dedisses, in te penitus non peccassem. Similiter,
si delictum sacramenti non exprobrassent nobis,
utique cum electione stetissemus. Cum hoc manifeste
fictitium et inventorium esset, ut videlicet, sedatis
omnibus, ab incensa facilius veniam consequerentur
malitia. Ab initio enim, postquam dominus H[ugo]
electus fuit, semper dolose contra ejus electionem f. 177.
operantes inventi sunt et malitiose. Unde probatur
eorum testimonium in hac parte non esse conveniens,
quia nec habiti fideles sunt in testimoniis suis.

Dominus quidem H[ugo] Electus, tunc temporis in The elect writes to the convent for a supply of money.
partibus transmarinis exspectans, inopiam suam literis
diversis priori et sacristæ significavit, eorum suffragium
petens. Sed cum R. sacrista ad locutorium in claustro
quid super literis Electi esset consulendum interro-
gasset, licet ironice, respondit Ricardus de Sterteford,
qui se aliis præminere in sensu jactabat et consilio,
" Non est tutum neque sani capitis consilium, inimi- To this opposition is made.
" cos domini regis in aliquibus contra ejus libertates
" extollere, cum et ille H[ugo] de Norwolde, quem
" nonnulli false nominant Electum, inconsulto priore
" et conventu a domo sua recessisset "; orando sine

exceptione illum quingenta Dei incurrere odia, qui cum pro Electo ulterius nominaret. Rogerus quidem de Stanham, inter alia quædam de Electo non retrahenda, in comparatione quadam coram pluribus in parlorio proposuit. Hoc scilicet, non ad retrahentiam vindictæ, sed ut per hoc alias retractata ipsi in consimilibus rubore saltem perfusi reperiantur prudentiores, scribere duxi. Sed "quo semel est imbuta " recens" etc.; cum et aquilo omni imbutus malitia _{Hor. Ep. i.} et a quo omne pandetur malum, succensos in satis ^{2, 69.} cognita amplius accendere malitia nondum quiesceret; ut quo quos[1] ignem sub lebete accensum, apponendo lignum et stipulas ad majorem combustionem accendere desiderat, eo eorum malitiam, donis et promissionibus interpositis, ad majorem iniquitatis combustionem ignire non distulit.

The sacrist puts up Richard Calvus, or De Sterteford, to preach against the election.

Effuso enim hac de causa metallo, replicato et sæpius repetito, insuper et se cum eisdem in omni loco, ubicumque electioni nocere credebat, præsentante, cum per hoc ejus cordi non suffecit perverso, protraxit intra se quod virum ex suis, Ricardum scilicet Calvum, die Jovis ante Pascha populo faceret prædicare, ut prædicando per circumlocutiones et exempla super electione corda audientium a veritate cognita et per universum orbem jam divulgata distorqueret. Sed, sicut ait apostolus, nihil absconditum quod non revelabitur. Cum et hoc aures fideles jam fama perflaret ventilans, et eo jam bis in capitulo sermocinante, ut eo coram populo audacior reperiretur, providendo fidelium consilio et salubri erexit se H[ugo] de Theford, appellavitque contra eum in capitulo ad legatum Angliæ, ne ulterius, propter malitiam cognitam sæpiusque expertam, et diffamationem, et famosum libellum quem idem Calvus abbati de Bello-loco tradiderat, sermocinaret. Stetitque secum Ricardus de Flammeville ad ejus confirmandam appellationem; factusque est

Matt. x. 26.

Hugh de Thetford appeals against his being allowed to preach any more.

---

[1] Sic in cod.

super hac appellatione tumultus magnus in populo
perverso. Conferentes tandem inter se, si deferendum
esset appellationi, timore potius quam reverentia ipsius
legati appellationi detulerunt. Sacrista vero, licet non
sine gravi cordis amaritudine, cum in locutorio parvo
ante capitulum iterato præ cordis angustia super his
a suis peteret consilium, omniaque eis super casu
præsenti acciditura, pariterque pro et contra, coram
eis satis allegaret sufficienter, appellationi deferre
timore potius quam amore decreverunt legati. Ita
tamen ut idem sacrista, ad suorum corda infidelium
corroboranda, baculum scilicet prædicatorium illo die
assumeret; factumque est ita.

Et extrahente quidem sacrista sermone ad hoc, *The sacrist preaches a sermon.*
" Christus descendit mundum redimere ut liberaret a
" morte homines," conatus est non modicum, quantum
in se, tam clericos quam laicos de medulla horum
verborum interioris intellectus reficere; cum et furfur
pro farina, paleam pro grano, abscinthium pro vino,
auribus audientium plurima proponendo inconvenientia
propinasset, et a similaginario camulum pro simila
discumbentibus distribuisset.

Sed ne infidelium in sua infidelitate corda persisten- *of which the writer will give the drift.*
tium corroboratione, fideliumve in simplicitate manen-
tium, per reiterata a sacrista contra fidem et ad
memoriam reducta debilem, quædam, licet plurima
omittens, ut in consimilibus fideles in fide reperiantur
ferventiores, proponam. Solent enim contraria ad
majorem efficaciam sæpius contrariis opponi. Cum
itaque de incarnatione Domini ad trium mortuorum *Christ raised three persons from the dead.*
resuscitationem fecisset descensum, servum centurionis
prædicavit a Domino inter alios primo fore resusci-
tatum; cum et contra hoc satis expresse inveniantur
scripturæ, non enim a morte sed ab infirmitate
Matt. viii. 6. corporis perhibetur a Domino liberari, ut hic, *Domine,*
puer meus jacet paraliticus in domo et male torquetur.
Amen, dico tibi, ego veniam et curabo eum, non,
resuscitabo. Dixit etiam et Christum a crismate *Blunders of the preacher.*

dictum, cum secundum fidem nostram et Scripturarum
testimonium Christus semper manet in æternum;
antequam crisma conficeretur fuit Christus, qui omnia
creavit ex nichilo; ergo incongrue creator a creatura
potest dici, sed sicut Christianus a Christo, ita crisma
a Christo deberet prædicari. Unde videtur in hoc eum
errasse. Dixit etiam Lazarum in mortali peccato fore
decessum; propter quod Dominus eundem suscitaturus
invenit in monumento fetidum quatriduanum [se]
habentem, existentibus ibi Roberto filio Rocelini,

The persons present at the sermon. magistro Gilberto, magistro Waltero scolarum Rectore,
Waltero de Disce, aliisque pluribus. Aliud quidem,
licet inconvenienter, de Willelmo Barbato de Londonia
monachis Cantuariensibus exemplum conformavit in

The sacrist alludes to the case of William the Bearded. hæc verba. "Sunt quidam canes talis modi, quibus
" cum propria non sufficiat malitia, de patria sua ad
" aliam confugientes similibus se copulant et alliciunt,
" et eos ad caulas ovium secum attrahentes, eos suffo-
" cant pariter et interimunt. Sic," aiebat, " contigit de
" W[illelmo] Barbato,[a] qui contra dominum regem
" civitatem Lundoniæ subvertendo, subvertebatur, la-
" queoque suspendebatur per dominum Cantuariensem.
" Sic et de monachis Cantuariensibus, qui sublato

and to the disloyal conduct of the monks of Canterbury in 1205. " pastore contra dominum regem de præficiendo

---

[a] The tragical story of William the Bearded is told both by Wendover and Paris under the year 1196, but with a difference. To Wendover he is a mischievous demagogue, who stirred up the London populace "against the "king's dignity," and after setting fire to Bow Church, in which he had taken refuge, was dragged out of it by archbishop Hubert's orders, and, under circumstances of great, but necessary severity, drawn through the streets at the tails of horses and hanged in chains at Tyburn. To Paris he is a member of a sturdy English family who for generations had let their beards grow "ob indignationem Norman- "norum;" he was no plotter or traitor, but an upholder of the cause of the heavily taxed poor against the rich citizens, who eluded public burdens; Bow Church was not set on fire by him, but by the armed retainers of the archbishop; and, as he died in the cause of the poor, he may justly be reckoned a martyr.

The sacrist of St. Edmund's, it will be seen, adopts the view of Wendover.

" alio sine assensu regio tractantes certamen inierunt;
" unde domus eorum, clarescentibus culpis, nisi
" divina impediretur misericordia, fere ad nichilum
" fuit redacta." Hæc autem omnia ex deliberatione
maximæ præmeditationis auribus proposuit audientium,
ut pro electione nostra idem domui nostræ, nisi citius
voluntati regis conformaremur, intra se quilibet fore
emersurum judicaret, et electionem sine assensu regio
factam omnino vacuam esse et nullam. Qui, habitus
sui ratione, talem comparationem de viris religiosis,
utpote canibus, potius subterfugisse deberet, quam
coram clericis et laicis retraxisse.

In crastino quidem Paschæ sacrista, assumpto secum On Easter Monday the sacrist goes to visit Nicholas, the legate, at Ciren-cester.
Ricardo Calvo, habenas suas domino legato Angliæ
deflexit. Cujus causa itineris, ut a Willelmo de Disce
percipiebatur, fuit hoc. Proposuit autem transmittere
Ricardum Calvum ad dominum regem per literas legati, ut per eas saltem aliquid in contrarium electioni
machinaretur. Sed, ut postea declaratum est, ipsi
obviantes lepori, sicut vulgari habetur proverbio,[a] infecto negotio, cum super hoc dominus legatus non
consentiret, domum reversi sunt, ut infra determinatur.

Post quorum vero recessum, cum et Albinus sup- Events within the convent; Hugo of Thetford is punished.
prior, ratione donorum a sacrista, ut dicebatur, inter-
positorum, parti electionis sederet in insidiis, nominavit quodam die in capitulo fratrem Hugonem de
Theford solo nomine sine verbo adjuncto, sic, " Domine
" Hugo "; cumque ille responderet, " Quid ? " clamavit
eum; qui exsurgens stetit in medio ut decuit. Suscepit ab eo disciplinam regularem, propter quod dixit
"quid." Sed cum Albinus in hoc non sibi adjudicasset
satis fecisse, præcepit ut illo die pane tantummodo et
aqua contentus sicut pœnam purgaret responsionis
"quid," cum et totum capitulum ejus judicium indiscrete latum, odio potius quam fraterni amoris correp-
tione, judicaret, et injuste. Quam quidem sententiam,

---

[a] There is a proverb which says, " If you run after two hares, you
" will catch neither."

quia plane injustam, omnino renuit subire, dicens,
"Deus neminem punit bis in idipsum." Persistente
vero suppriore in ira concepta, idem in crastino præmissam a duobus disciplinam, licet sine ratione. repetiit
Qui causam malitiæ et radicem hujus clarius intuens
persecutionis, plane subire recusavit, nisi manifestam
præmonstrasset rationem. At ille sine moris[1] dispendio sententiam excommunicationis, cum et hoc spectet
solummodo ad abbatem in arduis et majoribus culpis,

inferre in eum non distulit. Hoc jam facto post electionem factam in diversis personis, voluntate magis
operante quam ratione, meminimus intulisse. Subsecuto die tertio convenerunt supprior, J[ocelinus] elemosinarius, aliique de numero eorum super hoc in
locutorium parvum. Sed non invenientes causam qualiter in hac parte malitiam apertam exercuissent, insuper cum et ad omnia flagella eundem H[ugonem]
humiliter toleranda pronum reperissent, discordiæ fomitem dissimulando, de pace simulabant tractare. Tandem propter humilitatem Hugonis præostensam, ut
super hoc suppriori satisfacerent, judicaverunt, lau-
daveruntque, ut idem H[ugo] humiliter tolleranda
pronum reperissent[2] in capitulo satisfaciens veniam
peteret, et perinde omnia perpetuæ oblivioni tradita,
osculantes se in invicem ex utraque parte remitterentur.
Victus tandem prece magistri Nicholai eis adquievit,
factumque est hoc coram priore capitulum regente.

The sacrist
returns to
Bury, and
reports the
result of his
interview
with the
legate. In die tertio sequenti redierunt sacrista et Calvus,
unus socius ejus, a curia domini legati, deferentes
secum breve ejusdem legati domino priori, quod ad
eorum petitionem fuerat dictatum. Sed quia prior,
inspecto brevi, illud potius ad commotionem quam ad
pacem viderat operari, nemini reserans præterquam
suppriori penes se inclusit. Sacrista autem hoc videns,
præmissa in capitulo ex parte legati salutatione, mo-

---

[1] moræ ?
[2] Scripsit aliquis vacat supra | lineam. Claudicat sermo; sed emendandi non est ratio.

nuit conventum quatinus sic se haberent adinvicem,
ne eorum fama in aliquo posset deperiri vel minui.
Unde per hæc verba plures colligebant, quod super
restrictione foventium sacramentum electionis breve loqueretur legati. Adjunxit etiam sacrista super [causa]
solitarum misericordiarum dominum legatum taliter
dispensasse, tanquam ad curiam, scilicet apud Ciren-
cestre, hac specialiter de causa iter suum superius
direxisset; videlicet, quod prior sollicitam curam circa
validos haberet, ut in Dei servitio fortiores inveni-
rentur, et circa debiles, ut convalescerent, et vires
pristinas recuperarent, prout viderit expedire. Dum
ne prohibitæ repeterentur comessationes in domo In-
firmarii, ad naturam refocillandam convocaret quotiens
expediret. Hoc autem præceptum, ex quo præsente Growth of
the practice
legato notum a conventu fuit in capitulo, fuit obser- of private
dinners out-
vatum usque ad primum Pascha; ab illo vero die, side the
refectory.
locum tantummodo mutantes solitum in domo Infir-
marii, per viij. et decem et duodecim, priore duce,
pristinas ita revocabant comessationes, ut cum clerici
vel laici in refectorio ad mensam aliquando ob honorem essent convocati, in dedecus et in famæ dispendium vertebatur, cum non ex una parte chori ibidem
ad mensas nisi vi. monachi præ vacuatione comessa-
tionum solitarum jam tunc inceptarum essent relicti,
nullo tamen claustrali, præterquam Radulfus de Londonia et Petrus de Len, sacramentum electionis foventes, absque brevi super hoc a domino legato specialiter
de voti hujus relaxatione [accepto], ad eas comessationes
nolentes accedere.

In die vero Sancti Alphegi venerunt litteræ domini April 19.
legati Franciæ priori et conventui Sancti Ædmundi A letter
favourable
pro Electo. Erat quidem primus dies minutionis prio- to the election comes
ris. In crastino autem, cum per manum Ricardi de from the
legate of
Saxham eidem priori litteræ essent porrectæ, destinavit France.
Discontent
eas supprior in capitulo legendas. In quibus videlicet of the
sacrist and
omnes sacramento electionis obviantes, et contra factum his friends;
wrangling
proprium temere venire præsumentes, cum decenter in chapter.

corripuisset, ait Walterus subsacrista, "Hæc auribus
" nostris infusa contra dominum regem et sine assensu
" capituli a nobismetipsis processerunt." Sacrista vero,
quia ejus personam specialiter tangebant, ait, " Infruc-
" tuoso adquievit consilio et fatuo," (subaudi, Electus),
" quando, relicto magnatum et regni et sapientum
" consilio, stultorum quorundam adhærendo, a terra
" se alienavit Anglicana." Cui Ricardus de Saxham,
qui in responsis non tepidus sed festinus probatur,
talia festinanter reddidit responsa, "Ex divina constat
" emanasse providentia, quod inter vos diutinam non
" fecit moram. Si enim aliquantulum diutius esset
" moratus, a vobis procul dubio foret oppressus et
" suffocatus." Quæ cum sic in pleno capitulo sacristæ
ejusque complicibus improperasset, et a sacrista præ
cordis angustia istud probrosum verbum esset sæpius
recitatum, quidam sociorum Ricardi, præcaventes ne
ista processu temporis per legatum, a quo perversorum
spes pendebat, eidem possent in malum retorqueri, ita
se dixisse supplebant, quod si ille, (subaudi, Electus),
diutius inter vos esset moratus, ejus electio quantum
ad vos esset jam oppressa et suffocata, licet Ricardus
de suffocatione corporis mentionem fecisset. J[coceli-
nus] elemosinarius, vir duplex animo et varius, subsecutus dixit, "Unum est quod omnibus affirmare
" cupio, quod neque pro legato neque pro archiepi-
" scopo neque pro papa, eidem H[ugoni] Electo absque
" assensu regio nunquam in hac domo patebit intro-
" itus." Qui saltem dominum papam, utpote qui
regibus dominatur et principibus ratione præminentis
dignitatis, excepisse debuisset. Nec mirum ; quia, sicut
aquila provocans ad volandum pullos suos et super
eos volitans, sic aquilo J.[1] sacrista, pullos pravi nominis et perversæ ad volitum innatæ malitiæ, ne elemosinarius et alii ab ea desisterent, provocans, cura

Remark of Jocelin.

---

[1] *Robertus?*

vigilanti super eosdem volitabat, ut per eos, quæ de electione secundum Deum facta fuerunt, perverteret et suppeditaret.

Unde, cum magister Henricus Plumbe et W. de Bec, senescallus domini Cantuariensis, singulis litteris et nuntiis super electionis confirmatione veritatem amicis et fidelibus Electi significare festinassent, perversique de numero sacristæ, præ timore novitatis auditæ trepidantes, contraria contrariis, mendaciaque veritati opponentes, illa per quosdam satellites et satis in malitia latentes fictitia et in cellario monachorum fore reperta dederunt intelligere, insipientes itaque et maligni, vehementi jocunditate, hæc ad alterutrum inter se tanquam vera conferentes, moram adventus ipsius legati, quem sibi profuturum indubitanter asserebant, non sine cordis tædio acriter reprimendo expectabant. Prolocutum enim fuit apud Glastenesberi inter legatum et sacristam et provisum, ut ante Ascensionem Domini legatus ad ecclesiam Beati Ædmundi accederet, novumque substitueret prælatum et intruderet, quassata omnino prima electione, celerarium vero et camerarium, ratione familiaritatis Electi, deponeret, dominum H[ugonem] Electum et omnes electioni ejusdem inclinantes excommunicaret. Et subinde, ad majorem hujus falsitatis constantiam, idem sacrista super adventu legati literas ipsi priori portavit.

Rumours pro and con respecting the election.

In spe quidem hujus exultationis cum per tres ebdomadas pars futua[1] existeret, atque sacrista utensilia ad abbatem spectantia, ut bigas et alia similia, contra adventum legati tanquam ad opus proprium præparasset, casu supervenerunt fortuito duo burgenses de villa, qui sacristæ super electione a domino papa confirmata nova et certa referebant. Quod jam fama crebrescente cum crederet, et in eisdem rumoribus minime gauderet sacrista, præ cordis tumore om-

Two burghers of bury bring to the sacrist certain intelligence that the pope has confirmed the election.

---

[1] Sic in cod.; *futua?*

nino silere, necdum eundem H[ugonem] Electum nomi-
nare potuisset, ait illis, "Alterum ab eo quem vos
" Electum dicitis et confirmatum, hucusque semper de
" biga ista putabam sedere."

May 6.
The arch-
bishop's
seneschal
arrives with
a message
for the
prior.

In die vero Sancti Johannis ante portam Latinam
venit W. de Bec, senescallus domini Cant[uariensis]
verba ex parte domini sui deferens priori. Sed quando
eundem minime reperiit, neque præ arduis domini sui
Cant[uariensis] negotiis diutius apud Sanctum Ædmundum potuit morari, fidelibus, scilicet, P[etro] celerario
magistroque Nicholao, vices suas super significatis
priori ex parte domini Cant[uariensis] fideliter commisit exequendas. Fuit autem hic tenor mandati,

to the effect
that he
should re-
press the
sympathies
of some of
his monks.

licet in vanum : "Mandamus tibi priori, quatinus mo-
" nachorum tuæ subjectioni subditorum habenas, contra
" ecclesiasticas libertates repugnantium, compescas ; ne,
" quod absit, si per eos aliquando inter regnum et
" sacerdotium iterato foret suborta discordia, in te
" culpa delinquentium tanquam consentientem retor-
" queatur." Veniens autem P[etrus] celerarius præmisit
in pleno capitulo ex parte domini Cant[uariensis] salutationes multiplices et hortationes, ut scilicet in Deum
spem plenam habentes sustinerent patienter, et expec-
tarent ejus misericordiam, qui non despicit sperantes

f. 170.

in se. Ubi concordia fratrum, ibi caritas ; et ubi caritas, ibi Deus ; implebit in bonis desiderium nostrum. Ps. 102, 5.
Adjungendo, ut si quid alicui, sive regi sive duci, pro
negotiis domus esset destinandum, in publico causa
prætenderetur primo, et sic demum unam viam consilio proficeretur. Hoc autem dixit, propter quod can-

Intrigues
and quarrels
in the
convent.

tor jam se consilio inveteratæ malitiæ ad curiam ire
latenter paraverat, causa adquirendi litteras magnatum
ad dominum regem, ne Electus per confirmationem domini papæ in baroniam suam extenderet potestatem ;
idem rex pro ea appellare festinasset. Hoc quidem
consilium processit ab aquilone, a magistro mali, a
ministro doli ; ab inventore hujus malitiæ, qui succes-

sorem, id est, Electum, more hæredis timens, et de
infinitis malis veniam promereri desperans, inimicitias
multiplicare non distulit et augere iniquitatem. Protestatus est etiam ibidem celerarius, electionem a
domino papa jam confirmatam, ut perinde timorem
adversariis incuteret. Ad quæ Philippus, hucusque
electioni sedens in insidiis, tanquam brucus, tota die
volitans per amœna, ad vesperam se in fimum demer-
git, sic ipse, ex quo malitia adversus electionem pul-
lulavit, quodammodo volitu palliationis verborum se
protegens, in fimum nunc plane revelationis conceptæ
iniquitatis demersit. Nitebatur enim palam sic contra,
quod nondum ejus electio fuit confirmata, nec ulterius
potestate alicujus confirmaretur. Sic alii aliis contradicentes, exeunte conventu a capitulo cum *Verba mea*,
magister tamen Nicholaus et Philippus nondum quieverunt, quousque ante sedem prioris in claustro pervenerunt.

Evoluto tempore perventum est ad ante-vigiliam
vigiliæ Pentecostes, in qua facta est quæstio in pleno
capitulo per J. de Laneh[am] et Ricardum firmarios,
consilio pravæ rationis, id est, sacristæ, et perversæ, eo
tamen et ejus complicibus ibidem præsentibus, utrum
summa quæ a dominis dictis firmariis in augmentum
ad cervisiam emendendam et murmur extinguendum
de cervisia constituebatur, daretur ulterius, cum et
conventus nullos se gaudebat, fructus percepisse,
eorumque obedientia exinde onerata, et inutili esset
tributo subjugata ; adjungentes quod Ricardus de
Saxham, tunc subcelerarius, illud augmentum omnino
per aliam suscipere recusavit mensuram quam per
regiam, cum et una sipha mensuram de Cokef[eld]
excederet regia mensura, semperque per eandem antea
susciperet. Ad quæ sacrista opposuit se, tanquam ad
eum specialiter pertinuisset istam diffinire quæstionem, cum potius odio quam amore caritatis,
propter ipsum Ricardum, super celerarii officium

A question
arises about
the convent
beer.

E 2

loqueretur. Sed cum idem Ricardus diutius impro-
bitatem sacristæ minime sufferret, eoque eum magis
clamosum quo celerarium et magistrum Nicholaum
absentes esse videret, his verbis allocutus est sacristam ; " Ut quid magis super obedientiam nostram quam
" nos super [tuam] loqueris ?" Ob quam causam prior
clamavit Ricardum, et sine moræ dispendio ab officio
subcelerarii absolvit, præcipiens in vi obedientiæ ut
redderet claves. At ille vero cum omni celeritate,
sine verborum repugnantia aut moræ dispendio, in
manus prioris claves tradere festinabat. Celerarius
vero domum rediens illo die, finito capitulo, potius
in facto gaudere videbatur quam dolere. Cui
tamen camerarius, et Rogerus refectorarius, et tertius
prior, et H[ugo] de Theford accedentes, rogaverunt
ut eum ad pristinam reformaret societatem, quem pro
defensione ipsius obedientiæ noverant jam depositum.
Quibus responsa, licet tepida, super propositis red-
dens, respondit se tandem cum priore locuturum,
facturumque quicquid cum consilio suo sibi intelligeret cedere ad honorem. Sed cum nec illo die
per celerarium, neque in crastino Pentecostes per
camerarium et tertium priorem, comitante sibi
celerario, Ricardus gratiam prioris inveniret, objur-
gantes priorem eo quod iram indiscrete et sine
aliqua ratione adversus eum conceptam non miti-
gasset, turbati[1] sunt valde. Quibus prior subnixo
sacramento respondit, quod nulla ratione nullave
conditione neque modo neque in futuro adquiesceret,
ut idem Ricardus ad aliquam promoveretur obedientiam, quousque in Electum oculorum defixisset[2]
intuitus.

---

[1] *turbatique*, Cod. | [2] Cod. *defigasset*.

[Pars II.]

In die quidem Pentecostes venit Stephanus de
Walsingh[am] a curia Romana, deferens secum literas
commissorias ex parte domini papæ H., scilicet abbati
de Wardon,[a] et R[icardo] [b] priori · de Dunestap[le], et
R[icardo] [c] decano de Salesberi in hæc verba :—" Inno-
" centius etc. Ex parte celerarii et provisorum mona-
" sterii Sancti Ædmundi fuit propositum coram nobis,
" quod bonæ memoriæ eorum abbate viam universæ
" carnis ingresso, prior et conventus ejusdem monasterii
" potestatem eligendi abbatem in septem monachos
" contulerunt, promittentes sub vinculo juramenti
" quod personam quæ ab illis septem denominaretur
" eisdem reciperent in pastorem. Electores autem,
" Spiritus Sancti gratia invocata, fratrem Hugonem
" de Norewolde ejusdem monasterii monachum, ut
" asserunt, virum providum et hon[estum], in abba-
" tem regulariter elegerunt, voce appellationis ad nos
" emissa, ut nullus in contrarium aliquid attentaret.
" Cujus electioni ab universo conventu receptæ karis-
" simus in Christo filius noster J[ohannes] illustris
" rex Angliæ differt plus debito, sicut accepimus,
" regalis assensus favorem, machinantibus quibusdam
" hoc monachis, sicut dicitur, qui prius verbo et
" facto consenserant in eandem. Nolentes igitur eidem
" monasterio, quod ad sedem apostolicam immediate
" dignoscitur pertinere, deesse diutius sollicitudine [1]

A.D. 1214.
May 18.
Stephen of Walsingham arrives from Rome; he is the bearer of a papal commission to three English ecclesiastics to inquire into the Bury election, and confirm it if found regular.

---

[1] *sollicitudinis*, MS.

---

[a] The Cistercian abbey of Wardon or De Sartis, in Bedfordshire, was founded from Rievaulx, by Walter Espec, in 1135. The abbot mentioned in the text was probably the same who, in 1217, had a contest with Fulk de Brent, the lord of Bedford castle, from which he came off with advantage ; see Dugdale's *Monasticon*, vol v.

[b] The house of Augustinian or

Black canons at Dunstable was founded by Henry I. about 1133. Richard de Morins, canon of Merton, succeeded as prior in 1202, and died in 1242 (*Ann. of Dunst.*, Luard, vol. iii., Rolls series).

[c] Richard Poore, afterwards bishop of Salisbury, and the founder of the new cathedral. See *Register of S. Osmund*, Rich Jones ; Rolls series.

" pastorali, discretioni vestræ per apostolica scripta
" mandamus, quatinus vocatis qui fuerunt evocandi,
" et auditis hinc inde propositis, electionem ipsam,
" si eam inveneritis de persona idonea canonice
" celebratam, auctoritate apostolica confirmetis, contra-
" dictores, si qui· fuerint, per censuram apostolicam
" sublato appellationis obstaculo compescendo. Regem
" autem præfatum diligenter et efficaciter moneatis,
" ut ipsi electioni sine difficultatis dispendio suum
" impertiatur assensum. Ceterum si quid post appel-
" lationem ad nos legitime interpositam inveneritis
" properam[1] attemptatum, in statum debitum appel-
" latione remota revocetis. Nullis litteris etc.; quod
" si non omnes etc.; Datumque etc."

The elect returns to England.
Igitur prædictus Stephanus in eadem ebdomada cum litteris istis versus judices profectus est, comitante secum magistro Nicholao. Inter hæc venit dominus H[ugo] Electus in Angliam cum ij. sociis suis, Ricardo scilicet de Heingham et Symone monachis, moram faciens apud Bellum et Westmonasterium, donec delegatis tradita esset commissio. Peracto itinere commissionis a supradictis, venit dominus H[ugo] Electus domum, sabbato octavarum Sanctæ Trinitatis, deferens secum litteras ex parte delegatorum priori et conventui commonitorias, quatinus iidem sic se ad alterutrum habentes,[2] ut cum ad locum executionis causa de mandato domini papæ accessissent, de eorum caritate mutua et dilectionis integritate Deum et patronum suum Sanctum Ædmundum laudare famamque

He is met by the clergy and townspeople ten miles outside of Bury, but only by one monk.
debitam possent commendare. Ne vero prætermittatur, quod cum idem H[ugo] Electus decem fere miliariis a villa esset remotus, clerici de villa pariterque burgenses eidem festinabant occurrere, nullo tamen monacho præterquam solo camerario, (licet omnibus magnatibus, ut sacrista, Ada infirmario, Waltero subsacrista, Ricardo precentore, Willelmo pitantiario, Jocelino elemosinario, domi existentibus), volente occurrere. Et

---

[1] *perperam ?* | [2] Sic in cod.

Hor. 1 Sat.
vii. 3.
ut eorum diutina malitia clarius innotesceret lippis
et tonsoribus, dominus H[ugo] Electus eosdem ut illo
die secum communicarent invitabat, qui sine omnium
exceptione aut ratione præostensa, tanquam uniformi-
ter in eadem malitia instructi, secum comedere vel
communicare refutaverunt. Acceptoque prior mandato trium executorum absentavit se in crastino a
capitulo, transmisitque suppriori litteras illas ut præsente capitulo perlegeret. Quibus perlectis, erigens se
magister Nicholaus, prætenditque eidem suppriori ex
parte delegatorum transcriptum tenoris mandati domini
papæ, in quo [1] etiam diem eorum adventus conventui
præfixerunt. Factumque est hoc die octavarum Sanctæ
Trinitatis.

Die quidem Mercurij proxima subsequenti, accedentes
ad capitulum Sancti Ædmundi H. abbas de Wardon et
R[icardus] prior de Dunestap[le] et R[icardus] decanus
Salesber[iæ] causa executionis, ad instantiam totius capituli in primis dederunt sententiam excommunicationis,
accensis candelis, cum monachis ejusdem capituli, in
omnes illos qui ab illo die in antea pacem Dei et ecclesiæ
istius malitiose perturbarent vel impedirent, præcipue
quantum ad electionem H[ugonis] confirmandam vel
infirmandam, vel qui contra conscientiam suam scripto
vel dicto falsa allegando, vel falsam narrationem facti
proponendo, vel verum celando cum super hoc essent
interrogati, vel quodcumque impedimentum impetrando,
quo minus vel tardius mandatum domini papæ eisdem
tribus commissum executioni mandetur, quicquam
malitiose fuerint machinati.

Post hoc autem præceperunt omnes, tam clericos
quam laicos, et viros religiosos qui de gremio ipsius
capituli non essent, amoveri. Quibus amotis, cœperunt
inquirere de sacrista, utrum carta conventus de rato,
quam dictus H[ugo] Electus habuit, de consensu totius
capituli eidem esset tradita vel non. Quibus inter-

The dele-gates arrive at Bury, and open the commis-sion.

f. 180.

The sacrist is examined as to the charter de rato.

---

[1] Sic emendatum ; prima manus quibus.

rogatis, cum subticuisset sacrista dare responsa, verumque confiteri cum super hoc esset interrogatus, ait decanus Salesberi, "Frater, qui erroneam habet "conscientiam in sententiam jam incidit latam, sicut "qui falsa pro veris proponit;" non enim aliter eum denuntiavit in excommunicationem incidisse. Itaque illo die in causa nichil amplius profecti sunt.

Next day a letter from the pope to the delegates is read, empowering them to inquire into and correct any bad customs that might have foun i tueir way into St. Edmund's monastery.

In crastino quidem prætendit magister Nicholaus alias litteras eisdem judicibus ex parte domini papæ super correctione pravarum consuetudinum domus, sub hoc tenore :—"Innocentius episcopus etc. dilectis filiis "etc. Ex parte celerarii et provisorum monasterii "Sancti Ædmundi fuit propositum coram nobis quod "in eodem monasterio quædam pravæ consuetu-"dines, immo potius corruptelæ, contra monasticæ "religionis observantiam obrep[s]erunt, quæ nisi "citius evellantur, tanquam robur auctoritatis et "quasi privilegium delinquendi a transgressoribus "assumentur. Quia vero melius est ante tempus "vel in tempore saltem occurrere hujusmodi cor-"ruptelis quam remedium quærere, postquam moræ "dispendio invilescant, discretioni vestræ per apos-"tolica scripta mandamus, quatinus ad locum persona-"liter accedentes, inquisita super veritate, hoc sol-"licite quod regulare fuerit appellatione postposita "statuatis. Facientes etc. Nullis litteris etc. Quod "si non omnes etc. Tu denique, fili abbas etc. Datum Mar. 24. "Romæ apud Sanctum Petrum ix. kal. Aprilis "pontificatus nostri anno xvii."

Progress of the inquiry.

His itaque perlectis, præceperunt judices ut conventus a capitulo egrederetur, et unusquisque post alium in suo ordine rediret, super interrogatis eisdem responsurus. Facta est illo die ista examinatio a singulis singillatim, præstito tamen sacramento quod nullus odio vel amore falsa diceret vel vera celaret, cum ab eisdem super veritate esset requisitus. Sic super hoc continuatis duabus diebus, perventum est ad diem tertium. In quo cum nichil novum super objectis et responsis sine omni deliberatione vellent constituere, renovaverunt sententiam præscriptam, adjungentes ut si quid aliquis infra diem adquireret vel adquisitis uteretur, quo minus vel tardius etc., ut supra. Post hoc admonuerunt universos ad pacis compositionem, in qua cum tunc proficere non possent, dederunt diem partibus, scilicet diem Veneris proximam post festum Sancti Barnabæ apostoli, ad tractandum iterum de pace. Coram quibus sacrista ita respondit, quod salva conscientia et salvo canone [1] in quantum posset ad pacem niteretur, licet eam semper magis studeret perturbare, quam ad mentis tranquillitatem reformare. Cumque prior de Dunestap[le] omnes sibi circumsedentes videret præ falso Latino in publico prolato sacristam deridere, ita supplevit pro sacrista, "salva conscientia et salvo jure." Datus est itaque dies ille ad pacis reformationem. In qua si non possent proficere de consensu partium, statuerunt eisdem diem peremptorium, scilicet vigiliam apostolorum Petri et Pauli apud Liuton, H[ugoni] scilicet Electo et sex electoribus ejus, et omnibus illis qui se duxerint opponendos electioni præfati H[ugonis], ut comparerent coram eisdem die et loco, per se vel sufficientes responsales monachos, mandatum domini papæ alias eis editum audituri, et juri parituri. Statuerunt etiam illo die ut de communi partibus provideretur in sumptibus sufficientibus ad totam causam illam, et si qua dilatoria exceptio deberet opponi, omnes illo die proponerentur.

In crastino quidem, antequam a loco recederent judices, venit Johannes de Pakeham nuntius sacristæ a domino legato Angliæ, deferens secum litteras domini Wyntoniensis justitiarii domini regis, Phillipo de Brunham et Johanni de Cornherde custodibus abbatiæ, in hæc verba:—"Mandamus vobis quatinus sine dila- " tione capiatis in manum domini regis abbatiam de " Sancto Ædmundo, cum baronia ad eam pertinente,

The sacrist's bad Latin.

The delegates cite the parties to appear before them on June 28.

John of Pakenham brings a letter from the justiciary, ordering that the entire property of the abbey be seized into the king's hands.

---

[1] *canones,* MS.

" et omnibus rebus et tenementis ad monachos ejusdem
" loci pertinentibus, et ea ad opus domini regis salvo
" custodiatis, donec inde mandatum aliud habueritis,
" salvo rationabili monachorum prædictorum estoverio ;
" quoniam abbatiam illam cum pertinentiis suis vobis
" et Johanni de Cornherde ex parte domini regis
" commisimus custodiendam.[1] In agendis domini regis
" ad prædictæ abbatiæ custodiam pertinentibus, con-
" silio prioris et sacristæ ejusdem domus præcipue
" adquiescatis. Pervenisset. Supersedit eam."[a] Unde
postea manifestum fuit eorum quæstu hæc fore perquisita, licet contra sententiam a judicibus in pleno
capitulo paulo ante prolatam. Quod cum judicibus esset
declaratum, admiratione potius quam stupore nimirum
repleti, dicebant adinvicem, " Quisnam, putas, est hic
" filius perditionis, iræ, et superbiæ, qui suppeditata[2]
" sententia et postposita talia procurare præsumpsit?

The delegates change the place of their next sitting from Luton to Bury.

" Non enim manus Domini est cum eo." Ingemiscentes itaque non minus super infortunio mandati
quam si eisdem personaliter accidisset, præcaventes
tamen ne aliquod periculum per diem partibus con-
stitutum apud Luiton posset imminere, in instanti
locum præmutantes, diem revocaverunt in capitulum
Sancti Ædmundi. His itaque a judicibus prosecutis,
reversi sunt ad propria.

On the day appointed, the delegates sit in the chapter-house of St. Edmund's; the elect, the justiciary, and many great barons appear before them.

Die igitur prædicto, vigilia scilicet Apostolorum,
constitutis in præsentia eorum apud capitulum Sancti
Ædmundi H[ugone], scilicet ejusdem loci Electo, et
sex electoribus ejus, et aliis qui se duxerunt opponendos eidem, domini regis Justiciarii, scilicet episcopus
Wyntoniensis, et W[illelmus] Marescallus comes de
Pembroc, et R[obertus] Bigot, et R.[b] comes Wyn-

---

[1] Sic in marg. ; cod. *custodiam.* | [2] *subpedita*, MS. ; cf. 65, l. 3.

[a] The words " pervenisset " " su- " persedit eam " seem to denote clauses which, being merely formal, are suppressed.

[b] Saerus, according to Matthew Paris, was still earl of Winchester ; he died in 1221.

toniæ, et R[obertus] filius Walteri, et J. de Basseing-
bure, cum aliis multis et magnis, constanter propo- *The justi-
ciaries and*
suerunt coram judicibus quod dicta controversia *barons protest against*
dominum regem tangebat; et hac ratione præcipue, *the legality
of the late*
quod post mortem S[amsonis] abbatis nihil fuerat *election.*
regi de electione abbatis facienda intimatum, secundum
quod moderno jure summi pontificis declaratum est
debere fieri. Et quia sic spreto rege processum erat,
dixerunt irritum esse fundamentum electionis, et
regem esse vocandum ad causam. Quibus a regalibus *They request that*
sic coram judicibus in capitulo prosecutis ex parte *the court
may be*
domini regis, dixerunt judicibus et omnibus aliis qui *cleared.*
de gremio capituli specialiter non erant, ut inde
amoverentur, dicendo, " Habemus quædam secreta,
" domino H[ugoni] Electo et conventui ex parte do-
" mini regis detegenda, nullo alio immediate exis-
" tente."

Quibus egressis, W. Marescallus comes de Pembroc *This being
done, Wil-*
taliter allocutus est conventum. " Nostis, domini, quot *liam Marshal, as de-*
" et qualia beneficia dominus rex et prædecessores *fender of
the king's*
" sui domui huic contulerint; unde vestrum est ejus *rights, asks
that the*
" privilegia et libertates illæsas et illibatas conservare, *party of the
king's*
" ne gratiarum ingrati vel beneficiorum immemores, *friends
among the*
" pœnam reportetis ingratitudinis. Ut igitur mani- *monks may
be visibly*
" festari possit, qui libertatem regis fovere velint, *separated
from those*
" et qui ei adversari, auctoritate regia præcipimus *on the other
side.*
" ut separentur ab invicem fautores regis et non
" faventes eidem, scilicet qui sunt electioni factæ
" consentientes." His dictis Albinus supprior, Henricus Ruffus, Johannes de Dice, Ædmundus, Walterus,
Jocelinus elemosinarius, Herbertus subrefectorarius, W. *The division
lists.*
de Bosco, Ricardus Taillehaste, Rogerus, Ruffus, Adam
nutritus Hugonis, Ricardus precentor, Petrus de
Wridewell, Willelmus subcamerarius, W. laicus, Adam
infirmarius, Thomas Capra, Salomon, Ricardus subsacrista, H. de Len, Alanus Walensis, Petrus de
Thisteshale, Gregorius subcentor, Willelmus Mothes,
Galfridus, R. de Stortesford, Rogerus de Stanham, *f. 181.*

W. sacerdos de hospitali, Phillipus, et Osbertus. Qui
Thirty opposed to the election. ante divisionem et post semper se habuerunt ex parte
adversa, licet in divisione in capitulo exissent statim,
sinistram partem eligentes; subito et clamosa voce,
coram dictis baronibus et aliis laicis quampluribus
ibidem existentibus, Jocelinum de Altari et Johannem
de Laneh[am] ad se attraxerunt invitos. Sicque
facta per eos divisione in domo Domini, quod prius
latuit manifestatum est scisma, et partium ad edictum
nobilium facta descriptio, singulis singillatim in
scriptum redactis, procurante hoc Ricardo precentore,
sub Pontio Pilato, J. subsacrista, ut major ejulatus
et confusio fieret in domo Domini. Facta itaque
separatione, ut dictum est, ad edictum regalium, surrexerunt Jocelinus de Altari et Johannes de Laneh[am]
in medio coram eisdem, et dixerunt, quod cum domino
rege et ejus libertatibus semper steterunt et starent;
sed si de veritate electionis canonicæ facta est inqui-
sitio, procul dubio scirent, veritatem non posse, aliquo
metu interposito, nec velle celare.

Thirty-two in favour of it. Isti sunt ex parte dextera capituli collocati, qui a
sacramento electionis prece vel pretio nunquam potue-
runt avelli, sed firmiter cum eo se habentes in hoc
perseveraverunt; Petrus celerarius, Ricardus de Heing-
h[am], Rogerus filius Drogonis, Robertus camerarius,
magister Henricus de Hehy, Hugo de Theford, Hugo
de Hasting, Ricardus de Flamevill, Robertus de Sancto
Butulfo, Symon, Radulfus de Londonia, Ricardus de
Saxham, Joseph, R. de Oxonia, magister Nicholaus,
Petrus de Len, Juvenis Willelmus de Thomest[on],
magister Thomas de Walsingh[am], magister Thomas
tertius prior, Nicholaus Romanus, Karolus, Ranulfus,
Rogerus de Nor[wolde], Johannes de Sancto Ædmundo,
Radulfus, magister Alanus, Nigellus, Jacobus, Alanus
de Broc, Wydo, Willelmus Juvenis de Stanbonne,
Mauricius Juvenis.

Strong language used by the Post hæc sacrista et sui, utinam boni æmulatores,
in dictos Electi fautores verba contumeliosa et pro-

brosa coram dictis regalibus et aliis laicis quamplu- sacrist's party.
ribus ibidem existentibus intulerunt, dicentes, "Pro-
" ditores, O veritatis inimici, O seductores, amici
" nequitiæ, viri dolosi, qui circumvenistis nos et
" inique egistis nobiscum, de cetero nichil proderit
" vobis malitia vestra." Sed quid ! licet multa
talia opprobria ab eisdem sæpius perpessi essent,
non est mutatus vultus eorum, quia pro veritate et
justitia quæ eosdem liberavit firmiter steterunt. Post
hoc quidem, ut dictus comes de Pembroc majorem
adhuc parti veritatis timorem incuteret, dixit, " Quon-
" iam dominus papa testificatur literas istas per The earl of Pembroke puts a question.
" quosdam provisores fore perquisitas, volumus ut
" illi nobis manifestentur." Cui vero pars adversa
mox in vocem erupit clamosa, dicens, " Ne dominum
" regem et vos ejusdem fideles lateat, istius malitiosi
" quæstus contra eundem proditores fuisse et auctores
" diutius; celerarium hujus rei specialiter extitisse
" auctorem." Cumque celerarius in medio vocatus
plenus fide stetisset et imperterritus, taliter allocutus
est eum comes Bigot, " Frater karissime, cum ad nos
" omnes libertates Beati martiris spectet illæsas con-
" servatas et illibatas [esse], gregique ejus in arduis
" consulere, michi tamen, cujus signifer jure hæredi-
" tario existo, dominoque Waltero filio Roberti præ-
" senti, hominibus et fidelibus ejusdem, incumbit
" specialius. Unde est quod monemus, fideliterque
" exhortamur, ne mediante alicujus fatui et insi-
" pientis consilio, domini regis malivolentiam, fovendo
" aliquid seu contradicendo contra ejusdem libertates
" usitatas, incurras." Quibus tandem celerarius sic Peter the cellarer defends his conduct.
ora resolvit: "Domini mei, et fideles ecclesiæ, cum sit
" unus Dominus dominantium et Rex regum, qui
" etiam unicuique jus suum, Deo scilicet quæ Dei, et
" Cæsari quæ Cæsaris attribuere præcipiat; dominusque
" noster rex electionem nostram secundum tenorem
" cartæ Sancti Ædwardi scripto jam confirmaverit,

" sacramentique vinculo, sicut et omnes alii, astringar,
" ut quem [1] septem nominarent pro electo haberem,
" non mihi videtur, si placet, posse sane resilire sacra-
" mento, nisi saltem præcessisset [2] absolutio, neque
" libertatibus domini regis in aliquo contraire, cum
" et foveam quod idem mera dilectione scripto, ut
" dictum est, beato jam contulisse dignatus est
" Ædmundo. Unde insuper, si domino priori nostro
" veniat ad beneplacitum, et ejus·intersit potestatis,
" peto cum confratribus nostris ut a dicto sacramento,
" ab eodem videlicet jam primo præstito, nos absol-
" vat; et sic demum uni consilio vobiscum adhærentes
" super instituendis sive destituendis diligenter con-

The other side know not what to reply.

" veniemus." Quibus sic propositis non habentes quid
convenienter responderent exierunt a capitulo, super
objectis et responsis dominum Wintoniensem ratione
majoris cautelæ consulere volentes. Adhuc quidem
omnibus in eodem loco persistentibus dictus comes de
Pembroc, Willelmus scilicet Marescallus, parti electionis ob eorundem constantiam et immutabilitatem ait :—
" Triduanas damus inducias ; si quis ad tuitionem
" libertatis regiæ velit accedere, tutus accedat." Communicato quidem consilio cum Wyntoniensi, tunc regis
Justiciario, reversi sunt in capitulum pariter cum
delegatis. Et videntes judices quod illo die præ
magnatibus non possent in causam procedere, (et
quidam ipsum regem opinabantur esse vocandum,
alii vero in contrarium senserunt, nec poterant alicujus periti consilium habere quin alterutra pars

The dele-gates an-nounce that their next sitting will be on July 26, at St. Alban's.

illum repelleret ut suspectum ;) articulum illum distulerunt diffinire, donec super hoc consilium haberent
maturius. Partibus autem diem constituerunt in
crastino Sancti Jacobi coram regalibus apud Sanctum
Albanum in ecclesia Beati Petri peremptorium, omni-

---

[1] *quoniam*, MS. | [2] Sic in marg. ; cod. *præcepisset.*

modo sub ea forma qua dies superior fuerat constituta.

Verumtamen quoniam difficillimum erat tot monachos tam longe proficisci, ideo ibidem in crastino coram eisdem pars Electi tres procuratores constituit pro tota parte sua, salvo sibi beneficio, ut si opus esset ex aliis testes producere possent, ita siquidem,[1] quod si omnes tres interesse non possent, duo vel unus ex illis ad idem plene sufficeret. Similiter et pars opposita alios tres sub simili forma constituit. Nomina procuratorum partis Electi sunt, Petrus celerarius, Ricardus de Heingh[am], magister Nicholaus de Dunestap[le]. Nomina procuratorum partis oppositæ sunt, Ricardus precentor, Robertus sacrista, Adam infirmarius. *Each party is to send three representatives.*

His itaque ad votum singulorum rite constitutis et concessis, erexit se Ricardus de Neuport, tunc subsacrista, prostravitque se coram judicibus, veniam humiliter petens de transgressione sæpius facta contra sacramentum electionis ab eodem superius præstitum; cujus pœnitentiam suscipientes gaudendo, præsente ibidem toto conventu, data absolutione injunctaque satisfactione, plene in fide jam instructum dimiserunt. Quo facto, mox petitum [2] judicium. Respondit quod dictum juramentum est ex parte Electi, quod contradictores electioni suæ jurent quod non malitiose moveant ei quæstionem. Cui objectum est, quod ei sub forma judicii non esset respondendum, sed quasi extra judicium. Respondit quod dictum juramentum simile est juramento calumpniæ, quod non debet præstari nisi post litem contestatam, et hoc, si præstari debet et potest, præstari ab actore universitatis; altera vero parte, scilicet Electi, contrarium asserente, ejus diffinitionem quæstionis usque ad diem partibus datam duxerunt differendam. *The recantation of Richard de Newport.*

---

[1] Sic in cod.

[2] Scripsit aliquis *vacat* extra lineam.

Arrange-
ment as
to the
expenses of
the repre-
sentatives.

Super expensis vero factis et faciendis in hac causa ita providerunt, quod super factis, præhabita taxatione moderata, reciperent probationem, et de sacristia et de aliis obedientiis, quas magis viderent habundare, facerent fieri solutionem. De faciendis autem providerunt, quod Ricardus consacrista de sacristia provideret expensas utrique parti moderatas, scilicet duobus advocatis hinc, et duobus inde; et monachis ipsis quorum personalem præsentiam instantia causæ desiderat; ita quidem, quod ipsemet dux sit itineris et expensarum testis; et districte præceperunt sacristæ quod dictum ejus officium nullo modo impediat in expensis inveniendis. Super quo sacrista appellavit, sed ejus appellationi non duxerunt deferendum.

f. 182.
The court
meets at St.
Alban's on
the day
appointed.
Argument
of master
Nicholas.

Die itaque præfixo apud Sanctum Albanum coram constitutis ad locum accedentes utrique, præsente ibidem domino Wyntoniensi episcopo, justiciario domini regis, aliisque magnatibus quampluribus, cleroque magno utrique parti assidente, erexit se magister Nicholaus coram eisdem, mandatum domini papæ recitando, rationibusque plurimis evidenter ostendit, quod cum dominus papa vices suas tribus præsentibus commisisset, eisque litteris suis mediantibus ut mandatum suum exequerentur diligenter injunxisset, orta est quæstio in electionem factam *præcepisset*, id quod continetur in novella constitutione Innocentii tertii, scilicet an rex requisitus esset super assensu præstando electioni faciendæ. Cui objectioni magister Nicholaus ita respondit, quod non erat necesse, eo quod generale mandatum regis ad eos sicut et ad alios pervenerat, formaque litterarum in medio perlecta est, et de plano dixit regium assensum requisitum fuisse, sed post transmissionem litterarum suarum.

The precen-
tor inter-
rupts him.

Tunc cantor prorupit in verba, dicens quod antequam litteræ regis pervenissent ad capitulum, destinatus est ipse et magister Thomas de Walsingh[am] cum eo ad regem, ut assensum ejus requirerent.

Exceptiones dilatoriæ.[1]

p. 69.

Primo quærimus, qui continentur nomine provisorum, ut sciamus qui sunt qui litteras impetraverint ; et volumus interrogari celerarium, an papæ impetraverit litteras, an suo nomine fuerint impetratæ. Deinde quærimus an velint dicere potestatem fuisse collatam absolute in septem monachos, an sub modo, an sub conditione. Deinde quærimus, quo verbo et quo fuit consensum in eandem electionem, vel quibus. Deinde quærimus, de quorum monachorum machinatione intelligunt, per hoc quod dicitur, machinantibus monachis. Item dicimus, quod cum electio quæ dicitur facta de Hugone, et appellatio facta pro eadem, ad dominum papam interposita, legato in capitulo Sancti Ædmundi presentata[2] sit, idem legatus de consensu totius conventus de eadem electione cœpit cognoscere et inquirere, et quosdam de monachis examinare. Unde, quia non facta mentione de hac veritate litteræ postea sunt impetratæ, item, quia non faciunt mentionem de litteris domini legati, quarum[3] auctoritate inquisitionem facere cœpit de hac electione, dicimus litteras illas nullas esse, nec aliquam esse vestram jurisdictionem.

Exceptions taken to the papal commission.

Ediciones.[4]

Sciatis nos intelligere nomine provisorum celerarium et alios qui stant cum eo pro electione domini H[ugonis] Electi. Item celerarius constanter asserit quod per eum et per alios quos dicimus provisores litteræ impetratæ sunt. Item dicimus quod potestas eligendi

Replies to the exceptions.

---

[1] Alia manu.
[2] *presentante*, MS.

[3] *quorum*, MS.
[4] Alia manu.

fuit collata septem, prout continetur in decreto totius
capituli; in quo dicunt quod in illos septem communi et consona voluntate vota sua de electione facienda contulerunt. Item consenserunt electioni, quia
electum ab illis septem pronuntiata sollempniter electione in osculo pacis susceperunt, et ei omnem honorem
electo debitum exhibuerunt, secundum quod ipsum
arbitrati sunt esse exhibendum; scilicet assignando ei
locum superiorem post abbatem, et in pane et in fer-
culis duplicem portionem, et alias habendo eum publice pro electo. Verbo etiam consenserunt in eum
electum, publice nominando, et pro eo publice in capitulo appellando. Item machinari dicimus eos, contradicendo electioni cui primo verbo et facto consenserant,
prout supradictum est.

The judicial
record of
the sitting
at St. Al-
bans.

Post has exceptiones et discussiones hæc sunt acta
apud Sanctum Albanum : "Dictis autem die et loco
" secundum formam præmissam partibus in nostra
" præsentia constitutis, præsente tunc domino Wynto-
" niensi, domini regis justiciario, et quibusdam aliis
" magnatibus regni, recipimus omnes dilatorias excep-
" tiones tunc competentes a contradictoribus electi.
" Et cum orta esset altercatio magna super domini
" regis vocatione, aliis ipsum vocare debere, aliis asse-
" rentibus in contrarium, nolumus aliquid super hoc
" diffinire ; sed secundum formam domini papæ decre-
" vimus illum diligenter admonere et efficaciter indu-
" cere, ut electioni H[ugonis] suum impertiatur assen-
" sum, vel, si placuerit, quare hoc nolit facere rationem
" nobis ostendat per responsalem idoneum, in crastino
" Sancti Michaelis in majori ecclesia apud Sanctum
" Ædmundum. Ibidem etiam interlocuti sumus jus-
" jurandum esse præstandum a contradictoribus Electi
" post litem contestatam, et non ante; super quo fuit
" alias disputatum. Prævidimus etiam electores illos
" de quorum vita et debilitate timetur, secundum

" formam decretalis,[a] *Quoniam frequenter*, sine omni
" præjudicio litis contestationis ; prædictis autem diem
" et locum constituimus peremptorium, et ut juratorum
" dicta non valeant ante litem contestatam, et post
" litem contestatam iterum examinabuntur super pro-
" positis a contradictoribus electioni."

His itaque hoc ordine rite gestis, tres dicti judices
dominusque Wyntoniensis, magnatesque plurimi, et
jurisperiti existentes ibidem, consuluerunt dominum
H[ugonem] Electum, quatinus litteras judicum in propria persona domino regi nullo alio mediante deferret
commonitorias. Sed quoniam idem H[ugo] sine fratrum suorum consilio tunc absentium iter illud subire
sane non decrevit, respondit se illud libenter velle
subire, si tamen in hoc consilium fratrum suorum
adquiesceret. Injunxerunt ergo magistro Nicholao ut
onus illud cum litteris suis sub hac forma subiret :

" Excellentissimo domino J[ohanni] Dei gratia illustri Letter of
the dele-
" regi Anglorum, H. abbas de Wardun et R. prior de gates to
king John,
" Donestap[le] et decanus Salesberi æternam in Do- humbly
requesting
" mino salutem, et tam votum quam debitum in om- him to con-
sent to the
" nibus famulatum. Mandatum domini papæ suscepi- election of
Hugo, or to
" mus in hæc verba, etc. (ut supra). Hujus igitur state his
reasons for
" auctoritate mandati, cupientes in omnibus et per not consent-
ing.
" omnia deferre regiæ majestati, de consilio multorum
" jurisperitorum excellentiam vestram cum omni pre-
" cum instantia qua possumus admonemus et humili-
" ter exoramus, quatinus electioni H[ugonis] monachi
" de Sancto Ædmundo, qui canonice, sicut dicitur,
" electus est in abbatem, dignemini regium impertiri
" favorem et assensum, aut, si placuerit clementiæ
" vestræ, pro reverentia domini papæ, in crastino

---

[a] *Decret. Greg. IX.*, fol. C., col.
3. " In lite non contestata non reci-
" piuntur testes regulariter super
" principali " ; but in particular
cases, e.g., " cum timetur de morte
" vel absentia diutina testium,"
this rule was not observed.

" Sancti Michaelis apud majorem ecclesiam de Sancto
" Ædmundo per responsalem idoneum dignemini ra-
" tionem nobis assignare et docere, quare favorem
" vestrum denegetis et assensum. Injunctum enim
" est nobis, ut si illam electionem de persona idonea
" invenerimus celebratam, ipsam auctoritate apostolica,
" appellatione postposita, confirmemus. Rogamus in-
" super, ut excellentia regia erga parvitatem nostram
" non indignetur, si apud eam officio nostro ex nobis
" injuncta auctoritate fungamur. Valeat, etc."

Aug. 4.
The Elect
states in
chapter that
the judges
and many
great lords
wish him to
go to the
king.

In crastino vero Inventionis Sancti Stephani martyris, facta mentione in capitulo per dominum H[ugo-
nem] Electum super itinere magistro Nicholao a judicibus commisso, præsentibus priore et sacrista, adjecit
quod dominus Wyntoniensis, pariterque judices et
magnates cum universo clero apud Sanctum Albanum
existentes, in hoc omnes adquieverunt, ut ipse, sicut
dictum est, iter istud subiret. Unde vestrum est,
scilicet fratrum suorum, consulere utrum expediat
necne. Cujus consilio utpote sano cum universi fideles adquiescerent, postulavit humiliter ut sibi magistroque Nicholao in expensis fieret exhibitio, sicut paulo
ante prior et conventus per literas delegatorum susceperant in mandatum. Ad quæ sacrista his verbis

The sacrist
appeals to
the legate
against the
judges, on
the ground
of the ex-
pense of
these jour-
neys.

allocutus est, dicens, " Quoniam expensis infructuosis
" et gravamine multiplici, hujus electionis causa, obe-
" dientiam meam nullo mediante levamine video one-
" rari, judicesque extra jurisdictionem talia præsu-
" mentes, pro ea ad legatum appello contra eorum
" mandatum, et contra omnes homines, ne quid per
" eos aut per alios innovando in sacristia sive com-
" mutando constituatur, et si forte legatus non suffi-
Jocelin sup-
ports the
sacrist,
" ciat, præsentiam domini papæ appello." Appellavit
secum J[ocelinus] elemosinarius, cui silentium imposi-
tum erat, ne per eorum præceptum, scilicet judicum,
cum nullum esset, supradictis fieret in uno d[enario][1]

---

[1] .d., MS.

exhibitio. Quo facto, sacrista, inito cum elemosinario A.D. 1214. post capitulum consilio, in hoc adquievit, ut domino who, however, agrees to find a small sum. H[ugoni] Electo, alioque, quemcumque de toto conventu vellet eligere, dummodo magistrum Nicholaum non f. 133. eligeret, x. marcas inveniret; alioquin nec etiam unum d[enarium] eidem pro aliquo inveniret. Quo tamen The Elect, taking one companion with him, leaves Bury on Aug. 5, favente, accepit secum dominum Ricardum de Heingham in loco magistri Nicholai; profectusque est die Sancti Oswaldi regis et martyris versus dominum regem, tunc Pictavia existentem. Illo quidem die completus est circulus anni, quo primo mandatum domini regis super electione secundum consuetudinem Angliæ tractanda suscepimus, licet post litterarum just a year after the arrival of the first mandate directing the election. susceptionem et singulorum fratrum examen secundum formam electionis, non eo die verum etiam in crastino Transfigurationis dominus H[ugo] a septem electoribus in capitulo denominatus est electus, et a toto conventu in osculo pacis susceptus.

Evoluto temporis curriculo, annorum videlicet Aug. 9. duorum et quantum superest a Natali usque ad Two years having passed since the death of abbot Samson, diem Sancti Romani martyris, in tertio anno post decessum venerabilis memoriæ S[amsonis] dicti abbatis, tempore interdicti in pratello sepulti, facta est mentio per sacristam super ipsius remotione. Et convenientibus in unum priore scilicet et cantore, magistroque Thoma de Walsingham, aliisque magnatibus, ut in ecclesia sepeliretur causa majoris honoris, solus sacrista resistebat, dicens quod nec ille nec alius, eo tamen potestatem habente, in ecclesia sepeliretur. Et his body is taken up Aug. 12. elevans eum a terra die Martis proxima ante Assumptionem Sanctæ Mariæ, hora quasi matutinali, utpote and brought into the chapter house. cujus judicio omnia tunc temporis terminabantur, per totam diem super tripodes in pratello constituens inter vesperas monachorum transvexit in capitulum, nullo ibidem monacho præsente præter eo [1] et Alano Walense.

---

[1] Sic in cod.

A.D. 1214. Et ut hæc eidem sacristæ specialius in laudem cederent et gloriam, eo ferventius in officium ducere festinabat propositum, quo dominum H[ugonem] Electum esse remotius cognoscebat.

Interjectis postmodum paucis diebus, appropinquante[1] sabbato quatuor temporum post Exaltationem Sanctæ
Sept. 14. Crucis. In quo cum diversis locis forent ordines pronuntiati, domini R. J. sacrista et R. precentor, fons et origo totius dissensionis electionis, spiritu elationis

The sacrist's party plot to exclude Thomas de Walsingham from ordination.
et superbiæ inflati, et secundos in congregatione abbates se præferentes, omnesque alios parvipendentes, maximeque sacramento electionis inclinantes in omni loco præ magnitudine potentiæ repudiantes, iniquitatem iniquitati et scandalum scandalo, ut per hoc etiam eorum intentionem omnibus innotescerent serenius,[2] adjicere necdum assistebant.[3] Convenerunt quidem die Lunæ ante sabbatum quatuor temporum camera prioris, super quatuor noviciis coram eodem tantummodo ordinandis, magistro Thoma de Walsingham in ultione, videlicet eo quod cum veritate staret electionis, penitus repulsam patiente. Et licet dominus prior tale consilium, indiscrete conceptum et venenose, ratione dignitatis suæ et præminentiæ potius repulisse quam admisisse debuisset, de facili assensum non denegavit præbere. Insuper et ad majorem cautelam, ut ipse istius malitiosi tractatus judicaretur immunis,

The prior goes away.
se absentavit. Sed cum, teste apostolo, *nihil abscon-* Matt. x. 26.
ditum quod non revelabitur et occultum quod non scietur, dominus Albinus subprior quinta feria subsequente in pleno capitulo ex parte prioris præcepit sacristæ, ut tantummodo quatuor noviciis ordinandis, sicut ante prolocutum erat in camera ejusdem, provideret. Quo audito, et[4] jam plenum[5] fieret ad unguem quod prius latebat, factus est tumultus magnus

---

[1] Sic in cod.
[2] *sererenius,* MS.
[3] *desistebant?*

[4] Excidit *cum.*
[5] *planum?*

inter filios servare veritatem studentes et pacem. Et His friends are indignant;
super his convenientes in unum, utpote qui nunquam they write to the bishop of Ely.
post electionem ab unitate discordantes sed semper in
unitate fidei permansere concordantes, provido consilio
et communi litteras sub hac forma domino Eliensi
destinaverunt:

"Reverendo domino et patri in Christo sanctissimo
"E[ustachio], Dei gratia Elyensi episcopo, quidam
"monachi sui sancti Ædmundi reverentiam patri de-
"bitam cum salute. Noverit universitas vestra, quod
"quidam de domo nostra exfrontes, adversarii liberæ
"electionis nostræ, in proposito habent mittere ad vos
"quosdam monachos præter conscientiam capituli, hac
"die Sabbati a vobis ordinandos, omissis quibusdam
"dignioribus, et magistro Thoma de Walsingh[am],
"cujus promotio foret pernecessaria universitati,
"videlicet ad verbum Dei dilucide prædicandum;
"linguam enim et mentem habet ad hoc præ ceteris
"expeditam. Qui etiam in ultionem, quod stat cum
"veritate electionis, ab hac promotione turpiter est
"repulsus. Petimus igitur pro Deo et reverentia asking him to admit no one from the convent to ordination, unless with the full knowledge of the chapter.
"sanctorum suorum Ædmundi et Ætheldredæ, ut ma-
"joris mali et invidiæ cesset occasio, ne absque con-
"scientia capituli, maxime quamdiu sumus sine pas-
"tore, recipiatis de domo nostra aliquem ordinandum.
"Nos enim, salva pace vestra, ne hoc aliqua ratione
"fiat in præjudicium monastici ordinis appellamus.
"Clericos etiam ordinandos ad præsentationem ali·
"cujus privatæ personæ de domo nostra, si placet,
"admittere non debetis, quia qui sine capitulo bene-
"ficiari non potest, nec sine capitulo de jure poterit
"præsentari."

Quibus ita jam missis, Albinus supprior ex sua The sub-prior summons the prior to return, or else to send Thomas to be ordained along with
parte, consilio magistri Nicholai interposito, alias lite-
ras destinavit priori, ut videlicet domum visis litteris
ad tumultum sedandum venire, seu magistrum Thomam
cum aliis ordinandis mittere festinasset. Quod cum

the others.
The prior
sends
Thomas.

prior intelligeret, litterasque´ diligenter apud Waledene inspiceret, cum omni festinatione rescripsit suppriori, ut magistrum Thomam de Walsingham, pariterque Galfridum fratrem sacristæ cum aliis ordinandis misisset, idemque, ut hæc sollempnius prosequerentur, dictis die et loco occurreret ; factumque est ita. Sed antequam dominus prior cum ordinandis ibi venisset, dominus Elyensis litteras supradictas ex parte memoratorum susceperat inspiciendas. Quibus diligenter inspectis,

The bishop,
after some
hesitation,
ordains
them all.

dominoque priore et sacrista cum magistro Thoma cum aliis ordinandis, jam ad eum accedentibus, nullo modo nullave ratione animum ejusdem ad gratiam ordinum prosequendam poterant inclinare, donec prior cautionem præstitisset ibi sufficientem, quod super appellatione litterarum supradictarum nullus de cætero quæstionem ei neque verbum moveret. Quibus hoc ordine prosecutis, dominus Elyensis eos cum magistro Thoma admisit ad gratiam, quos eo absente in terra se statuerat ante omnino repellendos.

Before
Hugo's
departure,
the sacrist
sends one
of his
creatures to
the king in
Poitou,
with letters
to him and
his cour-
tiers against
the election.

Istis siquidem [1] secundum ordinem, licet extra seriem, nostræ materiæ plane digestis, jam nunc ad materiam recurramus. Igitur, ut superius dictum est, omnibus jam paratis et dispositis ad iter domini H[ugonis] Electi ex necessario spectantibus, necdumque eo amoto, invidus ille sacrista, qui eo bonis justius invidet quo appetitu bonæ voluntatis caret, accito latenter uno de garciferis suis nomine Talpa, cum litteris pluribus contra insontem et ejus electionem festinanter ad regem direxit, ut domino H[ugone] postmodum subsequente ipsum regem magnatesque regi assistentes sibi causæque suæ repcriret contrarios ; insuper et ut quos ibidem dominus H[ugo] sperabat

Nota.

amicos invenire, exfrontes experiret[ur] adversarios ; factumque est ita. Pro dolor ! quod talis fraus, talis iniquitas, tanta malitia et versutia fraudis diabolicæ

---

[1] Sic in cod.

sub columbæ specie et ovina pelle sit protracta et
contexta Non recolens sane, qui talia perpetravit,

Matt. vii. 12. illius Dominici proverbii [1] dicentis, *Quæ vultis, homines,*
ut ego vobis faciam, hæc et vos aliis faciatis; et,
qui parat proximo suo foveam; primo incidet in
Ecclus.
xxvii. 29. *eam;* et, *quod sibi non vult quis fieri, alii ne faciat,*
ne fortasse postmodum justa Dei sententia *convertatur*
Ps. vii. 17. *dolor ejus in caput ejus, et in verticem ipsius iniqui-*
tas ejus descendat.

Itaque dominus H[ugo] processu temporis regi Pic- Hugo comes
tavia existenti accedens, ipsum regem per suggestionem to the king
in Poitou,
cujusdam filii Rogeri Bigot regi familiaris, aliorumque and finds
favour
magnatum curiæ per adquisitionem sacristæ, sibi et with him
through the
electioni suæ modis [2] omnibus invenit resistentem. Qui intervention
of Robert de
tamen postea, ad petitionem magistri Roberti de Cur- Curtun, the
legate.
tun legati Franciæ sedatus, atque dominum H[ugonem]
in tantam suscepit gratiam, ut non solum in litteris
suis priori et conventui transmissis eum nominaret f. 184.
Electum, verum etiam mandaret se jam de ejus promotione spem bonam concepisse. Fuit autem hic tenor:
" J[oannes] Dei gratia rex Angliæ, etc., prior et con- The king
writes a
" ventus Sancti Ædmundi, etc.: Ad petitionem domini friendly
letter to
" legati tractavimus cum Electo vestro super negotio the convent,
" electionis suæ. Sed quoniam multis perplexi nego-
" tiis operam ad hoc dare non potuimus, efficacem
" executionem hujus negotii suspendimus donec vene-
" rimus in Angliam. Nos autem tunc per Dei gra-
" tiam super negotio illo vobiscum amicabiliter trac-
" tabimus, facturi inde Domino favente quod Deo erit
" acceptum et domui vestræ fructuosum." Alias quidem litteras tunc temporis domino Wyntoniensi scrip-
and another
sit in hæc verba: "J[oannes] Dei gratia rex Angliæ, to the
justiciary,
" etc., venerabili patri in Christo P[etro] ejusdem forbidding
any waste
" gratia Wyntoniensi episcopo, etc.: Ad petitionem on the lands
and woods
" magistri R[oberti] legati Franciæ locuti sumus cum of St.
Edmund.
" Electo Sancti Ædmundi super negotio electionis suæ,

---

[1] *proverbium,* MS. | [2] *modum,* MS.

" quod processum bonum sortitur,[1] Deo favente, cum
" in Angliam venerimus; et ideo vobis mandamus,
" quatinus blada ejusdem abbatiæ et nemora et omnes
" possessiones in manu nostra existentes in bona pace
" custodiri faciatis, ita quod nichil inde amoveatur
" vel diripiatur, donec in Angliam venerimus."

On Sept. 29 the delegates hold their adjourned court at Bury.

Inter hæc quidem, adveniente die statuto, videlicet
die Sancti Michaelis, convenerunt partes utræque in
domo hospitum; et nitentes inimici veritatis et ecclesiæ
jurisdictionem delegatorum cassare, nutu divino justo-
que Dei judicio factum est ita, ut omnes allegationes
quas contra veritatem electionis omni populo cognitam
secum agere putabant, ad judicium tam laicorum quam
clericorum ibi existentium contra semetipsos propone-

After much argument, the chapter-decree respecting the election is read.

rentur. Facta autem super objectis et responsis alter-
catione, interrogatum est decretum capituli. Quod
cum magister Ricardus de Derham alta voce coram
omnibus perlegisset, erigens se a sede paulatim Ricar-

Contention.

dus precentor ita cecinit, audientibus omnibus, " Per
" os Domini istud decretum est falsum." Ad cujus
igitur antifonam melius intonandam, erexit se magister
Johannes de Houtune, et evidenti ratione atque pro-
babili ostendit ipsum cantorem per illud contradictum
litem contestasse. His igitur peractis et jam coram
Wyntoniensi, parti adversæ in auxilium occurrente,
recitatis, cum festinatione mandavit judices per Matheum Mantel et Eustachium de Faukenberge. Erat
autem ipse in camera abbatis cum multitudine magnatum et potentium, hac speciali de causa ut electio-

At the request of the justiciary the judges agree to a further postponement.

nem impedirent. Accedentibus ad eum judicibus, nunc
minas nunc blandimenta nunc persuasiones ut diem
illum ad alium protelassent prætendit, præostenso
etiam dominum regem, sicut a quibusdam in mandatis
acceperat, jam dictæ electioni suum præbuisse assensum; rogans et consulens, pro bono pacis et scandalo

---

[1] *sortietur ?*

inter alterutram partem vitando, ut[1] alium diem partibus statuerent, ita quidem quod nichil alicui super objectis et responsis ad diem deperisset, permittendo sub sacramento ab illo die in antea neque per se, nec per alium ab eo destinatum, factæ electioni fieri detrimentum, etiam si dictus Electus gratiam domini regis interim non obtinuisset. Cujus tamen victi precibus difficillime adquieverunt, aliumque diem partibus dederunt, ut scilicet in his actibus continetur.

"In crastino autem Sancti Michaelis, constitutis in Judicial record of the Michaelmas sitting.
"præsentia nostra apud Sanctum Ædmundum pro-
"curatoribus partis Electi et procuratoribus partis
"contradictorum ejus, præsente etiam justiciario cum
"multis magnatibus regni, disputatum est plenarie
"super quibusdam exceptionibus quæ jurisdictionem
"nostram cassare videbantur. Quibus de consilio
"peritorum cassatis, et articulis editionis plenius
"dilucidatis, provisis etiam expensis x. librarum inter
"advocatos utriusque partis dividendis, et H[ugoni]
"Electo ad dominum regem profecto x. marcis provisis,
"dedimus diem peremptorium partibus apud ecclesiam
"de Cruce Roies ut juri pareant, scilicet diem Veneris The case adjourned to Nov. 5, at Royston.
"proximam ante festum Sancti Martini ; hac ratione
"præcipue moti, quod sperabamus prædictum Electum
"gratiam domini regis interim impetraturum, vel
"nuntium nostrum, per quem dominum regem ad-
"monuimus sæpe dictæ electioni suum impertiri as-
"sensum, infra dictum diem rediturum."

His igitur ordine supradicto terminatis, dominoque At the king's suggestion, Hugo returns homewards, Electo circa regem Pictavia existentem moram faciente, et jam eo ad petitionem domini R[oberti] legati, ut superius habetur, in gratiam ejusdem admisso, præcepit dominus rex Electo ut versus Angliam quam citius properasset ; erat enim et illum cum omni festinatione ibidem subsecuturus. Factumque est ita, ut uno

---

[1] aut, MS.

A.D. 1214. codemque tempore dominus rex et Electus in Angliam
landing at Dover on the same day, Oct. 13, as that on which the king lands at Dartmouth. venissent, licet locis diversis applicuissent. Applicuit enim dominus rex apud Dertesmue,[a] in crastino Sancti Wilfridi episcopi; et dominus H[ugo] electus eodem die apud Dovre.

Richard of Derham brings the king's letter concerning waste to the justiciary, whom he finds at Corfe castle; the king is there also. Inter hæc autem profectus erat magister Ricardus de Derham ad dominum Wyntoniensem cum litteris domini regis, prohibitionis scilicet ne res seu nemora vel mobilia ad abbatiam pertinentia distraherentur. Quo invento apud Corf, ubi etiam dominus rex affuit præsens, suspensum est negotium donec idem Wyntoniensis super hoc regis voluntatem plenius percepisset. Cui cum Wyntoniensis super hoc mentionem fecisset, præcepit dominus rex cum festinatione litteras in hæc verba fieri; "J[oannes] Dei gratia rex

John orders a letter to the same effect to be sent to the custodians of the abbey. " Angliæ, etc. Custodibus abbatiæ Sancti Ædmundi
" salutem. Ad petitionem magistri R[oberti] de
" Curtun legati Franciæ locuti fuimus cum Electo Sancti
" Ædmundi super negotio electionis suæ, quod Deo
" favente bonum sortietur processum; et ideo vobis
" mandamus quod blada ejusdem abbatiæ et nemora
" et omnes possessiones in manu nostra existentes in
" bona pace custodiri faciatis, ita quod nil amoveatur
" vel diripiatur donec aliud mandaverimus." Quas
cum magister Ricardus apud Sanctum Ædmundum
Oct. 23. detulisset, die scilicet Sanctorum Romani et Severini,
statim denuntiatum est ballivis abbatiæ quatinus in
crastino apud Sanctum Ædmundum apparuissent,
præceptum domini regis audituri; quod utique factum
Hugo arrives at Bury, and asks that the old est. Illa itaque die venit dominus H[ugo] Electus
domum, hac speciali de causa, ut cartas et munimenta
a regibus super electione libera antiquitus confirmata

---

[a] The place at which John landed seems to be nowhere else stated. Moreover, the date of his landing here given (Oct. 13) differs from that found in Wendover and Paris, who say that he landed on the 19th; a statement which is clearly wrong; for the Itinerary shows that he was at Dartmouth on the 15th, at Dorchester on the 17th, and at Corfe Castle on the 18th.

domino regi secum asportaret inspicienda. Dominus _{charters}
enim rex, dum modo Pictavia existeret, ad petitionem
dicti legati promiserat Electo quod si cartæ et munimenta nostra liberam nobis testificassent electionem,
in adventu suo in Angliam factæ electioni impertiretur
assensum. Quod cum sacrista cognovisset, spemque
aliquam de processu electionis jam concepisset, moleste
tulit, et pertrahens intra se qualiter regis mutaret
propositum, ne promovendo Electum illud duceret in
effectum, assumpsit secum Thomam Capram, suæ
infidelitati similem, festinavitque illo die quo dominus
H[ugo] Electus venit domum de Pictavia occurrere regi,
perturbando scilicet electi promotionem.

charters may be entrusted to him that he may show them to the king.

The sacrist goes to meet the king and prejudice him against the election.

Factoque crastino, id est, Sabbato ante festum
apostolorum Simonis et Judæ, venit H[ugo] Electus in
capitulum, et ostenso qualiter dominum regem communi consilio Pictavia adisset, et super negotio suo
quale [1] ibidem, ut superius habetur, responsum ab
eodem recepisset, humiliter petiit, ut cartæ, scilicet
sancti Ædwardi gloriosique regis Henrici, liberam nobis
confirmantes electionem et protestantes, non habito ad
ejus personam respectu, sed potius ad libertatem beati
patroni sui Ædmundi indemnem conservandam et il-
libatam, domino regi secum mitterentur inspiciendæ.
Quibus propositis, omnes adversarii tanquam ex uno
ore reclamabant, dicentes, "Dominus noster rex nudius
" tertius nobis per litteras suas significavit, in proximo
" nos visitaturus amicabiliterque de pace inter nos
" tractaturus; quamobrem ostensionem cartarum ad
" præsens contradicimus, donec ejus præsentiam vide-
" amus."

Oct. 25.
Oct. 28.

The convent refuses Hugo's request respecting the charters.

His igitur hoc ordine completis, capituloque finito,
et ex more regulæ sedente Electo cum aliis in claustro,
ad locutionem accessit ad eum Judas Scariot, prætendens ei osculum pacis, dicens Ave Rabi, et osculatus
est eum. Nomen vero illius erat Adam, et non vacat
quod dicitur Adam, id est, in dolo dans ave. Hic

Treacherous behaviour of Adam, the infirmarian.

---

[1] qualem, MS.

enim erat primus, postquam idem H[ugo] Electus erat,
qui prætendebat ei xenia sua in dolo, videlicet in
cochleariis argenti et culcitro, ut, sicut satis expresse
habetur, eo acrius eundem postmodum infestaret, quo
ipse de ejus amicitia præsumeret specialius. Sive potest
dici Adam a dando aliena; dedit enim quod non
habuit; osculum quidem prætendens pacem dissimulavit
exterius, dum dolum et dolorem in corde machinaretur
interius. Nam in media nocte sequenti, postquam
eundem osculatus erat in die, assumptis secum Ricardo
precentore et Philippo, iter suum versus regem properavit, ut ipsi cum sacrista et Thoma Capra Ricardoque Calvo, curia[1] regis existentibus, factæ electioni,
licet contra sententiam excommunicationis, modis omnibus et viribus resisterent.

Igitur dominus H[ugo], consilio fidelium, cum tran-
scripto præ[dictarum] cartarum sub sigillo prioris in-
cluso, die Sanctorum Crispini et Crispiniani, comitantibus secum Petro celerario, Ricardo de Heingham,
Roberto camerario, R. filio Drogonis, magistro Nicholao,
Ricardo de Saxham, iter suum versus regem direxit.
Veniente quidem domino H[ugone] ad curiam, domino
regi extra Londoniam cum dictis sociis occurrit. Quem
ut sacrista, Adam Infirmarius, Cantor, Philippus,
Ricardus de Storteford, et Thomas Capra eminus in-
tuissent,[2] circumdantes circumdederunt regem ne Electus
vel socii ejus ad eum haberent accessum; sicut nocte
præcedenti apud Wyndlesoures inter eosdem fuit prolocutum, ubi et coram domino rege omnia mala contra
electionem proposuerant. Quo vix accedente, et cum
rege super electionis suæ negotio sermocinante, tale ab eo
accepit responsum: "Accede ad Wyntoniensem; ipse
" enim exponet tibi voluntatem meam." Cui accedens,
licet nichil fructuosum percipiens, reversus est ad
regem. Sicque tertio dominus rex, nescio quo spiritu
ductus, dominum H[ugonem] Electum illo die, licet

f. 155.

Oct. 25.
Taking
copies of the
charters,
Hugo
travels to
the king,
whom he
finds near
London.

The king
refers him
to Peter des
Roches,

---

[1] *curie*, MS. | [2] Sic in cod.

in vanum, transmisit ad Wyntoniensem. Mane autem from whom he can extract nothing. facto, accessit Electus ad regem in capella, ubi nondum missa fuit celebrata; qua tandem finita dixit Electus, " Domine mi rex, laboravi sustinens super adquirenda " gratia vestra et audire per vos seu per Wyntoniensem " responsa, cum nullum adhuc penitus recepissem." Ad quem rex, " Quid vis ut dicam tibi ? Ego potius He returns to the king, " diligo me et coronam meam quam te vel honorem who speaks roughly to " tuum. Excitasti enim bellum contra me, quod nequa- him. " quam bonum consequetur effectum." Quod cum dominus H[ugo] instanter negasset, ut decuit, adjunxit rex, " Non utique propter te specialiter hoc dixi, sed " et propter alios quosdam." Igitur dominus H[ugo], Hugo returns to cum in adquirendam domini regis tunc gratiam non Bury. posset amplius proficisci[1] domum reversus est die Omnium Sanctorum, quem quidem die Martis sequenti Nov. 1. secutus est rex. Sed non est prætermittendum, quod Nov. 4. antequam dominus rex apud Sanctum Ædmundum and the king follows him. venisset, tale mandatum in crastino Omnium Sanctorum Nov. 2. priori et conventui per litteras suas destinavit: " J[o- " annes] Dei gratia rex Angliæ, etc., priori et conventui, Royal letter to the " etc.: Audivimus quod H[ugo] de Norewalde, qui se convent. " facit Electum vestrum, dedit vobis intelligere quod " gratiam nostram habet et benivolentiam. Sed ut " rei veritas vobis plenius innotescat, vobis mandamus " quod nunquam gratiam nostram promeruit, nec ali- " quid erga nos fecit quare illam habere debeat."

Subsecuto vero rege dicto die, id est, die Martis Received by the monks post festum Omnium Sanctorum, et honorifice a con- with due honour, ventu ut decuit suscepto, statim denuntiavit illis se John enters the chapter capitulum intraturum,[2] gladium[3] coram rege portante; house, attended by factoque silentio magno sic ora resolvit super negotio the earl of Winchester. electionis, sicut ante mandaverat tractaturum. Intro- eunte domino rege capitulum, nullo laico secum comi-

---

[1] *proficissi*, MS.
[2] *intracturum*, MS.

[3] Scripsit aliquis *vacat* extra lineam.

tante præterquam Segerio de Querci comite Wincestriæ,
et Philippo de Hulckotes, gladium coram rege portante, factoque silentio magno, sic ora resolvit :—

" Fratres mei, licet abutar intrare sæpius capitulum
" monachorum, facta tamen peregrinatione mea, in corde
" duxi vos præsentaneo visitaturus [1] accessu. Nunc
" igitur, quia Domino disponente propositum duxi in
" effectum, rogo vos ut in processu vestræ electionis
" minus discrete factæ servato jure meo super usitato
" procedatis. Quod si feceritis, et consiliis meis ad-
" quieveritis, sublato dilationis periculo illum qui se
" gerit electum vel alium secundum vestram dispo-
" sitionem, quemcumque de vobismet ipsis elegeritis,
" recipiam in pastorem et gratiam. Si vero in hunc
" modum consiliis meis utpote sanis aures vestras non
" inclinaveritis, licet invitus tria vobis pericula emer-
" gentia prædico, ut illis saltem cognitis de duobus
" malis partem eligatis meliorem. Primum quidem
" est, quod domus vestra per con[tro]versiam super
" electione vestra, sive dissensionem, inter vos sub-
" ortam, processu temporis in paupertatem incidet et
" penuriam. Secundum vero, quod fama vestra omni
" religione et parte repleta denigrabitur.[2] Tertia au-
" tem, quod odium principis incurretis." His ideo
tribus de causis a domino rege præmissis, consulendo
præcepit Electo, ut super electione in manu regis
resignanda, atque appellationibus pro eadem factis
resignandis, una cum suis consuleret. Cui mox dominus H[ugo] Electus, ut per cujus os Spiritus aperte
loquebatur Sanctus, ait ; " Licet omnia nostra in manu
" domini nostri regis sint posita, et ad ipsum spectet
" de jure libertates ecclesiasticas indemnes servare et
" illibatas, regiæ tamen voluntati per omnia et in om-
" nibus, salvo jure ecclesiastico, libenter obediam."
Quibus præmissis coram rege, servato in omnibus jure

---

[1] visitaturos, MS. | [2] denigrabatur, MS.

ecclesiastico, præcepit rex consilio Pharaonis et exer- The king calls for a division of parties.
citus ejus, ut pars a parte separaretur. Æstimabat
enim, sicut a Pharaone, id est, acceperat, quod in
regia præsentia non inveniret, præ timore regiæ majestatis, de toto conventu vj. ejus voluntati repugnantes. Sed res mira et valde obstupenda, quod facta
divisione inter partem utramque, ad regis edictum
hinc inde in capitulo sedentem, miro modo repleta
est pars fidelitatis, in parte dextera capituli collocata, This is done, and there is a majority in favour of the election.
super partem sacristæ in parte sinistra capituli seden-
tem. Unde præ admiratione rei eventus, et miraculo
præostenso, repleta est pars infidelis, id est, sacristæ,
stupore et extasi ; necnon et ipse rex. Sed non est
prætermittendum quod Ricardus de Neuport et Johannes de Disce, duo scilicet apostatæ, cognita superius transgressione sacramenti præstiti super electione
coram judicibus in pleno capitulo, et ab eisdem sus-
cepta pœnitentia, voventes ab illo die in antea cum
sacramento veritatis firmiter perseverare, illo die coram
Ps. lxxvi. 11. rege partem *dexteræ excelsi* relinquentes, licet contra
votum suum et sacramentum, inter discipulos anti-
christi sinistrum chorum capituli tenentes se collocaverunt. Intuens quidem pars veritatis se, intervenien-
tibus meritis gloriosæ genitricis Dei Mariæ, necnon
et beati patroni sui Ædmundi, pro cujus dignitatibus
usque ad effusionem sanguinis, si tamen necesse esset,
audacter certarent, jam interna recreatione visitati,
abjecto timore servili, inducti [1] sunt spiritu fortitudi-
nis, atque præ cæteris illud Dominicum habentes,
Matt. x. 19. *Cum steteritis ante reges et principes, nolite cogitare*
quomodo aut quid loquamini ; dabitur enim vobis
in illa hora quid loquamini.

Erexit se unus de tribu Juda, Robertus scilicet Robert the chamberlain rises, and relates in what manner the
camerarius, et stans in medio coram rege sub brevi-
tate verborum modum electionis et sacramentum in

---

[1] *induti ?*

election was
made. capitulo factum, necnon et confirmationes regum, prædecessorum scilicet suorum, ut beati Ædwardi gloriosique Henrici patris sui, insuper et ipsius, confirmantes nobis liberam electionem, dilucide monstravit et
aperte ; rogando postmodum ut huic facto ita sollemniter et canonice celebrato, ob amorem Dei genitricis
et beati Ædwardi suum diutius non denegasset im-
What the
king says to
this. pertiri assensum. Quibus ita propositis, dominus rex
vertit se ad partem sinistram, dicens, " En, audistis
" quanta iste proposuit contra vos " ; tanquam diceret,
O vos contradictores parti electionis, necnon et ipsi
electo, et sub vinculo sacramenti mihi astricti electionem quamvis canonice factam in assuetam consuetudinem meam revocare, quid respondetis contra ob-
The sacrist
gives his
version of
the election. jecta vobis ? Cui sacrista, " Domine mi rex, proposita
" ejus narratione falsa et intellecta, subticuit quod
" verum est. Ego quidem domino meo regi rem ges-
" tam et eorum iniquitatem in facto electionis per
f. 186. " omnia exponam. Rei quidem veritas est, quod tres
" elegerunt septem et conventui præsentaverunt. Qui-
" bus præsentatis, quidam stimulo superbiæ et invidiæ
" agitati, contra unum illorum septem malitiose ir-
" surgentes, præ magnitudine virtutis ejus et scientiæ
" amoverunt illum, et alium minus dignum in loco
" ejus substituerunt. Quibus tamen hujusmodi forma
" non utique servata sub præstito sacramento erat [1]
" suppressa, videlicet ut illum susciperent in pastorem,
" qui a pluribus a conventu nominaretur. His igi-
" tur ita malitiose et subdole peractis, et ab illis
" septem examen singulorum de conventu in scriptum
" redactum. Seminator iste totius discordiæ et in-
" ventor, scilicet Thomas de Walsingham, apprehendens
" scriptum, in partes reduxit multiplices, etiam sociis
" suis inconsultis, et hac ratione, ne dicta forma, sci-
" licet de persona in quem plures de conventu consen-

---

[1] era, MS.

" sissent, observaretur. Hujus igitur electionis factæ
" hæc est veritas, et sic malitiose et subdole et non
" canonice in ea per eundem processum est." Cumque antichristus ille, id est sacrista, coram rege quod
verum erat et purum sic et in scoriam reducere conaretur, surrexerunt universi fideles voce consona reclamando, dicentes, " Quoniam ista manifeste falsa non
" sine magna præmeditatione coram domino nostro
" rege proposuisti, ecce! Angelus Domini stans in
" medio accepta sententia scedet[1] te medio; poenitere
" ergo dum licet, ne tunc non liceat cum incipias
" velle poenitere."

Erigens se quidem Ricardus precentor coepit balbu-
tiendo confirmare quod sacrista proposuerat. Inter-
rumpens quidem H[ugo] de Thefford ejus sermonem
coram rege, ait, " Si ad regis domini nostri sederit
" voluntatem, ut hujus rei veritas coram eo serenius
" patefiat, suscitetur a precentore nobis, domino nostro
" suggerenti, utrum ipse una nobiscum præsente cor-
" pore Dominico juraverunt[2] se suscepturum illum
" in pastorem, quem post examinationem singulorum
" nobis septem donassent." Cui precentor, utpote
cujus spiritus totus sistit in naribus, sine deliberatione sui ait, " Quoniam veritati universis notorie
" difficillimum est repugnare, fateor plane verum esse
" quod proposuisti, quod jam poenitet me fecisse."
Ad quæ H[ugo] de Thefford, " Nunc igitur, domine
" rex, super hujus delicto publice confesso vestrum
" est poenitentiam injungere." Quibus dictis, et præ
magna confusione responsionis precentoris pars adversa
retro abeuntes,[a] accesserunt magister Thomas de Walsingham et Ricardus de Saxham ad regem, acriter et
verbis asperis exhortantes ut ipse secundum confirma-

Margin notes:
Clamour against the sacrist.

A disorderly debate arises.

Thomas of Walsingham and Richard of Saxham make an urgent

---

[1] *scindet?* | [2] *juraverit?*

---

[a] The construction is faulty, but the meaning is evident.

appeal to
the king,
who is how-
ever immov-
able.

tiones predecessorum suorum, necnon et ipsius, tractare non dedignaretur conventum in electione canonice et secundum Deum et canones facta. Quibus
dominus rex, " Fratres, carta inusitata nullius valoris
" est; et quoniam hucusque ista subticuistis, ita ut
" in nullo tempore per aliquem libertatibus meis usi-
" tatis sint objecta in contrarium, vana reputanda
" sunt et frivola." Quidam autem renche [1] [a] de parte

Taillehaste.

adversa cognomento · Taillehaste, utinam bonus emu-
lator, regiam plus studens captare benivolentiam quam
libertatibus ecclesiæ suæ salvandis, si tamen necesse
esset, occumbere, plane coram rege, cunctis audientibus, privilegiis nostris nobis a regibus confirmatis
contradixit. Post quem subsecutus est alter, eidem
malitiæ nequaquam,[2] Henricus, cognomento scilicet

Silly speech
of Henry
Rufus.

Rufus, dicens, "Adorande rex et tremende, ego jam
" in senio positus numerum jam sub hac forma reli-
" gionis complevi quinquagenarium. Nunc igitur, quo-
" niam pro libertatibus vestris domini nostri regis usitatis
" una cum viris omni religione probatis steti decer-
" tans, et in hoc quibusdam noviciis repugnans, affec-
" tus injuriis, lacessitus opprobriis, minisque innumeris
" incussus sum sæpius et diversis. Ob quam causam
" domini mei regis misericordiam miser efflagito, ut
" ad eorum ardua pericula evitanda vestra saltem pax
" in me requiescat, atque regia majestas contra adver-
" sarios dignitatibus suis repugnantes furorem suum
" in manu potenti et brachio extento exardescat."
Cui [cum] dominus rex, tanquam dedignando responsa
reddere, seu cujus molestiam vel tranquillitatem pro
indifferenti sustinens, obmutuisset, ait Philippus de

Answer of
Philip de
Hulekotes.

Hulekotes, "O homo, regia pace undique constipatus
" ne pertimescas." Dominus quidem rex, præ admira-

---

[1] Sic in MS.   [2] excidit aliquid.

---

[a] Ducange has no word at all
resembling *renche*, nor can I suggest
of what it is a corruption, unless | we may suppose that it stands for
" drenche," and is used ironically
for "a champion," "a doughty man."

tione visa, immo præ ostenso miraculo in multitudine monachorum sibi in facie resistentium, non modicum parvipendens nec immediate sustinens, minas eisdem prætendendo sic a capitulo recessit. The king leaves the chapter.

Cumque de egressu capituli ad cinibulum ᵃ pervenisset, accedens ad eum Thomas Capra, qui vere loquebatur ut capra, et in eo quod regi cupiebat placere displicuit, procedensque dominum regem benedixit in faciem, dicens, "Lætetur cor domini nostri regis super auditis, "et etiam non obstupescat. Habet enim hic intus "viros validos et robustos ad regiam per omnia liber-"tatem strenue protegendam." Qui et bene dicebatur Thomas, id est totus male sonans. Hic itaque versi-pellis alter erat Judas, quoniam cum dominus H[ugo] electus præ magna cordis dilectione et fiducia secum associasset, et in cameram suam collocasset, sibique privata sua denudasset; protraxit intra se quomodo Electum more Judæ traderet Judeis et excercitui, id est, Pharaoni ejus, quibus omnia secreta Electi latenter communicavit. Pro quo etiam delicto postmodum cog-nito a secretis Electi separatus est, et ad claustrum quod dicitur infernus Girovagorum,ᵇ sive miserorum, repulsus est. Non sine merito, quia cum prius in honore esset non intellexit, comparatus est infidelibus, et similis factus est illis. Thomas Capra goes to him privately, and tells him that he has many friends in the convent. The wretch got his reward later on.

Superveniente quidem mane, cum venerabilis H[ugo] domino regi ob ipsius honorem et reverentiam præ-beret extra villam conductum, ecce repente ventus vehemens a regione aquilonari, immo, ut verius dicam, ipse aquilo, in spiritu favoris et superbiæ taliter domum alterius Job, id est Hugonis, humili-tatis scilicet gratia ortatam impegere ¹ conatus est, dicens: "Domine mi rex, iste homo qui se gerit elec-"tum vobis assistens, modis omnibus et viribus coro- The king leaves Bury ; altercation between Hugo and the sacrist ; Hugo is mild but firm.

Job. i. 19.

---

¹ Sic in cod.

ᵃ There is no such word as *cinibulum* in Ducange.

ᵇ See *Catholic Dictionary*, 4th

edition, Kegan Paul; art. "Gyro-"vagi."

" nam regiam nititur a vobis auferre. Et nisi regia
" providentia idem ab hoc malitioso proposito celerius
" coerceatur recedere, timendum est ne hujus rei ex-
" ordium, hucusque contra regiam dignitatem ab eodem
" prosecutum, in brevi sortiatur effectum." Quibus
in hunc modum coram rege, adjuncto sacramento, a
sacrista prosecutis, dictus H[ugo], qui more angelico
pius semper experiebatur et modestus, in spiritu
lenitatis absque omni fastu superbiæ, modesta in instanti eidem sacristæ reddere festinavit responsa, dicens :
" Omnis fraus et mendacium in se reversum eo acrius
" suum lædit amatorem proprium, quo ex percussione
" perversæ intentionis idem læditur inestimatius. Ne
" igitur tibi surrepat ut alii alias dolum moliaris,
" honorando proximum, quantum ad te, manifeste
" falso ; cum in hoc lædaris, incidendo quo impedire
" nitebaris, sicut et nunc. Sciasque subinde me tem-
" poris processu ipsi regi in omnibus suis agendis reg-
" noque suo te utiliorem experiri, neque omnimode
" voluntati tuæ me die hodierna velle consentire."

Nov. 6.
The dele-
gates sit at
Royston. His igitur tali ordine prosecutis subsecutus est dies
partibus præfixus apud Crucem Roies ;[a] ubi etiam
dominus H[ugo] cum procuratoribus causæ suæ, licet
inanibus sumptibus, accessit, sicut in his actis evi-

Judicial
record. denter continetur. "Dictis vero die et loco utraque
" parte constituta, nobis etiam secundum mandatum
" nobis injunctum procedere volentibus, vir venerabilis
At the re-
quest of
William.
bishop elect
of Coventry,
on the part
of the king.
the case is
adjourned
to the next
Tuesday " dominus W[illelmus][b] electus Coventrensis nobis in
" consistorio consistentibus litteras domini regis præ-
" sentavit, quibus nos duxit erogandos, ut dictis die
" et loco dictæ causæ subsederemus, et alium diem
" competentem daremus, cui peracta peregrinatione sua
" inchoata posset personaliter interesse, vel procurato-

---

[a] The priory de Cruce Roesiæ
was founded for black canons on
the borders of Cambridgeshire and
Hertfordshire by Eustace de Mere
in the time of Henry II. The place
gradually got the name of Royston.

[b] William of Cornhill was consecrated bishop of Lichfield and Coventry by Stephen Langton at Reading on the 25th January 1215. See
Stubbs' Reg. Sac. Anglicanum.

' rem destinare. Ad etiam efficacius impetrandum, After St. Nicholas' day, at St. Edmunds.
" litteras domini Cantuariensis archiepiscopi et suffra-
" ganeorum ejus nobis in communi porrexit, quorum
" transcripta penes nos retinemus. Quæ plenius intu-
" entes, pariterque cum circumstantiis suis, diligenter
" consideravimus, et de sano quorundam consilio, præ-
" habito ad hoc consensu Electi Sancti Ædmundi,
" preces domini regis et aliorum pro eo supplicantium
" duximus admittendas, prædicto Electo et ejus con-
" tradictoribus statuentes diem peremptorium diem Dec. 9.
" Martis proximum post festum Sancti Nicholai apud
" ecclesiam Sancti Ædmundi, firmiterque in animo f. 187.
" concepimus quod hujusmodi precum obtentu princi-
" pale negotium de cætero non prorogemus, et hoc
" idem domino regi litteris nostris communibus signi-
" ficavimus."

Igitur die partibus dato et in hoc utroque adquies- Sitting at St. Edmunds.
cente, perventum est ad diem statutum. Cumque pars
utraque judicibus in consistorio considentibus ibidem
se opponeret, atque super litis contestatione facta seu
facienda, propter quod precentor dixerat superius, facta
est discussio non modica. Data interlocutione pronun-
tiatum est a judicibus in publico, litem non esse con-
testatam ; præstito quidem prius sacramento a precen- It is decided not to be a contentious case.
tore, quod verba sibi imposita non proposuit animo
litem contestandi. Hæc igitur et alia ad diem illum
facta vel proposita in actis subsequentibus habentur
expresse. Ne igitur superstitiose videar pluries idem
repetere, acta illius diei, textum rei gestæ per ordinem
explanando, me habent excusatum. "Dictis igitur die Judicial record.
" et loco partibus in præsentia nostra constitutis, pro-
" posuit precentor pro parte contradictorum Electi, se
" ob quasdam injurias sedem apostolicam appellasse,
" et illi appellationi se velle firmiter inhærere. Nos
" autem super hoc auditis hinc inde propositis, pensa ·
" tis etiam injuriis, et habito cum jurisperitis consilio,
" prædictam appellationem non admisimus, quia par ·
" tibus fuit appellatio inhibita, nec appellavit in casu

" in lege indulto. Subsequenter pars Electi proposuit
" coram nobis litem esse contestatam per quædam
" verba a precentore proposita, et testes sollemniter
" admittendos; sed super hoc quibusdam hinc inde
" propositis, pronuntiavimus contestationem factam non
" esse; delato tamen prius jurejurando precentori, quod
" verba sibi imposita non proposuit animo litem con-
" testandi. Postea, cum pars Electi suam constanter pro-
" poneret intentionem, exhibuit coram nobis H[enricus]
" de Ver literas domini regis patentes, quibus idem rex
" constituerat eundem H[enricum] procuratorem in causa,
" quam dicebat ventilari inter ipsum et dictum Electum,
" licet per nos non esset ad causam vocatus, sed tan-
" tum admonitus ut electioni suum præberet assensum,
" vel quare nollet nobis ostenderet rationem. Super
" hoc quidem exorta est quæstio, an dominus rex
" vocandus sit in hac causa, præcipue cum præsens
" sit ejus procurator, et nihil contra Electum proponat.
" Insuper, an causa regis et monachorum simul trac-
" tari debeant, vel separatim; præcipue cum procurator
" ejus appellaret ne causæ eorum separatim agerentur.
" Hiis igitur ita propositis et indecisis, de assensu
" partium testes admisimus, tres videlicet electores;
" et adhibitis nobis de consensu partium accessoribus,
" domino Wygorniensi episcopo,[a] et magistro Willelmo
" ejus clerico, eos diligenter examinavimus, quamvis
" non esset lis contestata, tum pro consensu partium,
" tum quia causa electionis agebatur, tum quia ex alia
" rationabili causa continebatur moram fore periculo

The case
adjourned
to Jan. 12,
1215, at
Reading.

" sam si tunc producti non essent; et facta est hæc
" productio absque præjudicio litis contestatæ, ita quod
" attestationes suo tempore valeant, salva etiam excep-
" tione contradictoribus, scilicet [1] [ad] diem Lunæ proxi-

---

[1] Scripsit aliquis *vacat* extra lineam.

[a] Walter de Gray, consecrated bishop of Worcester on the 5th
October 1214.

" mum post Epiphaniam. In tempore disputationis, si
" contra personam magistri Thomæ aliquid justum duxe-
" rint opponendum, et de earundem partium assensu,
" dedimus diem peremptorium tam procuratoribus quam
" ejus contradictoribus, scilicet diem Lunæ proximum
" post Epiphaniam Domini, apud ecclesiam Sancti Ja-
" cobi de Redinges, præcise ad contestationem litis
" faciendam, omni exceptione tunc competente remota.
" Convenit etiam inter nos ibidem, quod si viderimus
" relationem esse faciendam, non faciemus eam ante
" plenam causæ instructionem, nisi pars alterutra in-
" structionem suam nimium protelaverit. Eisdem die
" et loco recepimus probationes Electi taxatione præ-
" missa, super expensis factis ante litis ingressum,
" usque ad xxx. libras, et de expensis factis post litis
" ingressum, ultra summam receptam a sacrista, usque
" ad xvij. libras et vj. solidos et viij. denarios ; et sic
" pronuntiavimus sacristam debere reddere prædictas
" summas Electo infra xv. dies sequentes, et singulis
" advocatis ii. marcas ; et hoc præcepimus sub pœna
" excommunicationis observanda, ut si infra dictum
" terminum non solverit, ab omnibus excommunicatus
" habeatur."

Order as
to costs.

Inter hæc autem Ricardus de Marisco [a] cancellarius
regis, et J.[b] episcopus Wygorniensis, et Henricus de
Ver [c] procurator ejusdem, ab eodem ad diem destinati,
partis scilicet contradicentis electioni in subsidium, ut
saltem illum diem auctoritate regia protelarent, cog-
nito se tandem non posse in proposito proficere, prætendit Ricardus de Marisco litteras domini regis tribus
judicibus, in quibus continebatur ipsum regem gratum
habere et ratum quod per illos tres ad illum diem
fieret. Alias autem misit priori et conventui ex parte

A letter
comes from
the king to
the prior
and convent,
asking for a
release in
respect of
all moneys.

---

[a] Richard de Marisco was made bishop of Durham in 1217, and died in 1226.

[b] Walterus ?

[c] There is a document in Rymer's *Fœdera*, dated April 8th, 1214, appointing Henry de Ver the king's proctor.

however
obtained,
which he
had drawn
from the
convent
during the
interdict.

ejusdem in capitulo legendas, in quibus postulavit
cartam conventus super relaxatione pecuniæ tempore
interdicti ab eisdem quocumque modo exortæ.[1] Quibus
in capitulo præsente priore perlectis, exsurgentes Ricardus de Saxham et Hugo de Theford, magisterque

The party
of the elec-
tion appeal
against the
use of the
convent
seal.

Alanus de Walsingham, appellaverunt contra, ne quis
per sigillum conventus, dummodo fuissent acephali,
confirmare vel infirmare alicui contra præceptum apostolicum attemptaret. Quod ut dictis nuntiis regis
panderetur per ordinem, moleste tulerunt. In se tandem reversi, et jam per sacristam et ejus partem spe
iterum concepta de negotio perficiendo, ad capitulum
die sequenti facie præsentanea accesserunt ; ea tamen
intentione, ut compescendo suæ voluntati repugnantes
sic demum compellerent eos ad concedenda prius de-
negata. Quibus perventis, ostensoque per Ricardum
de Marisco adventus sui negotio, sacrista ejusque
complices, veritati et juri ecclesiastico sedentes in in-

The party of
the sacrist
are for
granting the
king a re-
lease at
once.

sidiis contra Deum et sacramentum veritatis, regis
favorem per omnia captare studentes, voce consona
exclamaverunt, dicentes, "Cum nos et omnia nostra
" in manu domini regis sint posita, non possumus
" nec volumus nec de jure debemus aliquid ab eo
" repetere. Quamobrem, si placet, vestra velit discretio
" subtilius investigare, qui et quot sint regiæ pacis
" perturbatores ejusque voluntati repugnantes." Illis
autem sic loqui sive garrire cessantibus, erexit se
magister Nicholaus, sicut ante inter filios unitatis

Master
Nicholas
asks for a
postpone-
ment of 15
days, so
that he and
his party
may con-
sider in all
its bearings
the applica-
tion for a
release.

erat prolocutus,[2] et dixit : "Viri laudabiles et per
" omnia strenui, vobis quædam ex parte claustralium
" Deum timentium, atque pro libertatibus ecclesiasticis
" tanquam pro jure hæreditario se opponentium, auri-
" bus excellentiæ vestræ habeo proponere. Cum simus
" viri religiosi, et secundum regulam patris nostri
" Benedicti omnia nostra debeant fieri, non videtur

---

[1] extortæ ? | [2] prolocutum, MS.

" prætermittendum quod idem hortatur in regula,
" dicens, *Omnia fac cum consilio, et post factum non*
" *pænitebis.* Huic igitur sententiæ tanti patris nos [1]
" inclinantes, petimus xv. dierum inducias, ut super
" his, habito cum viris peritis consilio, secundum bene-
" placitum nostrum possimus ad diem reddere responsa.
" Ne igitur super induciis postulatis exirascamini,[2]
" inter plurimas una est ratio, videlicet quod sacrista
" et ejus pars, utinam bona, non vobis solummodo sed
" etiam domino nostro regi dederunt intelligere, nos
" esse juvenes ætate et sapientia; ideoque, cum tales
" simus, præsumptioni maximæ deputaretur et juven-
" tuti, si in tam arduis absque consilio virorum pru-
" dentium et sine deliberatione aliquid fecissemus."
Cui Ricardus de Marisco, extollendo se supra se ait :
" Inducias hujus rei omnino tibi et aliis dare nega- This appli-
" mus. Et quoniam prior et magnates de domo, ut refused.
" supprior, sacrista, subsacrista, elemosinarius, custodes
" maneriorum, aliique consimiles quibus spectat spe-
" cialiter repetere ista vel relaxare, jam ad factam
" relaxationem suum præbuerunt assensum, fateor plane
" tuam repetitionem vel contradictionem, si qua fuerit,
" vanam et infructuosam esse." Deinde vertens se ad
priorem et ad omnes magnates sacristæ inclinantes,
singillatim interrogabat, utrum in sententiam magistri
Nicholai sociorumque suorum stetissent fovendam.
Quibus prior, supprior, sacrista, omnesque parti sa- f. 188.
cristæ inclinantes, reclamando dixerunt : " Nos omnes,
" in quantum in nobis est, domino nostro regi quic-
" quid tempore interdicti vel ante quocumque modo
" perceperit, absque omni repetitione nunc et in æter-
" num plane remittimus ; et inde omnem securitatem
" per sigillum nostrum, si tamen inimici regis inter
" nos latentes ad hoc suum præbuerunt [3] assensum,

---

[1] *non*, MS.
[2] *exiremini*, MS.
[3] *præbuerint ?*

" parati sumus eidem conferre." Quo audito, Ricardoque de Marisco contra partem jura ecclesiastica repetentem se extollente supra se, magister Thomas de Walsingh[am] et magister Nicholaus exsurgentes, sigillum conventus sub petitione et apostolici, ad eum appellando, posuerunt. Post quorum appellationem adauxit suum Radulphus de Londonia, dicens : " Nos " utique bonis patroni nostri Ædmundi sustentati, " tanquam ejus filii vel executores repetimus pro eo " pretiosum annulum cum ' rubi,' quod tibi, Marisce, " inconsulto conventu et contradicente, dedit noster " sacrista." Quod quidem cum plures de conventu instanter ita esse testificarent coram Ricardo, præsentibus episcopo Wygornensi et Henrico de Ver, præ confusione et ira latæ exprobrationis, coram eisdem in pleno capitulo monstravit annulum circa collum pendentem.

A ruby ring.

After a conference between the king's agents and the heads of the party of the election, the delay asked for is granted.

Quibus tali ordine peractis, Johannes [a] Wygornensis episcopus, et Henricus de Wer, in regio negotio cupientes procedere, seorsum extra capitulum super hoc cum magistro Thoma de Walsingh[am], et magistro Nicholao, et R[icardo] de Saxham, non modicam fecerunt interlocutionem ; qua finita redierunt in capitulum, ubi ipse Ricardus erat cum monachis expectans ; recitatisque inter illos tres auditis superius et objectis, dederunt diem deliberationis superius postulatam, sci-

namely, to St. Thomas' day, Dec. 21.

licet diem Sancti Thomæ apostoli.

The sound party consult the bishop of Ely, who declares

Suscepto itaque communi assensu partis veritatis, omnem plane extorsionem tempore interdicti factam repetentis, statim miserunt magistrum Nicholaum et Ricardum de Saxham ad dominum Eliensem,[b] ut super factis et faciendis consilium ejus reportassent. Cognita quide[m] Elyense [1] ab illis rei gestæ veritate, pro-

---

[1] *Elyensis ?*

---

[a] Walterus ? | [b] See *ante*, p. 88.

hibuit ne hujusmodi relaxationi aliquando consentirent, quæ plane symoniam sapere videbatur ; significando subinde priori, quod si quos de suo conventu habe- ret ordinandos, vigilia Sancti Thomæ apostoli ad se transmitteret.

that such a release as that asked would savour of simony. Dec. 20.

Igitur illis domum reversis, et jam priori partique veritatis quæ sibi in peregrinatione sua fuerant dicta et responsa patefactis, gavisi sunt universi, tamen diversis de causis. Gavisi enim sunt fideles tanti viri constantia, qui regiam (subaudi) iram temporalem pro tuendis libertatibus ecclesiasticis malebat incurrere, quam eas subdole consulendo fallere. Gaudebant et alii, quia prior[1] et sacrista, audito domini Elyensis mandato, concipiebant se posse promovere quos vellent, et quos nollent pro voluntate repellere. Igitur prior et sacrista, habito super his consilio, quemdam habue- runt monachum promovendum, nomine Philippum, quem speciali dilectione amplectebantur præ aliis ; et niten- tes cum promovere, aliquosque qui cum electione ste- terant repellere, solum conventui ordinandum in capi- tulo præsentaverunt. Quorum intentionem intuentes fideles, id est, pars sacramentum electionis foventes, contristati sunt et conturbati ; super quo etiam, finito capitulo, inierunt consilium. In hoc tandem adquies- cebant, ut contra Philippi promotionem præcipue, per- turbatoris pacis nostræ et ecclesiæ, per magistrum Nicholaum, Ricardum de Saxham, et Symonem de Walsingh[am] coram priore fieret appellatio, ne illum quem de perjurio parati fuerunt convincere ad sacros ordines promoveret ; quod ita factum est, præsente etiam Electo. Sed quia prior et sacrista tunc temporis ratione potestatis suæ quoad interius et exterius omnia sibi credebant inclinare, appellationem supra- dictorum et repugnantiam, utpote claustralium, pro minimo reportabant, neque eorum appellationem ad-

The prior and sacrist agree to present no one but Philip for ordination.

Against his promotion the sound party appeals.

The prior disregards the appeal.

---

[1] *priore*, MS.

mittere judicabant. Unde dominus prior consilio an-
tiqui hostis, omissa appellatione et neglecta, assumpto
secum Johanne de Disce et Osberno capellano et con-
siliario, insuper et precentore illis præcedente, licet ob
aliam causam se profectum simulante, dictum Philippum ad gradum diaconatus domino Elyensi præsentavit in crastino. Sed antequam prior cum dictis sociis
ibidem pervenisset, litteræ dictorum claustralium Philippo [contra] dicentium, attestantes appellationem factam contra Philippi promotionem ob causam superius
dictam, et illam per litteras dictas renovantes, coram
domino Eliense fuerant recitatæ. Subsecuto quidem
priore ad dictum P[hilippum] præsentandum, prætendit ei dominus Eliensis litteras præmemoratas; atque
super hoc habito cum viris peritis consilio, utrum
videlicet appellationi esset deferendum, an prioris præ-
sentationi condescendendum, responsum est ab illis non
posse dictum præsentatum ad quosvis ordines promovere, nisi appellatione præmissa prius renuntiata.
Igitur dato priori hujusmodi post episcopum responso,
non sine magna confusione infecto negotio domum
cum sociis suis rediit, die sancti Thomæ apostoli, quo
supra memorati regis nuntii diem deliberationis repe-
tentibus pecuniam a domo sua tempore interdicti
extorsam præfixerant.[1]

Existentibus quidem illis in vestiario, scilicet Wygornensi episcopo, et Ricardo de Marisco cancellario
regis, et H[enrico] de Ver, una cum priore et sacrista
aliisque sibi inclinantibus, super electione præcipue et
relaxatione districte consulentibus, ex parte prioris et
sacristæ et adversariorum talia præsentabantur Electo
per dictos nuntios regis, ut ipse quidem renunciasset
electioni pro bono pacis, tali tamen pacto interposito,
quod prior prioratui, sacrista sacristiæ, precentor pre-
centoriæ, infirmarius, pitantiarius, singulique alii de

---

[1] *prefigerant*, MS.

At the last moment the bishop declines to ordain Philip.

Dec. 21.

The king's agents, with the prior, sacrist, and others, assemble in the vestry.

They propose to Hugo to renounce the abbacy, the prior, sacrist, precentor, &c., at the

parte sua qualemcumque obedientiam habentes plane same time resigning their posts. ab illo die illis in antea renuntiarent, ut nec de cetero per eam aut per aliquam aliam transitum facerent. Hæc autem oblatio facta fuit per dictos nuntios regis, ex parte prioris, sacristæ, et sociorum suorum electioni contradicentium. Quod ut dicto Counter-proposal from the party of the election; Electo nuntiatum esset, intravit capellam Sancti Sabæ, ibique quid super hoc responderet diligenter cum suis tractavit. Recreati tandem visitatione interna spirituali, in Eum *a quo justa sunt opera et recta consilia* Collect on the Roga-tion Days. fixerunt consilium. Tandem exeuntes ad dictos nuntios repræsentaverunt similia similibus; videlicet, quod celerarius celerariæ, [camerarius] camerariæ, custosque nothing is settled. maneriorum suæ custodiæ, omnesque alii electionem foventes, et obedientiam quamvis magnam seu minimam habentes, illis et omnibus aliis perpetualiter renuntiarent, si tamen in Electum et ejus electionem canonice celebratam suum [rex] impertiretur assensum.

Quibus cum relatum esset ex parte Electi et suo The ques-tion of the release is now brought forward. rum, seque minime in hac parte conspicerent profecturos, ad relaxationem petendam, de qua superius facta est mentio, fecere descensum. Et committentes vices suas priori et sacristæ ad istud negotium explendum, licet posse omnimodo interposito, tandem ad dictos nuntios infecto redierunt neg[ot]io, atque responsum monachorum electionem foventium et relaxationi penitus contradicentium per ordinem exposuerunt. The ma-jority of the monks are resolved not to grant what the king asks. Quod cum audissent et vidissent, non sine gravi dolore id pertulerunt. Æstimantes quidem in aliquo posse sibi contra licentes et relaxationi devincere, fecerunt convocari ad se in vestiario omnes illos, nullo alio mediante. Qui numero usque ad xxxiij. accedentes, quid [et] quantum repetebant ibidem per magistrum Nicholaum coram illis tribus proponebant mo By Nicholas, their spokes-man, they claim a re-imburse-ment to the extent of 4,000 marks. deste. Erat autem numerus repetitionis quater mille marcarum, ut idem Nicholaus coram Ricardo de Marisco et aliis duobus regis nuntiis de singulis receptis, quo et ubi, aperte monstravit ad unguem. Quo facto

f. 189. idem Nicholaus subjunxit, "Viri prudentes et omni
" discretione repleti, non latet vos quod cum ista
" mater ecclesia per filios degeneres diu sit infirmata
" et orbata, et ab eisdem a jure proprio alienata, jam
" tanquam a gravi lectulo doloris convalescens, atque
" vires recuperata pristinas, dispersa congregat, ablata
" restituit, rapta revocat, et, ut apertius dicam, quic-
" quid tempore sive causa suæ invalescentiæ Caldei a
" quovis fideli extra juris ordinem hucusque rapiebant,
" jam non in parte sed in toto universa restaurare
" clamitat in plateis. Unde, cum sitis filii ecclesiæ
" fideles, super relaxatione a nobis postulata nobis
" orphanis et pastore orbatis taliter velitis consulere,
" ut illud in facie ecclesiæ pos[s]itis sine dispendio
" repræsentare." Quibus auditis Ricardus de Marisco,

Richard de
Marisco re-
monstrates
in vain. vultu ferocitatis demisso, ait : " Viri fratres, non cre-
" dimus a laudabili memoria excidisse causam nostri
" accessus, qui, ut superius habetur, ad relaxationem
" specialiter venimus petendam.[1] Nunc igitur super
" hoc taliter nobis vestra provideat discretio respon-
" dere, super quo etiam dominus rex vestram pruden-
" tiam posset commendare et discretionem, eundemque
" in agendis vestris magis propitium invenire deben-
" tis." Cui omnes tanquam ex uno ore voce consona
dederunt responsum : "Scias, Cancellarie, nos posse de
" jure et velle petita sine capite repetere, [sed] nequa-
" quam relaxare, cum et relaxatio ad abbatem spectet
" specialiter. Unde ne quid fraudis vel doli per sigillum
" nostrum nobis inconsultis fiat et contradicentibus,
" iterato coram de domino Wygornensi et H[enrico]
" de Ver pro eo appellamus, et pro hominibus nostris,
" qui sunt bona ecclesiæ nostræ."

The sacrist's
party pre-
pare a
charter, in
the name of
the prior Quod ut sacrista cum parte sua, quia regiam per omnia studebant captare benivolentiam, viderent non posse
in hac parte penetrare vel superare partem veritatis

---

[1] *petenda*, MS.

præ nimia sui constantia, moleste tulerunt; tandemque *and other officials, releasing the king from responsibility in respect of money got from the convent during the Interdict.* in unum super hoc convenientes fecerunt cartam communi consilio, priore etiam consentiente, sub nomine ejusdem et Albini supprioris, sacristæ et precentoris, singularumque personarum sibi contra electionem inclinantium. Erat autem hæc forma, quod omnes hanc cartam inspicientes scirent, priorem et alios superius dictos plenam fecisse relaxationem domino regi de omnibus rebus tempore interdicti perceptis ab illis, qualitercumque percepisset, per suos vel per alios; et ad istud firmius roborandum dominus prior sigillo suo confirmavit. Quo facto tradiderunt Ricardo de Marisco domino regi deferendam, et hac intentione; scilicet [ut] inspecto numero multitudinis sibi faventis, eo acrius contra Electum et Electi fautores, ei in hac parte contradicentes, exardesceret. Expletis istis hoc *This the other party will not sign, and they appeal for, with a view to impounding, the convent seal.* ordine a sacrista et ejus parte, et omnibus per ipsum Ricardum de Marisco in vestiario existentem parti electionis plane intimatis, exsurgentes magister Thomas de Walsingh[am] et magister Nicholaus appellaverunt coram dictis nuntiis, sicut superius fecerant, pro sigillo conventus, pariterque pro hominibus suis qui sunt bona ecclesiæ et eorum sustentamentum, in hunc modum; videlicet ne [quid] per illud fraudis vel doli ad derogationem electionis canonice factæ fieret, inconsulto conventu et inscio, per aliquem; insuper et ne homines abbatiæ, qui sunt bona sua, ad hujusmodi relaxationem faciendam per regiam aliquatenus compellerent[1] potestatem.

Quorum appellationem non admittentes deflexerunt *The king's agents then go to Catshill where they meet the sock-men, bur-* versus Kateshil,[a] ubi omnes, tam sokemanni quam burgenses et milites de abbatia, erant summoniti illo die contra eosdem apparere. Subsequentibus[b] quidem

---

[1] Sic in cod.

[a] Catshill is within the limits of Bury.

[b] *Subsequentibus* apparently means "following up," "enlarging upon."

causam sui adventus, responsum est ab omnibus: "Nos
"hic et in æternum plane remittimus domino regi
"quicquid a, nobis tempore aliquo seu quocunque
"modo perceperit, quantum ad nos sive ad posteros
"nostros, nulla omnino reservata nobis reclamatione
"aut repetitione ab isto die in antea." Et ad expres-
sionem majoris securitatis et testimonii, quidam ex
illis qui inter alios reputabantur majores tanquam pro
se et pro aliis illud idem scripto et sigillorum impressione confirmaverunt. Inter hæc quidem magister
Thomas de Walsingh[am] ibidem adveniens coram
omnibus, tam laicis quam clericis, appellationem factam
ex parte conventus renovavit. Cui tamen appellationi
Ricardus de Marisco et H[enricus] de Ver necdum
deferentes sic processerunt.

Subsecuto postmodum die partibus apud Radinges
prætixo, facta est ibidem sollempniter litis contestatio ;
regem tamen abjudicatum non debere causæ interesse,
presente H[enrico] de Ver procuratore ejusdem, ut in
his actis plenius scribitur. "Dictis die et loco pro-
"curatoribus Electi et contradicentibus sibi cominus
"constitutis,[1] facta est litis contestatio sollempniter et
"in scriptis ; ita quod editioni factæ a procuratoribus
"Electi et responsioni[2] partis alterius sigilla appo-
"suimus. Formam etiam præscriptam electoribus, ut
"utraque pars fatebatur, sigillis nostris signatam
"custodiæ sacristæ commisimus, et electores alia vice
"examinatos, scilicet Robertum camerarium, et Jocceli-
"num de Altari, iterum juratos de novo super novis
"articulis examinavimus. Dicto vero die et loco
"admissa est plenarie disputatio, an rex ad hanc
"causam vocandus esset necne, præsente H[enrico] de
"Ver procuratore ejusdem ; et cum consilio jurisperi-
"torum interlocuti sumus ipsum non esse vocandum,
"præcipue cum qualibet die litis præsens fuit in lite

---

¹ *constituti*, MS. | ² *responsionem*, MS.

" domini regis procurator generalis, vel etiam ad hanc
" causam specialis, qui nichil Electo vel electioni ob-
" jiciens tantum dilationem flagitabat. Et statuimus A day named,
" diem [1] eundem ad apertionem pristinarum attestatio- Feb. 12,
at Bury for
" num peremptorium, diem scilicet Jovis proximam ante opening the
original
" festum sancti Valentini apud Sanctum Ædmundum, depositions,
and hearing
" [et] ad testes recipiendos super crimine falsi, perjurii. witnesses.
" inobedientiæ, et scandali, et in contentione conventus
" super quibusdam articulis in judicio editis, si interim
" tale consilium a peritis habuerimus, quod debeant
" admitti; et eundem diem statuimus ad apertionem
" pristinarum attestationum et disputationem audien-
" dam. Et providimus advocatis utriusque partis qua- Costs.
" tuor marcas pro salario."

Igitur sub hac forma die partibus constituta apud Sitting at Bury on
Sanctum Ædmundum apparuerunt illo die communiter Feb. 12:
exceptions
contradictores Electi, tam claustrales quam obedientiarii, received;
arguments
ut confirmarent sacramento quod ea quæ a sacrista et heard.
Adam infirmario, procuratoribus eorum, interposito
sacramento erant superius apud Radinges proposita,
non erant malitiose objecta. Et accedens Albinus
supprior ad sacramentum, nihil excepit nisi perjurium;
Henricus Ruffus excepit perjurium; Walterus primus
similiter; W. de Bosco similiter; R[icardus] Taillehaste
excepit formam; H. de Bradefeld similiter: J[ocelinus]
elemosinarius perjurium; J[oannes] Disce nihil excepit;
Petrus de Titteshale nihil; Thomas Capra nihil; G. de
Graveley nihil; R[icardus] de Stertesford nihil; Philippus excepit formam; H. de Londonia nihil; Salomon
perjurium; R. de Stanham formam; W. de Hospitali
formam; Gregorius nihil; Willelmus Mothes formam;
Henricus de Len formam; A. Scot formam; A. nutritus
Hugonis formam; P. de Wridewelle formam; Willelmus de Stanhove subcamerarius totum excepit. Super
his itaque præmissis admissa est illo die disputatio

---

[1] Scripsit aliquis *vacat* extra lineam.

H 2

plenarie; insuper et quodam peremptorio a contradictoribus Electi proposito, sicut in his actis compre-
henditur.

Judicial
record.

"Superius autem sic fuerunt objecta a contradictori-
" bus Electi in jure exposita ; quod cum septem elec-
" tores recepissent formam electionis a conventu, et
" recedere inceperunt a capitulo, injunctum fuit eis a
" priore sub districtione juramenti, præstiti de forma
" servanda, quod ante electionem consummatam divisim
" et secreto non colloquerentur. Et ex hoc facto
" dixerunt eum incurrisse crimen inobedientiæ et
" crimen perjurii, quia prohibitioni non obedivit. Item
" crimen falsi exponunt sic ; cum prior scripsisset
" archiepiscopo sub hac forma, *Cantuariensi archi-*
" *episcopo prior et conventus Sancti Ædmundi salu-*
" *tem,* et quædam alia vera, subscripsit prior litteris
" suis, et sub sigillo suo signavit. Ex eo quod dictas
" litteras fecit irrequisito conventu et inscio, dicunt

f. 190.

" litteras fuisse falsas, et Electum, quia eis usus est
" inscio conventu, in falsi crimen incidisse. Postmodum
" vero dictis die et loco partibus in nostra præsentia
" constitutis, decano Salesberi absentiam suam excu-
" sante, pars Electi confessa est quod post prohibitionem
" prædictam colloquium habuit cum quibusdam super-
" venientibus ad domum panis, cujus custodiam tunc
" habebat, de principali negotio nulla habita mentione.
" Litteris etiam sic usus est, quod unus ex procura-
" toribus partis suæ earum [1] exemplar tradidit judicibus
" inter gesta causæ. Confessa est autem scandalum
" ortum inter fratres occasione electionis ipsius, sed
" non culpa sua. Quia igitur superflua esset probatio
" ubi reus confitetur factum, ideo, notatis confessionibus
" et auditis disputationibus super objectis, attestationes
" aperuimus super principali negotio. Et licet ante
" publicationem contradictores Electi proponerent ipsum

---

[1] *eorum,* MS.

" Electum in manu regis omne jus suum resignasse, et
" per hanc exceptionem velut peremptoriam silentium
" Electo imponendum, nos tamen, attendentes quod
" multi dies peremptorii erant eis dati ad objiciendum
" in electionem, vel in personam Electi, quia infra
" dictos dies hoc non proposuerunt, imminente ipsa
" publicatione, eam non credidimus admittendam, tum
" quia vehementer præsumpsimus eam ad solam dila-
" tionem malitiose propositam, tum quia dominus le-
" gatus Franciæ, qui Electum in Pictavia domino regi
" præsentavit, per litteras suas nobis patentes scripsit,
" quod dictus Electus noluit resignare, licet super hoc
" sæpius esset requisitus, sed causam suam commisit
" Deo et judicibus suis, tum quia post reversionem
" domini regis in Angliam ipse rex litteris suis quas
" inspeximus vocavit cum Electum, et etiam in aliis
" litteris scriptis, Electum nichil fecisse quare ipsius p. 95.
" gratiam promereri debuisset, et ob quædam alia quæ
" nos ad idem movebant. Et quamvis contradictores
" Electi super hoc appellaverunt, eorum tamen appella-
" tioni non duximus deferendum, sed statuimus diem A final day,
March 10,
" peremptorium partibus, scilicet diem Martis proximam at Bury,
is appointed
" ante festum sancti Gregorii apud Sanctum Ædmun- for the
delivery of
" dum, ad disputationem consummandam et audiendam the judgment.
" sententiam diffinitivam. Providimus etiam advocatis
" partis Electi pro salario c. solidos, injungentes sacristæ
" et subsacristæ quod infra viij. dies eis numerent præ-
" [dictam] pecuniam, alioquin ab eo die habeantur a
" priore et conventu excommunicati."

Adveniente quidem die partibus constituto, judici- The last
sitting.
busque pariter cum Electo et ejus parte loco præfixo
expectantibus per moram non modicam procuratores
partis adversæ, cum necdum apparuissent, miserunt ad
eos per duos religiosos ut coram eis juri parerent ad
disputandum super attestationes, si eis placeret, et ad
sententiam diffinitivam secundum mandatum domini
papæ audiendam. Sed post trinam sub hac forma

citationem, per diversos religiosos scilicet factam, inviti
comparuerunt, cum magistro Roberto de Arcines, et
domino Pagano Longobardense, et magistro A. de
Redgrave. Quibus accessis, surrexit magister R. de
Arcines, et omnimoda disputatione omissa appellavit
pro sacrista et ejus parte ad dominum papam, ne judices procederent ad sententiam proferendam, et appellando fecit sacristam recedere. Quam quidem appellationem malitiose propositam judices nolentes subtilius et
apertius inquirere, accesserunt ad capitulum ubi omnes
erant adunati, et incipientes ad suppriorem, cœperunt
interrogare singulos partis sacristæ, utrum illi appellationi superius a sacrista et Adam infirmario factæ vellent
inhærere vel non. Quibus in instanti per suppriorem
et per singulos alios responsum est, "Nos appellationi
" sacristæ nunc factæ et aliis omnibus contra electio-
" nem H[ugonis] dicti Electi factis firmiter inhæremus."
Quibus auditis, reversi sunt judices ad locum protribu-
nalem, et sedentes in consistorio cœperunt diligenter
inter eos tractare, quomodo melius et securius, secundum
mandatum apostolicum eodem die iterato illis directum,
possent procedere. Erat quidem hic tenor mandati.

"Innocentius episcopus, servus servorum Dei, etc.,
" dilectis filiis abbati de Wardoun et priori de Done-
" stap[le] Li[n]co[l]n[iensis] dioceseos et decani Salesberi,
" salutem et apostolicam benedictionem. Significavit
" nobis dilectus filius H[ugo], electus ad regimen
" monasterii Sancti Ædmundi, quod cum examinatio-
" nem electionis suæ vobis duximus committendam,
" vos propter impedimentum quod opposuit venerabilis
" frater noster Wyntoniensis episcopus, et cavillationes
" sacristæ ac quorundam monachorum ejusdem eccle-
" siæ, contra factum et juramentum proprium temere
" venientium, finem ejusdem negotii plus debito pro-
" rogastis. Quia vero ex hoc posset monasterio im-
" minere periculum, per iterata scripta præcipiendo
" mandamus, quatinus frivolis et inutilibus exceptioni-

" bus [non admissis] negotium ipsum juxta præceden-
" tis mandati nostri tenorem ratione prævia terminetis,
" præceptum apostolicum taliter impleturi, quod de
" negligentia vel contemptu argui non possitis. Tu
" denique, fili abbas, etc. Datum Laterani vii. kal.
" Februarii, pontificatus nostri anno xvii."

1215.
Jan. 26.

Hujus igitur increpatione apostolici mandati jam
secundi taliter correpti, diutius veritatem omnibus
liquidam protelare formidantes, Deumque præ oculis
et justitiam causæ perscrutatæ habentes, armaverunt
se signaculo crucis, et revertentes de interlocutione ad
locum consistorii, cœperunt audacter coram omni populo ibi assistente recitare a gemino ovo, per priorem
de Donestapel, quicquid actum erat a primo die dele-
gationis eorum secundum mandatum apostolicum in
hac causa usque ad illum diem. Intuens quidem
magister Robertus de Arcines sententiam contra sacristam in januis jam fore pronuntiandam, nitebatur
viribus omnibus verborum intricatione et tumultu
impedire eam. Et quoniam judicibus idem R[obertus]
debitam in sententia pronuntianda non exhibebat reverentiam, dictus prior eidem R[oberto] consensu judicum ex parte summi pontificis, cujus vicem in hac
parte gerebat, imposuit silentium. Sed cum per hoc
necdum siluisset, adauxit pœnam excommunicationis
coram omnibus, et sic demum pronuntiavit sententiam
confirmationis. Quam quidem sententiam dicti judices
cum in capitulo coram conventu recitassent, tam sacrista quam precentor et alii contradictores Electi ibidem, appellationibus suis renuntiantes, in ejus oscula
irruerunt, promittendo coram eisdem ab illo die in
antea eidem canonicam obedientiam, ut in hac carta
continetur :

" Omnibus Christi fidelibus ad quos præsens scrip-
" tum pervenerit, frater H. dictus abbas de Wardon
" et R. prior de Donestap[le] et A.¹ decanus Salesberi

Thus insti-
gated, the
delegates
begin to
sum up the
case.

Endeavours
to obstruct
the pro-
ceedings
are put
down by
them.

The judg-
ment con-
firming the
election is
read.

Submission
of the
sacrist and
his party.

Text of the
judgment.

---

¹ R.; vide p. 69.

" salutem in Domino. Noverit universitas vestra nos
" mandatum domini papæ suscepisse in hæc verba :
" Innocentius, etc. Hujus igitur auctoritate mandati
" ad instantiam prædictorum provisorum ad dictum
" monasterium corporaliter accedentes, vocari fecimus
" sacristam et monachos alios, prædicti Electi contra-
" dictores, quatinus coram nobis comparerent secun-
" dum formam mandati apostolici juri parituri, et in
" Electi personam vel electionis formam, si vellent,
" aliquid objecturi. Partibus igitur coram nobis in
" judicio constitutis, post plures vocationes et excep-
" tiones dilatorias, in lite propositas, lis tandem coram
" nobis fuit solempniter contestata. Electores etiam,
" per quos plena negotii fieri debuit instructio, cum
" debita fuerunt sollempnitate et diligentia examinati,
" et eorum dicta congruo tempore publicata. Expletis
" postmodum secundum ordinem juris sollempnibus,
" decretum electionis, acta, et confessiones in jure
" factas, et attestationes ipsas cum sollempi delibe-
" ratione et discussione judiciali inspeximus diligenter.
" Omnibus igitur de more judiciorum rite peractis, et
" sæpedicti Electi persona a nobis artius examinata,
" cum nobis sufficienter liqueret ejus electionem regu-
" lariter et de persona idonea canonice celebratam,
" virorum prudentium et utriusque juris peritorum
" consilio, rejectis et reprobatis his quæ vel in Electi
" personam vel in electionis formam minus probabili-
" ter fuerunt objecta, solum Deum præ oculis habentes,
" et amore justitiæ accensi, eandem, auctoritate nobis
" in hac causa commissa, per sententiam diffinitivam
" confirmavimus, contradictoribus silentium perpetuum
" imponentes. Huic autem diffinitioni nostræ, cum
" eam in capitulo recitaremus, tam sacrista quam pre-
" centor et cæteri contradictores Electi adquiescentes
" in ejus amplexus irruerunt, et eum ut canonice
" electum et rationabiliter confirmatum osculati sunt ;
" et una cum aliis fautoribus ejusdem ibidem coram
" nobis canonicam ei obedientiam promiserunt. Ut

f. 191.

" igitur hæc a nobis tam sollempniter acta robur per-
" petuæ firmitatis obtineant, ea hujus scripti serie et
" sigillorum nostrorum appositione duximus roboranda.
" Valeat universitas vestra in Domino."

Igitur, licet in hac sententia contineatur quod, facta
hujus recitatione a judicibus in capitulo, sacrista et
alii in amplexus Electi irruerunt, in sequentibus tamen
evidentius habetur qualiter et quando, et sub qua districtione, tanquam inviti et quodammodo coacti id
fecerunt. Nam, sicut habetur superius, postquam sacrista pro certo didicisset sententiam contra eundem
fore denuntiandam, recessit inde appellando ; atque
non eo minus, prolata postmodum sententia, judices
duxerunt Electum in capitulum ut coram conventu
rei diffinitionem recitarent. Ad illam itaque recitatio-
nem audiendam absentaverunt se tam sacrista quam
precentor, et Adam infirmarius, et alii partis eorum.
Quo tamen ita facto, judices duxerunt inde Electum
ad magnum altare, cum ymno sollempniter a monachis
et clero decantato ; atque subsecuta ibidem a priore
de Donestap[le] oratione reduxerunt eum in chorum
et collocaverunt in sedem abbatis ; ubi sui et quidam,
licet pauci, de parte adversa in ejus oscula irruerunt,
non tamen sacrista, neque precentor, neque Henricus
Ruffus, neque Walterus, neque Johannes de Disce,
neque Adam infirmarius, neque Gregorius, neque W.
pitantiarius cum aliis pluribus, se subtrahentes. Quod
cum judices vidissent, iterato cum Electo intrantes
capitulum, adunaverunt conventum, sequente populo
non modico. Mox autem illis coadunatis, judices mandaverunt sacristam et precentorem et Adam infirmarium atque alios absentes, per priorem scilicet et duos
alios monachos, quatinus auctoritate sibi indulta apparuissent ibidem coram eis mandatum apostolicum
audire. Quibus, licet invite, tunc primo apparentibus,
recapitulavit prior de Donestap[le] processum facti
secundum apostolicum mandatum sibi et sociis supe-

rius directum, non prætermittendo quod in fine illius

A.D. 1215. continetur mandati, videlicet, quod cognita veritate
electionis et confirmata, compescerent ecclesiastica cen-
sura contradictores auctoritate prædicta. "Igitur hoc
" ordine secundum mandatum nobis injunctum pro-
" cessi, volumus scire a te, sacrista, et ab aliis alias
" electioni contradicentibus, utrum sententiæ nostræ
" diffinitivæ, et domino H[ugoni] Electo per eandem
" a nobis confirmato, adquiescere · vultis aut contra-
" dicere?" Sacrista quidem super hac responsione in
arto jam positus, et præcavens tamen ne contradicendo
sententiæ diffinitivæ aut electioni incurreret sententiam
quam judices erant parati contradictoribus inferre, ait
illis : "Si vos, quos nulla veritatis latet circumstantia,
" protestaveritis in periculo animæ vestræ hic coram
" nobis, electionem sine fraude secundum Deum pro-
" cessam, fateor me plane sententiæ vestræ et elec-
" tioni de cætero assentire." Moxque omnes ejusdem
partis idem promiserunt. Quibus abbas de Wardon,
coram multitudine tam laicorum quam clericorum, tali-

Finally the
opposers
submit, and
exchange
with the
new abbot
the kiss of
peace. ter satisfecit : "Confiteor coram Deo et sanctis ejus et
" vobis, atque in periculo animæ meæ pro me et sociis
" meis protestor, quod electio facta de H[ugone] de
" Norwolde, secundum quod intelligimus et examina-
" tione diligenti perscrutati sumus, et veraciter scimus,
" a Deo est, et vera canonica." Quibus auditis sacrista atque alii singuli, tunc demum in ejus amplexus
irruentes, promiserunt ei canonicam obedientiam.

First
adminis-
trative mea-
sures of
Hugo. Sopita itaque hoc ordine quoad judicium populi et
suffocata omni malitia contra Electum superius proposita, statim subsecutus est dominus abbas suum

Mar. 12. officium. Nam in secunda die sequenti, quod est sancti
Gregorii, post ejus confirmationem, eo capitulum te-
nente, atque in omnibus quoad spiritualia vices abbatis gerente, constituit Ricardum de Stertesforde custodem criptarum, atque postmodum die sequenti commisit eidem Ricardo, pariterque magistro Alano, curam

super confessionibus privatis excercendam. Quo facto, prior atque supprior et · seniores in ordine tulerunt indigne, eo quod duos novicios pares illis fecerat, qui diu ante eos pondus diei sustinuerant et æstus; et illis ita murmurantibus perventum est hoc ad aures Electi per illum qui haec viderat et audiverat. Dominus autem Electus, cupiens per omnia priori tunc et senioribus placere, absolvit dictos a confessione superius injuncta, verum etiam cum unus ex illis, magister scilicet Alanus, saepius in capitulo coram Electo prostratus, absolutionem super injuncto petivisset officio.

In hac igitur parte domino H[ugone] Electo per dies aliquot post confirmationem ejus commorante, de assensu conventus et domini Cantuariensis archiepiscopi, curiam adiit, comitantibus secum priore, celerario, precentore, Adam infirmario, Ricardo de Hengham, magistro Nicholao, ad supplicandum videlicet domino regi ex parte conventus, ut dictum H[ugonem] ab eis canonice electum et jam confirmatum in ejus gratiam susciperet et amorem. Qui cum venissent extra Notingham, videlicet in Schyrewode,[a] dominumque regem a longe venientem intuiti essent, descenderunt ab equis suis, ut scilicet pedibus regi occurrendo ipsius gratiam perinde facilius adquirerent; et eo cominus accedente corruerunt ante eum, genibus flexis, regiam benivolentiam flagitando et gratiam. Eapropter, humilitate tali coram eo praeostensa, miro modo placatus est rex; atque non permittens [1] Electum humo diutius jacentem, erexit eum, et sic demum in his verbis ora resolvit: "Benevenias, domine Electe, salvo jure regni " mei"; et pergentes pariter longo tempore secretius adinvicem loquebantur, nullo mediante alio. Cumque dominus Electus illo die super negotio a domino rege

Side notes:

With the assent of the convent he goes to seek the king, to obtain his favour.

He finds the king in Sherwood forest.

His humility.

John receives him kindly, and talks long with him.

---

[1] *permittentem*, MS.

---

[a] John was probably at Clipstone, near Mansfield, where there was a | royal hunting-lodge. See the Itinerary for March 1215.

plenum non posset habere responsum, accepit in crastino in capella, ubi ipse rex missam erat auditurus. Qua finita, dixit rex Electo, " Vade ad Willelmum " Brewere ;[a] ipse enim voluntatem meam tibi plenius " exponet." Quo accedente, et inter plurima a quodam priore et Pagano Longobardense objecta Electo et responsa, dixit ei W[illelmus] Brewere, "Dominus " noster rex hac die Lunæ, quæ est secunda· post " festum beati Ambrosii,[b] cum baronibus et magnati- " bus suæ Angliæ super quibusdam arduis regni sui " apud Oxhoniam habiturus est consilium. Verum " igitur, quoniam negotii vestri processus ejus usitatis " videtur libertatibus derogare, consilio baronum suo- " rum fidelium ad illum diem plenius vobis super hoc " respondebit." [1]

For the settlement of his affair he refers him to William Brewere,

Apr. 13. who advises him to go to Oxford, where the king is to meet the barons on the 13th April.

He goes to Oxford, where great interest is made for him.

But the king expects money, which Hugo will not give.

Igitur dominus H[ugo] Electus, sub hac spe consolationis, ad diem apud Oxhoniam præfixam accedens, tam archiepiscopus quam comes Salesberi, pariter cum Wyntoniensi, et Ricardo de Marisco, atque Willelmo Brewere, et aliis magnatibus ibidem præsentibus, effectualiter pro eo regiam interpellando majestatem efflagitabant. Sed quoniam rex intra se statuerat dicto H[ugoni] Electo nullatenus assentire nisi præcederet certa quantitas nummorum, licet etiam ad id consentiendum a regis consiliariis pluries admonitus, sed, domini Cantuariensis consilio, minime adquiescens, post magnas tandem expensas et dierum dilationes, post verborum etiam palliationes et fatuas magnatum pro-

---

[1] respondit, MS.

---

[a] This Brewere was a staunch follower and adviser of three kings, Richard, John, and Henry III. See Wendover and Paris, and the interesting article in Dugdale's *Baronage.*

[b] The feast of St. Ambrose, which

is now everywhere observed on the 7th December, fell in England in the Middle Ages on the 4th April. It still occurs as a " black-letter festi- " val " on that day in the calendar of the English prayer-book.

missiones, super dicti H[ugonis] Electi negotio tale a
domino rege egressum est responsum. "Quoniam fide-
"lium meorum consilio super universis Angliæ elec-
"tionibus jam ad derogationem libertatum mearum
"factis dominum papam per nuntios meos conveni,
"suspendo ad præsens negotium electionis tuæ, donec
"per eosdem mandatum illius super his plenius
"habuero."

Suscepto itaque tali responso a rege, reversus est
domum cum magistro Thoma de Walsingh[am] et
magistro Nicholao die Parascheve ante Pascha,[a] nondum tamen benedictus; quo etiam die dominus Lucas
episcopus de Everous venit ad Sanctum Ædmundum,
atque ad petitionem Electi confecit illo die crisma et
oleum, et in vigilia Pasche ordines consecravit. Subsequente autem die sancti Ivonis archiepiscopi[b] accessit dominus H[ugo] electus ad capitulum, atque de
consilio prioris, supprioris, sacristæ, J[ocelini] elemo-
sinarii, R[icardi] precentoris, constituit Johannem de
Disce, Adam infirmarium,[1] atque Rogerum filium Drogonis, custodes omnium maneriorum ad celerariam per-
tinentium, necnon et Bradefeld, Pakeham, Berton,
Rucham, Herningeswelle, Horningesherd, et Workcton,
ut illi duo nomine celerarii curam habentes extrinse-
cam, per manus I'etri de Thiftesbale et Roberti de
Hospitali curam intrinsecam sub illis habentium, quoad victum monachorum et hospitum sufficientes inve-
nissent expensas. 'Petrum quidem celerarium posuit
super hospitali, Walterum autem Gale super infirma-

Marginal notes:
Finally, John sus-pends his decision till his messengers return from Rome.

Hugo returns home, reaching Bury on Good Friday, Apr. 17.

Luke, bishop of Evreux, at the convent.

Apr. 24.

Hugo appoints to the custody of certain manors.

f. 192.

---

[1] Scripsit aliquis *vacat* extra lineam.

---

[a] In this year, 1215, Easter Day was the 19th April; see Butcher's *Ecclesiastical Calendar*.

[b] In the Acta Sanctorum the life of St. Ivo or Yvo occurs under June 10, the date of the translation of his relics to Ramsay Abbey. The festival here mentioned must have been kept on the 24th April, the day of the saint's "invention" at Slepe in Huntingdonshire.

riam, atque Rogerum filium Drogonis super hostiliariam
forensem. Quibus ita dispositis, præcepit magistro
T[homæ] de Walsingham et Philippo, ut cum dictis
duobus pergentes karucas et stauramentum singulorum maneriorum, necnon et terras nostras, tam seminatas quam non seminatas, in scriptum redigerent.
Illud idem statuit fieri per omnes obedientias de rebus
tam mobilibus quam immobilibus, ne quis inde processu temporis aliquam posset facere fraudationem.

June 1. Factumque est in hoc anno secundo, die sancti Jovini,
post electionem ejusdem.

A "com-
"motio"
arises be-
tween the
king and
the barons. Evolutis postmodum paucis diebus, facta est commotio inter dominum regem et barones Angliæ, eo
scilicet quod dominus rex cartam eorundem, ab illustri
rege Henrico patre suo jam olim super majoribus
libertatibus confirmatam, adnichilare pro viribus nitebatur. In hujusmodi igitur commotione regis et regni,

Langton
sends for
Hugo, and
advises him
no longer to
defer being
blessed by a
bishop. dominus S[tephanus] Cantuariensis archiepiscopus, qui
circa negotium domini H[ugonis] abbatis terminandum
partes sedulas vigilanter interponebat, dominum H[u-
gonem] abbatem, nondum tamen benedictum, neque
ad regiam gratiam admissum, literis suis ad se mandavit venire festinanter. Quo veniente, consuluit ne
diutius propter casus fortuitos et eventus rerum dubios

He goes to
Rochester,
and is
blessed by
the bishop of
that see. ejus benedictionem aliquatenus protelasset. Cujus consilio, utpote sano, adquiescente, perrexit ad episcopum
Rovensem, nomine scilicet magistrum Benedictum ;
suscepit ab eo benedictionem apud villam ejusdem

May 17. episcopi quæ vocatur Hallinge,[a] xvi. kal. Junii feria
iiiᵃ littera c. Atque post benedictionem ejus, cum in
eodem loco in scandailles et mitra et annulo et omni
sollempnitate celebrasset, rei novitas auribus præsentium insonuit, videlicet super captione Londoniæ a ba-

---

[a] At Halling, five miles from
Rochester, the bishops of that see
had a palace before the Conquest.
On the privilege enjoyed by the
abbots of St. Edmund's of choosing
by what bishop they would be consecrated, see vol. i. p. 66.

ronibus Angliæ. Erat autem hæc captio [a] facta xvii. News reaches him
calendas Junii, die Dominica, hora quasi matutinali, of the taking of London
littera d, anno regni regis Johannis xvi. His itaque by the barons.
hoc ordine prosecutis, dominus abbas domum rediit, May 16.
celebravitque magnum convivium omnibus ad illud He returns to Bury and
ingredi volentibus. gives a great gaudy.

Quo facto, habito cum suis consilio, misit dominum Richard of
Ricardum de Saxham apud Londoniam, ut mediante Saxham is sent to
consilio barones sane perquireret, utrum domini regis London to seek advice.
gratiam, totiens et totiens rescriptam, rebus se haben-
tibus ut tunc, expediret efflagitare. Cui quidem do- Langton and the
minus Cantuariensis omnesque magnates in hoc con- great barons are of
currerunt, ut domini sui regis gratiam non solum bis vel opinion that Hugo should
ter, sed [usque] quo eam obtinuisset, efflagitaret inces- press for the king's
santer. Quo audito Ricardus profectus est ad regem apud consent to his election
Stanes, ubi etiam invenit comitem Warenniæ, et comi- till he gives way.
tem de Pembrec, et Robertum de Burgate. Cumque Richard
causam sui adventus in conspectu domini regis ex goes to the king at
parte domini abbatis et conventus humiliter perfu- Staines,
disset, respondit rex blando vultu et benigno, "Frater,
" revertere quam citius ad domum, Electoque vestro who speaks
" ex parte mea injungas, ut ad me sine omni dila- encouraging words.
" tione venire festinet. Ego quidem Dei gratia faciam
" tantum in ejus præsentia, ut domui vestræ cunctæ-
" que ecclesiæ Anglicanæ cedet in laudem et honorem."
Idem etiam, in litteris suis per eundem Ricardum domino abbati destinatis, licet in eisdem non nominasset,
abbatem significavit.

Quod cum dominus abbas cognovisset, postposito Hugo at once sets
omni negotio terreno, iter arripuit in crastino versus out for the court, and
dominum regem post ejusdem mandati susceptionem, finds the

---

[a] According to Wendover (vol.
ii. p. 114, Rolls edition), the surprise of London by the barons took
place on Sunday, May 24th. Coggeshall dates it a week earlier, on
May 17. This seems to be the
right date, for in a letter among the

Patent Rolls, dated May 18, John,
writing from Freemantle, speaks of
the citizens having surrendered
London to the king's enemies. In
the text, the writer gives the correct day of the week, but the
wrong day of the month.

king at
Windsor,
June 5.
die scilicet sancti Bonefacii, quod est non. Junii, comi-
tantibus secum H[erberto] priore, R[icardo] precentore,
R[oberto] sacrista, Ricardo de Hengham, et magistro
Nicholao; invenitque dominum regem apud Wyndle-

June 9.
soure, die Martis proxima post diem Pentecostes.

John says,
"Let him
" come to
" me to-
" morrow
" in Staines
" meadow."
Cumque super negotio suo cum domino Cantuariensi
ibidem præsente tractasset, affuit dominus rex per
eosdem transiturus. Cui dominus Cantuariensis præmissa salutatione ait, "Domine mi rex, ecce abbas de
" Sancto Ædmundo, qui gratiam domini regis nostri
" efflagitare per nos non desistit." Cui rex: "Accedat
" ad me in crastino in prato de Stanes, ibidemque
" gratia Dei et meritis vestris interpositis ejus nego-

There,
after long
discussion
and negotia-
tion, Hugo is
admitted to
favour,
June 10.
" tium expedire attemptabimus.' Quo adveniente,
atque in prato sito[1] moram diutinam faciente, post
interlocutiones non modicas, et internuncios nobilium,
hinc inde super hoc a domino rege sæpius destinatos,[a]
tandem osculo mediante abbatem admisit in gratiam; dilata tamen fidelitate ab eodem regi debenda
usque in crastinum. Quo facto subsecutus est rex, et

The king
asks him to
dinner at
Windsor.
ait: "Abba pater, nunc mea restat unica petitio pos-
" tulanda, tuaque beningnitate supplenda, quatinus,
" quem in meam divina hodie miseratio reformavit
" gratiam, a mensæ ne privemur participatione, assit
" tua oratio." Quo favente, comederunt simul illo die
apud Wyndlesoure.

After dinner,
the sacrist
falls on his
knees before
the king,
Qui quidem cum sederent post prandium super lec-
tum regium, alternatim super pluribus confabulantes
in camera, erexit se sacrista cunctis videntibus, et

---

[1] Verba "inter Wyndlesore et Stanes" exciderunt, ut videtur.

[a] Compare Coggeshall's descrip-
tion(Rolls ed., p. 171) of the encamp-
ment at Runnymede. "Die igitur
" colloquii constituto, barones inter
" Windlesore et Stanes in prato
" qui vocatur Runemad cum mul-
" titudine præclarissimæ militiæ
" convenerunt, et in eodem loco
" fixis tentoriis remanserunt. Sed
" et rex cum suis seorsum in eodem
" prato in papillionibus mansit."

procidens coram rege flexis genibus adoravit eum, A.D. 1215.
dicens: "Benedictus Deus et pater Domini nostri Jhesu and thanks God for
" Christi, qui cor domini nostri regis sic visitavit, ut having visited the
" non solum dominum abbatem in suam admitteret king's heart.
" gratiam, verum etiam præteritæ discordiæ non recor-
" daretur." Cui rex, audiente tam abbate quam aliis,
tanquam in furore spiritus, adjuncto sacramento, re- John's angry
spondit: "Per pedes Domini, dimidium annum trans- rejoinder.
" actum est ex quo cum in meam suscepissem gratiam
" et amorem nisi tu esses"; et conversus ad abbatem
adjunxit dicens: "Iste sacrista, O abbas, multos tibi
" adquisivit inimicos in curia mea. Nam cum a par-
" tibus rediissem transmarinis, ob petitionem legati
" Franciæ in animo disposui in meam gratiam te sus-
" cepisse. Sed mei, qui hujus sacristæ partes contra
" te fovere nitebantur, pro viribus non solum [non]
" permittebant, verum propositum meum subvertendo
" ad majorem contra te indignationem accendebant."
Quibus coram abbate in præsentia sacristæ recitatis,
dominus rex cœpit secretius recitare a gemino ovo
quicquid in ejus curia contra dominum abbatem idem
sacrista investigaverat. Quo viso, miro modo erubuit The sacrist retires,
sacrista, et præ confusione non sustinens vultum re- crest-fallen.
gium diutius, clam non petita a rege licentia inde se
subtraxit.

Quibus ita peractis et repetitis coram tot et tantis After swearing
nobilibus, dominus quidem abbas, facta fidelitate regi fealty (June 11),
in crastino, redire festinavit ad propria. Qui licet Hugo returns to
adeo ab adversariis Dei et ecclesiæ superius infestatus Bury.
ut nomen ejus dignitatis suppeditarent,[a] et ad gratiam
regiam promerendam impedirent, ab illo die in antea,
non tamen ab illis, sed ab ipso rege Abba pater et
sanctus vocabatur, cum honore et reverentia. Hac
igitur felicitate, venerabilis H[ugo] dictus abbas divina
perornans dispositione, validi tamen maris tempestate

ᵃ For this use of *suppedito*, see pp. 65 and 74.
U 66211.   I

After these storms and trials the new abbot so bore himself as to win the love and respect of all.

contra cum sæviente viriliter repressa, scandalis et mortis periculis diversis sibi sæpius protensis probabiliter rejectis et reprobatis, perjuriis etiam et falsis testimoniis objectis plane et vi dilucide conculcatis, sic se gerebat ad omnes, ut non solum ad fidei domesticos, qui pro causa sua honesta pondus diei pertulerant et æstus, se redderet amabilem, verum etiam alios, ne dicam inimicos sed utinam amicos, prælatia et dignitate omni studio illis studeret proferre. Facta est autem hujus rei diffinitio anno regni regis Johannis xvi°, a passione sancti Ædmundi ccc°xlvi°, a passione beati Thome martyris xlv° anno, solaris cicli decennovennalis xix°, lunaris vi°, indictione iii^a, anno a bissexto iii°, concurrente iii°, Regulari iii°, Dominica litera d, Epacta xviii^a, præstante Domino nostro et adjuvante, qui non solum suum sed etiam suos a manibus inimicorum taliter exuit potentum, et nos ab eorundem defendit *labiis iniquis et lingua dolosa,* Ps. 119, 2. *amen!* ne cum obcæcent quoad rigorem justitiæ exercendum et ad cujuslibet meritum remunerandum donis interpositis, quæ etiam oculos sapientum obcæcant. Dignus est enim operarius mercede sua. Luc. x. 7.

EPISTOLA ROBERTI ABBATIS DE THORNEYE.

EPISTOLA ROBERTI ABBATIS DE THORNEYE.

MS. Harl. 1005.

Robertus Dei gratia abbas de Thorneye,[a] venerabili viro fratri et amico sibi specialissime dilecto domino R., sacristæ sancti Eadmundi, salutem, et cum integerrimæ dilectionis affectu utriusque vitæ felicitatem. Pro bonis et honoribus nobis a vestra fraternitate collatis, uberrimas et multiplices gratiarum actiones benignitati vestræ referimus, et nos vobis et agendis vestris pronos et obnoxios pro viribus fore promittimus. Ceterum, amice, prout mandastis consultationi vestræ litteratorie et secreto respondemus, attentius supplicantes ut quod vobis in aure dicimus ad aliam non transeat audientiam. Noveritis igitur quod nec felicis memoriæ S[amsoni] quondam abbati, nec alicui antecessorum suorum carettam suam longam cum hernesio sacrista sancti Eadmundi de consuetudine antiqua aliquatenus inveniebat. Verum in initio prælationis istius abbatis unam longam carettam cum equis et hernesio, ex sola gratia, non ex aliqua consuetudine, donavimus eidem, sed post illam solam, tempore nostro nullam. De vinis autem taliter fecimus. Quando cum eo comedebamus, de uno sextario vini exennium

Marginal notes: To the sacrist of St. Edmunds. What he writes is to be held secret. Abbot Samson had no customary right to have the sacrist's waggon. The custom as to wine.

---

[a] In 1216, soon after the termination of the dispute concerning the election of abbot Hugh de Northwolde, Robert de Gravelee, sacrist of St. Edmunds, had been elected to the abbacy of Thorney (see below in the *Gesta Sacristarum*), the patronage of which (Tanner's *Notitia*) had been granted by king John to Eustace, bishop of Ely, and his successors in 1215. Robert seems to have remained at Thorney twenty-one years, dying in 1237 (Dugdale's *Monasticon*, III.).

eidem procuravimus ; alias non. Quando vinum toto
conventui in refectorio invenimus, pincerna abbatis
unum sextarium a refectorario nomine nostro perci-
piebat. Et si dictus refectorarius eidem non respondebat, nos unum sextarium eidem refectorario subtra-
hebamus, et exinde pincernæ abbatis satisfaciebamus.
Hæc est consuetudo et hanc sequebamur. Bene valeto,
et si hoc memorare volueritis, hujus relationis auctorem supprimatis. Iterum et in æternum valeatis.

LA VIE SEINT EDMUND LE REY.

LA VIE SEINT EDMUND LE REY.[a]

(Cott. MSS. Domit. A. XI.)

Mult ay use cum pechere
Ma vie en trop fole manere,
E trop ay use ma vie
En peche e en folie.
Kant courte hantey of les curteis,
Si fesei les serventeis,
Chanceunettes, rymes, saluz,
Entre les drues e les druz.
Mult me penay de teles vers fere,
10   Ke assemble les puise creire,
E kensemble fussent justez,
Pur acomplir lur volentez.
Ceo me fit fere le enemy,
Si me tynt ore a mal baily.
James ne me burderay plus,
Jeo ay noun Denis Piramus.
Mes jurs jolifs de ma joefnesce
Sen vunt; si trey jeo a veilesce.
Si est bien dreit ke me repente,

The writer owns to having led a vain and foolish life in his youth.

Now he is growing old, and means to take things seriously.

His name is Denis Piramus.

---

[a] The MS. of the poem here printed appears to be unique; a communication from M. Deprez of the Bibliothèque Nationale informs me that no copy of it exists at Paris. The Cottonian text is contained in a small volume about eight inches by six, double-columned, in a hand of the thirteenth century. It is clearly and finely written, with ornamental initial letters in red and blue. Of Denis Piramus as a writer some account has been given in the Introduction. The date of composition of the present poem may be set down approximately at about 1240.

The author
of Partonope

20 En autre oure metterai mentente,
Ke mult mieldre est e plus nutable,
Dieus me ayde espiritable ;
E la grace seint espirit
Seit of moy e si ayt.
¶ Cil ki Partonope trova,[a]
E ki les vers fist e ryma,
Mult se pena de bien dire;
Si dist il bien de cele matire,

wrote wild
fiction.

Cum de fable e de menceonge ;
30 La matire resemble suonge ;
Kar ceo ne put unkes estre ;
Si est il tenu pur bon mestre,

but his
verses are
liked and
praised.
The same
is true of
Marie and
her lays.

E les vers sunt mult amez,
E en ces riches curtes loez.
E dame Marie autresi,
Ki en ryme fist e basti,
E compensa les vers de lays,
Ke ne sunt pas de tut verais.
E si en est ele mult loee,
40 E la ryme par tut amee.
Kar mult layment, si lunt mult cher,

---

[a] *Cil ki Partonope trova*. The author of the article on Denis Piramus in vol. xix. of the *Histoire Littéraire de la France*, following M. Francisque Michel, was of opinion that by these words Denis pointed to himself as the author of the romance of Partonope. But no such view suggested itself to the Abbé de la Rue (*Essai sur les Bardes*, iii. 101), nor was it accepted by Sir T. D. Hardy (*Descr. Catal.* No. 1107 ; Rolls series). Mr. H. L. D. Ward also, in the course of his remarks on this MS. in his valuable work on the Romance MSS. in the British Museum, seems indisposed to close with the theory that Denis meant to speak of himself and the author of *Partonope* as one and the same person. Indeed, if the passage be read carefully, it suggests an opposite conclusion. The author of *Partonope* and Marie de France, says Denis, indulge in much wild fiction and yet are eagerly read. I am going to tell you the *true* story of Edmund (69–78) ; being true, it is more edifying than the fables which please you so much, and you ought therefore to accept my verses as willingly as those of Marie or the author of *Partonope*.

Cunt, barun, e chivaler,
E si en ayment mult lescrit,
E lire le funt, si unt delit,
E si les funt sovent recreire ;
Les lays solcient as dames pleire.
De joye les oyent e de gre,
Quil sunt sulum lur volente,
Li rey, li prince, e li courtur,
50 Cunt, barun, e vavasur,
Ayment cuntes, chanceuns, e fables,
E bon diz qui sunt delitables.
Kar il hostent e gettent penser,
Doel, enuy, e travaile de quer,
E si funt tres ublier,
E del quer hostent le penser.
Kant cil e vous, segnur, trestuit,
Amez tel oure e tel deduit,
Si vous volez entendre a mei,
60 Jeo vous auray par dreit fei
Un deduit qui milez valut asez
Ke ces autres ke tant amez,
E plus delitable a oyr ;
Si purrez les almes garir,
E les cors garaunter de hunte ;
Mult deit homme bien oyr tel cunte ;
Homme deit mult mielz a sen entendre
Ke en folie le tens despendre ;
Un dedut par vers vous dirray,
70 Ke sunt de sen e si verray
Kunkes rien ne pout plus veir estre ;
Kar bien le virent nostre ancestre,
E nous en apres, de eyr en eyr,
Auum bien veu que ceo est veyr ;
Kar a nos tens est aveneu,
De cestre oeure meynte verteu.
Ceo que homme veit ceo deit hom crere ;
Kar ceo nest pas sunge ne arueire.

My verses will be more rational and true than theirs.

¶ Les vers que vous dirray si sunt
80 Des enfantes de seint Edmunt,

I am going
to tell you
about the
childhood
of St.
Edmund.

E de miracles autresi;
Unkes homme plus beals ne oy.
Rei, duc, prince, e emperur,
Cunt, barun, e vavasur,
Deivent bien a ceste oeure entendre,
Kar bon ensample il purrunt prendre.
Rey deit bien oyr de autre rey,
E lensample tenir a sey,
E duc de duc, e quns de cunte,
90 Kant la reison a bien amunte.
Les bons genz deivent amer
De oir, recreire, e recunter
Des bons gestes e les estoyres,
E retenir e lur memoyres.
 Ore oyez, Cristiene gent,
Vous qui en Dieu omnipotent
Avez e fey e esperance,
E de salvatiun fiance.
Le scintim ber dunt jeo cunt,
100 Li bon duc, li puis Edmunt,
Fu de Suessoyne veirement,
Ne de reys e de halte gent;

He was of
old Saxon
race,

Des ancienes Sechnes fu ne,
Li e tute sa parente.
Princes e reis furent ses ancestres,
E il apres, cum il dut estre,
Si fu en Engletere reys,
De une partie des Engleys;
Reys e dutre fu de la gent
110 Del pays de vers orient.

and one of
three kings
then
reigning in
England.

Kar Engleterre en icel tens
Fu departi en treys sens,
E treys princes les segnuries
Aveient de ces treys parties;
Kar un rey aveit en chescune.

Seint Edmund esteit rei del une,
De cele parte ou laube crieve,
E ou lesteile journal lieue,
E ou li soleile lieue en est;
120 Les peisanz le clayment est.
  ¶ Ore purreit acun doter,
E de ceste ocure demander,
Pur quey treis reis ont en pays,
En cel tens ensemble estays;
E seint Edmund fut un de treys;
Jeo le vous dirray sempres maneys.
Kar ainz aveit, sanz mesprisun,
Engletere Bretaygne a noun,
De Brut qui sa gent i mena,
130 E qui la tere poplia.

Sketch of
British
history from
Brutus to
Cadwal-
lader.

Pus la tyndrent de rey en rey
En bien, en pes, e en requey,
Dekes al tens de Vortigerne,
Qui le pays mist devers Galerne,
E pus jesqua Uter Pendragun,
Tindrent la tere li Bretun.
De Uter Pendragun jesque Arthur,
La tyndrent il bald e seur.
Apres Arthur la tere auint
140 A Cadawaladre[1] qui la tynt.

Geoffrey's
Hist.
Britonum,
xii. 15.

En son tens vint une murine,
Ke lur surt de une famine;
Ke les seisante parz e mais
De la faym mururent a fais.
Cadewaladre,[1] qui reys fu,
Fu mult dolent e irascu,
De la gent que morerent de faym,
Ki ni avcient ne ble ne payn,
Dunt pussent viure un repast;
150 Le pais guerpirent tut gast,

a murrain
in Britain,

then a
pestilence.

---

[1] *Radawaladre*, MS.

Pur la mesese quil unt.

En Armoniche tuz sen vunt,

Ke petit Bretaygne ad a noun ;

La vait li reys e li Bretun,

Plurant, criant, fesant grant doel,

Morz voleient estre a lur voil ;

Sur ciel nead mesese endreit sey.

Meis Alayn, qui sires esteit

De cel pays, bel les resceit,

160 Ki les donne assez guarisun,

Payn e vin, char a fuisun,

E richement fist sujurner,

Tant cum il i voldrent ester.

Dunc remist Bretaygne la grant

Sanz homme e femme e sanz enfant.

Trestut le pays fu gastine

Fors des oysels e de salvagine.

Kant les poeples ultremaryns,   .

Qui a Bretaygne furent enclyns,

170 Oyerent la novele dire,

Que les Bretuns unt lur empire

Issi deguerpi e leisse,

Mult en furent joyuse e lee.

Tost unt apreste lur navies,

De vitaile e de ble garnies,

Ceus de Suessune e les Engleis,[a]

E de Gutlande les Gutteis.

Lur neefes aprestent e aturnent,

E lur peise ke tant sujournent,

180 Vitaile i amenent a delivre,

Dunt il purrunt bien set anz vivre,

E riches armes a plente,

E tute manere de ble,

---

had quitted it. Where did Denis
find mention of the Goths, &c., as
sharers in the expedition ?

De ces treis teres finement.
1 vunt mult de la Viste gent,[a]
Li pruz, le joefne bacheler,
Pur los e pur pris conquester.
Attendu unt e demure,
Tanque Dieus lur tramist oure :
190 Kant il virent le vent establc,
E que le oure fu covenable,
E ke de errer apreste sunt,
En mer se mettent, si sen vunt.   they set
Tant se penerent de sigler,   sail,
Quil sentre atemptrent en la mer ;
E kant il pres aproiciez erent,
Les uns des autres se docerent.
Kar nule de ces treis navies,
Ki en mer sunt departies,
200 Ne saveit dautre, ceo est la veire,
Que en Bretaygne tenisent eire.
Ii senterdemanderent quil sunt,   make friends
Dunt il vienent, e ou il vunt.   with one
                                              another,
Tant unt enquis, tant demande,
Quil sentredient verite ;
Ke en Bretayne vunt pour conquere,
Hors de lur pays e lur tere.
Tant unt parle les cheuetaynes,
De treys genz e de treis compaynes,
210 Ki trestuz ensemble se alient,
E compaynie entrels se afient ;
E quil ensemble se tendrunt,
E james ne sentrefauderunt.
Tant unt sigle, tant unt curu,
Quil sunt en Bretaygne venu ;
Dreit vers la maryne del north   and land in
Siglent, vagent, e prient port.   the north of
                                         Britain.

---

[a] The tribes living on the Vistula   sweordum, ymb Wistla-wudu,
appear to be meant. Compare the   wergan sceoldan, ealdne eþel-
Gleeman's Tale, 243 :--   stol Ætlan leodum.
     þonne Hræda here, heardum

Le pais trouent delitable,
E la tere bien gaynable :
220   Il trouent les granz gayneries,
Voise e forest e praeries,
Pescheries buns e fines,
E sur la mer bons salynes.
Un meis il unt ja demure,
Tant quel pais sunt acerte.
Dunc funt les granz fosses. lever
Pur ens garir e rescetter.
Leuent bresteches od kernels,[a]
Ke cuntrevalent bons chastels.
230   De herituns e de paliz
Les cernent, si funt riulez
Del quer des cheygnes, forz e halz,
Ki ne criement sieges ne asalz.

They settle
near Scar-
borough,

Bon chastel i funt e bon burg,
Kum clayme uncore Escardeburg.
Pus ne se sunt pas alongui,
Kar de ble furent bien garni.

and fall to
tilling the
rich land.

Les laborent e erent teres,
E richement les cultiuerent.
240   Kar mult par furent a cel jour
Cele gent bon gaygnour.
Tant unt en tere travayle,
E labore e gaygne,
Quil averent en tens grant plentez,
E del un e tuz blez.[b]

The Britons
in Armorica,
hearing this,
return to
Britain,

En Armoniche est tost veneu
La novele e tost espandeu.
Kant les Bretuns loyerent dire,
Grant doel en aveient e grant ire ;
250   Si tost cum poent ariere vindrent
En Bretayne, quil primes tindrent,

Hist. Brit.,
xii. 19.

---

[a] *bresteches* (i.e., *bretesches ;* see Godefroy), *od kernels* seems to mean " crenelated (or loopholed) " parapets."

[b] " Both of the one kind (wheat), " and of all kinds of corn."

Od tant de gent cum il aveient, fol. 2 b.
E cum il areimer purreient.
Il se aprochent vers cele gent,
Si les mandent mult cointement,
E lur messages les tramettent, and summon the Saxons to depart.
Ke de lur tere se demettent,
Ke est lur dreit et lur heritage,
A le gent deluc si frunt que sage ;
260 E sil ne volent pur amour
Tost isser hors de lur honour,
Par force les ferunt aler ;
Si serra pis le demurer.
¶ Kant les foreyns de ultre mer
Oyerent les messagers parler,
E il escultent e entendent
Kil la tere les defendent,
Il remandent hardiement,
E as Bretuns e a lur gent,
270 Ke tost sen algent del pais,
Ou, si ceo noun si serra pis,
Le demurer as branz dascer The Saxons refuse, and defy them.
Lur covendra a defrayner ;
As branz de ascer e od la lance
Dereynerent la demurance.
Il sunt del defreyner tut prest,
Ke ceo est lur tere e lur conquest ;
Kar kant il en la tere entrerent,
Homme ne femme ni troverent
280 Ki de rien lur contredist,
Ne qui a reisun les mist ;
Kar en la tere dunc vivant
Ne out homme ne femme ne enfant.
Les Bretuns i sunt pus entrez,
Folement i sunt arivez.
Ceo les mandent bien li foreyn,
La batayle averunt eus demayn.

⟨Kant les foreyns unt respundeu,
E les Bretuns unt entendeu,

290 Kil la batayle requerent,
Sachez que mult sen esmaierent.
Kar les foreyns sunt bien armez,
E plus gent unt quil nunt de ascz,
En cuntre un de eus il en unt katre,
Nest pas ouwel icel cumbatre,
Ne pur kant les Bretuns
Sesbandirent cum baruns.

Lendemayn funt lur chivaliers
Armer e munter lur destriers,

A battle
ensues, in
which the
Britons are
worsted;

300 Od tant de gent cum il orent,
E cum il aramir poerent.
Od les foreyns dunc se asemblerent,
E meynt rude coupe donerent,
E les foreyns ensement
Se cumbatirent fierement,
Od branz, od haches, od espeies;
Coupent testes e poynes e piez;
Gettent lur grant pieres roundes,
Od lur eslinges, od lur fundes,

310 Od les haches les vunt requere,
Ke tus les fendent desken tere;
Lancent gavelocs enpennez,
Dunt il unt mil enbouchez,
Ke tut tresperce al primer vol;
Hauberc ne vaut un foile de chol.

⟨Kant les Bretuns ne puirent mes

they take
refuge in
Wales,

De foreyns sustenir le fes,
En cumbatant, tienent lur veie,
Issi que nul ne se defreie.

320 Avant enveient la rascaile,
E les bestes od lur vitaile;
Dreit a Gales les chies enclins
Tienent e veies e chimins,

Que Vortigerne ot poplie,

Kant de Bretagne fu chacie

Par Hors e Henge e lur gent,

Que Vortigerne veirement

Out ainces atraiz el pays,

Cum soldeers de grant pris ;

330 Tenu les out biens e grant honours,

E richement les soldea,

E real solde les dona;

E cil guarderent le pais

Bien de uthlages e de enemis.

Pus fescient mult grant treisun

Horse et Henge e son compaynun.

Le rey mandent a Ambresbire,

E les plus halz de son empire,

E il i vindrent veirement

340 Sanz arme cum a parlement.

Meis Horse et Henge e lur mesne,

Pur la tere quil unt coveite,

Vortigerne unt iluc pris,

E les autres unt tuz occis

Des knivez que unt en musceouns,

Que riches cuntes, que baruns,

Katre cent e ceisant e plus; [a]

Fors soul li rei, ne eschapa nuls.

Vortigerne, qui sen embla,

350 E dreit en Guales sen ala,

Si i hanta il e sa gent,

Ke a li vyndrent coiement,

Pur seurte de cele gent,

E quil sunt de lur parent,

Il unt ceste gent descumfit.

Li rei ki el pais abit

Bel e haltement les resceut,

which Vortigern had peopled.

fol. 3.

After the treason of Hengist and Horsa,

and the massacre at Amesbury.

---

[a] The number of the slain exactly agrees with that given by Geoffrey of Monmouth. Nennius reduces it to three hundred.

Cum parenz rescuyvre dut.
La sunt les Bretuns areste,
360 E les foreyns sunt returne,
De la victorie, balz e lez,
E quil unt les Bretuns chaciez.
Issi perdirent li Bretun

Thus the Britons lost Britain.

Bretayne, e Bretayne son noun ;
E pur ceo heyent les Galeis
Par mortel guere les Angleis.

E les foreyns ultre-maryns,
Ki sages esteient de grant fins,
Vers la marine repayrerent,
370 Ou la menue gent leisserent,
Cum de femmes e denfanz,
E de anceles e de serjanz,
E si refirent mult que sages.
Pur ceo quil sunt de treis languages,

The strangers elect three kings, and share the land.

Il eslistrent entrels treis reys,
De chescun language dels treis,
Ke nuls de autre dire poust,
Ke greindre segnurie eust ;
E apres ceo lur loz loterent,
380 E la tere en treis departirent.

The Angles take the south country.

A cels de Angle chai le su,
Liez en furent, e bel lur fu
Sicum la mer lenvirune,
De Tamise dekes Hamtune.
De cels de Angle, sanz mesprisun,
Resceust Engletere sun noun.

Northumbria falls to the Goths,

⁋ Le pais del north autresi
A cels de Guthlande chai,
Descoce dekes al Humbre ;
390 Grant erent, ne sai le numbre.[1]

and Lindesey to Lynde, a

⁋ A un fier barun de Almayne,
Ki ert venu od la compayne,

---

[1] *mumbre*, MS.

Otrierent entrels Lyndeseie,[a]

baron of
Almayne.

Pur sa ruiste chevalereie.

Lynde apellerent le barun ;

De li prist Lyndesei sun noun.

ſ A cels de Sueisoine ensement

East-Angle
to the
Saxons,

Chai le pais del Orient,

Sicum la mer le devise,

400   De Wytheme dekes Tamise.

Riche pais e gaynable,

E bon e douce e delitable.

Mult par i feit bon habiter,

A lun coste i feirt la mer,

Del autre parte est li mareis ;

Asez i a del pessun freis ;

Devant est de grant fosses ceynt,

Ke del une euwe al autre ateynt.

Est-angle apelent le pais

410   La gent ke i sunt estais,

Ki sunt asazez de tuz biens;

Tut sunt manant, ne lur faut riens.

Le pais est de treis cuntrees,

Establi de bien e sazees,

Northfolk, Suthfolk, Estsex unt noun ;

De tuz biens i ad grant fuisun.

ſ Les Suesunes furent bauz e leez,

Kar mult furent bien herbergiez,

Bien garderent cel est pais,

fol. 3 b.

420   Apres long tens, e anz e dis,

E pus tramistrent sanz essoyne

who send
back to
Saxony for
their kins-
folk ; the
land is filled
up, and
there is
great
prosperity.

Lur messages deske a Sessoyne,

Pur lur freres, pur lur cosins,

Pur lur amys, pur lur veisins.

Kant il vyndrent, bien venuz

---

[a] According to Geoffrey (*H. B.*, vi. 11), Lindsey had been assigned by Vortigern to Hengist. The name of the province seems to be connected with the Roman name of Lincoln, Lindicolina civitas.

Sunt en pais e resceuz ;
Si poeplierent la cuntree,
Ou gaste fu e desertee ;
En richesce e joye e en pes
430 Vesquierent e lur eirs apres.

King Offa, St. Edmund's predecessor, is childless.

Un rey aveient, ceo fu le veir,[a]
Prodomme mult de grant saveir ;
Offe out noun, si fu apelle,
Bon chivaler, sage e sene ;
E cristiente mult ama,
E seinte eglise enhaucea.
Cil fu de Est-angle rei secund,
Devant le rey seint Edmund.
Le rey Offe fu mult marriz
440 De ceo quil ne out filee ne fiz,
A qui il puse deviser
Le regum a sun finer.
Plusurs penses aveit en curage ;
Al parfin pensa que sage,

He resolves to go on pilgrinage to Jerusalem.

Ke a Jerusalem ura
E Jhesu Crist depriera,
Ke Jhesu Crist li doyne tel eir,
Ki digne seit del regne aveir.
Si purposa a la parfin
450 Ke par Sessoyne ert sun chemin,
Par son cusin qui reis esteit,
E qui Sessoyne maynteneit.
Il fet tost son eire aprester,

---

[a] Up to this point, Denis has been following Geoffrey of Monmouth ; now he turns, apparently, to an English version (*infra*, l. 3266) of the narrative of Gaufridus de Fontibus on the Infancy and Youth of St. Edmund. This narrative he continues to paraphrase to about l. 2000. Authentic history knows nothing of an Offa, king of East Anglia, reigning before St. Edmund. The name was perhaps suggested to the writer of the legend by that of the original Offa " the first recorded king of the " East Angles " (Freeman's *Norman Conquest*, i. 25), founder of the dynasty of the Offingas or Uffingas.

Kar il ne voult plus sujourner.
Primerement ad pris cunge
A seinte eglise e al clergie,
Pus prist cunge a ses princers,
As baruns e a chivalers,
E son regne les comanda ;
460 E mult doucement les pria,
Quil tenisent dreit justise,
E enhauceasent seinte eglise.
Dunc se met en mer, se senturne,   He sets sail.
Dekes Sessoyne, ne sujourne.
Li reis qui son cosin esteit,
Bel e hautement le resceit.   is a guest
Mult se pena de li joir,   with his cousin the
E richement le fist servir,   king of Saxony.
Des brauns e de vencysuns,
470 E des cyngnes, e des pouns,[1]
De vessel de or e de argent,
De vyn de claree e de pyement.
Servir le feit de vint dancels,
Des plus nobles e des plus bels,
E qui mielz sunt en parente,
E des plus halz de son regne.
Son fiz demene fist li reis
Le rei Offe servir a deis,   St. Edmund's
E Edmund nomerent le meschyn ;   father.
480 Mult paresceit beals de grant fyn ;
Suz ciel nad home vivant,
Ki unke veit plus bel enfant.
E od les bealces quil aveit,
Sur tut rien curteis esteit,   Edmund's virtues.
E pleyn de grant ensegnement.
Suz ciel nad, afaitement,
Dunt il ne fut endoctrine ;
De tute genz esteit ame ;
E si out une rien en sei,

---

[1] paons ?

490　Dieu e cristiente e fey
　　　Ama sur tutes autres riens;
　　　Tant out en li bounte e biens,
　　　Ke fort me serreit le retreire.
　　　Tant fu estre ceo de bon eire,
　　　Quil ama tute bone gent,
　　　E tute gent li ensement.

He attends on Offa,

　　　Li enfant mult se penout,
　　　Sa cure il mist de tant quil pout,
　　　De servir le rei peleryn ;
500　Mult le servit bel le meschyn.

who loves him.

§ Li rei Offe mult ayme e prise
　　　Edmund lenfant e son servise,

fol. 4.

　　　Ses paroles e son semblant,
　　　E sa bealte que tant ert grant.
　　　Souent recorde en son purpense ;
　　　Si se meruaile de son sens,
　　　E ke enfant de si tendre age
　　　Est si pruz, si cointe, si sage,
　　　E ke servir vit le danzel

and longs for such a son.

510　Tant asenement e bel.
　　　Mult recorda ses fez, ses diz,
　　　Si desira quil fust son fiz.
　　　　Kant le rei Offe out sujourne
　　　En Sessoyne a sa volente,

Offa prepares to depart.

　　　Son eire volt tenir avant,
　　　Ke mult esteit e long e grant.
　　　Cunge ad demande al rey,
　　　E as baruns quil out od sey,
§ E cels deprient Dieu le grant,
520　Pitousement en plurant,
　　　Que Dampne Dieus par son pleisir
　　　Li doyne salue veie tenir,
　　　E saf venir e salf aler,
　　　E en son pays retourner.
§ Le enfant Edmund tendrement
　　　Plure pur Offe son parent ;
　　　Li rei Offe, qui sen veit,

Pitie en ad e grant doel feit.
¶E li rei Offe a sey le apele,
530 De ses mayns terst sa face bele,
Si li dist; Beu fiz Edmund,
Dieus bone creance vous doynd;
Devant els trestuz lenbracea,
E sovent fez le beisa.
De son dei treist un anel de or;
La piere valust grant tresor;
Il tendi avant cel anel,
Si lad done al damisel
E dist, Beal fiz, cest doun tenez,
540 Pur la moy amur le gardez.
Cest doun vous doygne en remembrance,
Entre nous deus seit connisance
De parente, de cusinage,
E que nous sumes de un linyage;
E ke vous remembrez de mey
Par cest anel de nostre dey.
Graces e grant merci vous rent,
De Dampne Dieu omnipotent,
Del bel seruice e del bel het,
550 E del honur que me avez fet.
Jeo vous estui mult greniur doun,
En curage e entenciun,
Si ariere puse repairer;
Durray vous paternel louwer,
Si nostre seint pere Jhesu
Ad mon repairer purveu.
¶Kant lenfant le anel resceust,
Mult li mercie, cum il dust.
¶Son pere charnel quil cco vit
560 Enbrancha sey, e si sen rit;
Par geu li dist, en gabant,
Ay! ore, Edmund, bien est atant,
Pur piere me avez deguerpi,
E le rey Offe avez chosi.

He gives Edmund a precious ring.

The father gives up Edmund to Offa.

Il vous gard des ore en avant,
Cum pere deit fere enfant.
E vous le servez, matyn e seyr,
Cum pere a vostre poeir.
Ne ai son de mirer pur le myen
570 Aultri enfant; ceo sachez bien.
    Offe le rei mult se delite
De la parole quil ad dite;
Lenfant tost apellast
A sey, sil prist, e enbrasceast;
Si treit hors de sa almonere

Offa produces his coronation ring,

Un anel de or od une piere,
Ke mult ert riche de grant fin
A Edmund le mustra, son cosin.
Le anel li ad Offe mustre,
580 Quil resceust kant il fu curune
Del euesque quil benesqui,

and bids Edmund take notice of it.

E de son ceptre le seisi.
Edmund fiz, fist il, esgardez
Cest anel, e bien le avisez,
E le semblant e la feiture,
Cum il est fet e en quele mesure,

fol. 1 b.

Ke bien conustre le puissez
E ke vous bien le conoissez.
Kar si jeo mester de vous ay,
590 Ces enseignes vous trametteray,
Ke facez mon comandement,
Si ne vous retreiez nient;
Tut le feites, de chief en chief,
Kankes vous manderay par brief.
Le anel gardez par dreit fey,
Si vous ja viuez plus de mey.
Bealz fiz chers, des ore en avant,
Vus ameray cum mon enfant,
E durrey vostre gareysun,
600 Si puse aver possessiun.
    ¶Li enfant mult le mercie,

Li rey Offe od sa cumpanie ;
Fist trusser ses sumers an eire,
Cunge ad pris, si tint son eire.
§ Li rei de Sessoine le conveie
Dedenz Sessoyne bien grant veie ;
A Dampne Dieu lad comande,
Si sen est a tant returne.
 Offe li reis e sa gent
610 Of mult noble aparailement,
Od bele gent, od grant aver,
E ere e chimin, e matin e seir,
Tant se pena li ber derrer,
Ke par tere, ke par mer,
Ke en Jerusalem est venuz,
Tut sein, tut halegre, tut druy ;
Kil unkes homme ne perdy,
Ne cumpaynun, la Dieu mercy.
Offe od granz afflictiuns
620 Fist almoynes e urisuns,
Cum pelerin fin e pius,
As eglises e as seinz lius,
Ou Jhesu Crist fu mort e vifs,
E al sepulcre ou il fu mis.
Son offerende fu riche e real,
E al Temple e al Hospital,[a]
A chapels e a musters,
Ou boysogne esteit e mestiers,
A pelerins, a boseynuses,
630 Ki de aver erent suffreituses.
Fist li rei Offe tant doner,
Ken lur pais porent realer.
Kant li reis out par tout oure,
E en tuz les bons lius este,

Offa travels to Jerusalem.

What he does there.

---

[a] He contributed liberally both to the Knights of the Temple and to the Knights Hospitallers of St. John.

H · sets out
on his
return,
Ne voleit plus tenir sujour,
Vers son pais prist le retour.
Il erra tant par ses journey,
Ke par chimins, ke par estrey,
Ke al brace seint Jorge vynt tut dreit,[a]
640 Ke par iluc son chimin esteit.
Iluc li prist maladie si grant,
is attacked
by illness,
Si angususe e si pesant,
Kil ne put avant errer,
Iluc li estuet sujourner.
Veirs est, kum dit en le Scripture,
Sage est ki en Dieu mette sa cure, Ps. 115, 5.
Ki en son quer ad conferme
Fey, esperance, charite.
Par tut put aler asez seur,
650 Sil murt, si murge a bon eur,
Kar en homme nest pas sa veie,
Ainz est en Dieu qui le conveie.
Homme soleit dire e sovent avent,
Til vait hors qui ne pas revent;
Si fu de cest rei peleryn,
Ki Dampne Dieu prist en chimin,
De Jerusalem, ou Jhesu Crist
Ala, marcha, e mis conquist.
Dieus vit que cesti fu fet,
his fitness
for death.
660 De trestuz ses pechez net,
E aveit ces treis en sey,
Charite, esperance, e fey.
Pur ceo le vult Dieus a sei prendre,
E en sa glorie seinement rendre.
Li rei Offe fu malades fort,
Nul ne le put garir del mort,
Fors Dieus, quad tuz a governer;
Li reys fist ses privez mander,

---

[a] See vol. i., p. 96.

E il juyndrent errantement,
670 Pur lur segnur triste e dolent.
¶ Segnurs, fist il, mes chers amys,
Le mal est fort dunt jeo languis.
Ne vey autre rien fors la morte,
En vers ki ne est nul resorte.
Mult me avez lealment servi,
E bien e bel, entresque ci ;
E uncore ay mester mult grant,
Ke vous me ore servez avant,
E vos feyes me afeyerez,
680 Ke mon comandement ferez.
Veez vous, segnurs, cest anel,
Ke jeo mustray al damisel,
A Edmund le fiz, mon cosin,
Kant cea endreit pris le chimin,
Par Sessoyne ou jeo sujournay,
Ou cest anel li mustray.
De cest breif li ferez present,
E de cest anel ensement ;
Dites li ke saluz li mand,
690 E par cest anel li comand
Trestut mon regne a gouerner,
En Estangle ultre la mer.
Quil seit sire e prince e rey,
E quil prie pur le alme de mey.
Segnurs, sovent auez veu,
Si en estes aparceu,
Kant en un realme ad segnur,
Ki par justice e par amur
La gent gouerne sagement,
700 Kil nes blesme de neient,
Sil en cel poynt murt e dechiet.
Ne quidez vous qual poeple griet ;
Si est il feit li reis de mey,
Ki jesque ci ay este rey
De Estangle ; ore ne puse avant,

fol. 5.

He charges
his fol-
lowers to
take his
coronation
ring to
Edmund.

and com-
mand him
to take up
the king-
dom of East-
Angle.

Meis a Dampne Dieu la comant.
Bel les ai garde cea en ariere,
E bien en dreiture pleniere,
Ke unkes par ma coueitise,
710   Ne par sufreite de justise,
Ne perdi nul rien de son dreit,
Dampne Dieu mercie en seit.
Meis ore avereit grant mestier
De sage rey e bon justiser,
Ki pais e justise maintinge,
E en amour le poeple teinge.
Jeo ne sai nul plus acceptable,
Ne al poeple plus couenable,
Kant jeo murge e trei a ma fin
720   Ke Edmund le fiz, mon cusin.
Beal est de cors, dulce en saver,
Pruz e fort e de grant poer,
E de reale lyniage est nez.
Par Sessoyne vous en irrez
Sanz feyntise tuz estrus,
Le amenez en Estangle od vus.
E ceo me afierez vous ore bien,
Que vous pur aver ne pur rien
Ne serrez en lui ne en estal
730   Ou ja li mien ceptre real
Seit otrie ou seit done
Si la noun ou lay comande.
ſ Le rei prist de eus le serement,
E les chargea parfundement;
A Dieu apres les comanda,
E sa benesciun les dona.
Kant le rei aueit fet sa deuise,
E des prelates de seint eglise
Aveit resceu confessiun,
Offa's holy death.   740   E de tuz ses pechez pardun,
Unkes pus a els ne parla mot
Li rey bouche e ses oilz clot.

Entre lur mains iluc fini,
E lalme del cors dunc parti.
Unkes enemi nout pussance,
Kar il murust en cele creance,
Quil out ces treis choses en sey,
Charite, esperance, e fey.
De Jhesu Crist traist a fin
750 Rey enoynt e umble pelrin ;
Angels de ciel qui prez ierent
En parais lalme porterent.
¶ Cesti Offe dunt jeo vous di,
  Ki si seintement fini,
  E de sa vie traist al fin,
  En terre Dieu e en le chimin,
  Ne fus pas Offe lenemis,
  Le rei, le tirant des Marchis,
  Ki seint Ayelburt le barun
760 Trai cum en triesine felun,
  E en son prisun fist gisir,
  E meyte peyne fist sufrir,
  E cruelement son cors pena,
  E a la parfin decola.
    Un autre Offe encore javeit,
De Sessoyne qui rei esteit ;
Les Sessoyneis orientals
Governa cum bon vassals.
Cil fu prodomme e justisers
770 E sage rei e dreiturels ;
Si ama Dieu e verite,
E mainteint la cristiente.
Kil ama Dieu bien i parut,
Devant ceo quil morut,
Par la grante seint espirit,
Sicum Dieus roua en lescrit.
Deguerpi cil femme e enfant,
Fiz e filles, petiz e granz,
E son pais e son regne,

crown, and
became a
monk.

780 E ses hommes e son lame :
Si prist le screp e le burdun,
Trestut a pe cum poun.
En pelrinage sen veit,
Vers seint pere a Rome dreit,
A lapostoile Costentin.
De li se fist le pelerin
Tundre, e feire moigne profes,
Si servit Dieu tuz jurs apres.
E en labit longment uesqui,
790 E en labit sa vie fini.
Lalme de li, ceo dit lestorie,
Resceut Dieus en sa glorie.
⁋De cil Offe dunt jeo di ci,
Ne de cil Offe seint Ayelburt trai,
Ne fu pas Offe li palmiers,
Li seint homme e li dreiturers,
Ki del sepulcre repeirant
Resceut maladie si grant,
Quil morust en cele manere
800 Cum jeo vous ay dit cea en arere.
Cil fut un de reys sen e ghan,
Ki dedenz ceissant e un an
Regnerent devant seint Edmund.
Le dareyn dels, e le secund
De seint Edmund le bon barun,
Fu cesti Offe sanz mesprisun,
Qui al brace seint Jorge fu mort,
Dunt grant damage fu e fort ;

Grief of
Offa's fol-
lowers at
his death.

De ki mort sa gent funt cel doel,
810 Morz volient estre a lur voel.
Mult demenerent grant dolur
Les genz Offe pur lur segnur,
Li seneschal, li buteilier,
Li chamberleng, li despenser,
Usser, cou, e li seriant,
Pover, riche, petit e grant,

Plurent, crient, e tel doel funt,
Il nad si dure homme en cest mund,
Qui veist lur contenement,
820 Ke nust tendrur e marrement.
ſſ Kant unt lur grant doel demene,
E lur segnur unt entere,
Vers lur pais la veie tienent,
E parmi Sessoyne sen vienent.
ſ Al rey de Sessoyne vienent dreit,
Qui cosin lur segnur esteit.
Si li cunterent la dolur,
E la perde de lur segnur.
Kant il oy, mult li desplout,
830 Unkes mes si grant doel ne out.
Li rei en une chambre entra,
E son cosin mult regreta;
Plure, wayment, e tel doel fet,
Ke nel poeit nul mettre en het.
En la chambre treis jours estut,
Quil unkes ne mangea ne but,
Ne ne fina de doluser,
Ne ne voult a homme parler.
ſ Kant Edmund oy la novele
840 Del rei Offe, ne li fut bele,
Einz fist lenfant doel si grant,
Unkes ne veistes enfant,
Qui greindre doel ne marrement
Ust pur cosin ne parent.
Li seneschal Offe le rey,
Ki les genz Offe mene o sey,
A la chambre le rey senturne,
Pur son segnur e trist e murne.
Deus compaynuns od sey mene,
850 De sa compaynie demeyne;
De plus haulz e de plus vailanz,
De plus sages, de mielz sachanz.
A la chambre le rei entrerent,
E dulcement le conforterent;

Grief of the king of Saxony

fol. G.

and of Edmund.

The seneschal of Offa comforts the king,

Sir, funt il, leissez ester,
Cessez de vostre doluser,
Kar bien savez que tuz murrum
E eschaper ne purrum.
Ja par plure ne par doluserie
860   Ne recovera mort la vie,
Meis tant i put homme gaynier,
Les oilz e le cors enpirer.
Kant nul ni poet el conquester,
Bien devez lesser le plurer,
E recoverer vostre confort,
E feire bien pur lalme al mort.
Nus avum en a conseilier,
Que doluser e waymenter.
ſi Rey, nus sumes tut a estrus,
870   Pur grant chose venuz a vus;
Kar rey Offe tant cum il jut
En maladie dunt apres murut,
Kant il senti quil dut murir,
Tuz nus fist devant sei venir,
E si nus fist sur seinz jurer,
E nos feyes nus fist afier,
Que nus tuz estrusement
Ferum son comandement.
Pus nus comencea a retreire

and tells
him of Offa's
dying
charge
concerning
Edmund.

880   De vostre lin, de vostre eyre;
Kant il out longment retraiz
Vos bons overs e vos feiz,
Si parla de Edmund vostre fiz,
Cum il est beals e escheviz,
Sage e pruz, dulce e membrez,
Curteis, ensegne, e senez.
Pus hosta le anel de son dey,
Quil resceust kant il fu fet rey,
Le anel que vostre fiz [1] mustra,
890   Kant de cest pais sen ala

----

[1] *fu*, MS.

Vers Jerusalem ou nus fumes,
E la grant perde resceumes
De li qui si avum perdu,
Le rey Offe qui prodomme fu.
Il nus comanda finement
Que nus par icel serement,
Kil devant li nus fist jurer,
A mielz quil sout deviser,
Sur les relikes vertuuses
900 Seintes, riches, e pretiuses,
A mielz quil nus sout escharir,
E la parole mielz furnir,
Ke par cest anel que tenum,
E que nus ici vus musterum,
Seysisum Edmund vostre fiz
Del realme e des apentiz
De Estangle e de tut le pays,
Cum il mielz lout quant il fu vifs;
Son ceptre e sa corune de or,
910 Sa veissele e tut son treissor.
Nus ad reys Offe comande,
Que a vostre fiz seit tut livere.
Uncore i ad en le serement,
E en fiances ensement,
Que ne poeum pas sujourner,
Ne en cest pais demurer,
Fors soulement une quinzeyne;
E dedenz cel terme demeyne
Devum vostre fiz mettre en mer,
920 E en Estangle od nus amener.
Si vent nostre eire ne deslaie,
De tant nus porta il manaie.
  Li reis responst, Seneschal mestre,
Ceo ke vus dites ne put estre.
Kar nel otreiereie mye
De Edmund mon fiz la departie
Pur tut laveir, ceo est la summe,

L 2

who, he
prays,
may be
allowed to
go with
them to
East-Angle
and be made
king.

fol. 6 b.

Edmund's
father
refuses his
permission.

Kest de Sessoyne deske a Rumme.
Ne otrieray le sevrer,
930 Ne si feiterement mener,
Si loinz de moy, mon fiz Edmund ;
Nel ferey pur tout le mound.

⸿ Mult fu prodomme le seneschal,
Sage, queinte, e bon vassal :
Rei, fet il, ne ce pas mervayle,
Mais prenez vus autre consayle,
Si vus le devez retenir
Kil ne deyve of nus venir.
Par agard de cristiente,
940 Si homme la garde en lealte,
Bien il deit venir, sir rey,
E vus say bien dire pur quey :
Pur sauver nostre serement,
E nos fiances ensement,
Ke meymes pur li en gage.
Grant doel sereit e grant damage,
Ke tanz e de cele parente,
Cum nus sumes, susum dampne,
Pur le venir e pur le aler
950 Dun enfant jesque ultre mer.
E revenist quant il volereit ;
Ja nul homme nel cuntre estereit,
Quil ne pust revenir
Kant il voldra a son pleysir.
⸿ Li reis est en plusurs purpens,
Si se purpense en plusurs sens.
Si les dit estruseement.
Ke lenfant ne amenerunt nient.
E ne pur kant a la parfin
960 De la chambre ist le chief enclin.
En la sale vient erraument,
Si se est asis entre sa gent ;

Ses ercevesques ad mandez,
Ses evesques e ses abbez,

Cuntes, haruns, e ses princiers,
E vavasours e chivaliers ;
Cunseile les ad demande
De ceo que Offe li aveit mande,
La parole les ad mustree,
970 De chief en chief cum est alee.
Ke li reis Offe son cosin,
Kant il murut e treit al fin,
Par ses consiliers plus privez,
Ki mielz furent de li amez,
Lad de son fiz Edmund requis

and lays
the matter
before them.

Kil seit rei en son pais,
En Est Angle ou il maneit,
E dunt il sire e rei esteit.
E li rei Offe a li doune
980 Son ceptre de or e sa corune,
Son vessel dargent e de or,
E son aveir e son tresor,
E si ad mys tute sa gent,
Par fiance e par serement,
Quil of els le amenerunt
En Est Angle e rei le ferunt.
Uncore i ad escovenances,
E serement e en fiances,
Kil ne poent pur nule peyne
990 Ci sujourner ke un quinzeyne,
Ne sanz mon fiz passer,
Ne ultre cel terme ci ester.
Ceste aventure me ad mande
Offe par sa gent plus privee,
Par ses lettres e par son brief,
Ke lire ai feit de chief en chief,
E par ensegnes del anel
Kil mustra al enfant bel,
Kant de li sen ala
1000 De cest pais ou sujourna.
Ore mestoet vif conseile aver
De mon fiz fere remaneir,

E de ces messagers sauver
Des fiances e del vouer.
Segnurs, pur Dieu ore en pensez,
Ki les honurs de mey tenez,
De ceste chose traire a chief ;
Me donez vif conseil e bref.
 Des ordenez tut li plus sage,
1010 Li plus senez, de greinur age,
Ki plus out oy e veu,
Unt al rey dist e respundu :
Sir reis amis, entendez,
Ki vif conseil nus demandez.
Kant sur nus est le conseil mys,
Nus vus dirrum nostre avys.
Offert vus ad mult grant amur
Offe li reis e grant honur,
Kant Edmund vostre fiz fet heire
1020 De son realme e son aveir,
Dunt sire fu, quant il fu vifs,
E en cest secle poestifs,
Le realme hautement donne
A vostre fiz e labandonne,
Par ses conseilers plus privez,
Ki plus crent de li amez,
E ki plus sunt poestis
En le realme e en le pais ;
E ki tut unt la segnurie,
1030 E les fermetez en baylie.
Grant lealte les fist feire,
Kant par ci feseient lur repaire ;
Fey, lealte, e grant amur
Unt porte vers lur segnur.
Fetes, reis, ceo ke vus dirrum :
Ja ne vus forconseilerum.

ᵃ This part of the story is greatly
expanded by Denis, either from his
own invention, or because he found
it so written in the English work
which he was translating.

Treis bons niefs comandez quere,
Les plus riches de vostre tere;
Si fetes mettre sanz faile
1040 Asez guarisun e vitaile,
E mult seient bien ustilez,
E richement aparaylez.
Si mettez, pur les niefs duire,
E bien e sauvement conduire,
Mariners bons, queintes e sages,
Ke tuz conusent les rivages,
E de la mer seient apris,
Desque en Est Angle le pais.
Si les donez mult largement
1050 Riches dras, e or e argent;
Si fetes liverer as vassals
Beles armes e bons chivals;
E vostre fiz les comandez,
E lurs seremenz en prenez,
Ke lealment li servirunt,
E sauvement le garderunt,
En bois, en plains, e enz e hors,
Cum menies vostre cors.
E vint chivalers eslisez,
1060 Des meliurs e des plus preisez,[1]
De la mesnye Offe le rey,
Ki pur tun fiz vienent a tey;
Kant ces vint averez esliz,
Si les comandez vostre fiz;
Liverez les lune nief de treys,
En autres deus seient lur herneys.
Si sen algent, bald e seur,
Dreit en Est Angle a ben eur.
Si seit vostre fiz rei de la,
1070 E vus rei e sire de cea.
Vos regnes aiez en comune;
Mielz valent deus realmes que une.
Son pere estes; il vostre fiz

to fit out
three ships.

well found
and manned.

and put
Edmund on
board,

and let him
go and take
the crown
of East-
Angle.

Two king-
doms are
better than
one.

---

[1] *presez*, MS.

Ne poez pas estre departiz ;
Nul ne vus put fere luinteins,
Kant tant estes parenz procheins.
Mal ait son cors de tut endreit,
Ki le partir de vus voldreit.
Cil est departi a tut dis,
1080 Ki pere e mere e ses amis
Deguerpist, e sa veie tient,
E james apres ne revient.
Si nest il mye, rei, de vus ;
Assez estes procheins an deus ;

Visits can
be easily
exchanged.

Kar kant vus le voldrez veeir,
E son contenement saveir,
Ne vus estut fors passer mer,
E a leysir of li parler.
E kant vus voldrez revenir,
1090 Revenez a vostre pleysir.

fol. 7 b.

E vostre fiz tut ensement
Vus poez[1] venir veir sovent,
Sanz grant travaile e sanz ahan,
Une fez ou deus en le an.
Issi sauverez ceste gent
Des fiances, del serement,
Kil feseient a vostre cosin.
Rei, nus sumes a vus enclin ;
Si sumes tut vostre feeil ;
1100 Ki desdira icest conseil,
Ne ayme pas vus ne vostre fiz.
Tuz se greent, granz e petiz,
E dient tuz, Bien est a feire ;
Ne se deit pas li reis retreire.
    Le rei dit que ceo nert ja ;

The king
still re-
fuses his
consent.

Ja de li ne departira,
Son fiz Edmund, ne tant ne quant,
Kil plus ayme ke rien vivant.
⁋Tant cum li clerc e li lettre,
1110 Li plus sage, li ordene,

---

[1] poet ?

Li riche cunte e li barun,
Sunt en cele grant contenciun,
Este vus en la sale atant
Une dame, pruz e vaylant;
Romayne fu, de Rome nee,

But a
Roman
widow lady.

Seinte dame, sage e senee.
Vedue ert, enpres son segnur,
Si fu donee al Creatur.
Dieus laveit de bien replenie,

1120 Ke meinte bone profetie

holy, and
having the
gift of
prophecy,

Diseit la dame, qui pus furent
Trovez veires, cum estre durent.
La dame ert mult aquente al rei,
E al gent que aveit of sei,
En la cite de Rome anceis;
Kar alez i esteit li reis,
Enceis que Edmund fu engendre,
Son fiz; i fu le rei ale,
En oreisuns hors de sa tere

1130 Seint Pere de Rome requere.

whose ac-
quaintance
the king had
made in
Rome,

Kar custume esteit a cel jour
Ke rei, duc, e emperour
Se soleient mettre en le veiage
De seint Pere en pelrinage;
Ne tienent plait de riche homme,
Ki neust este a Rome.
¶La bone dame dunt parlum,
E dunt nus parlance feisum,
Aveit a Rome mult servi

1140 Le rei e sa gent autresi;
E enveye meint bel present,
E feite meint honur sovent;
E sovent od le rei parlout
Tant cum li reis sojournout.
Le rei aveit la dame chere
E mult lama de grant manere
Pur son sen e pur son saveir

E pur ceo quele diseit si veir,
De ceo que li reis demandeit.
1150 Sovent esprove laveit,
Pur le conseil que entrels teneient,
E la priveete quil aveient.
En erent esbay plusurs,
E diseient que ceo ert amurs ;
Mes ceo desdiseit lur curage,
Ke la dame ert de grant age.
Al departir que li reis dut,
E quil vers son pais sesmut,
De Rome ou out fet son veiage
1160 Pur Dieu en pelrinage,
Si vint la dame al desevrer,
A departir of le rei parler.
Cum la dame entrer deveit
En la chambre ou le rei esteit,

where she
once saw a
light break
from his
feet.

Avis li fut, que une flambe grant
Cum ceo fut de feu ardant,
Sen issit hors del piz al rei,
Ke tel clarete gettout de sei,
Cum ceo fut reis de soleile,
1170 Kant matin surt en est vermeile.
Auis li fu que le reis se cendi,
Ke hors del piz le rei issi,
Parmy les nues tut defrunt,
Jesqual soverein ciel amunt.

fol. s.

De cel rai katre rais isseient,[a]
Ke en quatre parz se estendeient ;
Le un amunt vers orient,
E le autre vers occident ;
E la tierce de vers medi,
1180 Le quart vers north se estendi.

---

[a] Denis is in agreement with that   " in   quatuor   partes   extendens
version of Gaufridus' history which   " radios de pectore regis exire
appears in the MS. Bod. 240 ; see   " dictæ matronæ apparebat."
vol. i. 98, note. " Globus solaris

Li rey les vist, si se esbay,
E la dame tut autresi ;
Nest merveyle si se esbaierent,
Kant icel merveyle virent.
Meis la dame fu queinte e sage ;
Si fist semblant en son curage,
Sicum ele ne vit mye.
Kant la clarte fu esvanye,
⁋Li reys od la dame parla,
1190 Conge ad pris, si sen ala.
Pur ceste aventure demeine
Vint la bone dame Romeine
Al rey de Sessoyne en Sessoyne, was now in Saxony,
Ki entendeit a la bosoyne
Ou sa cure enfortir e greindre [1]
De Edmund son fiz feire remeindre.
Kant la dame fu descendue,[a]
E en la curte al rey venue,
En la presence le rey sest mise,
1200 E tut dreit devant li assise.
Issi ke vnkes ne la salua,
Ne de rien ne la reisna,
Ne bel semblant na li feseit,
Cum a Rome fere soleit. and appeared at court.
Li reys la agarde e la cunut ;
Si se merueyle, cum il dut,
Pur quey la dame i fu venue,
E ke ceo deit que ele nel salue,
E pur quei, e ke ceo deveit,
1210 Ke si murne chere feseit.
⁋Le rey leve ; si le apella ; The king asks the reason of her mournful looks.
Mult la cheri e honura ;
Si lad de juste li asise,

---

[1] Hic duo versus videntur excidisse.

[a] All this is greatly expanded | fridus (i. 99), who does not bring
from the brief narrative of Gau- | the Roman lady to Saxony.

E mult doucement lad requise,
Kele li die maintenant
Pur quey feseit murne semblant,
E de li se trea ariere.
Sachez, fet il, madame chere,
Ke jeo nay si cher aveir,

1220 Si vus le voldriez aveir,
Ke na vus seit, dame, abandone,
Trestut a vostre volente.

She refers
to the inci-
dent of the
bright light.

Reis, fet ele, ceo sai jeo bien ;
Meis de tut ceo ni ad rien.
Jeo ne vinch pas en ceste tere
Pur tresor ne pur aveir quere ;
Assez en ay, la Dieu merci ;
Meis, rey, jeo su venue ci,
Numement pur vus veir,

1230 E de vostre oure alques saveir.
Kar autre chose, sir rey,
Quiday en vus ke jeo ne vey.
E vus sai bien dire coment.
A Rome fustes veirement
En urisuns pur Dieu servir,
E vos pechiez espeneir.
Jeo parlai a vus mult sovent,
E conselai bonement,
De Dieu amer, de Dieu servir,

1240 E sur tut rien obeir.
Kant aler vus en deverez,
Enceis que vus en alisez,
I vinch, jeo, reys, a vostre aler
Privement a vus parler.
Sicum jeo en la chambre entrai,
Me fut avys que jeo vei un rai,
De grant clarte, cler e vermeile,
Cum ceo fut rey de soleile,
Hors de vostre piz, reis, salir

1250 Amunt al ciel par grant hair.
De cel rai quatre rais eissirent,

Ki en katre parz sespandirent.
A mervayle men esbai,
Kant jeo cele merveile vi ;
E vus, sir rei de Sessoyne,
En ustes pur mey verguyne.
Meis jeo ni fis unke semblant
Ke jeo le vis, tant ne kant.
Mult le ai cele, rei, longment,

fol. 5 b.

1260 Kar jeo quidai[1] veirement,
E si la veie espermentee,
Ke Dieus, qui est verei clarte,
Verei lumeir, e verei solaile,
Par sa grace e par son consaile
Vus muntast en mult grant haltesce,
En grant pussance e en richesce.
E ke Dieus vus donast tel heir,
Ki par son sen e son saveir
Muntast en si grant poeste,

which she
interprets as
of weighty
import.

1270 Ke tut le mound en fut parle ;
E ke cristiente amast,
E maintenist e enhalceast.
Ou ke Dieus vus donast le doun,
De aler en estrange regioun,
Dount vostre honur fut mielz cruz,
E vostre noun fust plus tremuz.
Le miracle ke nus veymes,
Reys, kant a Rome departimes,
Si est mult grant signifiance

1280 De haltesce e de grant pussance ;
Ou de glorie celestiene,
Ou de grant honur teriene,

either to
father or
son.

Ke devereit avenir pur veir
Ou a vus, reys, ou a vostre heir.
Vus ne savez ke ceo i ert ;
Meis ore vei bien i pert,
Ke vus estes vers Dieu enfrez,
E de mult grant chose forfez.

---

[1] *quidrue*, MS.

Kil si vus ad cuilli en he,
1290 Kant vus ad si deltut oste,
Del riche tresor e del doun
De ceste grant demustreisun.

Li reys a la Romeyne entent,
E suspire parfundement,
Devant tute sa gent gehi
Le aventure, e la discoveri.
Cum la dame laveit dit,
Tut issi lout li reis escrit ;
A un evesque bayla lescrit,
1300 E cil de chief en chief le lit ;
En ordre dist, cum veu aveit
La dame ke venue esteit.
ʃ Un evesque, pruz e sene,
Sage clerc e bien lettre,
Dit, Oyanz clers e oyanz lays ;
Sir reys, fet il, icest rays,
Ke issit hors de vostre piz,

Ceo est vereyment vostre fiz,
Edmund, qui reys ert del regnee,
1310 Ke rey Offe li ad donee.
A li serra Est-angle enclyn ;
E kant il trerra a sa fin,
La companye seint Michel
Porterunt salme en ciel,
Od grant lumer, od grant clarte,
Devant Dieu en sa majeste.
E les rays ke de li surderunt,
E par la tere se estenderunt,
Ces ert la bone renommee,
1320 Ke de li ert par tut cunte.
Rey, ne le devez pas cuntredire,
Kant Dieus, li tres eintim[1] sire,
Si aperte signifiance

Vus mustra devant la nessance

---

[1] *seintim ?*

De vostre fiz ke avez tant cher.
Mult le devez bien otrier
Kil alge en Est-angle el pays,
Si seit reys e poestys.

⸿ Li reys forment sescrient en plurs ;
1330 Si les ad dit, Beals chiers segnurs,
Kant Dieu le volt feire, lestuet ;
Kar autrement estre ne puet.
Li reys comanda les nefes quere,
Les meliurs de tute sa tere.
Si fist mettre a grant fusun
Vitayle e asez guarisun,
E vin e clare e piment,
E vessel de or e de argent ;
Si i fist mettre marinals,
1340 Mult fortes e pruz e bons vassals,
Queintes dewe, e sages en mer,
E ki bien seuent nefes guyer.
E pus eslust vint chivalers
Li reys, de cels quil out plus chers,
E vint chivalers ensement
De la mesnee e de la gent
Offe le rey, ki les tramist,
E ke les sermenz en prist ;
Tant cum il furent, ceo mest avys,
1350 Karant chivalers de pris.
Li reys les dona bels conreiz,
Armes, destrers, e palefreiz,
E or e argent a plente ;
E son fiz les ad comande,
E la plus bele nief de treys ;
En deus fit mettre lur herneys.
Kant il derrer sunt apreste,
Hors del haven si sunt bute ;
Li reys ne fine de plurer,
1360 Kant il les vit en mer entrer.
A Dieu les comande, si les lest,
E en plurant ariere vest.

The king
yields, and
orders ships
to be got
ready.

fol. 9.

Edmund
embarks,
with forty
knights.

Kant les treys neifes sunt hors de port,
Lur batel devers le bort
Treistrent enla nef maintenant
Li marinal e li servant.
La nef fu forte e mult bele,
Bien fete, seure e novele,
Ou seint Edmund esteit li ber,
1370   Ki unke mes ne fut en mer.
Li servant e li mariner
En vunt lur cordes adrescier.

Skilful navigation.

Chescun mariner del esneke
Form ent le sigledeshaneke,
Lur hobens estrement vers destre,
Hors lancent lof vers senestre.
La veile treient resqual[1] hune,
E al vent firent comune.
Le boelin halent al vent,
1380   Ki lore recoilt e supprent.
Kant la nief aveient apreste,
A Dampne Dieu lunt comande.
Pus atturnerent el batel
Li chamberleng al damisel
Un riche lit de noble atour,
Ou il alient lur segnour.
Les chivalers ki en la nief sunt,
Ki gardent lur segnur Edmund,
En le batel sunt entre of li,
1390   Si parolent pur ennui.

Edmund spends the time in repeating the Psalter.

As eschesse geuwent e a tables,
Dient respiz, e cuntent fables,
Meis ki kentende al enveiser,
Li ber entent a son sauter,
Ke en Sessoyne aveit comence,
Dunt apris aveit la meyte.
Le jour siglent a grant dedut;
Si feseient tute la nut

---

[1] *jesqual ?*

Lez la costee de Sessoyne ;
1400 Ke la nief guaires ne sesbaine,
Jesqual demain al einz jurnee,
Ke lalbe del jour fu escrevee.

They have
light winds
the first day.

Suple vent unt, mer pleine e bele ;
La nief ne crole ne chancele ;
As marinals en peise fort,
Kil nunt vent ki plus tost les port.
Le secund jour unt tant sigle,
E la nute a cel estele,
Kal tierz jour unt Frise ueue

Friesland is
seen far off
like a cloud.

1410 De loinz, cum ceo fut une neue,
Jesqual quart jour, dun vent de bise,
Siglent la costere de Frise,
Tant quil acostent Houtlande,

They coast
along Hout-
land

Une contree large e grande.
Le quint jour de Houtlande veient
Les granz falcises ki blancheient.

and see the
white cliffs.

Le sisme jour une contree
Acostient que est grande e lee ;
Selande la apelent la gent ;

They are off
Zealand

1420 A lhonur de Flandres apent.
Dunc lur surt un vent devers tere,
Si les feseit damage e guere.
Kar tant furent loinz en la mer,
Kil ne porent a port aler.
La mesnee en est malbailie,
Kar douce ewe lur ert failie.

and short
of water.
fol. 9 b.

Mult en sufrirent grant hachie,
Les esquiers e la mesnee
Des deus niefes ke vindrent deriere,
1430 Ki enscivirent la primiere.
    Lenfant oy la novele
Edmund ; sachez, ne li fu bele.
Sur ses peiz en estant sest mys,
Vers orient turna sun vys,
Dieu reclama devoutement

Kil ait pite de sa gent.
A genuilluns sest acute,

Edmund prays.

E Dampne Dieu ad reclame,
Kil tel ore lur tramette
1440 Ki a sauve porte les mette.
¶ Oyez la primiere vertu,
Ke Dampne Dieu fit pour son dru
Seint Edmund, sicum il oura,
E de fin quer Dieu reclama.
Il ne aveit mye pas oure,
Kil nunt vent a volente;
Un uent surst devers miedi,

A fair wind springs up.

Bien aspre ki les acoilli,
Ki en la veile e en lur tref
1450 Fiert; si en peint avant la nief.
Les mariners en sunt mult lie,

The mariners make all sail.

Lur lof unt enz mult tost lancie,
E alaschent lur boelins,
E estreinent lur holgurdins.
Aspre est le vent; li sigle i egier
Unt, ne les covint haneker.
Bon vent aveient e bien portant,
Tut le jour siglent a talant,
E tute la nute al serin,
1460 Desque il ajourna lendemain.
Se tindrent a la halte mer;
Le soleil lieve e halt e cler;
Bels est le jour, li tens seriz,
Le vent de su lur est failliz,
Kil ne porent aler avant,
Ainz vunt en halt mer wacrant.
E kant vynt entre tirce e prime,

At dawn an easterly wind sets in

Ke le soleil abate la rime,
Dunc lur surst devers orient
1470 Un dulce ore, un suple vent,
Ou il se sunt longes tenu,
Tant quil unt choisi e veu,

E virent clerement la sen
Des granz faleises de vers Len ;
Cele parte siglent a espleit,
Tant cum la nief aler poeit.
Tant unt sigle, tant unt nage,
Ke a la tere sunt aprochie.
Pus unt hors lance lur batel,
1480 A tere mistrent le dancel,
Edmund, lur naturel segnur
Par la grace del Creatur.

Ke Dieu clayme en la prophetie,
Sicum nus mustre la clergie,
Oysel volant del orient,
E de lein homme a son talent.
Les nefes tutes treis arivees,
Sunt a la tere enancrees,
A mesmes dun petit terel,
1490 A merveile nate e bele,
Ki a cel tens esteit claime,
E ki uncore est apelle,
Maydenesboure en engleis,
E chambre as pucels en franceis.
E la vile de li ad noun,
En engleis Hunstanestun
E en franceis est apelee
La vile de piere melee.

Quant seint Edmund fu venuz
1500 A tere, e hors del nief eissuz,
En une planesce acceptable,
E bele e verte e delitable,
De liez la mer, en oreisuns
Chey li ber a genulliuns ;
E preia Dieu pitusement
Pur le pais e pur la gent.
La mustra Dieu quil aveit chere
E sa oreisun e sa priere,
Kar la vertu de sa oreisun

Isai. xlvi. 11.

Gaufridus (i. 99).

and carries them to near Lynn.

They set Edmund on shore

at Maidens-bower,

where rose the town of Hunstanton.

Edmund prays on the strand ;

the neigh-bouring ground is more fruit-ful ever after.

M 2

1510 Mustre le pais envirun,
Ka Hunstanestun apent.
Ceo seivent bien tut la gent,
Ke la tere est plus gaynable,
E de tuz biens plus fusunable
En est, e gette meldres blez,
Ke nule autre tere de leez.
¶ Kant seint Edmund out oure,
E Dampne Dieu out reclame,
Ses hommes le ameinent devant
1520 Un palefrey, sueif, amblant,
Sicum li ber munter deveit.
Vers occident garde e veit,
E veit hors de la tere saillir

Dulce funteines par air,
Od dulce curs, od clere gravele,
Nul ne poeit choisir la plus bele.
Cuntre curent vers la mer,
Semblant funt de li welcomer.
Del liu dunt les russels sunt surs
1530 Jesquen la salse funt lur curs,
E isnelement se destendent,
Od duz murmuire en mer descendent.
Mult par sunt bones les funtaynes,
Pur beyvre nad sur ciel si seines.
E meint homme jesque a cest jour
En garist de meint dolur,
De meint grant enfermete,
En unt plusurs eu sante.
¶ E kant li ber fu curune
1540 E il fu fet reys del regne,
Le liu out chier, si lama tant,
Kil fist feire maintenant

Une sale riche e real,
Grant e noble e emperial;
E une mult riche chapele,
Halte e avenant e bele,

Ou li seint reys soleit asurer,
Kant il soleit sojourner.
E pus apres, quant il rey fu,
1550 E le realme aveit resceu,
Le liu ama, si out mult cher;
Sovent i soleit repairer;
Mult il soleit venir sovent,
E sujurner priveement.
Les baruns ki od lenfant esteient,
E ki en lur garde aveient,
Le amenerent tut sagement,
Sanz noise e sanz seu de gent,
A une cite noble e grant,
1560 Ke en cel tens ert riche e vailant,
E de mult noble renomee;
Atleburg esteit apelee.
La cite Atle lapela,
Atle li reis ki la funda.
Uncore iad vile champestre,
. A cels de Mortimer soleit estre.
En cele cite miest en fin
Edmund tut un an enterin,
E son salter il par16aprist,
1570 Par le grace Jhesu Crist,
Ken Sessoyne aveit comence,
Dunt apris aveit la meyte,
E autre sen aprist apres,
Dunt sage fu a tut dismes.
Ceo li fist Dieus par sa puissance,
E par sa dulce purveance;
E kant le regne out en sa main,
Al governer fu plus certain.
Ceo est grant sen e curteisie,
1580 Kant prince ou rey entent clergie;
Al regne governer li valt,
Kar grant le sen des autres falt
Par le clergie quest aguwe.

which Edmund loved to visit.

Edmund is taken to Attleborough,

where he finishes the Psalter.

Gaufridus (loc. cit.).

Ad cost sen e reisun suwe ;
Kant les autres ni veient goute,
La clergie le sen i boute.
    Edmund, cum jeo ai desus dit,
Sujurne en Atleburg la cizt.
Pur ceo le feseient sujurner
1590 En Atleburg, e demurer,

Strife in the
land about
the king-
ship.

Cels quil en pais mene lorent ;
Kar il soucherent bien e sorent,
Ke li barun plus poestis,
E li plus riche del pais,

fol. 10 b.

Kant il de la morte Offe oyreient,
Pur le realme Offe mesuuereint.
Si fescient tut li barun,
E furent en grant contenciun ;
Chescun dels voleit endreit sey
1600 De la tere estre sire e rey.
Lestreif dura un an enter ;
Pur poi ne surst grant encumbrier ;
Kar les teres ultre marines,
Ka cel pais erent veysines,
Ke homme clayme collaterals,
Les promistrent gueres e mals,
Kil les vendreient assaillir,
Sil ne volsissent obeir
A els, e rendre les treu.
1610 Kant la tere e le pais feu
Si longement sanz chief segnur,
Le poeple en est en grant errur,
En grant crieme, en grant turment,
E doutent que foreyne gent
Viengent sur els, si les asaile,
Si envers els prenent bataile,
Sanz cheveteyn e sanz segnur,
Ki les maynting en estur.
Kant il nunt ki les mayntinge,
1620 Si crement ke les mesavienge.

Cunseil unt demande e quis
De tuz les sages del pais.
¶A Castre ª funt lur assemble,
Ke dunc ert de grant renomee.
Tuz les plus sages del regnee,
E li evesque e li abe,
Li sage cunte, e li barun,
Furent a cele electiun.
Entrels cunseil unt demande,
1630 De ki rey ferunt del regnee.
Li seneschal lieve en estant,
Ki mult sages ert e valiant;
Ki a la mort fu Offe le rey,
E ki Edmund amena od sey.
Segnurs, fet il, ore escutez ;
Ke mestier de conseil en avez,
A rey eslire e segnour,
Ki le pais guart a honour,
E al poeple seit acceptable,
1640 E sage duitre e covenable
A cheisun ne reisun ne vey,
Ke meis puissez estre sanz rey.
E kant rey vus estuet aver,
Errer vus estuet par saver,
De tel eslire, de tel choysir,
Ki en pes vus puse maintenir,
E dreit e justice garder,
E la tere en pes governer.
¶Mult vus fu li reys Offe amys,
1650 E vus ama tant cum fu vifs.
Sage rey fut e bon justiser,
E seintement murust ultre mer.
Jeo fu of li quant il morust ;

ª The Caistor near Yarmouth is probably meant. In Gaufridus (*ante*, vol. i , p. 101) the place where the East Anglians met to elect their king is not named. The church of Caistor is dedicated in honour of St. Edmund.

Mult mi peisa ke morir dust.
Devant ceo ke la morte li prist,
Par fey e par serement me mist,
E mey e tute sa autre gent
Mist par fey e par serement,
Ke quant nus returnerum,
1660 Par Sessoyne nus realisum,
Ou li reys e nus sujournames,
Kant a Jerusalem alames,
Od le rey son cosin germeyn,
Qui tute Sessoyne a suz sa mayn ;

and supports the claim of Edmund to the throne.

E ke nus menisum defruut
Le fiz le rey, lenfant Edmund,
Quen Est-Angle en feisum rey ;
Ceo nus fist il plever par fey.
Offe seisi le damisel
1670 En cest realme par son anel,
Dunt il fu fet rey e sacre,
Kant il fu primier corune,
E nus, segnurs, par la venymes ;
Tant parlames e tant feismes,
Ke kant nus de iluc alames,
En ceste tere lenfant menames.
Pur quey le vus celerum ?
A grant peyne conquis le avum,

fol. 11.

Kant le rei Offe ad le regnee
1680 A Edmund son cosin devise,
Par nus qui le fiz en plevimes,
E le serement en fesimes.
Ki dirra le dreit e le veir,
Bien il deit estre e rei e heir.
E pur ceo e pur autre rien,
Dunt jeo vus mustreray tres bien
Le devez choisir e eslire,
Kil seit de vus e rei e sire.
Edmund est mult de hait parage,
1690 E ne est de real liniage ;
E la bealte de li est si grant,

Ke en mund nad si bel enfant.
E od la grant bealte de li
Vnkes, puis ke jeo ne fui,
Ne vi plus sage creature
De sen, de reisun, de mesure,
Ne qui plus tost seust juger
Une reisun, ne desreisnier.
Segnurs, mult est lenfant Edmund
1700 De acue sen e de parfunt
E kant il est cosin le rey
Offe, ki si nus mist par fey
Kil seit reys de cest pais,
Jeo vus di bien le mien avis.
Qui ceste chose volt desdire,
Quil ne seit e rei e sire
De cest pais, de cest regnee,
Segnurs, sachez en verite
Ke nus enfin destrut serrum,
1710 E le realme perderum.
Kar si son pere, en Sessoyne
Ki rey est, oyt la grant vergoyne,
Que vus lavez si refuse,
Bien le di par ma lealte,
Of mult grant gent sur nus vendra,
E la tere e nus destruera.

    Kant il aveit dit e parle,
E tut son avis mustre,
Levesque de Norwiz ᵃ parla,
1720 E tut le poeple lescuta :
Segnurs, fet il, ore escutez,
Si jeo di bien, sil grantez.
Mult ad oure li seneschal,
Cum sage homme e cum leal,
Cum prodomme, cum sene,
Quant a nus ad le dreit heir mene

Hubert, the bishop of Norwich, follows on the same side,

ᵃ The bishopric of East Angle was at this time at Elmham.

De ceste nostre regiun,
Dunt vus estes en contenciun.
Ne entent ne sey plus dreit heir,
1730 Qui mielz deyve le regne aveir,
Ke Edmund lenfant, qui cist message
Vnt amene pur le heritage.
Fiz de rei est de halt gent,
Cosin Offe e prochein parent,
Le rey qui, devant quil fini,
De cest realme le seysi.
Par son anel, que a li tramist,

and recommends that Edmund be chosen king.

Heir e rey e segnur le fist,
E od tut ceo mist ceste gent,
1740 E par fey e par serement,
Ki en cest pais le amenerent,
E qui le message aporterent.
Mult les devum saver bon gre,
Quant nus unt le dreit heir mene.
Jeo vus di lo que tuz i alez,
E mult tost a rei le levez.
Tuz segrent, grant e petit.
Mult par ad levesque bien dit.
¶Dunc se levent tute la gent,
1750 Riche, poure, comunalment,
A une voyce e a un cri,
En un voler sunt parmi,
En une mesme volente,
Cum Dieu les out enspire.
A Atleburg en vunt tut dreit,
Ou lenfant Edmund esteit

Gaufridus (i. 101).

Si lunt a Bures la cite
Mult honurablement mene ;

He is taken from Attleborough to Bures, and crowned there

Iluc le feseient coruner,
1760 E haltement a rey sacrer,
Del evesque, qui Hubert out noun ;
Qui par mult grant devociun

fol. 11 b.

Fist le servise e la feste

Mult haltement, ceo dist la geste.
Bures esteit dunc cite,
En cel tens de antiquite,
De grant honur, grant noblesce,
E cite de mult grant haltesce;
Kar la soleit homme coruner
1770 Les reys, enoyndre, e sacrer,
Qui d'Estangle furent eslis ;
Tele dignite aveit la cit
De Bures, que uncore est asise,
Mult bien e de mult bele guyse,
De sur une euwe redde e pure
Que la gent apelent le Sture ;
Marche est e devise certeyne
Entre Estsex e Suthfolc demeyne.
Ceste grant chose fu parfeite,
1780 E parfurnie, e a chief treite,
Dunt ico vus ay ici cunte,

Gaufridus
(*loc. cit.*).

Le jour de la nativite

on Christ-
mas Day.

Del rey des reis, qui tutes choses
Ad en sa poesce encloses,
Qui les regiuns done e tolt,
E les despent la ou il volt.
Kant Edmund li seint ber,
Dunt avant vus volum mustrer,
Fu feite chevetcyn e segnur,
1790 E rey de cel grant honour,
Sapience li fu veysine,

A descrip-
tion of the
royal, noble,
and reli-
gious
character of
Edmund.

Ke lenseigne, aprent, e doctrine,
E plus e plus i met le sens
En son quer e en son purpens ;
Cum en Dieu se deit contenir,
E coment la gent maintenir,
E cum grant chose ad conquise,
E cum grant feisance enprise,
E cum grant fes ad sur sey,
1800 Cil qui de tere est prince e rei ;
De tut ceo purvit la reisun,

La mesure e la mesprisiun,
Par le conseil de la mestresce
Sapience, que est furmeresce
De tutes les choses del mund,
Ke feites e creez sount,
Omnicreatricem la clayment
Tuz cels qui mesure e dreit ayment.
Li ber seint Edmund sa doctrine,
1810 Ke treit bien, e sa discipline,
Sa simplesce ert tant enterine,
Dulce, amyable, e columbine,
A sa fierte si atempree,
E de tut si a mesuree.
Columb sanz fel vers ses amys
Esteit, e vers ses enemys
E veziez plus que draguns
Esteit, plus fiers que nuls leouns :
E contre pensez de purpens,
1820 E quancquil discit esteit sens.
Tant par ert e ferme e estable
En mesure, que unkes diable
Par engin ne purreit fere
De dreit de reisun retreire :
Ne malengyn par coveityse
Quil se treisist de justise ;
Nul[1] purreit unc par nul arveire,
Par douns ne promesses deceyvre.
E la chose quil ne saveit,
1830 Entendantment en quereit.
La real veie issi erra,
Quil unkes hors ne ala ;
Ne trop a destre enhalceant,
Ne trop a senestre apuiant,
A vices ne a iniquite
Del humayne fragilite.
Issi par reisun e dreiture,

_____

[1] nel. MS.

Lestreite lyne de mesure,
Tant que ultre ne passa vers destre,
1840 Ne hors nala devers senestre.
Qui hors de cele lyne va,
Reisun, dreit ne mesure na.
As vedues e as orfanyns
Fu pere puis enteryns,
Franc e larges as bosoynus,
As poures e as sufreytus.
Tuz jours recorde en son corage
Le dit ke jadis dit un sage,
Estable te unt rei e princier,
1850 Ne te voyle trop enhaucier,
Meis tel scies entre ta gent,
Sicum un dels comunalment.
Issi fu seint Edmund a suens,
Franc deboneire e simple e bons.
E pur ceo quil de cels esteit,
Dunt lapostle nus amenteit,
Nus sumes a Dieu bon odur
En tuz lius, e bone dulceur
En cels qui perisent defrunt,
1860 E en icels qui salfre sunt,
Cum par tut flaire le flairur
De Dieu e de sa dulce odur,
Ceo est la bone renumee
De vie honeste demustree,
Qui esclerzist tuz jours apres,
En bone fame loinz e pres.
Si fu de la vie al barun,
Seint Edmund, dunt nus ci parlum.
Ceo dit seint Augustin le grant,
1870 Vus qui amastes le bien feisant,
Vus vesquistes sanz nul retur,
E en Dieu e en sa dulce odur;
E par icel odur demeyne,
Remort celi qui trop se peyne

fol. 12.

2 Cor. 2, 15.

His virtues
stir up envy.

De envie aver sur tute rien,
Vers celi qui tuz jours fet bien.
¶De tels envius a estrus

Fu Lothebroc li envius,

Qui mult fu riches de grant fin,
1880 Meis trop esteit felun veisin.
Kar fel esteit vers ses procheins,
E mult cruel vers les lonteins.
Gopil a tuz vers ses parenz,
E enemi a tutes genz.
Lothebroc sonne en engleis,
Ruisel hainus en franceis.
Vereyment hainus esteit,
Il o ceo que de li surdeit.

Kar il aveit treis fiz feluns,
1890 E si vus dirrai bien lur nuns.
Yngar aveit a nun lainne,
Hubbe lautre, Baerin le puisne.[a]

En un angle mananz esteient,
Delee Danmarch, ou maneient,
En mer ert cel liu enangle,
Mult bien enclos e bien ferme.
Quil ne doceient nuls genz,
Ne les Guteis lur parenz,
Qui cele gent cum mort heiaient;
1900 Kar plusurs mals fet les aveient.
Cil Lothebroc e ses treis fiz
Furent de tute gent haiz,
Kar uthlages furent en mer

Unkes ne fincrent de rober.
Tuz jurs vesquirent de rapine;
Tere ne cuntree veisine
Nert pres dels ou il a larun
Neusent feit envasiun.
De ceo furent si enrichez,
1910 Amuntez e amauantez,

---

[a] In Gaufridus, Lodebrok's sons are Hingwar, Ubba, and Wern.

Quil aveient grant armee
De gent e mult grant asemble,
Quil aveient en lur companye,
Kant errouent od lur navye.
Destrut en aveient meint pais,
Meint poeple destrut e occis.
Nule contree lez la mer
Ne se put dels ja garder.
Icels genz, ices tiranz,
1920   Furent de curages mult granz.
Armes aveient merveilouses,
Granz a desmesure e hidouses ;
Od tut ceo chescun sa partie
Out de chescune felonie.
⁋ Yngar ert si fel e culuert,
   E de felunie si overt,

Yngar was
fierce, but
wily.

   Ke nul conustre nel poeit,
Si fel, si atilus esteit ;
Que a nul homme ne deist
1930   Son corage, ne descoverist.

Gaufridus
(l. 102).

⁋ Hubbe fu sorciers ; si sout tut le estre

fol. 12 b.
Hubba was
a sorcerer.

De sorcierie ; si fu mestre.
Ja ne fust host quil surveist,
Quil od poy de gent ne venqueist.
⁋ Berin ert si fel e si engres,
De ire anguisuse si ires,

Berin tor-
tured and
mutilated
his captives.

Le ire de li fu si ardant,
Suz ciel nad homme vivant,
Quil esparniast a nul foer,
1940   Kant le ire li munt en quoer,
Ke de li feist le neis voler,
Ou oreile ou les oilz crever.
Ja ne li fut si fin parent,
Meis il out od li une gent,
Granz e membruz, ki le teneient ;
Kant ces hees li surveneient.
   Un jour vindrent devant le pere,

One day the
sons are

boasting
their deeds
to Lothe-
broc.

Yngar, Hubbe, e Berin lur frere
Li murdrer, li engres larun,
1950 Devant lur pere le felun
Se sunt asis en sa presence.
Chescun apres autre comence
A retreire les larcins
Quil unt fet a lur veisins.
Les murdres e les treisuns,
Les roberies, les arsuns,
Les destrucciuns deglises,
Les aguaiz e les granz occises,
Dunt il unt destrut e gaste
1960 Meinte tere e meinte contree.
¶ Lur pere les oyt e entent
Parler si orgulousement;
Les denz aguisse, e cruist, e gruint,
Frunce del neis, frunce del frunt,
Roule des oilz; od quer enfle
Ad si respondu e parle;

Their father
scoffs at
them, and
tells them
they have
performed
nothing
comparable
to the feat
of Edmund.

Od grant dedegne si ad dit.
Lanier ceo ait malveis requist;
Tut est vent quanque vus parlez;
1970 Nest rien de ceo dunt vus vantez.
Kantes pais, kantes regiuns,
Kantes cites, e kantes mansiuns,
Avez conquis e purchaciez,
Dunt de rien seiez enhalciez.
Un juvencel de Sessoyne ne,
Noun Edmund, issi est nome,
Fiz del rei qui est segnur
De Sessoyne, e qui tient lonur,
Od poy de gent en mer entra,
1980 Od soul treis niefes si ariva
En Estangle, dunt ore est sire,
E reis, e prince del empire.[a]

---

[a] It is an amusing anachronism | years before the coronation of
to make Edmund, nearly a hundred | Otho I., a " prince of the empire."

Le pais ad e la regnee,
Suz sa main a sa volente.
Quele aventure e quele conqueste
Feistes unc semblable a ceste?
Ahi, cum feit engendrure!
E cum bone nureture,
Ai, fet en vus e quels enfanz,
1990 Ke tant par vus feites puisanz!
Cil sunt de grant ire enbrase,
Pur lur pere qui out si parle,
Pur la vergoine quil unt eu.
De la sale se sunt eiseu,
Trestuz pensis, de ire enragez,

Gaufridus
(i. 103).

Coment purrent estre vengez
De Edmund le fiz le rey de Sessoyne,
Pur qui aveient hunte e vergoyne
De lur pere qui si les laidi;
2000 Mult en sunt irrie e marri.
Purparlant vunt la treisun,
Coment averunt le larun.
E puis si unt tuz lur privez,
E lur peres ensemble ajustez;
Conseil les unt de ces requis,
E il les diseient lur avis.[a]
⁋Tant en parlerent en comun,
Quil en furent trestuz en un,
Ke en Estangle dreit en irunt,
2010 E le pais tut destruirunt;
E occirunt tute la gent,
Riches, poures, comunalment;
Vielz, joefnes, petiz e granz,
Hommes e femmes e enfanz;

They are
enraged,
and resolve
to make a
raid on East
Angle, and
kill Ed-
mund.

---

[a] The work of Gaufridus ending
at this point, Denis takes up the
" Passio Sancti Eadmundi," by
Abbo of Fleury (i. 6), and follows
it to l. 3258.

U 66211.

N

E le rey Edmund tut primier
Voldrunt occire e detrenchier.
ʃ Dunc feseient tost lur host banir,
E genz comencent a venir ;
Une gent hiduse e grant,
2020 Quaveient mult orible semblant.
Les uns unt res les chefs amunt,
Tut fors un tup devant le frunt ;
E les acuns unt res les chefs
Trestut fors un tupet detries.
Mulz i vindrent par mer par tere,

They collect
their fleet,

Armez e prestez de fere guere.
Par mer vindrent de tute parz,
E en dromunz e en chalanz,
E en esnekes e en hallos,
2030 En bouces, en barges partros,
Mil niefes en une compagnie ;
Mult asemblerent grant navie,
Ke tut fu la mer coverte,
De cele pute gent culverte.
ʃ Quant il unt apreste lur eire,
En la mer se mettent an eire ;
En halte mer sen vunt siglant,
Trestuz ensemble en un tenant.
Tant unt par cele mer eire,
2040 E tant curu e tant sigle,
Par aces e par amuntes
Unt tant sigle par lur jurnes,
Quil unt Engletere choisie,
Si laprochent od lur navie.
En dreit del pais del north erent,
Tant cururent quil ariverent,
Juste la mer sur la costiere,
Od lur estoire grant e fiere.
Kar nul port receivre ne pout

and arrive
on the coast

2050 Lestoire, tantes niefes i out,

Dunt la compaynie fu tan grand.
Ceo fu endreit Northumbreland,

Ou cele gent sunt arivee ;
Il sespandent par la contree.
Mynute ert, les cokes chantanz,
Kant cels laruns, cels malfesanz,
Se mistrent parfunt en le pais,
Bien uyt liwes, ou nef, ou dis.
Ceo fu Yngar qui la avala ;
2060 Sur la marine Hubbe leissa.
Damparz trestuz se armerent,
E lur batayles contreerent,
Quil furent al albe aparant,
Kant le jur vait esclarisant,
Trestuz aprestez de mal fere,
Li enemy li adversiere.
Dunc se desrengent e dereient,

Ardent, robent, tut e preient ;
En liz occient les dormanz,
2070 E tut destrenchent les veilanz ;
Nul ne poeit aver garisun,
Ne de sa vie ranciun,
Ke tut ne seit a morte livere,
Kanque ateint unt e encontre.
Cil ki de Yngar poeit eschaper,
Nad ou fuer fors vers la mer.
Al encontrer ne puet guandir
De Hubbe, quil nestuet morir.
Ne aveient garisun ne ados
2080 Del morte le poeple quil unt enclos,
De lur deus hostes e de lur gent,
Ke occis ne seient a turment.
   Quant cele grant prei unt conquise,
E fet aveient la grant occise,
Yngar li fel vezier lere
Prist conseil a Hubbe son frere,
Kil lerait la li e sa gent,

Si ireit devers orient,
La meyte del host i menereit,

2090 E lautre meyte li lerrait.

Yngwar
sails to the
eastward,

¶ Kant ceo fu purparle e fet, Abbo, ch. 5.
En mer se mette, si sen vet;
Od grant estoire, od grant navie,
Od merveyluse compaynie.
Se mistrent en la halte mer,
Unc ne finerent de sigler,

and arrives
at Orford.

Tanquil vindrent a un port,
Ke la gent clayment Orefort,[a]

fol. 13 b.

Ke dunc ert une grant cite,

2100 Anciene de antiquite.
Devant le port, loinz en la mer,
Leissierent sigles avaler;
De tutes parz ancre se sunt,
Desque la nute attendu unt;
E quant il veient a la nuitant,
Quil virent le flot muntant,
Mult tost se sunt desaancre,
E enz le port sunt tuz entre.
Tint alarun cum gopilz,

2110 Qui par nute cerche les cortilz,
Pur les gelins, le vilain,
Dunt volt aver son ventre plain;
E cum lou fel e maldiz,
Qui entre en la falde as berbiz,
Kant est endormi le pastour:
Si fist Yngar le treytour,

The town is
surprised by
night and
sacked.

Ki en la tere de Estengleis
Vynt cum beste munteneis.
Kant les genz fur en lur liz,

2120 E les poeples furent endormiz,

---

[a] Orford is a decayed borough near the sea, 20 miles E. by N. from Ipswich. This is the "civitas," the sack of which Abbo describes without naming it. A genuine local tradition may have supplied Denis with its name.

En la cite subdeynement,
Entra il e tute sa gent.
Quant veit que les ad si supris,
De katre parz unt le feu mis.
Dunc pristrent tut comunalment,
Le aver, les dras, le or, e le argent ;
La cite mistrent en carbun ;
Puis fescient tel occisun
De la cheitive gent ki erent,
2130 Qui garde dels ne se donerent ;
Bouche de homme nel poet dire
Le occise et la grant martire
Des cheytives e des cheytis ;
Nul ne poet dels esturtre vifs,
Quil en lur glayme encheisent,
E que orible mort ne suffrisent.
E fescient lur iniquite,
E ravirent la chastete
De espuses e de puceles,
2140 De vedues e de damiseles.
A grant dolur les demenerent,
E huntusement vergunderent.
E puis apres a morte les mistrent,
E detrenchierent e occistrent
Les baruns, veanz lur muliers,
Deglagierent les aversiers,
E les muliers tut ensement
Mistrent a morte e a turment ;
Joefnes e vielz, petiz e granz,
2150 E les enfanz alaitanz,
Detrenchierent e esbuelerent,
Occistrent e a morte getterent.
⁋ Kant lur eschet unt iloc feit,
Amunt en le pais se sunt treit ;
Tut autre tel funt les tiranz
Des gayneurs, des paisanz ;
Tuz les unt mort e occis,

The Danes march inland, and ravage the country.

E lur aver robe e pris,
Fors la cheytive vilanaile,
2160 La povre gent e la rascayle,
Quil dedegnerent a tuer,
E lur branz en els les ordier.
A cels parle Yngar e dist;
Vifs vus ay leesse par despist;
Quen vostre sanc ne voile muiller
Mes beles armes, ne soiller.
E si vus volez vie aver,
Si me dites tost le veir
De Edmund, le rey de cest pais;
2170 Ou hante, ou est il estais?
Cels aveient pour de morir,
Nel osent celer ne coverir,

Yngwar
learns that
Edmund is
at Hoxne,

Aynz respounent, A Hailesdun
Iloc meynt ceo dit homme.
Yngar le fel, Dieu enemis,
De males arz coint e apris,
Ententivement le quereit,
Kar sovent dire oy aveit,
Ke Edmund le seint glorius rey   Abbo, ch. 6.
2180 Out mult bones teches en sey;
Quil ert joefnes dentur trent anz,
Pruz bachelur, fort e valianz,

fol. 11.

En bataile hardi e fiers.
Pur ceo se hasta li aversers
De tuz occire e tuer,
Kanque en la tere poeit trover,
Ke li reis sucurs nen oust,
Dunt il defendre se poust.
Pur ceo se hasta Yngar sanz fable
2190 Li fel, li membre al diable,

a defence-
less town.

De tost errer, de tost occire,
Quanquil pout trover en lempire.
E bien sout que li reis ne aveit
Defense, ou garir se purreit,

En Hailesdon, en cel hamel,
Ke ert loinz de burc e de chastel.
Le ham, le bois, le euwe de le
Tut est Hailesdun apelle ;
Ou li chivaler Crist Jhesu

2200 Seint Edmund a cel oure fu.
¶ Yngar li Achemenien,[a]
Ki vnkes oure ne fit bien,
Derrer se haste e se desreie,
A grant espleit teint sa veie,
Tanquil mesmes venu sunt
A la vile ou ert seint Edmund.
Dunc ad pris un son chivaler,
Si en ad feit son messager ;
Va tost, fet il, e tost reveien,

2210 Al rey Edmund si li di bien ;
A mei se rende e de mei teinge
Son regne, e mon homme devienge.
E si me donne tut son tresor,
Son aver, son argent, son or,
Treu me rende chescun an,
Del regne quant orra mon ban,
E en mes Dieus, ou me affi tant,
Creie, e les seit obeisant,
Sul issi vers mei se humilie

2220 Asez tost, li lerrai la vie.
Si a mei ne se voult obeir,
De dure morte lestuet morir,
E il e trestute sa gent ;
Ceo li dites seurement ;
Ne aez ja nul pour,
Nus serrum pres a tun retour.
¶ Li messager si sen vait,
E dreit a Hailesdun se trait ;

He sends a
messenger
to bid him
to yield.

---

[a] See vol. i., p. 10; " Cumque | " Achimeniam rabiem . . . .
" jam multitudine interfectorum | " Inguar . . . exsaturasset."

A la port vynt, si hucha ;
2230 E le porter li demanda,
Ki estu ? va ; que vols ? que quiers ?
Cil dit, Jeo su un messagiers ;
Parler voldrai od vostre rey.
Le porter dit, Attendez mey ;
Jeo irray a li, si lenquerei,
Quil voldra si vus dinei.
Le porter va al rei nuncier,
Que a la porte ad un messager,
E si voldreit a vus parler.
2240 Li reis respont, Lessel entrer.
Li messager est venu avant,
Oyant seint Edmund maintenant,
E oyant trestute sa gent ;
Dist son message hardiement.
⁋ Reis, fet il, entendez a mey,

E tuz cels autre que ci vey ;
Yngar, que mult fet a duter,
En tut le siecle, en tere en mer,
Ki unkes jour vencu ne fu,
2250 Ne james ne serra vencu ;
Ki est nostre lige sire,
Finablement vus mande a dire,
Que vers cest pais ad conquis
Plusurs teres, plusurs pais, .
Dunt tut li poeple est enclin
A son comandement enfin.
Ore est en cest regne arive,
Quil mult par ad desire,
Od grant estoire, od grant navie
2260 Aver en volt la segnurie,
E en cest pais volt ester
Tut cest yver e sujourner.
Si vus mande ke a li venez,
E tost son homme devenez,
E de li tiengez vostre honour,

Cum de vostre chief segnour,
Chescun an treu li rendez,
fol. 14 b.
Tantost cum vus son ban oyrez,
E si li donez erraument
2270 Tut vostre aver, or, e argent,
E ken sa creance creez,
E crestiente reneiez;
Feites ceo; ceo vus mande il bien;
E si vus vus retreiez de rien,
Vus perderez mult tost la vie,
E le regne e la segnurie.
Grant turment vus estuet sufrir,
E puis de horible morte morir.
Deys responez sanz delay,
2280 A mon segnur le nunceray.
   Quant li seintim rey ceo oy,
De parfunt quor gemist e fremi,

Edmund
asks counsel
of the
bishop,

E suspira de grant dolur,
E od grant ire e od tristur,

Abbo, ch. 6.

E un son evesque apella,
Ki ert son privee; si demanda
Quel conseil aver en purreit,
E que sur ceo li respundereit.
¶ E cil li conseila e dist,
2290 E loa bien quil feist

who advises
him to
yield.

Kanque Yngar li aveit mande,
Pur aver vie e salvete.
Prendre purreit confessiun,
Quant ale sen fut li felun.
¶ Kant li reis lout si agarde a,
Vers la tere un poy senbruncha,
Aval esgarda, si se tout;
Quant une piece pense out,
Cuntremunt ad son chief leve;
2300 Oyez quil ad dit e parle.

Edmund
says he will
be true to
the faith of
his baptism,

Evesque, Dieus, dunt surst tut bien,
Ki justis est de tut rien,

Il seit, tesmoyne de mey,
Ke emperur, prince, ne rey,
Ne nul homme que seit ne en mund,
Ne departira mey Edmund
Mort ne vif de la charite
Jhesu Crist, quen croice fu pene ;
Ki anel de fey jeo ay resceu
2310 Al funz kant jeo baptice fu ;
Ou deniay e deguerpi
Del tut Sathanas lenemi,
E ses oures e ses pourpes,
Les males, les desmesurees.
¶ Dunc dist li seint reis dreiturer,   Abbo, ch. 9.
E si parle al messagier ;
Digne fussez de aver la morte
De maynes des myens ; meis jeo recorde
Ke Jhesu nostre salveur
2320 Pur nus suffrit morte e dolur ;
Pur ceo ne ce voil adeser,
Ne me mains en tey maculer.
and will not
yield to
Yngwar.   En le noun Dieu voile la morte sufrir,
Mielz que a vostre rei obeir.
Vaten mult tost, e si li di
Cest respons que as ci oi.
¶ A payne aveit ces moz pardiz   Abbo, ch. 10.
Li sentim reis e parfurniz,
A payne aveit turne son oyl,
2330 E li messager out passe le soil.
Ai vus encuntre, le fricun
Yngar, li engres felun,
Al messagier dist par desrey ;
Di mey tost les respons le rey.
E cil li dist de mot en mot,
Cum li reis respondu out.
E li tirant, kant le entendi,
Si comanda tost e bani,
Ke tute sa gent sespandisent,

2340   E tuassent e occeissent,
     E de querre mult les somunt,
     Nomement le rei Edmunt,
     Ki dedegne ses leis tenir,
     E a ses preceptes obeir.

The Danes sack the town.

     Cels sespandent, amunt, aval,
     Qui mult coveiterent le mal ;
     Kanquil troverent detrenchierent,
     E occistrent e deglagierent,
     En la vile de Hailesdun.[a]

2350   Tut pristrent li colvert larun,
     Le aver ke en la vile troverent ;
     Naveit meisun quil ne pelfrerent.

fol. 15.

     ¶ Dunc sunt dreit al paleis veneu,
     Ou le amy Dieu seint Edmund fu ;
     Cum le membre Jhesu Crist,
     Trestut soul en son paleis fist.
     Kant choisi lunt, mult tost fu pris,
     A tere lunt gette e mis,

Edmund is seized. bound, and brought before Yngwar.

     E puis apres li unt liez
2360   Estreitement e mains e piez.
     Dunc lunt les feluns treine,
     E pardevant Yngar amene,
     Li colvert duc de mal esclate,
     Cum Jhesu fu devant Pilate.
     Sestut devant li li seint rei,
     Arme de creance e de fei,
     Ki coveite ensiwre la trace
     De Jhesu Crist, qui par sa grace
     Suffrit e mort e passiun
2370   Pur nus e pur nostre raanceun.
       Seint Edmund tienent ferme lie,
     Devant le tirant enrage,
     De meinte manere gabe
     Lunt, e laidi e buffete.

---

[a] Abbo says nothing about the sack of the town.

Puis lunt mene de meintenant
De iloc les ministres al tirant;

E enmenant lunt si batu,
Pur poi que mort ne fu;
E dunc lunt mene tut dreit
2380 A un arbre que pres esteit.
Apres le unt, la malveise gent,
A larbre lie fermement,
E puis forment le turmenterent,
E batirent e flaelierent,
E descurgiez, e de vergeanz,
E de bastuns, puinals mult granz.
Unkes homme de mere nasquit,
Ki tant mortel dolur suffrit.
Unkes pur ceo vencu ne fu,
2390 Kil ne apellast le noun Jhesu,
Ki pur nus fu mis en la croice,
Plurant od mult pituse voice.
ǀ Kant les turmenturs ceo veient
Ke par tant veindre nel pureient,
Enragez sunt, de ire enbrasez,

Pur poi quil ne sunt forsenez.
Tuz a un bruit les enemis
Lur seites, lur arcs unt pris,
Lur pilez e lur darz aguz,
2400 E lur gavelokes esmoluz.
Un poi se esloignent del seint rei,
E dunc traistrent par grant desrei
Trestuz al cors del seint martir,
Ensemble, par si grant air,
Que les braz li unt estroez,
Quises e geambes e costez.
Parmi le dos, parmi lentraile,
E parmi la mestre coraile,
Parmi le chief e la cervele,
2410 Parmi le ventre e la boele,
Lunt trespercie de tutes parz

Seetes, gavelos, e darz.
Tant treit e tant lancie unt
Al cors del seint martir Edmund,
Tant i treistrent espessement
E pilez e darz ensement,
Ke lune playe en lautre ovre,
Kant la saite liu retoure.
E tant espesse i sunt li dart,
2420 Kant il les traient cele part,
Ke lune estoche lautre en cors,
Ou de autre parte le boute hors :
Tant i out des darz grant fuisun
En le cors del seyntim barun,
Pel de hericiun resemble,
Ou tel fuisun de spines a.
Il nout ne braz ne poing ne pie,
Qui plein ne fut de darz fichee.
E de seites e de darz
2430 Tanz en out de tutes parz,
Ke nul ne put de oil choisir
La char del seintim martir.
Quant li cruel Yngar veit
Quil ne poeit en nul endreit
Fere seint Edmund le martir   fol. 15 *b.*
A ses comandemenz obeir,
Ne obeir a ses comanz,
Dunc comanda li fel tiranz,
As turmentours qui i erent,
2440 Ke cruelement le tormenterent,
Ke la teste tost li colpasent,   Yngwar
E ignelement decolassent.   orders his
                                      head to be
⸿ Li decoleur vient avant   cut off.
Al seint martir Dieu reclamant
Jhesu Crist od piteuse voyce,
Qui pur nus fu mis en la croyce.
Sicum il pout, mult reclama
Jhesu Crist, e sovent noma,

Tanque le seint martir
2450 Pout de la lange mot furnir.
Si fu ateint quil ne pout plus,
Li decoleur fist son us.
Le seint martir ad deslie,
E del fut sanglant lad sache.
Enberse fu de tutes parz
E de seites e de darz,
Ken le dure fust enserre esteient ;
Al sacher en le fust remaneient,
E parmi le cors se conduistrent,
2460 E les fieres plaies remistrent,
Tant espessement en le cors,
Ke puint denter ne piert de hors,
Ou le point tuchast dun pointel,
Que blesmie ne fust la pel
Del seint martir, del bon barun.
Mult suffrit peyne e passiun ;
A peyne en cors li bateit
Lalme, tant turmente esteit,
Ka peyne pout ester sur piez ;
2470 Li decoleur si fu irez.
Si li comanda maintenant,
Ke le chief estendit avant,
Que ja soleit estre corune,
E de real corune urne.
Li martir Dieu nostre segnour   Abbo, ch. 11.
Sestut devant le turmentour,
Sicum li mutun qui est esliz
De trestute la faude de berbiz,
Ki morte e sacrifise atent ;
2480 Si fist li seint homme ensement,
Ki volt sa vie teriene
Changier pur la celestiene.
Ententif en Dieu benefice,
Atent de sey le sacrifice,
Repleniz de bone manere

De la pardurable lumere,
De la quele en cest bataile
Volt estre resaziez sanz faile.
Entre les urisuns quil fist
2490 Vers son salveur Jhesu Crist,
Li decoleur ad de sespee
A un cop sa teste copee.[a]
Issi departit de cest mund
Lalme del seint martir Edmund;
Issi otrea a suffrir
Dieus Edmund, son cher martir,
Pur li e son seintim noun,
Martir e morte e passiun,
⁋E de sa vie prist amendes.
2500 En le tens del duzime kalendes
De Decembre, ceo dit lestoire,
Ke Dieus le resceut en sa gloire;
E quil suffrit le sacrefice
De sey pur Dieu e seint eglise.
En la fin de sa passiun,
Resceut tele expurgaciun,
Ke plus fu purge e provee,
Que ne est fin or esmeree,
Od la victoire que out conquise,
2510 E od la corune de justise.
Entra en pardurable ben
En seint sene celestien.
Par cele e issue vereyment
De mort e de cruciement,
Quil out de son cors suffert,

This is done while Edmund is still praying.

[a] The executioner, according to Geoffrey Gaimar (*Lestorie des Engles*, 2922), was named Coran Colbe. Denis confined himself to Abbo, and either was unacquainted with, or rejected, the additional information which Geoffrey had gathered from East Anglian and Danish tradition. Thus we hear nothing about the battle near Thetford (Gaimar, 2876, Sax. Chron. a. 870), nor of the words of double meaning by which Edmund, for a time, concealed his identity from his captors (Gaimar, 2888).

Par lur mal, nient par sa desert ;
Quil out ensuwi la trace
De Jhesu Crist, qui par sa grace

fol. 16.
    Suffrit e morte e passiun
2520 Pur nus e nostre raanciun.
    ¶Cil Dieus, pur sauver [1] nus en ceste vie
    De pechie, de mal, de folie,
    A la columpne ou fut lie,
    Ne pas pur sey son sanc espandie,
    Meis pur nus il leissa ensegnes
    Des bateures, des engreines,
    Quil suffrit pur nus salver,
    E pur nus hors denfer getter.
    E cist, pur la gloire conquere,
2530 Ke unkes ne falt, suffri en tere
    Liez al fut sanglant tele peyne,
    Pur lamur Jhesu Crist demeyne.
    ¶Cil Dieus e homme entier en vie,
    Pur hoster de nus la felonie,
    E le roil de nos pechiez
    De gre suffrit que clou fichiez
    Fut, parmi piez e parmi mains,
    De clous de fer, hidus, griffains.
    Icist pur la veire amiste
2540 De Jhesu Crist fu trespercie.
    De pilez, darz, e gavelos,
    Parmi la meule e les os,
    Ke tut son cors de tutes parz
    De piles, gavelos, e darz,
    Ert si covert, que rien ne piert
    Del cors, qui dedenz en dos ert ;
    Ke tut decire vereyment
    Fut del aspresce e del torment.
    E humblement le martir Crist
2550 En la confessiun parmist,
    E al darein en pacience

---

[1] *sauer*, MS.

Resceust la capital sentence,
Quil out la teste coupee,
E bien loinz del cors desevre.

The head is
thrown
away into
the brush-
wood,

Le cors issi destrenche,
E de pilez si herice,
Leisserent iluc sanz fable
Les feluns ministrals al diable.
Yngar li felun, li tirant,
2560 Le engres larun, le suduiant,
La teste del martir ad portee
E par malisce si loinz gette,
Bien loinz del cors en un buissun,
Celeement tut cum larun,
En un rufflei que espesse esteit,
Que nul avenir ni poeit,
En le bois de Hailesdun,
Kant sen alerent li felun,
Od lur grant host de la contree.
2570 La teste unt pur ceo desevree
Loinz del cors, que nel trovassent

and cannot
be found.

Cristiens, ne al cors la justassent,
E que en honeste sepulture
Ne meissent par aventure
Le chief e le cors ensement

Miraclum.

Del martir Dieu omnipotent.

Abbo, ch. 12.

Un homme del cristiene lay
Ert eschape del grant desray,

A Christian
is found who
witnessed
the mar-
tyrdom.

De la grant occisiun;
2580 En le bois de Hailesdun
Se esteit pur la pour muscie,
E en un ruflei se ert fichie,
Qui Dieus aveit fet eschaper
Pur ceste grant chose mustrer.
Par Dieu e par sa purveance
Vist il trestute la feisance,
E bien nota en son aguait
Le hidus e le horible feit

U 66211.

Del seint martir, del rei Edmund,
2590 Quanque les feluns feit li unt,
Les granz peynes e le torment,
Trestut le vist apertement.
Meis del chief, puis quil le couperent,
Ne sout cum loinz le porterent,
Meis tant vist bien que porte lunt
Les murdrers enz en le bois parfunt.
E puis apres, quant pais venue

Fu as eglises e rendue,
E les cristiens se leverent
2600 De plusurs lius ou musciez erent,
Grant ire en unt e grant dolur,
De la morte lur tres cher segnur.

Ententivement demande
En unt entre els la verite
Del cors, e del chief ensement,
De lur segnur dunt sunt dolent,
Cum il les purrunt assembler ;

Kar a grant honur enterer
Le voldreient a lur poeir ;
2610 Mult le desirerent a aveir.
  Kant alez furent les frarins,
Les feluns murdrers Sarazins,
En lur pais ou il ainz furent,
Kant vers Engletere sesmurent,
E les cristiens revenuz
Sunt, qui esteient espanduz,
Fuiz e musciez e repost,
Pur Yngar e son grant host,
Kant il se sunt aseure,
2620 Ensemble se sunt asemble,
Pur quere le cors e le chief
De lur segnur, dunt lur est grief.
Il quierent ententivement.
E si troverent errantment
E virent le cors del martir

Sanz teste a la tere gesir.
En meyme le liu lunt trove,
Ou li seint rey fu decolee ;
Ou son curs aveit acumpli,
2630 E deltut vencu lenemi.
¶ Cels dentur qui fuiz esteient,
E merci Dieu uncore viveient,
De tutes parz i aunerent,
E corurent e asemblerent,
Pur la remembrance e lamur
Del seint rei, de lur segnur,
E pur la pitie de benfaiz,
E de grant biens quil les out faiz.
Comencerent tuz a plurer,
2640 E mult grant doel a demener ;
Kant il nen unt le chief trove
Od le cors, mult lur ad peise ;
Mult par en sunt tristes e dolent ;
Meis Dampne Deus omnipotent
Par sa halte benignite,
Les ad tost en quoers espire,
Quil a celi demandereient,
E mult vivement requereient,
Kel bois fu muscie en la guait,
2650 E vist tut le ovre e le fait.
Demande lunt e enquis,
E il les dist tut son avis,
De mot en mot trestut les dist,
Ceo quil seust e ceo quil vist.
E dit bien quil vit saieter
Le seint martir, e puis couper
La teste, e cels qui la colperent,
Ouekes ens el bois la porterent.
Bien vit que els issi departirent,
2660 Meis del chief ne sout quil firent.
E bien sucha en son corage,
Ke li chief remist el boscage.

The witness of the martyrdom is questioned ;

he does not know what became of the head.

Li gent al seint, quant ceo oyerent,
Par le bois se departirent,
Od lur maisnee, od lur forz ;
Od cornes pur quere le chief del cors.   Abbo, ch. 12.

Searchers,
with horns,
scour the
wood.

Si aveient entrels purparle,
Ke cil qui eust le chief trove,
Haltement son corne cornereit,
2670 E les autres apelereit.
E si sucherent bien pur veir,
Cels qui erent pur le chief cerchir,
Ke li Sarazin sudduiant,
Lur fole siwte cultivant,
Envie aveient de nostre lay,
De la creance et de la fay ;
Pur ceo aveient le chief desevre,

Motive of
the pagans
in conceal-
ing the
head.

Loinz del cors en bois porte,
E muscie en acun rifflei
2680 En buisun ou en genestei,
Ou reposte la seinte teste
Aveient suz alcune vile bleste,
Ou gette pur devorer
Ou a farain ou a senglier,
Ke cristiens ne la trovassent,
Ne al seint cors lasemblasent,

fol. 17.

Ne a ceo feisent enterement,
Od grant honur devoutement.
Les cristiens, la bone gent,
2690 Funt lur primier purposement.
Par la selve vunt maintenant,
Amunt, aval, le chief querant
Del seintim martir Edmund,
Querent aval, querent amunt ;
Querent en buisun e en broil,
De desuz branches e desuz foil,

At last a
voice is
heard issu-
ing from a
spinney.

En espeisse e desuz plaissie ;
Partut unt quis, partut cerchie,
Tan quen un espesse espinei,

Abbo, ch. 13.

2700 Tut enclos dun grant runcei,
Oyerent une voice lointeyne,
Meis resteit mye mult halteyne.
¶ Oyez miracle e grant vertu ;
En le secle tel oy ne fu.
Le chief, del cors bien loinz sevre,
Getta voice, si ad parle,
Sanz aie e sanz matere
De veine ou de nerf ou dartere.
¶ Les quereurs, quant ceo oyerent,
2710 En querant cele parte tendirent ;
Pas devant pas partut querant,
E tut entur en halt criant,
Ou est tun chief, martir, seint rey ;
La plus principale parte de tey ?
Ou est, ou est, martir Edmund ?
La langue el chief dit e respound,
Par treis feiz, *her her her.*
Unt ceo ne fina de crier
Sulum la language as engleis.
2720 Ceo est a dire en franceis,
Ici ici ici, ceo dit ;
Issi est note e escrit.
Tuz a ceste voice treiz se sunt
Envirun, puis ke oi lunt.
La langue morte fiert e tuche
As denz desuz, a overte bouche,
Es ioes de la morte teste,
E le palais de sus sareste.
Unkes miracle plus verais
2730 De cest ne fut ne ert jamais,

Numb. xxii.

Neis del asne Balaan,
Ki parla en liu de Rechan,
Pur la folie del prophete,
Qui en ceo nert pas discrete.
Cest miracle, cest faisance,
Otrea Dieus e sa puissance,

It comes
from the
head,

answering
the
searchers'
cries it says,
"Here,
"Here,
"Here."

They find
the head.

This miracle
equal to
that of
Balaam's
ass.

Qui vit e regne omnipotent,
Tut dis e pardurablement,
A son tres precius ami,
2740 Ki par martire deservi,
E par turment e par peyne,
La dulce gloire sovereyne.   *Miraclum.*

Li furmeur de tut le mund
Le pretius martir Edmund
De un autre miracle enbeli,
Fors cel une tel ne fu oi.
La gent ki si feytement virent
La teste parler e oierent,
A ! parceurent delez la teste
2750 Une grant lou, une fere beste,
Ki out mis amedeus ses powes
De deus parz le chief lez les jowes.
Issi out le chief enbracie,
Que son groin aveit apone
Sur le frunt, mais la face aperte
Out, e la bouche descoverte,
Dunt la langue uncore moveit,
E *her her her* sovent diseit.
Cil lou a la tere se just,
2760 Tut en pes, ke unkes ne se must,
E a tere ses chambes teneit
Le seint chief dunt gardein esteit.
Si se peyna del chief garder,
Ke unkes nel leissa adeser
A beste ne a autre rien ;
Mult par le garda li lou bien.
Sa salvagesce vereyment,
Sa rage e son devourement,
Si ublie del tut, en tut esteit,
2770 Ki a rien fors al chief ne entendeit.
Cels qui virent esbai sunt ;
Cornes e busines corne unt ;
De tutes parz i acururent

A wolf is holding the head between his paws,

but has forgot his natural fierceness :

fol. 17 b.

Tuz cels qui entre el bois furent.
Cels qui cel merveile virent,
De grant maniere se esbaierent.
¶ Kant la gent ert tute asemblee,
E le merveile unt esguardee,
Lespes runcerei deslacierent,
2780 E vers le seint chief se aprochierent.
Tost se leva la beste fiere,

Abbo, ch. 14.

Quant ceo vit, si se treist ariere ;

he lets the
head be
taken from
him,

E cels od grant devociun,
Od chant e od processiun,
La seinte teste quil troverent
A son seintim cors porterent.
E li lou enpres els veneit,
Pas devant pas pres les siweit,
Triste e dolent mult en sa guise,
2790 Quil unt de li la teste prise,
Dunt il esteit mestre e gardein.
La fiere beste, li farein,
Les siut apres, bon aleure,

follows the
procession
to the place
of burial.

Deske al liu de la sepulture,
Quil unkes homme ne tucha,
Ne ne laidi ne blecha,
Meis simplement cum un aigniel,
Les siut pres desqual tumbel.
Quant il out grant piete este,
2800 E en sa guise doluse,
Ariere sen vait maintenant,
Dreit al bois ou il fust devant.

and then
returns to
the forest.

Mult se merveilerent la gent
Del lou e del contenement.
Veient que ceo ert la Dieu vertu,
Ke unke mes ne aveient veu
Nul si fier lou en lur vivant,
Si hidus, si fort, ne si grant.
        La laye gent e la clergie,
2810 Qui aveient quis e purchace,

Cele tres cher margarite,
Pretiuse, entere, e parfite,
Cel tresor, cel grant honour,
Le seint cors del cher segnour,
Par grant entent e grant queintise,
E par lasent de seinte eglise,
La seinte teste a mielz quil sorent,
E al plus bel quil unke porent,

Abbe, h. 14.

Al seintim cors justerent
2820   E devoutement aturnerent.
E la char e la pel dehors
Del col si unist si ferme al cors,
Cum il fu ainz quant il vif fu;
Ceo fu miracle e grant vertu.
E puis apres lensevelirent,
E sur sa tumbe fere firent
Une loge, une chapelette,
Ne mye grant, meis petitete,
Ou li seint rei de Dieu ame
2830   Just maint an puis entere.
A cele fez ne firent plus fere,
Pur la pour del aversiere,
Yngar, dunt sunt espourez,
Qui mult sovent les out laidez.
ʃ E puis, quant la pes vint en tere,
E aquaise fu la grant guere,
E la tempeste fu remise,
E pes revint a seinte eglise
E le poeple, qui espandu
2840   E partut esparplie fu,
Revindrent a possessiuns,
E as teres e as mansiuns,
E il furent aseure,
Dunc se sunt entrels purpense
Del corseint del maitir Edmund,
Que trop longment sufert lunt
E trop longment lunt leisie,

The head and the body are joined together and interred; a chapel raised over them.

Gisir suz si poire fie,
E en si povre meisonette,
2850 Si estreite, si petitete;
Ereer en volent par saveir,
E tut autre conseil aveir.
¶ Li corseint, en tel povre hostel,
Seint fu e espiritel,
Ki de la main Dieu beneit fu,
Out maint an entere geu,
E ki pur lamur Jhesu Crist
En cel liu maint miracle fist,
E mainte vertu mult sovent,
2860 Veant le poeple e la gent,
Cum de avougles alumer,
E de meuz rendre le parler,
E cum les sourz fere oyer,
E devez en lur sens vener,
E les contrez rendre le aler,
E cum langurus saner.
De tutes parz i acururent
Les bone genz que entur furent;
Mult par i aveit grant repaire
2870 De grant gent a icel a faire.
La rascaile e la povre gent
Ni vindrent mye sovenerement,
Mes les plus riches del pais,
E qui plus erent poestis,
Cum evesques e cum abez,
E cum plusurs ordenez,
Cuntes, baruns, e chivalers,
E bacheliers e esquiers,
Citeeins, burgeis, e paisanz,
2880 Riches, povers, petiz e granz,
I soleient mult repairer,
E od lur lumer esveiler.
Ses hommes qui uncore viveient,
E quen lur remembrance aveient

fol. 18.

The holy relics work miracles.

E lamur e la compaynie
De li e de sa segnorie,
La dulceur e les granz buntez

The in-
habitants of
the district
resolve to
find a
worthier
abode for
them.

Quil out feit vers ses privez,
Les mist en quoer e en corage,

2890 Que voelent de tel liu salvage
Hoster le seint cors lur segnur,
E aliurs mettre a grant honur.
Tant unt cerchie par le pais,
Tant unt demande e enquis,
Quil unt trove liu acceptable,
E bel e bon e covenable,
En une grant vile real

They pitch
up a
Beodrichs-
worth,

Ki riche ert[e] emperial,   Abbo, ch. 11.
Bederiches-worthe nomee,

2900 De Bederiz, quil out fundee,
Un riche rey qui la funda,
E de son noun noun li dona;
Bederiches-worthe en engleis,
La curte Bederiz est en franceis:
Est dite e entrepretee
De Bederiz quil out fundee.
    Quant il unt choisi e eslit
Le seint liu e le seint abit,
Ou il voleient lur seint segnur

2910 Herbergier od mult grant honur,
Dunc unt quis e purchacie,
Quil unt finement cungie,
Des segnurages de cel fiu,
De faire en icel mesme liu
Bele chapele ou bel muster,
Ou devoutement herberger
Puissent le seintim segnur,
Od grant gloire, od grant honur.
Cels ne voldrent pas demurer,

2920 Ainz funt errantment aturner

where they
build a

Une grant eglise de fust,

Ou li treseint martir i ust. wooden
church.
Mult par la firent bele e grant,
Mult bien feit e avenant,
De merveiluse entablement,
E de mult riche entailement.
Mult valt mielz que feire muster
Ki fut de piere e de mortier.
La eglise ert bele a desmesure,
2930 E de si tres bele feiture,
Ke unkes homme a cel jour
Ne aveit veu beleisur.
Mult fu par grant engin overee;
E quant ele fu paraprestee,
Que nule rien ni out a feire,
Dunc se mistrent en lur repaire;
Que par sentiere que par chariere,
A Hailesdun vindrent ariere.
Si unt al poeple recunte fol. 18 b.
2940 Coment il unt feit e ovre,
E quil unt leglise apreste,
Mult bele e grant e long e le,
E avenant de mult grant guise.
Unkes homme ne veit si bele eglise
De fust, fors sulement iceste.
De herberger est tut preste
Le corseint Edmund le martir;
Ore le feites tost defouir.
    Cels unt tost la clergie mande,
2950 E les plus sages del regnee,
E quant il tuz asemble sunt,
Le seint cors del martir Edmund
Funt ignielement defou'r.
Puis pristrent le cors del martir,
Od la case ou il giseit,
Ou il prin.es mys esteit;
Sur une biere lunt puis mys,
E sagement e bien asys;

into which
they trans-
late the
relics with
great pomp.

Diluc porterent le barun,

2960   Od joye e od processiun,

Vers Baderiches-worthe dreit,

E irent c vunt a grant espleit.

¶Mult i vynt gent c poeple grant,   Abbo, ch. 15.

Clerc e chivaler e paisant,

Cuntre le corseint sunt ale.

Tute la clergie de la cite,

E chivaler, clerc, e citein,

De la cite iserent a plein,

Od processiun e od chant;

2970   Mult par en unt cels joye grant,

Quil unt tel tresor conqueste :

Trestuz en unt Dieu mercie.

En la cite entre en sunt,

Od le corseint, que mene unt

Dreit al liu que apreste esteit,

Ou li corseint gisir deveit.

La case ou il primes mys fu,

En quele meint an aveit giu,

Desjointe unt e deserree ;

2980   Une autre case unt aprestee

De un estrange fust pretiuse,

Ou le cor seint e gloriuse

Volent mettre cum i ert dreit,

E cum Dieus purveu le aveit.

⸢Kaut la vielz case unt descloee,

E desjoint e deserree,

Le cor seint unt deseveli.

Kar trover le qui deut purri,

De ceo que longment geu ust

2990   En tere, sicum a Dieu plust,

Quant tant i out este enclos,

The head
and body
are found to
be reunited.
Ne qui deut trover fors les os.

Oyez miracle e grant vertu.

Il unt esgarde e veu,

E troevent le corseint si sein,

Sanz plaie, si bel e si plein,
Des granz plaies quil resceust
Que blesceure ni aparust ;
Par els memes sunt sanees
3000 Les granz playes desmesurees.
E la ou le chief culpee ert,
Cum un filet vermeile i pert,
Ke tut entur le col ligist.
Cest vertu fist Jhesu Crist
Pur son dru qui est de li amez,
E puis autres vertuz assez.
Il unt le corseint aturne
Mult richement e aurne,
E hors de la vielz case pris,
3010 E en la novele lunt mis.
E en le plus bel liu del eglise
Od halt chant, od grant servise,
Le mistrent mult devoutement,
Cum a si grant tresor apent.
E la case de serrures,
Bones e fortes e seures,
Lenserrent, e as clers livercrent,
A seinte gent qui dignes erent
De garder si riche tresor,
3020 Qui mult valt milz que argent ou or.
Si fu li seint cent anz e dis,[a]
En char, en os, cum il fu vifs.
E les gardains ki le garderent,
Plusurs feiz en lan le visiterent ;
E quen il overirent la biere,
Si virent quil out plus vive chiere.

Here the
relics are
left for 110
years.
fol. 19.

---

[a] This seems to mean that the
relics lay in the wooden church at
Beodricsworth for 110 years, till
they were translated into the basi-
lica consecrated in 1032 (*Annales*
S. Edmundi, supra, p. 3). It
follows that they were translated
from Hoxne to Beodricsworth in
922 (vol. i., Introd. xxi, xxvii).

The body,
whenever
visited, is
always
found to be
incorrupt.

E le vis plus clier e rovent,

Ke nule damisele de juvent ;

E viren que ses cheveuz furent

3030 Creuz, e que ses ungles crurent ;

E de ses piez e de ses mains,

Sicum il fut vif e tut seins.

Entre ces seintes gardeins aveit

Oswen, a
pious
woman,
tends it,
and cuts
the saint's
hair and
nails.

Une dame, nonain esteit :

Seinte femme ert de grant maniere,

Religiuse e almonere ;

En junes e en oreisuns,

Prieres e afflictiuns,

Esteit cele e nute e jour,

Abbo, ch. 15.

3040 Entur le fertre al seint segnour.

Ceste dame dunt vus ai dit,

Par la grace Seint Espirit,

En prist mult grant hardement ;

Dieu la fist feire omnipotent,

Par sa demustreisun demeyne.

La dame se mist en grant peyne,

De honurer tuz jours le cors seint ;

De li servir pas ne se feint.

Nel teneit a peyne ne ahan,

3050 Kar mult sovent feiz en lan,

Le fertre overi, si li peigna

Les cheveuz, e puis royna ;

E ses ungles tut ensement

Recoupa ele mult sovent.

En une chere case mist

Les retailes quele en prist,

Ke desque a cest jour sunt gardeez,

The relics
thus arising
are kept in
the minster
church.

E cum relikes honureez,

En leglise de seint Edmund,

3060 Ou cherement gardes sunt.

De cest mester tuz jours servit

La dame, tant cum vesquit.

Ke multz anz vesqui e multz jurs,

Plus que ne funt ore plusurs.
Dunc viveient plus longement
De sez que ore ne funt la gent.
Oswen ert la dame nomee,
Seinte dame e sage e membree.

Miraclum.
Abbo, ch. 16.

Un evesque, Theodred out noun,

3070 Seint homme de grant religiun,
Evesque ert de la contree.

In the time
of bishop
Theodred.

Oyez cum Dieus li ad mustree
Par sa grace la verite,
Cum nus avum desus cunte,
De seint Edmund le bon barun,
Ki enter gist sanz coruptiun,
Tut enterins en char en os,
En sa seintim case enclos,
Od bele chiere e od cler vis,

3080 Cum il fut uncore tut vifs.
En tele manere le prova
Li evesque, ki Dieu ama,
Cum vus purrez ore oir.
Al fertre del seint martir
Venirent gent de mente tere,
Pur Dieu e pur le seint requere;
E reys e cuntes e baruns,
I veneient en oreisuns.
Offrirent mulz belbelez,

The sanc-
tuary grows
very rich.

3090 Nusches dor, bos dor e anelez,
Harpuns dor, pretiuses pieres,
Besanz e margarites cheres.
Dunt le fertre de seint Edmund
Est le plus riche de cest mund.
De tutes parz i vindrent gent,
Tel offri or e tel argent;
De plusurs riches regiuns
I vindrent genz en oreisuns.
Mult par lur veneit grant aport,

3100 De suth, del west, del est, del nort.

De tutes parz i vindrent gent,
Riches, povres, comunalment,
Ki les aportoient le bien ;
Riche ert le liu sur tute rien.
Oyent laruns, plein de felonie ;
Del riche liu aveient envie.

fol. 19 b.

Feluns erent en tutes guyses,
Murdrers e frussiers deglises ;

Thieves lay
a plot to
plunder it.

De tutes maneres de mals

3110 Furent mestres cels vassals.
Il aveient entrels machine,
E conseile e purpalle,
Ke leglise despescerunt,
E tut le tresor emblerunt.
Quanque en clos ert del cimitire,
Ke rien nen avera a dire.
Il se sunt mult tost apreste,
E a cele rage aturne.
Une nute que fu mult oscure

3120 Vindrent il, tut baldesure,
Quant la gent furent en repos ;
Si se mistrent tost en le clos
Del eglise de seint Edmund,
E puis tost al muster sen vunt,
Od lur engeins, od lur ustilz,
Dunt il furent duiz e sutilz,
Desquels il unt oels a parfeire

Proceedings
of the
thieves,

Le larcin e le contreire.
¶ Kant al muster furent venu,

3130 Si senforcent par grant vertu
Trestuz del eglise enfundrer ;
Li unt prent seschiele a drescier
Sus al pareie del muster,
Seurement, sanz encumbrer
Quil se mette par la fenestre
En le muster la ou il voleit estre.
Li autre od sa lime dure

Lime del us la serrure,
E trenche les clous ou se tient;
3140 Lautre od son martel i vient,
E se peyne de martelier,
Kar le us volt descloer.
Li autre od besques e od picois,
Quil unt afeitiez a lur chois,
Suffoent entur la parei;
Chescun se peine endreit sei,
De cel overegne par furnir,
Kar a chief en quident venir.
ʃʃSicum il sunt en lur ostal,
3150 Partie amunt, partie aval,
Tut a lur mester entendant,
Tel abaisie, tel en estant,
Les lia Dieu e le martir
Ke nul dels ne se pout partir,   they are
held fast by
invisible
bonds,
Ne li curb ne pout drescier,
Ne cil en estant abaisier,
Quil ne se purent remuer;
Desqual matin, que jour fu clier.
Cele nute i ust un mariner,
3160 Ki sonout les seyns en le muster,
Qui tut oit cest batestal
Ke feseient amunt e aval,
Meis pur lamur del seint martir
Le fist Dieus si en pes gesir,
Kil ne pout del liu lever,
Ne mot dire ne mot soner;
Desqual demain, quil fu cler jour
Ke la gent vindrent dentour,
Qui unt apertemen veu
3170 Cel miracle e cele verteu
De laruns qui si sunt lie
En le ovre que aveient comence.   in the morn-
ing they are
seen and
taken.
D'cloques les unt ostez e pris,
En fierges e en prisun mis.

ſˑ 66211.   ᴘ

Puis furent par le vengement
Del seint evesque vereyment,

Theodred
adjudges
them to
death,

Theodred, mis tuz a la hart;
Ki puis sen repentit trop tart,
Quil les out si a mort juge;

3180 Dolent en fu e corusce.

for which
act he
repents.

Kar a grant pechie le tencit,
Quil issi jugez les aveit.
Si sen fust einz purpense,
Ne les out pas a morte livere.
Ne pensa pas kant il ceo fist,
Ke Dieus par le prophete dist,

He had
forgotten
the example
of the
prophet,

Del deliverer ja ne cessez
Cels qui sunt a la mort jugez.
Si les dit del prophete Dieu,

3190 Kum apele Eliseu,

[fol. 20.]

Ki garist e remist a la vie

4 Kings vi.
22.

Les laruncels de Samarie,
E pain e euwe les dona,
E en lur pais enveia,
E defendit le rei e dist
Quil pas a morte ne les mist.

In his deep
repentance
he orders a
general fast,

¶ Pur la quele chose cist prodomme
Cist evesque dunt dit avum,
Quant il se fu repurpense,

3200 Mult fu dolent e tres pense
De ceo quil out fet des laruns.
Mult en fut dolent e enbruns,
E penitence gref en prist,
E merci Dieu bien la parfist;
E pur ceo se mist en granz dolours
Longtens, en oreisuns e en plours,
E par mult grant compunctiun
Pria Dampne Dieu de pardun.
Kant parfeite out sa penitence,

3210 Si manda par grant pacience,
Par sa eveschie envirun,

Que tute la gent a bandun
A pain e euwe geunasent
E Nostre Segnur priasent
Tres jurs, en langes e nupiez,
Ke Dieus li pardunt ses pechiez,
E li otreit par son pleisir
Quil puse le cors del martir
Veeir e de mains manier,
3220 Sil gist, sicum homme dit, entier;
E il si feseient entreset.
Kant aveient la june fet,
A la chase vienent tut dreit
Ou li ber seint Edmund giseit.
℣Li evesque chiet a genuliuns
Devant la chase en ureisuns.
Kant aveit ure e prie,
A la chase se est aprochie.
La chase prist tost a uverir,
3230 E le corseint a descoverir.
Le cors trova e sein e bel,
E si enterine la pel,
E issi clere la faceun,
Frunt[1] e vis e neis e mentun,
E piez e meins e ventre e dos,
Od char serree sur les os,
Cum il fu quant il fu vifs,
E en cest secle poestifs.
E la chare trova si entiere,
3240 Cum nus avum dit ceanariere,
Ke unkes blesceure ni parut
Des granz plaies quil ainz resceut.
℣Li evesque, qui proz homme fu,
Sicum Dieus laveit purveu,
Le seint cors de ses mains lava,
E le vestit e le aurna
Des dras de sey de ultre mer,

Abbo, ch. 16.

with prayer that his sins may be forgiven, and that he may be allowed to see the martyr's body.

Visitation of the relics; they are found incorrupt,

and being re-vested are placed in a new "chasse."

---

[1] funt, MS.

Des plus chiers quil pout trover.
E puis en une chase chere,
3250 Ke ert de plus riche maniere
Que lautre fu ou il ainz just,
Lenseveli sicum il dust.
Benesquirent Dieu en loant,
Le seintim rei tut puisant,
Qui en ses seinz est merveilus,
E en ses ovres glorius,
E vit e rengne Dieus e sires,
Par tuz secles par tuz empires.   Amen.

[PART II.]

Translate avum laventure,
3260 Solum le liure e le scripture,
De seint Edmund, coment il vint
En Engletere, que il tint,
Dunt rey fu tant cum il vesquit,
E del martir quil suffrit.
Translate lai desque a la fin,
E del engleis e del latin,[a]
Que en franceis le poent entendre
E li grant e li mendre.
Uncore volum avant aler,
3270 E les granz miracles cunter,

---

[a] Denis has translated the Life of St. Edmund " from the English " and from the Latin." The sources which he has hitherto used, so far as now known to us, are represented by the Life of the Infancy by Gaufridus (vol. i., p. 93), and Abbo's *Passio*. Both these sources are in Latin. It seems therefore that there must have been an English Life of the Infancy lying before him, which is not now extant. This English Life may perhaps be indicated by some one among the titles of works on the Edmundian story not now existing, which are written on the margins of Bod. 240 (vol. i., Intr., lxvi); *e.g.* " the book of Bliburgh," or " alia Legenda," or " Nicholaus de " Warengford," or " H. Norwi- " censis."

Que nostre sire Jhesu Crist
Pur samur mustra e fist.
Dit en ai grant partie,
En sun martire e en sa vie.
Meis ore vus dirrai la summe ;   fcl. 20 *b.*
Nel tint pas a fais, ne a grant summe.
Denis Piramus, kil ad translate,
Nel tient pas a fais ne a baratte ;
Li Seint Espirit me seit grante,

3280 Ke jeo renablement la face,
E gre me sace de ma peyne
E Dieus e seint Edmund demeyne,
E del eglise li segnur,
Ki me unt enchargie cest labur.

Del primer tens que Dieus furma
Le mund, e le secle estora,
Out cink mil anz par dreit numbre
Desqual tens que Dieus en umbre
la date de la passi on seint Edmund.   Fu en la virgine Marie,

3290 Pur nus getter de morte a vie.
E de cel tens, sanz mesprisun,
Desqual martire seint Edmun,
Date of Edmund's martyrdom, A.D. 870.
Uyt cenz anz e seysant e dis ;
Issi le avum en livre apris,
Hermannus. § 1.   E le scriptur le nus dit
Ki lestre seint Edmund descrit.
Li seint florist en ceste vie,
Cum larbre que fructefie,
E gette e porte beles flurs,

3300 Dunt ist la tres dulce flairurs.
Bouche de homme ne poet descrire
Kanz vertuz Dieu nostre sire
Pur le seint martir anceis fist
Quil venist la ou ore gist.
Meint clarete i virent tuit,
Kant plus oscure fu la nuit.
La clarte nert pas mainoverce,

Dengin de homme, ne aurnee,

Ainz ert espirital lumere,

3310 Ke veneit de seinte manere,

Cum granz rais del ciel amunt,

Desur la tumbe seint Edmund.

Ceo en est la signifiance,

Que Jhesu par sa grant puisance

Li ad en son regne aleve

En sa pardurable clarete.

　　Veirement il avint issi,

Cum escrit est e jeo le vus di,

Que apres que seint Edmund li ber,

3320 Dunt vus me oyez ci cunter,

Suffrit e morte e passiun

Pur lamur Dieu e pur son noun,

Que d'Engletere les parties

Teneient plusurs segnuries

E mulz plusurs reis i aveient,

Lur realmes quil teneient,

Plus quil ni out avant ne apres ;

Meis Estangle trestut ades

Ert sanz rei e sanz chief segnur ;

3330 Que de tuz les pais de entur

Ni out grant ne maien ne mendre,

Qui osast segnurie en prendre

Sur la tere al seintim rey ;

Nul nen osa prendre sur sey ;

De grant manere le douterent ;

Kar en lur curages noterent

Que bien deit estre e reis e sire

Del pais ou suffrit martire ;

Kar mult ben aveit deservi

3340 Vers Dampne Dieu e bien meri

Que nul reis charnel poeste

Oust sur li en son regnee.

　　En cel contemple i aveit

Un rey qui mult prodomme esteit :

ib., § 1.

En Westsex fu son regnec,
E si ert Eadred ^a appele.
En son tens cristiente fu
Bien eshalcie e meintenu,
Partut Engleterre envirun,
3350 Fors sul en la terc al barun
Seint Edmund ; la fu esquaisie,
E de grant manere abaisie,
Par Daneis qui i converserent,
Qui apres Yngar remis i erent.
E cele folur quil maintindrent,
Quil pur sen en lur guyse tindrent
Par tut Engletere volcient
Fere errer si il poeient.
Meis Eadred li reis dreiturers,
3360 Ki mult esteit bon chivalers,
Les abaisa de lur folur,
E les fist meint deshonur.
Quant Daneis od lur grant acost
Sur li veneient od lur ost,
Sovent feiz pur guerreer
Tuz jurs fu lur li encombreer.
Li rey Eadred pas ne les ama,
Meint en occist e meint tua,
E meint fist en vie escorchier,
3370 E meint ardeir e meint neir,
E meint fist les membres cuper,
Kar unkes jour ne les pout amer.
Mult par hait lur veisinage ;
Unkes ni vindrent sanz damage.
Cest bataile, icist haanz,
Dura entrels entur cink anz,
Que unkes li felun vassal

Reign of
Eadred
(Etheredred)
in Wessex.

fol. 21.

He defeats
the Danes,
and turns
them out of
the country.

ᵃ The list of kings agrees with that of Hermannus, as given in the Cottonian MS. Tib. B. II. In the | MS. used by Martene, and now in the National Library at Paris, the passage is omitted.

Ne porent tenir nul estal
Cuntre Eadred le rey hardi,
3380 Ki sur tut rien les hai,
Ki tuz jours les descomfist,
Kar mult ferement les requist.
Quant les Daneis, serfs al mal fe,
Veient e se sunt purpense,
Quil ne porent plus mal feire
En la tere ne plus contrere,
En mer entrent od lur navie ;
Si vunt siglant vers Normandie.
Cum il ainz porent ariverent,

They invade
Normandy
and France.

3390 E parmi la tere en passerent,
De Normandie tut le frunt.
Tant unt erre que venu sunt
En France dreit devant Paris ;
Si unt entrels lur conseil pris,
Ke la cite par force prendre
Voelent, sil ne se volent rendre
A els, e feire les homage,
E rendre chescun an chevage.
¶ Meis Charles li Chalf, qui rei fu
3400 De France, est tost contrels venu
Od ses Franceis e od sa gent,
E les desconfist errantment ;
Si les fist fuir e turner
O hue leve vers la mer.
Mulz en occistrent en fuant
Li chivaler e li servant ;

Charles the
Bald drives
them to
their ships.

Mulz en i out nafrez a mort,
Ainz quil venisent a port,
Ou il ariverent enceis.
3410 Tant les menerent li Franceis,
Que mulz en unt nafrez e pris ;
Par force les unt en nefes mis.
E Charles le Chalf od sa gent
Reveit en France errantment.

E les Daneis mult tost lur nefes
Aprestent, e levent lur trefes,
Cum ainz porent arive vindrent;
Unkes puis en France ne revindrent;
Les cols de France tant doterent,
3420 Ki fierement les encontrerent.
¶ Li Daneis, li Dieu enemi,
Sen sunt en halte mer fui.
Uncore ne voleient pas cessier,
De lur grant rage demener;
Ainz cuillierent errantment
Grant companye e mult grant gent;

The Danes
fit out a
stronger
fleet than
ever, and
harry many
lands.

Mult greindre quil naveient enceis,
Quant les descomfistrent Franceis.
Si alerent de tere en tere,
3430 Ardant, robant, feisant grant guerre,
E quanquil surmunter poeient,
De fiere morte morir feseient.
¶ Les feluns Daneis, la gent sote,
Demenerent ceste riote,
Tant que derichief returnerent
Vers Engletere e ariverent.

They return
to England,
where
Alfred is
now king.

Kar il voleient Engletere
E assaylir e conquere
De vn rei, Alure aveit noun,—
3440 Frere fu Eadred le barun,
Le rei qui regna devant li;
Prodommes furent ambedui.

Meis ainz quil al rey asemblasent,   fol. 21 b.
E quil de rien i aprochasent,
Si enveia la Dieu pusance
Sur els cele ire e cele pesance,
E seint Edmund le bon martir,

St. Edmund
sends pesti-
lence upon
them.

Ki de rien ne ama lur venir;
Kar il les mist tost a la morte
3450 Sanz recourer e sanz resorte,
Pestilences fortes e fieres,

Denfermetez de plusurs maneres
Les feri si subdeynement
Que lur feit devint a nient.
Quant Alure le rei loy,
Ke si furent aneinti
Par les merites seint Edmund,
Dunc suspira de quer parfunt ;
Si loa Dieu e le martir ;

Alfred
honours the
saint while
he lives.

3460 En plorant ne se pout tenir ;
Le corseint, tant cum il vesqui,
Ama, honura, e cheri.
    En cel contemple que dunc fu
Ne mustra Dieu nule vertu
El liu ou li corseint giseit,
E ceo esteit a mult bon dreit.
Kar cels qui i erent conversant
Ne esteient mye bien creant ;
E si Dieus miracles i fist,
3470 Nul ne nota ne lescrit,
Ne nule ne sen parveit,
Kar lur creance fieble esteit.
Meis un apostoile out a Romme,
Martin out noun, treseint homme,
Qui une partie ad tramys
De la croice ou Jhesu fu mys,

Sax. Chron.,
a. 883.

Pope Martin
(Marinus)
and Alfred.

En la tere al rei Alure,
Kar oi aveit de sa bonte,
Que bon cristiens fu li reis,
3480 Sage homme, mult pruz e curteis.
E par la requeste Alure
Li out la pape grante
A lescole englesche tut dis

Herm.
(loc. cit.).

La franchise dunt fu requis.
Par ces reliques quil tramist,
Par la grace de Jhesu Crist,
Lapostoile al rey Alure
Enueia la cristiente.

¶Ces reliques sunt bien gardez,
3490 E cheriez e honurez,
En Engletere a grant honur,
Cum dreit est, jesqua cest jour.
Apres ces fesances fini, *Death of Alfred.*
E de cest secle departi,
Alure, li reis honure,
E apres ses jours, corune
Fu li vielz Edward en le pais. *Edward the Elder.*
Si en fu reis poestis,
Meis mult poi de tens il dura.
3500 E apres ses jours si regna
Rey Athelston, li bon barun ; *Athelstan.*
E puis un rei, Edmund out noun, *Edmund.*
E le rei Ealured autresi, *Edred.*
E apres li le rei Edwi. *Edwy.*
E puis Edgar son frere apres *Edgar.*
Regna en le pais tut ades.
Quant cil fini, ou tost ou tart,
Si regna le seint rey Edward ; *Edward the Martyr.*
E apres ses jours si regna
3510 E la regiun governa,
Un rey qui ert Aielred clame, *Ethelred.*
Qui mult ama cristienete,
E en ses ovres vereiment
Si mustra Dieu omnipotent, *In his time many miracles wrought through Edmund.*
E fist meinte bele vertu
Pur seint Edmund son tres cher dru,
Que li evesque e li abe,
Prestre, diacne, clerc, lettre,
Mistrent en escrit errantment ;
3520 Dunt ore vus dirrai en present
Une bele miracle, une grant vertu,
Coment avint e comment fu.
Hermannus, § 2. ¶Lestoire dit, e pur veir cunte,
Quil avint si, que un vescunte,
Lefstan out noun, si fu nome,

Vescunt esteit del cunte
fol. 22.
Ou le cors seint Edmund giseit,
The story of
Leofstan
the sheriff.
Meis sur tute rien fel esteit.
Cil ne volt unkes fere honur
3530 A seint Edmund le cher segnur,
Meis tut le mal e la contraire
Quil poeit e sout a suens fere.
Meis sa guere sur sei verti ;
Kar seint Edmund bien li rendi
Le mal, la peyne, la grant perte,
Quil out de li long tens suferte.
Dieu se coruscea mult forment,
Si enprist de li le vengement.
¶Si avint dunc, que cil vesquens
3540 Leva matin en este tens ;
Ceo fu le primer jour de May,
Que del soleile sunt cler li ray ;
Quant leve fu e apreste,
Si en vait tenir son cunte
De suz la vile seint Edmund,
E une place deleez un munt,—
He holds
court at
Thinghow.
Thinghowe lapelent la gent ;—
Meint homme i ad este dolent ;
vol. i., p. 31.
La homme soleit les batailes fere,
3550 Meint homme i ad eu contraire.
Ilukes tint il son cunte,
Sicum il fu acustume,
Pensant, eginnant, coment
Il puise enginner povre gent
E coment il les mette apert
En forfez sanz lur desert.
Sicum cil entur ceo molle,
Si troveit escrit en son roele
La femme qui ert vers li forfeite,
A woman
cast in a
suit,
3560 E sulum lescrit enfraite.
Cele ert triste, murne, e marrie,
De grant manere espurie,

Qûe li vescunt en son record
Ne la feist juger a mort.
Mult par duta la vie perdre ;
Ne saveit alure ou aerdre ;
Meis tries vn tries altre sen vait,
E al fertre seint Edmund se treit.
La quida aver guarisun flees to the
martyr's
shrine.
3570 De morte e de destrucciun,
Que unke le vescent nel sout,
Ne nul de soens qui of hout.
La cheitive feme esgariee,
Ke mult par fu espontee,
Gist devant la chase al martir,
Plurant e gettant meint suspir,
E pria Dieu devoutement,
E le seint martir ensement,
Que, sicum il est poestis,
3580 La garde de tuz ses enemis.
ʃʃKant le felun Lefstan le sout,
Ke la femme que en plait mis out
Sen fu fui al muster,
Nen out en li que coruscier.
Ses hommes mult tost apela,
E irrement comanda
Ke le muster mult tost cerchasent, Leofstan
sends his
men to
arrest her.
E la femme tost li menasent.
E ses serjanz tuz errantment
3590 Vnt¹ fere son comandement.
Il alerent dreit al muster
Pur quere la povre mulier.
Quant il vindrent trove lunt,
Devant le fertre seint Edmund,
E mult egrement demanderent,
A cels qui entur le fertre erent,
La femme qui out este le jour
Jugie devant lur segnour.
Un de plus anciens respount,

---

¹ *vunt?*

3600   Que ele ert entur seint Edmund ;
         Prestre ert, e un diacne od li ;
         A piez se drescent ambedui,
         E respunderent errantment
         Que il noserent naient,
         Homme ne femme, a els liverer,
         Ki ja pur sa vie sauver
         Fust venu al seint a garant ;
         Nel fereient,[1] ne tant ne quant.
         Kant les serjanz ceo oyerent,
3610   Irrement entrels fremierent,

fol. 22 b.

         Kar il noserent contredire
         Que comande les out lur sire.
         Ainz corurent tuz par hair
         Dreit a la fertre le martir,
         Ou la povre femme giseit,
         Ke mult sovent Marie crieit.

This they
do in spite
of protest.

         Il la pristrent mult cruelement,
         E treistrent felonessement
         La cheitive povre mulier,
3620   Par poinz, par piez, hors del muster.
         Quant les clercs e cels qui esteient
         Quen entur le martir ceo veient,
         Ke cels vnt fet cel grant rage,
         E al martir si funt ultrage,
         Deluc sen alerent tut dreit,
         La ou li seint martir giseit.

The
guardians
of the shrine
invoke St.
Edmund.

         Lur set psalmes comencerent,
         E devoutement les verseilerent,
         E la leteinie ensement,
3630   Od lermes mult devoutement.
         Dieu prient de fin quer entier,
         E le bon corseint del muster,
         Quil mustre sa pussance,
         E del surfeit prengne vengeance.
         Dunc avint si, quentre cest feit
         Lessa li fel vescunt son pleit,

---

[1] _freient_, MS.

Pur la femme que aver voleit,
E si ala a grant espleit;
E se hasta vers le muster,
3640 Ou il teneient la mulier
Qui pur li enveie erent;
Auis li fut que trop demorerent.
Cum il en cimiter entra,

Leofstan is
suddenly
struck dead.

E sicum il mielz erra,
Si sa restut sempres an eire
A une tumbe de un proveire,

vol. i., p. 32.

Ki quant fu vif Bonde ert clame
La se est li vescunt areste;
Il nalast avant pur nul plait.
3650 Pur le grant pechie que aveit fait
Dieu le en getta de sa vie,
E li diable resceive le malbaillie
Vereyment en sa companye,
Pur son pechie, pur sa folie.
⁋Sicum ses hommes ceo virent,
La povre femme deguerpirent,
E corurent tuz trez vasez
A lur segnur qui fut devez,
Plurant e criant mult forment
3660 Pur lur segnur dunt sunt dolent.
E puis tantost cum il vindrent,
A peyne e dolur le tindrent.
A cel vie Dieu li puissant
Fist deus miracles mulz granz,
Le un ke delivera la mulier
De peril de morte dencumbrier,
E lautre fu ke li vesquens
Fu sudeynement hors de sens,
Par seint Edmund, le treseint rey,
3670 Qui en desdein out son desrey.
⁋Cil cheitif, cil Dieu enemy,
De ceste vie departi,
Male fin out e male mort

Par ses culpes e par son tort,
Sicum lorent li malfe
En ceste vie enfantosme.
Si firent il mult grant vergoyne
A son ord cors a sa charoyne,
Que tere nel poeit sufrir,
3680 Ne sepulture retenir.
Meinte feiz de la terre issi,
Puis kum lout ensoveli.
La gent nel poerent endurer

The manner
of his burial.

Plus longment, meis aturner
Feseient le quir dun tor mult grant;
Si feseient mettre maintenant
Cele orde charoyne, cel cors,
E puis coustre forment dehors,
E treynerent errantment
3690 Hors de la vile e hors de gent,
E en une orde putel que ert parfund
Le feseient getter jesque a founz,
Une piere a son col pendu,
Ke a funz lad bien tenu.

fol. 26.

Un autre fez, en tens deste,

Miracle.

Hermannus,
§ 3.

Si mustra Dieus sa poeste,
Quil fist de un fort rei felun
Pur lamur de seint Edmun,
Pur qui Dieus nostre salveur
3700 Fist grant vertu e grant honur.
Cil felun rey si out noun Suayn;[a]
De grant felonie esteit playn;

---

[a] Instead of continuing to follow Herman, who, after introducing Sweyn, immediately connects him with St. Edmund and the faithful Egelwin, Denis seems to have resolved to give an independent account of Sweyn's raids upon England; though no doubt he would have, with Herman, Florence, and Malmesbury, made the conclusion of them consist in the judgment on the tyrant, executed by St. Edmund himself. But the MS. breaks off imperfect, just after the mention of the treason of the four northern earls (p. 250).

De cest secle mult artilus,

E des ovres Dieu ublius.

En Danmarche ert son regne,

Sa richesce e sa poeste.

Cil rey ses veisins mult hai,

E de tut son poer laidi.

Kanquil pout de mal les soleit fere,

3710 Meis puis li turna a contreire.

Celi reis aveit en sa bailie

De plusurs gent grant companye ;

Kar Daneis, Suaneis, e Guteis,

E Westwikins e Winedeis,[a]

E mult des genz dautre contres

Le siwirent pur lur soldes,

Ke les doneit e prometteit ;

A grant merveile gent aveit.

¶Dunc ert al rei Suayn bien avis,

3720 Kil poeit chescun pais

E chescune tere conquere,

Od son grant host e od sa guere.

Dunc fist asembler errantment

Tut son poeple e tute sa gent ;

Sa tere asist e ordena,

E ses assises i mustra,

Sicum fist son ancestre ;

Tant cum il vesqui si pout bien estre.

Puis fist sa mesnee aturner,

3730 E od sa gent se mist en mer.

Bon vent ount a lur talant,

Vers Engletere vunt siglant.

Quant a la tere arive sunt,

Sweyn, king of Denmark,

with the nations in his pay,

sails to invade England.

---

[a] *Guteis—Westwikins—Winedeis.* That is, the Goths of Gothland, the Western Vikings, and the Wends. The relations, whether of peace or war, between the Danes and the Wends, a Slavonic people living to the south of the Baltic, were close and continuous at this period. Cnut in 1014 " undertook . . . " . . . an expedition against the " Wends" (Lappenberg [Thorpe], ii., 225).

Robent aval, robent amunt ;
Tant roberent e tant pelferent,
En Northfolc ou ariverent,

Quil unt mul grant aver conquis
Par la tere e par le pais.
Tant se longuerent de lur port,
3740 Quil sunt venu dreit a Tiefort.[a]

Meis iluc les covint atendre,
Kar la tere les volt defendre.
ʃ Un riche homme de cel pais,
Chivaler bon e de grant pris,
Hardre, pruz cum leun,
Vlfeketel[b] aveit il a noun.

Il se combati ferement
Od sa mesnee e od sa gent,
E les Daneis tut autresi,
3750 Qui mult furent pruz e hardi.
Mervelus coupes[c] sentre donerent
Dambes parz, kant se asemblerent.
La veissez les grant melleies,
Granz coupes de haches e despeies,
Tant poinz, tanz piez, tanz chiefs voler,
Tantes lances truncuncr,
Tanz chivalers escervelez,

E tanz occis e tanz nafrez,
Tant espandre sanc e cervele,
3760 E treincr tante bocle,
Tanz escuz a or estroyr,
Tante blanche broine falser,
Tantes lances fraindre e crussir,

---

[a] *Tiefort.* Thetford.
[b] The Saxon Chronicles and Florence have many notices of Ulfketel, earl or ealdorman of East Anglia. He was a benefactor to St. Edmund's monastery (*Cod. Dipl.*, No. 1349), which perhaps explains the highly laudatory mention of him here.
[c] Comp. *Chanson de Roland,* 1397 :—
  Franc e paien merveilus colps i
    rendent.

Tanz hommes mors envers gisir,
Tanz seites e tanz darz
Treier e lancer dambes parz,
Qui trepercent quir e coraile;
Escu ne haubert ni vaut maile,
Ke tut ne trespercent li dart,
3770 Ni ad ose lanier ne cuart.
¶ Vlfeketel e les soens od sei
Ert en le frunt del primer cunrei,
Que quanquil ateint ad cravante,
Nul apres son colpe ne se a vante,
Kil ne puisse, sil volt bien dire,
Ke ja mester ni avera de mire.
E le rei Suayn del autre parte
Se conteint cum e leopart,
Ki se cumbati mult ferement,

fol. 23 b.

3780 Kanquil ateint parmi li fent.
La bataile oust bien vencu,
Kant il ad choise e veu,
Detries sei une companye,
Une mult grant chivalerie,
Ke Ulfeketel i out enveie
Ke de guere esteit vezie,
Privement ad recelee
Par une sutive valee.

Ulfketel's men are reinforced.

Il furent set cenz chivalers,
3790 E quatre cenz des archiers,
Ki pres les chivalers armez
Veneient le petit pas serrez;
Si as chivalers surde destresce,
Quil les seient fortresce.
¶ Kant li rei Suain e son vassal
Les vit surdre devers le val,
Il ad dit a ses plus privez,
Enginez sumes e gabez;
Viez cum grant gent la surt,
3800 Ne quide que nul de nus returt

Q 2

James al pais dunt essimes,
Folie fu que cea venimes.
Meis contenum nus sagement,
Cum pruz e hardie gent.
Le dareyn conrei se combate,
A cels si les movent barate,
E vus cea a mielz que purrum
Vers Ulfeketel combaterum.
Ulfeketel ert delautre parte ;

3810 En sa main destre teint un dart.
Quant il ad choise sa gent
Del val surdre serrement,

In a fresh
battle.

Il e les suens tuz a un cri
Unt Suayn e les suens esbai ;
E cels del aguet les requierent,
Ki unt de rien ne les esparnierent.
La veisiez tel corusseiz
De lances, e tel chapleiz
De haches, despees, de branz,

3820 Dunt il donent les cops mult granz.
Le rey Suayn veit quil ad nul ados,
E de tutes parz est enclos.

The Danes
are utterly
defeated,

De ses plus mortels enemis ;
Mult en est dolent e pensis.
Ne ne veit liu que il se venge,
Ne seit quel conseil en prenge.
Kar Ulfeketel e sa gent
Des soens occient cent e cent.
Lur estre ne valt mes un as,

3830 Kar de cumbatre sunt si las,
Quil ne se poent mes ayder.
Il veient bien lur encumbrer,
Quil ne poent aver repos ;
A Ulfeketel turnent les dos.
Parmi les cunriez del aguet
Sen fuirent tut entreset.
E Ulfeketel e sa mesnee

Les feseit mult grant hachiee,
Ke a dos les vunt en chaceant,
3840 E par centeines occiant.
Tant en occistrent les Engleis,
Des feluns, des engres Dancis,
Bouche de homme ne numbrast mie,
Tanz perdirent iluc la vie.
Tanz sunt morz, e tanz sunt occis.
De set mil ne eschaperent vifs
Fors soulement cessant e set.
Cels en meine Suayn, qui sen vet,
Mates e descumfiz vers la mer,
3850 Sachez, nun cure de sujorner,
Kant furent a lur nief venuz,
Ne erent mie lentes ne peresceuz ;
En halte mer tost mis se sunt,
E vers lur pais se revunt

Flor., a.
1010.

Ringhemere [a] est icil liu dit
Ou Dancis furent descumfit.
E Ulfeketel pas ne sojurne ;
Vers seint Edmund mult tost se turne ;
Dieu merci le rei de glorie,
3860 E le seint rei de sa victorie,
Par qui grace il ad Suayn vencu,
E descumfit e confundu.
Pur veir vus di que dunc regna,
E tut le pais governa
D'Engletere tut envirun.
Un rei qui Aieldred out noun,

Margin notes:
with great
slaughter,

the remnant
put to sea.

Ringmere is
the place
where the
battle was
fought.

fol. 24.

---

[a] As Denis confounds the battle fought at Ringmere in 1010, between Ulfketel and Thorkill, with that between Ulfketel and Sweyn in 1004, it seems reasonable to infer that the whole of the preceding details of the supposed victory are imaginary. The battle at Ringmere was not a victory for the English, but a defeat. It is mentioned by Snorro (Lappenberg, ii., 215), but ascribed to a wrong year. Ringmere (Lapp., *loc. cit.*) is supposed to be identical with Rushmere Heath near Ipswich.

Ethelred a
worthless
king.

Cil ne osa unkes manier
Escu, ne brand nespeie balier,
Ne autre arme vers son enemi,
3870 Tant out le quer anaienti.
E tant ert coart e chalus,
Malveis, laners, e pourus
E ne pur quant meinte contreire
Fist il a soens e meint desfaire;
Fist il a tort e sanz reisun;
Tant par ert en crisme [a] felun.

Four earls
then ruled
the north.

Quatre pruz hommes en le pais
Vers le north erent astais;
Mult furent cil quatre prodomme
3880 Bons e leaus; ce est la summe.
Meis li reis en he les coilli,
Pur ceo quil[1] erent pruz e hardi,
Les baruns a la morte mettereit,
Mult[2] volentiers sul poeit.
Cels quatre baruns qui li reis
Hai tant, orent nuns Engleis;
Ne furent pas nomez Richer,
William, Robert, ne Gauter;
Meis le un dels out nun Leofwine,[b]
3890 E lautre ert clame Aelfwine,[c]
Le tirce Siverz, le quart Markiers.[d]
Mut par furent bons chivalers.

They were
not Nor-
mans, but
English-
men;
Leofwin,
Alfwin,
Sigferth,
and Morcar.

---

[1] *qui*, MS. | [2] *mul*, MS.

---

[a] *Crisme.* Does this refer to the story told by Malmesbury (*Gesta Regum*, 185, Rolls ed.), of the sullying of the font at Ethelred's baptism?

[b] A Leofwine, the king's high reeve, was killed in battle in 1001; after him, there was no distinguished person of the name before the Leofwin, one of earl Godwin's sons.

[c] No Ælfwin is recorded as having held any high post at this time.

[d] *Markiers.* The names of Sigferth and Morcar are evidently taken from the great thanes of the Five Burghs so named, murdered by Edric in 1015.

E sunt del rey forment hai,
Meis il erent bien guarni;
Ne les hai pas pur lur folur,
Meis pur pruesce e pur valur,
Dunt duiz sunt li quatre barun
Pur ceo les heit li reis felun.
Mult erent riches de grant fin,
3900 Cil quatre barun palain ;
Kar tute la tere esteit lur,
Sicum la mer lenclost entur,
Descoce jesqua Gheniesburc ;
Nenout cite [1] chastel ne burc,
Dunt il ne fusent chef segnur;
Tut le mielz d'Engletere ert lur.
Li reis les hait mult forment,

Ethelred hated them.

E il le rey tut ensement.
Engin queisent volentiers
3910 Qual rey sursissent encumbriers,
E feseient il procheinement
Al rey doel e grant marrement.
Il pristrent de lurs quatre sages,
E tramisterent en lur messages ;
E Danemarche le tranmistrent,
E les comanderent e distrent,
Quil saluasent Suayn le rey

They sent messengers to Swayn, inviting him over, and offering to hold their earldoms under him.

De lur part, chescun endreit sey,
Cum lur tres lige segnur,
3920 De qui tendreient lur honur.
Sil volsist venir en le pais,
Reis en sereit poestis ;
De la tere, de la segnorie,
Avereit il la grendre partie ;
Volentiers le resceyverunt,
E tuz homage a li ferunt ;
E a li liverunt del pais

---

[1] *erite*, MS. ; sed vide v. 3931.

Tut le mielz, sulum lur avis,
Cumberland e Westmeriland,
3930 E trestut Northumberland.
Ne avera chastel, cite, ne burc,
Descoce jesqua Gaynesburc,
Foreste, chace, ne pescherie,
Dunt il nen avercit la segnorie.
¶ Les messagers se sunt turne,
A Danemarche en sunt ale.
Al rei unt dit tut lur avis,
Pur quei il erent tramis.

Swayn
receives the
messengers
well,
Quant le rey Suayn loyt, mult fu lee,
3940 Unc tant de rien ne fu haitee.
Les messagiers bel apela,
E ausi mult les honura,
E si les fist mult bele chere,
E honura de grant manere.
E les fist sujourner noblement,
Tant cum lur vint a talent;

fol. 24 b.
E kant il sen voldrent aler,
Mult riches dones les fist doner,
E puis son conge les dona,
3950 · E ces paroles les livera.
¶ Amys, fet il, vus en irez,

and pro-
mises to
come over.
E vos segnurs me salurez,
Cum les plus tres chers amys,
Que jeo aime tant cum sei vifs,
E tuz cels del north autresi;
Dites que jeo lur mand defi;
Quen cest an les vendrai veir,
Si jeo ma sante puis aveir.
¶ Cels revunt en lur tere dreit,
3960 E ceo que Suayn dit les aveit,
Noterent les quatre messages
En privete a lur segnurages.
¶ Meis Suayn ne sest pas ubliez,
Ainz ad tuz ses baruns mandez;

Son conseil lur ad descovert,
E bien les ad dit en apert,
Que tuz se aprestent cum a guere,
Kar aler volt en Engletere.
Puis fet tute sa gent banir,
3970 E gent comencent a venir.
Deus tant de poeple asembla
Quil nout quant il primes ala
En Estangle, ou se combati
A Ulfeketel qui le venqui.
Li reis Suayn bien les soldeia,
Riches soldes les dona
Ainz quil se meissent en mer;
Ne les voleit plus demorer.
Puis fist mettre sa gente banie
3980 En halte mer od lur navie.
Puis se mist li reis en sa nief,
E fist drescier mult tost son trief.
Od sei ne mene, tant ne quant,
Ne parent ne femme ne enfant,
Fors soulement son fiz Knout
Amena od sei quant il se mut.
Dunc siglent e nagent tut dreit
Vers Engletere a grant espleit.
Tant siglerent e tant corurent,
3990 Quil virent bien e conurent
D'Est-Engletere le graveir,
E les falcises blancheier.
Dunc apela Suayn le rei
Son mestre mariner a sei;
Siglez me, fet il, beals amys,
Trestut dreit devers le pais,
Ou jadis solei ariver;
La voldrum a nute hosteler.
Li mariner issi le fist,
4000 Cum Sueyn son segnur dist.
Od lur estoire sunt entre

A.D. 1013.

He musters
twice as
great a force
as before,

and sets
sail,

taking his
son Knut
with him.

The fleet
arrives at
Yarmouth.

En Gernemue e arive.

¶ La novele est tost espandue,

Ke le rey Sueyn est a Gernemue.

A Ulfeketel vint la novele,

Saver poez, ni li fu bele.

Ulfeketel esteit a cel tens

De deus cuntez lur vesquens.

La gent del pais asembla

4010 Devant li; si les demanda

Quel conseil il en purrunt prendre,

Kar ne se purrunt pas defendre

Vers Sueyn, qui si sudeynement

Est sur eus venu od grant gent,

E ki tuz les voult a mort retraire,

E destrure sil poeit faire.

Kar tres bien le savez en fin,

Que Sueyn est plus fel que mastin.

Ja vers li ne troverum grace

4020 Quil nus doint un sul jour despace,

Quil ne nus face une nuaie,

E nus nen avum nul aie.

Ne nul conseil de nostre rei,

Ne nul confort, ne nul agrei,

Qui nus devereit trestuz aider,

E maintenir e conseilier.

Meis si tant de respit en usse,

Ke jeo gent assembler pusse,

Ja Sueyn ne ireit de cest pais,

4030 Quil ne fust descumfit e pris.[a]

---

[a] Here the MS. breaks off; the catchwords at the foot of the page are, " E ses amis li respundi."

PROCESSUS ELECTIONIS DOMINI
SYMONIS ABBATIS.

PROCESSUS ELECTIONIS DOMINI SYMONIS ABBATIS.

(*Reg. Kempe*, Harl. 645, f. 203.)

Omnibus Sanctæ Matris Ecclesiæ filiis præsentes litteras inspecturis vel audituris, Simon prior Sancti Edmundi et ejusdem loci conventus salutem in Domino sempiternam. Universis et singulis tenore præsentium significamus, quod, ecclesia nostra per mortem venerabilis patris Eadmundi abbatis nostri pastoris nuper solacio destituta, tandem impetrata, prout moris est, a domino rege licentia eligendi, certo die, videlicet die Sancti Illarii ad eligendum deputato,—Vocatis etiam [et] in capitulo nostro præsentibus omnibus qui debebant, volebant, et commode poterant interesse,—lecta etiam et recitata in communi constitutione [1] concilii generalis,—viam compromissi elegimus, septem de fratribus nostris,—videlicet Stephano infirmario, Nicholao hostilario, Johanni precentori, Roberto camerario, Hugoni tertio priori, Ricardo sacristæ, et Matheo quarto priori—eligendi potestatem committentes, et unanimiter concedentes ut ipsi septem, vel major pars eorum, vice omnium nostrum nobis et Ecclesiæ nostræ ex se vel ex aliis de pastori providerent. Ut igitur quod a nobis sic gestum est omnibus et singulis notificetur, paginam de consensu et voluntate omnium et singulorum nostræ congregationis, qui volebant, debebant, et commode poterant interesse, sigilli nostri appositione roboravimus. Actum in capitulo nostro supradicto die Sancti Illarii. Anno gratiæ M°CC° quinquagesimo sexto.

Circular letter of the prior and convent, announcing the death of Edmund de Walpole, and notifying the procedure adopted for the election of a new abbot. Jan. 14.

A.D. 1257. Jan. 14.

---

[1] *in constitutione*, MS.

A.D. 1257.

Commission
to the seven
electors.

2. Simon prior Sancti Eadmundi et ejusdem conventus, dilectis fratribus Stephano infirmario, Nicholao hostilario, Johanni precentori, Roberto camerario, Hugoni tertio priori, Ricardo sacristæ, Matheo quarto priori, salutem in Domino. Ne ecclesia pastore viduata solatio pastoris diutius destituatur, potestatem nobis et ecclesiæ nostræ providendi pastorem et abbatem de vobis et aliis vobis committimus;[1] ratum habentes et firmum quicquid vos[2] omnes, vel major pars vestrum, per electionem canonicam agere duxeritis in hac parte. Quod ut firmum maneat et stabile, tenore præsentium sigillo capituli nostri signatorum vobis notificamus. Datum in capitulo nostro, anno Domini etc.

Writ of
election,
nominating
prior Simon
as abbot.

3. In nomine sanctæ et individuæ Trinitatis, Amen. Nos, Stephanus infirmarius, Nicholaus hostilarius, Johannes precentor, Robertus camerarius, Hugo tertius prior, Ricardus sacrista, Matheus quartus prior, monachi Sancti Edmundi regis et martiris, auctoritate et potestate a priore et toto conventu Sancti Edmundi nobis concessa, Sancti Spiritus consilio et auxilio invocatis, vice ejusdem conventus fratrem Simonem de Luyton, priorem nostrum, deliberatione inter nos præhabita, in abbatem nostrum Sancti Eadmundi regis et martyris eligimus et pastorem, præsentis electionis et provisionis nostræ decretum subscriptionibus propriis roborantes. Actum in capitulo nostro, anno Domini

Jan. 13. M^{mo}CC^{mo} quinquagesimo sexto in crastino Sancti Illarii. Et quod huic electioni fides adhibeatur, hoc decretum sigillo capituli nostri fecimus sigillari. Ego frater Stephanus subscribo. Ego Nicholaus ostilarius subscribo : et sic per ordinem.

Writ of
ratification
by the
convent.

Omnibus Christi fidelibus ad quos præsens scriptum pervenerit, Ricardus supprior Sancti Edmundi et ejusdem loci conventus salutem æternam in Domino. Universitati vestræ notum facimus nos ratam habere

---

[1] *committemus*, MS. | [2] *nos*, MS.

et firmam electionem factam de Simone de Luyton priore nostro per dilectos fratres nostros, Stephanum infirmarium, Nicholaum hostilarium, Johannem priorem, Robertum camerarium, Hugonem tertium priorem, Ricardum sacristam, et Matheum quartum priorem, ex compromisso nostro canonice celebratam. In cujus rei testimonium etc.

4. Sanctissimo patri et domino Alexandro, divina providentia summo pontifici, devoti filii sui Ricardus subprior et capitulum monasterii beati Edmundi pedum oscula beatorum. Dudum [a] ecclesia nostra pastoris solatio destituta, nos die ad eligendum assignata in unum convenientes, omnibus præsentibus qui voluerunt, debuerunt, et commode potuerunt interesse, Spiritus Sancti gratia invocata, ac constitutione generalis concilii pupplice in capitulo nostro recitata, dilectis nobis in Christo Stephano infirmario, Nicholao hostilario, Johanni precentori, Roberto camerario, Hugoni tertio priori, Ricardo sacristæ, et Matheo quarto priori, confratribus nostris et monachis, viris religiosis Deum timentibus, et, sicut credimus, bonum zelum habentibus, liberam et plenariam eligendi potestatem unanimi assensu commisimus et voluntate, ut vice omnium nostrum Ecclesiæ nostræ viduatæ providerent de pastore. Qui tandem, communicato inter se consilio, prout experimento didicimus, dilectum nobis in Christo Symonem de Luyton domus nostræ priorem, virum litteratum, providum, honestum, et sub professione regulari in Ecclesia nostra in officio prioratus et aliis officiis laudabiliter diutius conversatum, nobis unanimiter et concorditer elegerunt in abbatem pariter et pastorem. Cujus electioni postmodum, prout moris est jure, solempniter publicatæ

Letter from the convent to pope Alexander IV., requesting him to confirm the election.

---

[1] *et*, MS.

---

[a] Edmund de Walpole, the last abbot, died on the 30th Dec. 1255 (Battely).

A.D. 1257. expressum et benignum adhibuimus consensum, tam-
quam de persona ydonea celebratæ, forma constitutionis
prælibatæ in omnibus, sicut credimus, observata. Cum
igitur ejusdem electionis et electi confirmatio ad vos
pertineat, eoque monasterium nostrum ad Ecclesiam
Romanam nullo medio spectare dignoscitur, sanctissimæ
paternitati vestræ supplicamus humillime, quatinus
divine pietatis intuitu misericorditer nobiscum agentes,
et processum nostrum de solita sedis Apostolicæ
benignitate approbantes, electionem memoratam de
tam persona ydonea celebratam, cui electioni idem
S[ymon] prior consentit, dignemini auctoritate Apostolica confirmare. Ut autem tam de idoneitate personæ
electi quam de forma electionis et processu sanctissima
paternitas vestra plenius informetur, tres de fratribus
nostris et monachis, videlicet Robertum camerarium,
Ricardum hostilarium, et Willelmum magistrum de
hospitali ad pedes sanctitatis vestræ transmittimus.
Actum in capitulo etc.

fol. 179 b.
Appoint-
ment of
Robert
Russel as
prector at
Rome.

Sanctissimo patri in Christo et domino Alexandro,
Dei gratia summo pontifici, devoti filii sui Ricardus
supprior Sancti Edmundi et ejusdem loci conventus
devotissima pedum oscula beatorum. Ecclesia nostra
nuper per mortem venerabilis patris Edmundi abbatis
et pastoris regimine destituta, fratrem Simonem de
Luyton ecclesiæ nostræ priorem in abbatem eligimus
et pastorem. Ad cujus electionis confirmationem petendam, fratrem Robertum Russel, monachum nostrum,
procuratorem constituimus, ipsumque ad id petendum
ad pedes vestræ sanctitatis transmittimus. Actum in
capitulo nostro, anno Domini $M^{mo}CC^{mo}$ quinquagesimo

Feb. 2.

sexto iiij^{to} non. Februarii. Valeat sancta paternitas
vestra in Christo per tempora longa. (Unusquisque
de fratribus habuit talem.)

Appoint-
ment of
three proc-
tors with
power to

5. Omnibus Christi fidelibus ad quos præsens scriptum pervenerit, S[imon] prior Sancti Edmundi et ejusdem loci conventus salutem in Domino sempiternam.

Noverit universitas vestra quod nos constituimus dilectos fratres et monachos nostros, Robertum camerarium, Ricardum de Boylaunde, et Willelmum de Mildenhale sub alternatione procuratores nostros in curia Romana, ad contrahendum mutuum usque ad summam centum marcarum cum quibuscunque mercatoribus Florentinis vel Senensibus pro quibusdam negotiis ecclesiæ nostræ necesse in eadem curia Romana expediendis, quam pecuniam ab ipsis omnibus vel uno dictorum procuratorum nostrorum usque ad dictam summam centum marcarum receptam, tenemur et promittimus reddere et solvere apud Novum Templum London, uni mercatorum prædictorum aut eorum certo nuncio deferenti ac restituenti nobis literam præsentem sigillo capituli nostri sigillatam, una cum litteris unius dictorum procuratorum nostrorum de mutuo recepto confectis, sigillo ipsius simul cum sigillo autentico alicujus cardinalis sigillatis, termino seu terminis in eisdem litteris assignatis, et ipsam pecuniam in forma præscripta receptam in utilitatem monasterii nostri fore conversam confitentes. Obligamus nos et monasterium nostrum cum omnibus bonis nostris dictis mercatoribus usque ad summam prætaxatam. In cujus rei etc. Datum etc.

contract a loan with Florentine or Siennese merchants for the purposes of the election, the said loan to be repaid in London.

6. Sanctissimo patri in Christo et domino Alexandro, Dei gratia summo pontifici, devoti filii sui Ricardus supprior Sancti Edmundi et ejusdem loci conventus devotissima pedum oscula beatorum. Ecclesia nostra nuper per mortem venerabilis patris Edmundi abbatis nostri pastoris regimine destituta, fratrem Simonem de Luyton Ecclesiæ nostræ priorem in abbatem elegimus et pastorem, ad cujus electionis confirmationem petendum dilectum servientem nostrum Alexandrum de Brewrth,[1] et Ricardum de Frostenden clericum nos-

Appointment of two new proctors in the place of Robert Russel.

---

[1] Sic in codice.

trum, sub alternatione procuratores nostros constituimus, ipsosque ad id petendum seu eorum alterum ad
pedes vestræ sanctitatis transmittimus. Actum in
capitulo.

Extension
of powers to
the three
proctors
named in
§ 5.
7. Omnibus Christi fidelibus ad quos præsens scriptum pervenerit, Symon prior monasterii Sancti Edmundi et ejusdem loci conventus salutem in Domino.
Noverit universitas vestra quod nos constituimus
dilectos fratres nostros et monachos Robertum
camerarium, Ricardum de Boylande, Willelmum de
Mildehale, sub alternatione procuratores nostros in
curia Romana, ad impetrandum et contradicendum
necnon et in judices consentiendum, usque ad festum
Sept. 29. Sancti Michaelis. Et specialem concedimus eis et
eorum alteri potestatem loco sui substituendi alium
procuratorem nomine nostro, consimilem habentem
potestatem. Ratum habituri quicquid omnes prædicti
et eorum alter, seu ab ipsis vel eorum altero substi-
tutus, nomine nostro usque ad prædictum diem fecerit
sub hac forma. Datum etc.

Formal
election by
Robert the
chamber-
lain, one of
the seven
electors.
In nomine Patris et Filii et Spiritus Sancti. Amen.
Vacante monasterio beati Eadmundi, placuit capitulo,
vocatis omnibus et præsentibus qui voluerunt, debuerunt, et commode potuerunt interesse, die certo deputato ad electionem faciendam, viam eligere compromissi.
Et sic elegit Stephanum infirmarium, Nicholaum hostilarium, Johannem precentorem, Hugonem tertium priorem, Ricardum sacristam, Matheum quartum priorem, et
me Robertum camerarium cum eis, in quos potestatem
transtulit ut vice omnium deberemus providere monasterio Sancti Edmundi de pastore. Et sic nos Stephanus infirmarius, Nicholaus hostilarius, Johannes precentor, Hugo tertius prior, Ricardus sacrista, Matheus
quartus prior, et ego Robertus camerarius electi; vice
omnium nostrum et pro me de mandato ipsorum
fratrem Simonem de Luton priorem Sancti Edmundi

eligo in patrem et pastorem ipsi monasterio Sancti Edmundi. Actum in capitulo nostro etc.

Venerabili viro, magistro B. de Carkasona, canonico Nerbonensi, domini papæ capellano et familiari suus Gyfredus de Vezano, cameræ ipsius domini clericus, salutem et omnis in Domino prosperitatis augmentum. Persuasi fratri P. et procuratori monasterii Sancti Edmundi, ad Romanam Ecclesiam nullo medio pertinentis, exhibitori præsentium, ut in hiis quæ habet agere pro dicto monasterio vestrum requirat consilium et favorem, et omnino utat eisdem. Unde placeat vobis, quæso, si persuasionem meam observaveritis, sic prout vos deceat et expeditius videritis consulere et favere, ita quod hujusmodi persuasionem sibi profuisse lætetur. Valeat discretio vestra præsenti et æterno valore. Datum etc.ª

fol. 204.
Letter from Gyfred de Vezzano to canon B. of Carcassonne.

ª The circumstance that in this account of the election of abbot Simon no mention is made of any application from the convent to the king for leave to elect or for his confirmation of their choice, must probably be regarded as evidence of the weakness and unpopularity of Henry III. Under John, as we have seen (*Elect. Hugonis*, passim), the monks tried to adopt an independent course, but had reason to regret their boldness. At the election of abbot Thomas, forty years later, the consent of Edward I. to the choice of the convent was scrupulously and respectfully requested (*infra*, p. 307).

NARRATIO QUÆDAM DE PROCESSU CONTRA FRATRES MINORES QUALITER EXPULSI ERANT DE VILLA SANCTI EDMUNDI.

NARRATIO QUÆDAM DE PROCESSU CONTRA FRATRES MINORES QUALITER EXPULSI ERANT DE VILLA SANCTI EDMUNDI.[a]

(Reg. Werketon, Harl. 638.)

Merito igitur [1] pia fidelium devotione extat venerandus, qui sicut in cœlesti coram super-cœlesti ierarchia, una cum aurea [2] emanatione supercœlestis, in ierarchia subcœlesti multigena meritorum venustatur prærogativa. Nam peccatoribus indulgentiam impetrat, valitudinariis et quavis molestia gravatis incolumitatem procurat, naufragos de vita desperatos ad portum prospere transvehit; insectatos ab hostibus, aut insidiis appetitos, et quoscumque nefandos, ad suum asilum confluentibus sinum regiæ clementiæ pandit,[b] et ab omni hostium incursione secure protegit et defendit; et veluti ad suæ tutelæ patrocinia pie suspirantes, quacumque calamitatis energia desolatos, de regiæ libertatis clementia munimen protectionis impendit, sic suam libertatem, regali munificentia necnon auctoritate apostolica sancitam,[3] pertinaci temeritate irrumpentes, ac sua jura contorto valgio subsannantes, districta justitiæ animadversione

Encomium on St. Edmund.

---

[1] Lacuna in codice; supple "Edmundus."

[2] Lacuna ad tria vel quatuor verba sufficiens.

[3] *sanctita*, MS.

---

[a] Battely (*Antiq. S. Edmundi*, 102–105) gives the substance of this narrative, but greatly abridged.

[b] The writer seems to have forgotten how he commenced the sentence, but returns to the construction with the direct object before the end of it.

a suæ dominationis imperio   [1] et propellit.
Quod rei evidentia, celebri fama quaquaversum diffusa ;

The Friars
Minors had
long tried
in vain to
establish
themselves
at Bury. admodum est perspicuum. Sane cum religiosi ac venerabiles viri, fratres scilicet Minores, in municipio
beati martiris locum mansionarium, contra indulta
monachis ibidem commorantibus privilegia, diutino
astu optinere invigilassent, et effectum sui propositi,
adhibitis multimodis cautelis, assequi minime valerent,
denique intensiore supercilii bile incalescentes, a do-
At last they
obtain a
bull in their
favour from
Alexander
IV., mino papa Alexandro iiij[to] quoddam privilegium, juxta
ipsius nominis etimologiam, cumulato *non obstante* [a]
multipliciter vallatum exactissima instantia nacti sunt,
ut si, videlicet, ex pia fidelium collatione in præfata
beati martiris metropoli fundus eis concederetur, irre-
quisita abbatis et dictorum monachorum conniventia,
eundem locum de indulgentia sedis apostolicæ ad in-
relying on
which they
enter Bury, habitandum et ædificandum ingrederentur. Qua siquidem auctoritate magnifice freti, in cujusdam municipis
A.D. 1257.
June 22. prædium a boreali civitatis climate situm, circumventa
possessoris religione, anno Domini m[o]cc[mo]l[o]vij[o], x. kalendis Julii, clanculo se ingesserunt. Ubi, moræ im-
patientes, ac simultatis suæ molimina propalari formidantes, cætu fratrum celeriter aggregato, sub furvo
and hastily
establish
themselves
in a farm at
the north
end of the
town. noctis gallicinio, dum adhuc silerent omnia, in loco
non sanctificato, immo divinis misteriis tractandis in-
honestissimo, applicato super fœdissimam archam altari
portatili, missarum solempnia celebrare præsumpserunt.
Quorum inopinata intrusio, ut monachis ipsius civitatis præcipuis dominis palam innotuit, inæstimabili
consternatione percelluntur, universi arbitrantes se de-
lusos, suisque privilegiis irreparabile prejudicium im-

---

[1] Lacuna.

---

[a] *non obstante.* The well-known clause in a papal bull derogating from the effect of a previous instru- ment, or previous instruments, of a tenor inconsistent with the design of the present grant.

minere, eoque lacrimabilius ingemiscentes, quod, orbata
ecclesia per decessum[a] bonæ memoriæ Edmundi abbatis, omnimodo pastoris consilio et auxilio funditus
destituebantur. Quamobrem officiales monasterii, suam The officials
of St. Ed-
libertatem magnopere zelantes, fratres memoratos, in mund's
dicto prædio pariter adunatos, super clandestitio te- remonstrate
with them,
meritatis ausu modeste arguunt; monentes efficaciter,
quatinus a loco suæ jurisdictionis, contra privilegia
ecclesiæ beati martiris fraudulenter occupato, recedant
quantocius. Fratres autem, papali testudine [1] undique
se munientes, et facta sufficienti admonitione nullatenus eliminari ultro volentes, accersita monachorum and, remon-
clientela, mox diruto solo tenus ydoleo in quo cele- strance
being
braverant, cum adjacentibus ædificiis, omnes insimul vain, expel
them igno-
sine violentiæ injuria, etsi non absque ignominia, miniously.
digrediuntur extorres. Sed religio ubi Christus cubat
Matt. viii.
20. in meridie, ubi sunt ei deliciæ caput suum reclinare;
Luke ix. 53. vulpes habent foveas, et volucres cœli nidos; et quorum facies extat ut "euntis in Jerusalem," ad pacem
quæ exsuperat omnem sensum, intermissa patrisfa-
milias agricultura, respicientes retro, cum Pharaone
Israelitas suos insequuntur, Ægiptum fugientes. Nempe fol. 164.
prœlibati fratres, quibus uti apostolorum sequacibus
convincitur absurdissimum quæcumque sibi ablata repetere, asserente magistro veritatis, qui aufert quæ
tua sunt ne repetas, videlicet cum strepitu judiciali
et cum scandalo proximi—væ enim mundo ab scandalis—sui, inquam, divinissimi s'atus inmemores, fantas-
mata mentis acie omnium romipeta perniciores indilate
curiæ adeunt, contra monachos actionem injuriarum The friars
deponunt; cum secundum leges non videtur injuriam appeal to
Rome.

---

[1] *testitudine*, MS.

---

[a] *decessum.* Edmund de Walpole
died on the 30th Dec. 1255. Simon
de Luton was elected, as we have
seen (p. 254), in Jan. 1557, but was

only confirmed and blessed by
Alexander IV. in October (Battely, 101).

facere qui jure suo utitur. Et quamvis deceptis et non decipientibus jura subveniant, in omnibus tamen exauditi pro suæ religionis reverentia in tantum Romani pontificis animum contra monachos instigabant, ut papa, invective rescribens monachis, eos filios inobedientiæ immo hereticos et apostatas denominaret; insuper, inportune insistentibus fratribus, scribens domino Cantuariensi et decano Lyncolniensi, quatinus, non obstante aliquo privilegio seu appellationis remedio, dictos fratres in corporalem possessionem alterius areæ infra burgum Sancti Edmundi, in parte occidentali eis ad inhabitandum concessæ, auctoritate apostolica introducerent. Cumque præfati executores, videlicet Cantuariensis per commissarium, thesaurarium scilicet Herefordensem, decanus personaliter, ad exequendum mandatum sibi injunctum ad Sanctum Edmundum accessissent, et ingressi capitulum blandis suasionibus monachos ad suscipiendum fratres frustra conarentur;[1] [ac] deinde in parochiali ecclesia beatæ Mariæ sedentes, pro tribunali comparentibus in judicio partibus, post longas altercationes, auditis hinc inde propositis, in favorem fratrum negotium maturantes, prædictam aream adierunt festinanter. Quo assistentes, decanus, evulso statim de terra brevi surculo,[a] fratres in eadem area auctoritate delegata investivit. Sed monachi qui impræsentiarum aderant, non segniter agentes, contra hujusmodi investituram incontinenter appellaverunt; quinimmo, opponentes se viritim pro jure suo, tam ipsos delegatos quam fratrum conventiculum vix manibus innocentes instanter abegerunt. Igitur fratres, a mœniis beati martiris iterato proscripti, nova molientes versutiæ argumenta, instar ydræ sibi refor-

The pope writes severely to the convent, and enjoins the primate and the dean of Lincoln to induct the friars into another house in Bury.

The delegates come to Bury and invest the friars in the new premises.

The monks indignantly drive both delegates and friars away.

---

[1] *conerentur*, MS.

---

[a] Among the numerous forms of investiture in real estate mentioned by Ducange occur "per virgam" and "per virgam et cespitem."

mantis capita, monachos gravibus laboribus attritos
ac sumptuosis expensis aporiatos coram diversis judicibus conveniri, et ad loca renotissima, beato Fran-
cisco in conclavi forsan repausante, in jus vocari
fecerunt. Et cum plurimis dierum interstitiis alter-
catum esset inter partes, et fratres, jactura causæ suæ
affici formidantes, spreta judicum suorum jurisdictione
ad regium subpedium se conferrent, judices, here-
modicium contrahere non morantes, monachos ab ob-
servatione judicii absolutos fore decreverunt. Rex
autem, videlicet Henricus tertius, utpote vir pietatis
obsequiis passim intendens, crebris fratrum supplica-
tionibus geniculationibusque assiduis obnixius inter-
pellatus, directis ad capitulum Sancti Edmundi suis
apicibus, abbati et conventui pro dictis fratribus regiæ
dignationis intentas porrexit preces. Regina insuper,
et dominus Edwardus regis primogenitus, et quam-
plures Angliæ magnates, tum precibus blandimento-
rumque involutis, tum etiam literis comminatoriis, ut
monachi in gratiam fratres admitterent vehementer
instabant. Sed beati Edmundi pusillus grex, pro sui [1]
libertatis tuitione, ut mons stans immobilis, nec terrore concutitur, nec blandimento seducitur. Denique
rex, secretis fratrum suggestionibus, aliorumque instinctu et præcipue jugalis suæ importunitate subactus,
destinato in manu forti ad Sanctum Edmundam suo
justiciario, absque ullo beati martiris delectu, supradictos fratres, scilicet Minores, in possessionem areæ
prænominatæ regali potentia mandavit induci, anno
Domini videlicet m$^{\circ}$cc$^{\circ}$lvj^{to},[a] vigilia scilicet Translationis Sancti Edmundi. Quo in loco fratres, quamplu-
rima competentia religioni suæ construentes ædificia,

The friars, St. Francis being perhaps asleep, resort to wearisome litigation.

And also lay their cause at the foot of the throne.

Henry III., urged on by the queen and others,

in spite of the resistance of the monks,

causes the friars to be put in possession of the site in question.

A.D. 1256. April 28.

---

[1] Sic in MS.

[a] This date disagrees with that of Taxter and Matthew Paris, who both date the Franciscan intrusion in 1258 ; it is also inconsistent with what the writer had said as to the date of the first abortive attempt in 1257.

They raise buildings, and remain there six years.

monachis invitis et contra principis tyrannidem mutire non audentibus, sex et amplius annorum curricula contraxerunt.

Et quia præscriptione longi temporis eliditur actio illius qui deses est in petendo jus suum; lex enim persequitur desides; odiosi namque sunt desides et sui

After the death of Alexander IV. the monks lay their case before his successor, Urban IV., fol. 30.

juris contemptores, qui perpetua taciturnitate actiones suas exstingui patiuntur; ideoque, defuncto Alexandro papa,[a] qui fratrum extiterat currus et auriga, et substituto felicis recordationis papa Urbano iiij[to], diriguntur ex parte monachorum celeres nuntii ad curiam, qui domino apostolico derogationem privilegiis monasterii beati Edmundi illatam, prætextu supradictæ literæ a prædecessore suo fratribus Minoribus concessæ, et alia dampna et gravamina scriatim exposuerunt. Qui-

who, without revoking the bull of his predecessor,

bus auditis, protestatus est dominus papa, etsi non habeat imperium per imparem,[b] non decere tamen illam divinissimam sedem decreta et sancita suorum prædecessorum absque ardua et rationabili causa et de fratrum consensu in irritum revocare. Et quia apostolicæ sedi astruxit fore contraria, per operis effectum judicavit non agenda. Nam præfatis nuntiis exactissime ad pedes suæ sanctitatis negotium prosequentibus, factum sui antecessoris revocavit de plano, mandans in virtute obedientiæ provinciali et aliis

orders the Franciscans to pull down their buildings and abandon the ground.

fratribus Minoribus in Anglia commorantibus, quatinus non obstante aliqua impetratione a predecessore suo contra privilegia monachorum Sancti Edmundi martiris optenta, a loco quem tam illicite occupaverant dirutis ædificiis omnibus incunctanter recederent.

---

[a] Alexander IV. died June 12, 1261, and Urban IV. was elected three months later (Milman's *Latin Christianity*, vol. vi.).

[b] *per imparem.* The meaning seems to be, "although the power "which he held was plenary, and

" equal to that of any of his pre- " decessors;" *i.e.*, though he might have reversed at once what had been done at Bury in favour of the friars, yet, &c. Battely omits the passage.

Fratres autem, mandato apostolico humiliter obtem- The friars obey.
perantes et a præsumptione sua resipiscentes, directis
vice suæ universitatis ad capitulum monachorum ob
pacis reformationem quibusdam discretis fratribus, in
præsentia domini abbatis et totius conventus, præno-
minato loco et omni jure suo totaliter renunciaverunt. A reconcilia-tion ensues
Et condonatis in spiritu Christi hinc inde offensis, in between them and
osculo pacis a monachis admissi, refusionem sumptuum the convent.
et expensarum una cum dampnis et interesse pietatis .
intuitu remitti, orationumque suffragiis imprecati sunt
compensari. Sed mira Dei dispensatione actum est,
ut quemadmodum in vigilia. translationis beati mar-
tiris præfati loci adepti sunt ingressum, ita in vigilia Nov. 19. A.D. 1262.
passionis ejusdem penitus eundem abdicarunt. Et
veluti in die translationis tripudiabant de optento, sic
in die passionis ejusdem, fundo cum ædificiis relicto, They quit Bury,
ordinataque processione, omnes pariter egressi ad basilicam sancti regis venerunt, palam in conspectu cleri
et populi protestantes se memoratum locum injuste et
contra libertatem et privilegia monachorum quotannis
inhabitasse, et itidem se ad illum, vel ad alium quatuor limitibus comprehensum nolle redire imperpetuum.
Et licet fratrum instantiæ veluti bonæ fidei possessores
pro sua republica resultarent monachi, tamen vulgari-
bus susurriis, uti Judæi recusantes, quo, uti Samaritanis,
detestatione fratrum viciniæ extiterunt pernotabiles ; [a]
unde ut liquido omnibus claresceret, non religionis
execratio, sed justitiæ evictio fomitem contentionis and the
ministrasse, dicti abbas et conventus ex dono gratuito monks grant them
locum ad inhabitandum in possessione monasterii extra land at Babwell,
septa suæ jurisdictionis memoratis fratribus favorabi- outside the town.
liter concesserunt. Qui siquidem locus venustis ædifi-

---

[a] The passage is obscurely ex-
pressed, but the writer seems to
refer to John iv. 9, and to intimate
that people murmured that the
monks were treating the friars in
the spirit of Jews dealing with Sa-
maritans; which, however, the
generous gift of Babwell showed
was not the case.

ciis opulenter redimitus jam efficitur ædes sacrorum, qui prius extiterat pascua animalium insensatorum; et ubi ante pascebantur bruta animalium, nunc fideles animæ verbi divina reficiuntur alimonia. Per omnia benedictus Deus, cujus incomprehensibili dispensatione omnia cooperantur in bonum, his qui secundum propositum vocati sunt sancti. Acta autem sunt ista et, ne posteros lateat, in scriptis redacta, anno Domini m°cc^mo^lxiij° [1] xij^mo^ kalendas Decembris.[a]

Rom. viii. 28.

A.D. 1263.
Nov. 20.

---

[1] MCCLXII., Báttely.

---

[a] The chronology of this writer cannot be reconciled with that of Taxter, who states that the Franciscans, supported by an armed force under the command of Gilbert de Preston, the king's justiciary, made their entry into Bury on the 25th April 1258, and that they abandoned their premises there after a stay of five years six months and twenty-four days, i.e., on the 19th November 1263. Matthew Paris also (vol. v, p. 688, Rolls ed.) dates the intrusion in 1258.

PROCESSUS EXECUTORUM IN RE EXPULSIONIS
FRATRUM MINORUM.

(*Reg. Werketon*, Harley 638, f. 20 [now 33].)

In Dei nomine, Amen. Hæc est copia cujusdam
processus seu quorundam processuum infrascriptorum
executorum seu judicum ac sublegatorum ab eis, auctoritate felicis recordationis domini Urbani papæ iiij.,
ad ea quæ subsequuntur exequenda a sede apostolica
delegatorum, quorum commissionis et auctoritatis prin-
cipium dumtaxat et finem, eo quod in alio instrumento
ejus copiam de verbo ad verbum fideliter transcripsi
et consignavi, hic duxi annotandum.

Processuum[1] vero, ex dictarum literarum apostolicarum auctoritate subsequentium, tenores, tam executorum quam subexecutorum, ab eis, quos ego, notarius
infrascriptus, exemplandos et accopiandos suscepi, juxta
quod in eorum literis patentibus et autenticis[2] michi
ostensis et, ut prædicitur, pro accopiando commissis,
sic in eis contineri comperi, nichilo adjecto vel ab eis
detracto, in præsenti instrumento duxi inserendum.

Copia vero literarum apostolicarum et commissionis
factæ executoribus, de quibus supra fit mentio, sic
incipit:—" Urbanus episcopus servus servorum Dei,
" venerabili fratri episcopo Carleolensi,[a] ac dilecto
" filio abbati Sancti Augustini Cantuariensis, salutem
" et apostolicam benedictionem. Exposuerunt nobis
" dilecti filii abbas et conventus monasterii Sancti

*Papal com-
mission to
the bishop
of Carlisle
and the
abbot of St.
Augustine's.*

---

[1] *Precessum*, MS. | [2] *autentis*, MS.

---

[a] Robert de Chause, consecrated | Roger of Chichester (*Decem
in 1258 (Stubbs' *Registrum*) ; and | Scriptores*, 1899).

" Edmundi, ad Romanam Ecclesiam nullo medio per-
" tinentis, ordinis Sancti Benedicti, Norwycensis dio-
" ceseos, quod, ministro fratrum Minorum in Anglia
" suggerente, felicis recordationis Alexandro papæ præ-
" decessori nostro, quod in villa Sancti Edmundi regis
" et martiris quæ Bery dicitur, et in qua iidem abbas
" et conventus omnimodam jurisdictionem spiritualem
" et temporalem optinent dictæ dioceseos, consideratis
" his quæ salutem animarum respiciunt, domus in qua
" possent habitare aliqui de ordine fratrum Minorum
p. 285.　" erat plurimum opportuna," etc.　Et sic finit : " Seu
" quod ipsis ministro et fratribus aut quibuscunque
" aliis, quod excommunicari suspendi vel interdici non
" possint, a sede apostolica sit indultum.　Datum apud
June 1.　" Urbem veterem kalendis Junii pontificatus nostri
A.D. 1263.　" anno secundo." [a]

The bishop delegates his authority to his fellow commissioner.　Quarum auctoritate literarum, cum per dictos episcopum et abbatem executores suprascriptos, sicut
eorum declarat processus, ad aliquos fuisset actus
processum, demum idem episcopus Carleolensis coexe-
cutori suo abbati Sancti Augustini Cantuariensis, in
forma quæ statim subsequitur, vices suas commisit,
prout in episcopi prædicti literis patentibus ejus sigillo
pend[ente] signatis plenius vidi contineri ; quarum hic
est tenor :—

The bishop's letter.　" Venerandæ religionis viro, domino R[ogero] Dei
" gratia abbati monasterii Sancti Augustini Cantuari-
" ensis, R[obertus] eadem gratia Carleolensis salutem
" in Domino.　Quia, executionis negotio pro religiosis
" viris abbate et conventu monasterii Sancti Edmundi
" contra religiosos viros ministrum fratrum Minorum
" in Anglia et fratres sui ordinis nobis et vobis sub
" alternatione a sede apostolica commisso, arduis ec-
" clesiæ nostræ præpediti negotiis commode vacare
" non possumus, idcirco, non expectata nostra præ-

──────────────

[a] The brief of Urban is given entire further on ; see p. 281.

" sentia, quod vestrum est exequamini in hac parte.
" Datum apud Mimmes die Sancti Michaelis, anno
" Domini millesimo ducentesimo sexagesimo tertio."

Abbas vero prædictus Sancti Augustini, qui tam ex *The abbot of St. Augustine's summons the* forma literarum apostolicarum, quam ex vi commis- *mons the* sionis a suo collega sibi factæ, solus procedere poterat *minister of the Fran-* et debebat, auctoritate sibi commissa ministrum fra- *ciscans to vacate the* trum Minorum in Anglia et ceteros fratres sui ordinis *premises occupied by* per suas patentes literas, quarum tenorem paulo post *the friars at Bury within* annotabo, monuit et moneri fecit, ut infra mensem *a month on pain of* locum quem in villa Sancti Edmundi inhabitare cepe- *suspension.* runt omnino, dimitterent, et ab ulteriori ædificatione omnino cessarent; quod si infra dictum tempus moni-tionibus suis, immo verius apostolicis, parere contemp-nerent, ex tunc a divinis suspendit, quam suspensionem post mensem non parentes incurrerent ipso facto. Tenor vero literarum dicti executoris ipsi ministro directarum, de quibus immediate supra fit mentio, de verbo ad verbum tale est memorandum, etc. :—

" R. Dei gratia abbas monasterii Sancti Augustini *The abbot's letter.*
" Cantuariensis, domini papæ capellanus, executor a
" sede apostolica deputatus, reverendæ religionis viris *fol. 35 b.*
" ministro fratrum Minorum in Anglia et ejusdem
" ordinis fratribus, salutem in auctore salutis. Man-
" datum domini papæ non cancellatum, non abolitum,
" nec in aliqua sui parte vitiatum recepimus, quod
" quidem mandatum vobis mittimus inspiciendum, et
" nobis per latorem præsentium fideliter remittendum.
" Cujus auctoritate mandati vos monemus, quatinus
" bonum obedientiæ, quæ melior est victima, agnos-
" centes, obumbratione cujuscunque simulationis rejecta,
" locum quem apud Sanctum Edmundum inhabitare
" presumitis reverendæ religionis viris, abbati et con-
" ventui monasterii Sancti Edmundi, infra mensem a
" receptione præsentium computandum omnino dimit-
" tatis, ab ecclesiæ et domorum ædificatione quam
" ibidem inchoastis penitus desistentes. Et quia supe-

U 66211. S

" riori nostri mandato nobis similiter injungitur, ut
" vos ad præmissum per censuram ecclesiasticam com-
" pellamus, ne nil videamur egisse si nostris monitio-
" nibus, immo potius mandatis apostolicis, parere, quod
" absit, qualicunque colore contempseritis, vos minis-
" trum et fratrem Petrum de Brystowe, Thomam de
" Fordham, Galfridum de Neketone, Willelmum de
" Graham, Johannem de Staunforth,[1] Henricum Doly,
" Robertum de Clare, Johannem de Wadeshille, et
" Henricum de Tenet, a celebratione divinorum nunc
" suspendimus, quam suspensionem post mensem me-
" moratum suum volumus sortiri effectum, ad alia,
" per nos vel per alium, prout nobis in virtute obe-
" dientiæ districte præcipitur, si vestræ contumaciæ
" meruerit protervitas, processuri. Sic ergo monitio-
" nibus prælibatis pareatis, ne vestra inobedientia
" argui valeat in hac parte, scientes quod si oporteat
" vel vos vel nos tanquam inobedientes puniri, potius
" vos pœnis debitis subjici quam nostrum statum in-
" obedientiæ nota lædi, juris suffulti consilio, eligemus.
" Datum apud Erlyngton, die Veneris proxima post
" festum Sancti Michaelis, anno Domini millesimo
" ducentesimo sexagesimo tertio."

Names of the minister and other Francis-cans.

Oct. 5. A.D. 1263.

Quibus, ut præmissum est, per dictum dominum
abbatem Sancti Augustini Cantuariensis executorem
mandati apostolici peractis, demum memoratus abbas
Sancti Augustini, venerabilibus viris precentori ecclesiæ Elyensis ac magistris Bartholomeo de Reynvile
domini papæ capellano et Adæ de Philebi canonico
Sanctæ Mariæ Staffordiæ, vices suas commisit in forma
quæ sequitur :—

The abbot of St. Augustine's appoints the precentor of Ely, Bartholomew de Reynvile, and Adam de Phileby, as sub-executors, to represent him in the enforcement of the papal mandate.

" R[ogerus] Dei gratia abbas Sancti Augustini Can-
" tuariensis, domini papæ capellanus, executor a sede
" apostolica deputatus, discretis viris precentori Ely-
" ensis ecclesiæ, magistris Bartholomeo de Reynvile,

---

[1] *Staneforth*. Battely.

" domini papæ capellano, et Adæ de Phileby, canonico A.D. 1263.
" Sanctæ Mariæ Staffordiæ, salutem in Domino. In
" executionis negotio inter religiosos viros abbatem et
" conventum monasterii Sancti Edmundi ex parte una,
" et ministrum fratrum Minorum in Anglia et fratres
" sui ordinis ex altera, nobis a sede apostolica sub
" alternatione commisso, vobis committimus vices nos-
" tras, quod si non omnes his exequendis interfueritis,
" duo vestrum vel unus, quos vel quem præsentes vel
" præsentem esse contigerit, secundum tenorem man-
" dati apostolici nobis in hac parte directi, ea nichilo-
" minus exequatur vel exequantur. Datum Cantua-
" riæ, anno gratiæ millesimo ducentesimo sexagesimo
" tertio."

Postmodum vero precentor et domini papæ capella- The sub-
nus, subexecutores, ut præmittitur, dicti domini ab- finding that
batis, qui ex forma commissionis sine tertio procedere had paid no
poterant, in executionis negotio procedentes, præfato the abbot's
et legitime cognito et coram eis docto quod minister monition,
provincialis ordinis fratrum Minorum in Anglia, et
fratres sui ordinis superius nominati, monitionibus sibi
factis per dictum dominum abbatem executorem, ut
præmittitur, juxta formam superius in dicti abbatis
literis contentam, minime paruissent, nec parere curas-
sent, nec adhuc curarent, processum dicti executoris write to
aggravantes, decano Sancti Edmundi per literas suas St. Ed-
scripserunt in forma quæ statim sequitur :— mund's,

" Precentor ecclesiæ Elyensis et magister Bartholo- reciting
" meus de Reynvile domini papæ capellanus, vices hitherto
" venerabilis viri domini R[ogeri] Dei gratia abbatis case,
" monasterii Sancti Augustini Cantuariensis domini
" papæ capellani executoris a sede apostolica deputati
" gerentes, discreto viro decano Sancti Edmundi sa-
" lutem in Domino. Ex parte religiosorum virorum
" abbatis et conventus monasterii Sancti Edmundi
" nobis extitit intimatum, quod cum præfatus executor
" per literas suas patentes auctoritate papali sibi tra-

s 2

"dita ministrum fratrum Minorum in Anglia et ejus-
"dem ordinis fratres diligenter monuisset, eisque
"mandasset, ut bonum obedientiæ, quæ melior est
"victima, agnoscentes, locum quem apud Sanctum
"Edmundum inhabitare presumunt reverendæ religio-
"nis viris abbati et conventui Sancti Edmundi infra
"mensem, a tempore receptionis literarum, eisdem a
"prædicto executore directarum, computandum, omnino
"dimitterent, et ab ecclesiæ et domorum ædificatione
"quam ibidem inchoarunt penitus et sine moræ dis-
"pendio cessarent, ipsosque ministrum et fratres,
"Petrum de Bristowe et alios in literis memorati
"executoris nominatos, a celebratione divinorum, si
"monitionibus suis immo potius mandatis apostolicis
"parere quocunque colore contempserint, suspendentes,
"prout ex literarum prædicti executoris tenore evi-
"dentius poterit apparere ; sed facti evidentia et
"operis incepti continuatio, seu eorum conatus vetiti,
"manifeste declarant quod nec monitionibus parue-
"runt, nec denuntiationibus obtemperarunt, sed magis
"recalcitrantes, et spiritu contumaci in contemptum
"sedis apostolicæ anelantes, et in prædicti monasterii
"præjudicium non modicum plurima attemptantes,
"eisdem injuncta adimplere neglexerunt. Nos igitur,
"nolentes ut in præmissis prædictum monasterium
"sui juris dispendium patiatur, ne nos super inobe-
"dientia et contemptu redargui valeamus in hac parte,
"vobis mandamus, in virtute obedientiæ qua sedi
"apostolicæ tenemini firmiter injungentes, quatinus ad
"dictum locum accedatis, iterato ipsos fratres semel,
"secundo, et tertio monentes, et efficaciter inducentes,
"ut prædictum locum dimittant, ab ædificatione peni-
"tus desistentes ; alioquin ipsos fratres tanquam con-
and enjoin him to go to the friars' house in Bury, and warn them to quit it "temptores et sedi apostolicæ inobedientes ex nunc
"sententia majoris excommunicationis in scriptis in-
"nodamus, et vos auctoritate nostra ipsos denuncietis
"excommunicatos. Cujusmodi excommunicationis sen-

" tentiam per loca quibus videbitur expedire, ut ab
" omnibus arctius possit evitari, cum a memoratis
" abbate et conventu fueritis requisiti, quandocumque
" et quotienscumque per vos decernimus publicari,
" nisi infra octo dies, a tempore denunciationis per
" vos faciendæ computandos, prædictum locum dimit-
" tant, opusque inceptum juxta formam mandati apos-
" tolici demoliantur, aut demoliri faciant.[1] Quid autem
" super præmissis feceritis, nos per literas vestras
" patentes harum seriem continentes certificare curetis.
" Datum in vigilia Sancti Clementis anno Domini
" millesimo ducentesimo sexagesimo tertio."

and desist from all building within eight days; otherwise they would incur the greater excommunication ipso facto.

Nov. 22. A.D. 1263.

Presentatis quidem suprascriptis dictorum subexecutorum literis decano Sancti Edmundi memorato, dictus
decanus, tanquam obedientiæ filius, forma mandati
sibi directi observata, ad dictum locum fratrum Minorum accessit, et iterato fratres in dicto loco commo-
rantes, primo, secundo, et tertio, monuit et efficaciter
induxit ut dictum locum dimitterent, et ab ædificatione desisterent, et cætera facerent in dictorum subexecutorum prædictorum mandatis contenta, sub poena
in eisdem inserta. Quibus monitionibus quoad loci
dimissionem gratis recedendo dicti fratres paruerunt;
quoad operis tum incepti demolitionem nichil penitus
fecerunt. Propter quod dicti subexecutores, per invo-
cationem auxilii brachii secularis, Majori et Ballivis
Sancti Edmundi, auctoritate sibi commissa, per suas
patentes literas scripserunt in forma quæ immediate
sequitur :—

" Precentor Elyensis ecclesiæ, et magister Bartholo-
" meus de Reynvile, domini papæ capellanus, vices viri
" venerabilis domini R[ogeri] Dei gratia abbatis mona-
" sterii Sancti Augustini Cantuariensis, domini papæ
" capellani, executoris a sede apostolica deputati ge-
" rentes, discretis viris, Majori et Ballivis Sancti

---

[1] *demolliant . . . demolliri*, MS.

" Edmundi, salutem in Domino. Mandatum domini
" papæ, non cancellatum, non abolitum, nec in aliqua
" sui parte vitiatum recepimus, quod vobis mittimus
" inspiciendum et nobis fideliter remittendum, una
" cum commissione, excusatione, et monitione exccu-
" torum principalium. Quorum auctoritate ministrum
" fratrum Minorum in Anglia et fratres sui ordinis
" diligenter fuisse monitos cognovimus, ut bonum
" obedientiæ, quæ melior est victima, agnoscentes,
" locum quem apud Sanctum Edmundum inhabitare
" præsumpserunt reverendæ religionis viris abbati et
" conventui monasterii Sancti Edmundi omnino dimit-
" terent, spatio ejusdem ad hoc legitimo præconcesso.
" Et quandoque dicti fratres locum prædictum juxta
" mandatum apostolicum jam penitus dimiserunt, opus
" quod per eos ibidem inceptum est, licet ad hoc ex
" præcepto apostolico tenebantur, nullatenus amove-
" runt, ac prædictis cxecutoribus principalibus in vir-
" tute obedientiæ sit injunctum, quod per se vel per
fol. 34 b. " alios opus prædictum faciant totaliter amoveri, in-
" vocato ad hoc si opus fuerit auxilio brachii secula-
" ris : Nos mandatis apostolicis, sicut decet, reverenter
" obedire volentes, vobis in virtute obedientiæ et sub
" pœna excommunicationis districte præcipiendæ man-
" damus, quatinus ad prædictum locum, assumpta vo-
" biscum sufficienti potentia, accedatis, et opus quod
" ibidem constructum est juxta formam mandati apo-
" stolici totaliter demoliri faciatis ; scituri pro certo
" quod si aliquem vestrum in præmissis negligentem
" invenerimus vel rebellem, contra eum tanquam contra
" inobedientiæ filium et mandati apostolici contempto-
" rem viriliter et sine fictione aliqua procedemus. Quod
" si non omnes his exequendis interfueritis, duo[1] vel
" unus vestrum, quos vel quem præsentes vel præsentem
" interesse contigerit, ea nichilominus exequantur vel
" exequatur. Datum in crastino Sanctæ Catcrinæ

---

[1] et duo, MS.

" virginis anno Domini millesimo ducentesimo sexa- A.D. 1263. Nov. 26.
" gesimo tertio."

Ascultatæ fuerunt copiæ literarum suprascriptarum Attestation by the notary that his copies are correct. cum originalibus literis patentibus executorum et sub- executorum superius conscriptorum, et eorum exami- nati processus, et certificatoria examinata cum his superius in narrationibus mei notarii infrascripti con- tinentur. Et quia singula cum originalibus processibus et literis repperi concordia, idcirco merito in testem fidelis exemplationis et accopiationis meipsum subse- quenter duxi subscribendum.

Et ego, Henricus Petri de Ayssele, dictus Fikeys, clericus Norwicensis dioceseos, puplicus apostolica auc- toritate notarius, suprascriptos processus executorum prædictorum et subexecutorum deputatorum ab eis, ac literas eorundem michi pro exemplando accopiando et transcribendo commissas et assignatas, quas patentes, autenticas, et sigillatas inveni, propria mea manu transcripsi exemplavi et fideliter accopiavi. Et quia post ascultationem et examinationem fidelem hinc inde factam transumptum meum cum originalibus processi- bus et literis in omnibus concordare reperi, ideo me in testem fidelis accopiationis factæ subscripsi, et ejus evidens testimonium signum meum apposui consuetum. Nec objiciantur instrumento interlineatura rasuræ et suppleturæ superius positæ, videlicet interlineatura ap- posita inter xiijam et xiiijam lineam descensive in illis verbis "a sede apostolica"; nec etiam rasura in xxvjta linea descensive in illo vocabulo "Fordham." Sicut nec obstat suppletura in xxxvjta linea, descensive in fine lineæ in illis videlicet vocabulis "Id. Octobris." Nam propria manu correxi interlineavi rasi et supplevi. Ego Henricus notorius suprascriptus de cæteris rasuris interlineaturis correctionibus et suppletionibus non est jure,[1] quia non sunt in locis suspectis et ideo eas approbo ego notarius antedictus.

---

[1] Aliquid deesse videtur.

Letter of
Henry III.
to abbot
Simon, in-
sisting that
he shall
welcome
the Fran-
ciscans in
Bury.
"Henricus Dei gratia rex Angliæ, dominus Hiberniæ,
"dux Normanniæ, Aquitaniæ, et comes Andegaviæ,
"dilecto sibi in Christo Simoni abbati Sancti Ed-
"mundi, salutem. A vestra non credimus memoria
"excidisse, qualiter dilectos nobis in Christo fratres
"ordinis Minorum, ob Dei honorem et apostolicæ
"sedis reverentiam, pro nostra et nostrorum[1] salute,
"in fundo nostro proprio quem nobis dederunt Lode-
"wycus de Gerardi villa et Petronilla uxor ejus in
"villa vestra Sancti Edmundi, per Gilbertum de
"Preston justitiarium nostrum ad hoc cum literis

A.D. 1235.
"nostris missum, anno regni nostri quadragesimo se-
"cundo, collocavimus ad manendum, pro quibus etiam
"in eandem villam benigne suscipiendis, scivimus con-
"ventum vestrum antea apostolica mandata et dis-
"tricta obedientiæ præcepta recepisse. Nunc autem
"vobis constare facimus, quod, habita deliberatione
"consilii nostri, ex communi juratorum nostrorum
"consiliariorum consen[su] et approbatione, memora-
"tum factum nostrum ratificamus, nec volumus illud
"infirmari aliquatenus aut mutari, sed de die in diem
"usque ad prosperum consummationis finem promo-
"veri, et per heredes ac successores nostros reges

fol. 36.
"Angliæ illud manuteneri volumus et foveri. Si
"quos vero dictis fratribus aut loco prædicto, impe-
"dimentum seu gravamen inferentes audierimus, con-
"gruo et justo modo, sine difficultate, coerceri pariter
"et puniri faciemus. Quocirca devotionem vestram
"rogamus et requirimus ex affectu, quatinus dictos
"fratres et locum prædictum sic diligere, fovere, pro-
"movere, et protegere, ac amicis et benefactoribus
"eorum vos amicabilem et placidum[2] exhibere stu-
"deatis, ut ex hoc divinæ benedictionis abundantiam,
"et regii favoris gratiam pleniorem merito possitis

Feb. 23.
A.D. 1259.
"optinere. Teste meipso apud Westmonasterium xxiij°
"die Februarii anno regni nostri xliij°."

---

[1] *et nostrorumque*, MS. | [2] *amabiles et placidos*, Battely.

Henricus Dei gratia, etc. Dilecto sibi in Christo Similar letter to the prior.
priori et conventui Sancti Edmundi, salutem. " A
" vestra non credimus memoria excidisse," etc., ut
supra.

" Henricus Dei gratia, etc. Dilectis et fidelibus suis Letter of Henry III. to the alderman of Bury, directing him to aid and countenance the friars.
" aldermanno, ballivis et probis hominibus villæ Sancti
" Edmundi, salutem. A vestra non credimus memoria
" excidisse," etc., ut supra. " Quocirca fidelitati vestræ
" mandamus, firmiter injungentes, quatinus dictos fra-
" tres et locum suum ne ab aliquibus impediantur
" aut molestentur protegatis et defendatis, ob divinam
" etiam et nostram reverentiam sic eos diligere, fovere,
" et promovere studeatis, ut ex hoc divinæ benedic-
" tionis abundantiam et regii favoris gratiam pleniorem
" merito possitis optinere. Teste meipso apud West-
" monasterium .xxiij. die Februarii anno regni nostri Feb. 23, A.D. 1259.
" xliijo."

" Urbanus ᵃ episcopus, servus servorum Dei, venera- Brief of Urban IV. to the bishop of Carlisle and the abbot of St. Augustine's, directing the expulsion of the Franciscans from Bury.
" bili episcopo Karleolensi ac dilecto filio abbati Sancti
" Augustini Cantuariensis, salutem et apostolicam be-
" nedictionem. Exposuerunt nobis dilecti filii abbas
" et conventus monasterii Sancti Edmundi, ad Roma-
" nam ecclesiam nullo medio pertinentis, ordinis Sancti
" Benedicti, Norwycensis dioceseos, quod ministro fra-
" trum Minorum in Anglia significante felicis recor-
" dationis Alexandro papæ prædecessori nostro, quod
" in villa Sancti Edmundi regis et martiris quæ Bery
" dicitur, et in qua iidem abbas et conventus omni-
" modam jurisdictionem spiritualem et temporalem
" obtinent dictæ dioceseos, consideratis his quæ salu-
" tem animarum respiciunt, domus in qua possent
" habitare aliqui de ordine fratrum Minorum erat
" plurimum oportuna. Item prædecessor[1] dicto minis-

---

[1] predecessori, MS.

ᵃ This copy of Urban's brief is in a fine official hand, and on good parchment.

" tro per literas suas concessit, ut si ei devotione
" fidelium, vel alio quocunque justo modo, locus in
" dicta villa ad hoc utilis concederetur, posset inibi
" domum ipsam construere, ac habere ibidem orato-
" rium vel cimiterium, juxta indulta eidem ordini ab
" apostolica sede concessa, non obstante quod dicti
" abbas et conventus spiritualem et temporalem juris-
" dictionem (supradicta), quodque ipsis ab eadem sede
" fore dicebatur indultum, ut nullis omnino religiosis
" infra suæ libertatis terminos ecclesiam vel capellam
" construere vel cimiterium habere liceret absque eo-
" rum beneplacito et mandato seu quacunque alia
" indulgentia quibuscunque concessa per quam hujus-
" modi gratia impediri vel valeret differri, et de qua
" plenam et expressam, seu de verbo ad verbum, in
" dictis litteris oporteret fieri mentionem. Cumque
" dicto ministro quidam locus ad hoc datus in eadem
" villa fuisset, dicti abbas et conventus, quibus a sede
" prædicta indultum existit ut nullus infra limites
" ipsius monasterii ab altari ejusdem per unum miliare
" Romanum distantes, infra quos locus consistit qui
" dictis fratribus concessus extiterat, capellam vel ora-
" torium ipsis invitis construere audeat, attendentes
" quod si fratres dicti ordinis habitarent infra dictos
" terminos, posset eis et dicto monasterio grave præ-
" judicium generari, super hoc, pro jure suo prædicto,
" ministro et fratribus sui ordinis se opponere cura-
" verunt. Propter quod prædictus minister et fratres
" prædicti ordinis in Anglia, super hoc ad certos exe-
" cutores sub certa forma ipsius prædecessoris litteras
" impetrarunt, coram quibus hujusmodi pendente ne-
" gotio, præfati minister et fratres a [1] jam dicto præ-
" decessore quasdam alias litteras impetrarunt, per
" quas prædecessor ipse, quicquid contra litteras pri-
" vilegia seu indulgentias eas, super recipiendo et ob-

---

[1] *et*, MS.

" tinendo hujusmodi loco in villa prædicta, ab eodem
" prædecessore concessa, per quascumque alias litteras
" vel indulgentias seu privilegia non facientia de præ-
" missis mentionem expressam, attemptatum erat vel
" contingeret attemptari, ex tunc decrevit irritum et
" inane. Statuens nichilominus ut hujusmodi litteræ   fol. 145.
" vel indulgentiæ seu privilegia, a [1] prædicta sede
" impetrata vel impetranda, nullis personis religiosis
" vel secularibus communiter vel divisim contra dictos
" ministrum et fratres et concessionem præfati loci
" ac decretum et statutum ipsius prædecessoris possent
" aliquatenus suffragari. Postmodum vero prædecessor
" eisdem ministro et fratribus suas direxit litteras, in
" quibus continebatur inter cetera quod licet præde-
" cessor ipse circa concessionem præfati loci favoris
" apostolici sinum dictis ministro et fratribus duxisset
" manu munifica explicandum, intentionis tamen suæ
" erat et fuerat, sic ad eorum commodum hujusmodi
" exhibere favorem, quod nequaquam converteretur in
" præjudicium aliorum. Et per easdem litteras nomi-
" natos ministrum et fratres idem prædecessor monuit,
" eisque mandavit, ut ab ipsius [2] molestiis et injuriis
" penitus abstinentes nichil contra privilegia indulta
" libertates vel immunitates ac jura ipsius monasterii
" attemptarent. Prædicti vero minister et fratres at-
" tendentes quod in hoc intentionem suam consequi
" non valebant, prædicto loco dimisso in possessionem
" cujusdam alterius loci infra limites supradictos, qui,
" sicut iidem minister et fratres dicebant, eis pro
" habitatione sua medio tempore concessus fuerat,
" primo per quosdam subdelegatos, a venerabili fratre
" nostro archiepiscopo Cantuariensi et dilecto filio
" decano Lincolniensi, qui se dicebant fore execu-
" tores ad hoc a sede apostolica deputatos, et post-
" modum per secularem se intrudi potentiam pro-

---

[1] *et*, MS. | [2] Supple *monasterii*.

" curarunt ipsumque simili fuiti potentia detinent ac
" in eo quamdam ecclesiam et domos construere ince-
" perunt in dictorum abbatis et conventus et ejusdem
" monasterii præjudicium et gravamen. Quare dicti
" abbas et conventus nobis humiliter supplicarunt ut
" providere super hoc indempnitati ejusdem monasterii
" paterna diligentia curaremus. Nos itaque attenden-
" tes quod circa defensionem injurium ipsius mona-
" sterii ex eo potissime nos convenit sollicitos inve-
" niri, quia sedi apostolicæ[1] nullo medio est subjectum,
" ac pati nolentes ut in præmissis sui juris dispendium
" patiatur, cum id non solum in ejusdem monasterii
" verum etiam ecclesiæ Romanæ præjudicium redun-
" daret,—considerantes insuper quod non fuit dicti
" prædecessoris intentio, prout ex tenere prædictarum
" litterarum eisdem ministro et fratribus ultimo direc-
" tarum colligitur,[2] nec esse debuit, per aliqua privi-
" legia vel gratias fratribus ipsis concessa privilegiis in-
" dulgentiis libertatibus et immunitatibus quibus dictum
" monasterium munitum existit aliquatenus derogare,
" vel quod ipsi occasione privilegiorum et gratiarum
" hujusmodi aliquid facerent per quod præjudicium
" ipsi monasterio pararetur,—discretioni vestræ per
" apostolica scripta in virtute obedientiæ districte præ-
" cipiendo mandamus, quatinus vos, vel alter vestrum,
" prædictos ministrum et fratres, quod præfatum locum
" situm in villa prædicta, in quo quidem loco eædem
" ecclesia et domus ut prædicitur sunt inceptæ, infra
" certum tempus a vobis præfigendum eisdem omnino
" dimittant, ac ab ipsarum ecclesiæ et domorum ædifi-
" catione desistant, monitione præmissa per censuram
" ecclesiasticam, remoto appellationis obstaculo, com-
" pellentes, opus quod pro dictarum domorum et ec-
" clesiæ ædificatione inceptum est amoveri totaliter
" faciatis, per vos vel per alios, invocato ad hoc si

fol. 145 b.

---

[1] *apostolica*, MS. | [2] *colligit*, MS.

" opus fuerit auxilio brachii secularis ; contradictores
" per censuram eamdem appellatione postposita com-
" pescendo ; non obstantibus prædictis litteris statutis
" ac decretis, cujuscunque tenoris existant, ac quibus-
" libet aliis privilegiis seu indulgentiis vel litteris
" prædictis ministro et fratribus, vel quibuslibet aliis,
" contra tenorem privilegiorum libertatum et immuni-
" tatum monasterii memorati a præfata sede sub qua-
" cumque verborum forma vel expressione concessis,
" et quibuscumque processibus super his habitis, etiam
" si de ipsis et eorum totis tenoribus plenam et ex-
" pressam ac specialem et de verbo ad verbum opor-
" teret fieri in præsentibus litteris mentionem, seu
" quod ipsis ministro et fratribus, aut quibuscumque
" aliis, quod excommunicari suspendi vel interdici non
" possint a sede apostolica sit indultum. Datum apud
" Urbem veterem kalendis Junii pontificatus nostri June 1.
A.D. 1263.
" anno secundo."

GESTA SACRISTARUM.

GESTA SACRISTARUM.

(Harl. 1005, f. 120.)

Nota sacristas istius domus cum gestis eorum.[a]

Temporibus domini Baldewini abbatis, primo Thur- Under abbot Baldwin
stanus, postea Tolinus, sacristæ fungebantur officio. (1065-1097). Thurstan and Tolinus.
Hi duo temporibus prædicti abbatis, ecclesia lignea
et veteri complanata, ecclesiæ nostræ fundamenta jece-
runt, parietes erexerunt, presbiterium ad plenum consummaverunt, et beati martyris translationem procuraverunt. Feretrum etiam beati martyris, et Sanctorum
Botulphi et Jurmini, laminis argenteis exsculpserunt.

Hos secutus est, tempore domini Roberti abbatis, in Godfrey under abbot Robert (1102-1107).
eodem officio vir staturæ fere giganteæ, Godefridus
nomine, magnus corpore sed major animo. Hic refectorium, capitulum, domum infirmorum, et abbatis
aulam[1] consummavit ad plenum. Iste etiam magnam
campanam non levi pretio comparavit.

2. Subsecuti sunt eum viri totius prudentiæ Radul- Ralph and Hervey, sacrists under abbot Anselm (1121-1148).
phus et Herveus sacristæ temporibus domini Anselmi
abbatis. Qui murorum ambitum circa atrium ecclesiæ
fecerunt, ecclesiæ beatæ Mariæ, cum turri sua, Cloca-
rium, et deintus cimbala bene sonantia, et turrim
Sancti Jacobi. Valvas etiam dupplices in fronte ec- Admirable carvings by Hugo.
clesiæ, insculptas digitis magistri Hugonis, qui, cum

---

[1] aula, MS.

---

[a] Portions of this tract were printed by Battely (*Antiq. S. Edm.,* App. xiv, xxi). In the *Monasti-con* it is printed entire, but with many errors, the editors having used an inferior MS. The text here printed seems to have been written about the end of the thirteenth century.

U 66211.

T

in aliis operibus omnes alios vicerit, in hoc opere mirifico vicit se ipsum. Murorum etiam ambitum circa villam Sancti Eadmundi. Quia libere tenentes de honore Sancti Eadmundi ad Hervei comparationem in murorum edificatione quasi rivuli fuerunt, ille fons fuit. Redditus quos ex antiquo jure sacrista habet in villa Sancti Eadmundi Herveus comparavit, et terram Thomæ Noel de Hanstede. Iste Herveus, frater Taleboti prioris, omnes expensas invenit fratri suo priori in scribenda magna bibliotheca, et manu magistri Hugonis incomparabiliter fecit depingi. Qui cum non inveniret in partibus nostris pelles vitulinas sibi accommodas, in Scotiæ partibus parchamena comparavit. Pitancias etiam quas habemus annuas, in anniversariis eorum [a] ipse instituit, et pretio dato redditus comparavit.

Great and various works of Hervey.

3. Secutus est eum Helyas sacrista, nepos Ordingi abbatis, natus apud Hildercle, cognomento Widewel. Iste Helyas, conflagratis omnibus officinis domus Sancti Eadmundi, abbatis aulam, refectorium, dormitorium, et domum infirmorum vetustam, et capitulum reformavit ad plenum. Et omnes alias officinas in curia inchoavit ille, et primum manum apposuit, quod successores sui feliciter consummaverunt. Tabulam [1] etiam argenteam,[1] pretii c. marcarum, ante magnum altare fabrefieri fecit, et festum reliquiare instituit. Erogationem ante factam diebus festivis per manum sacristæ ipse constituit. Crucem in choro et Mariam et Johannem per manus magistri Hugonis incomparabiliter fecit insculpi. Idem etiam Helyas avunculum suum, cum ei sua non sufficerent tempore turbatæ pacis,[b] de bonis sacristiæ assensu conventus devote et pie adjuvit.

Helyas, sacrist under abbot Ording

---

[1] *tabula . . . argentea*, MS.

---

[a] *eorum.* That is, of the benefactors who had founded the pittances.
[b] *tempore turbatæ pacis.* The last three years of Stephen's reign fully merit this description, and fall within the period of Ording's administration.

4. ·Huic successit Frodo sacrista, qui quingentas *Frodo and Schuch, sacrists.* marcas terræ infodit. Cui successit Willelmus cogno- mento Schuch; de quo nil invenitur memoria dignum· Huic successit Willelmus cognomento Wiardel; qui non *William Wardell;* sine causa a domino Sampsone abbate amotus fuit ab *deposed by abbot Samson.* administratione. Huic aliquando ministravit dominus *Joc. Chron., § 22.* Radulfus, quondam elemosinarius, in subsacristia, qui translationem Sanctorum Botulphi et Jurmini procuravit. Quo in brevi mortuo, ministravit etiam eidem in eodem officio magister Sampson, postea abbas. Qui tempore *Joc. Chron., § 9.* officii sui pro majori parte chorum consummavit, et unam istoriam in majori turre ad ostium occidentale.

5. Domino W. Wiardel successit ᵃ dominus Hugo *Hugo, sacrist under abbot Samson; he finished the great tower. fol. 121.* sacrista, qui turrim magnam versus occidentem tecto apposito et plumbato consummavit, domino abbate Sampsone laquearia et tigna, et quicquid ibidem ligneum est, devotius impendente. Turrim etiam juxta capellam Sanctæ Fidis plene, quoad opus lapideum, consummavit; in alia turri juxta capellam Sanctæ Caterinæ una istoria consummata. Infirmarium novum, temporibus Willelmi sacristæ, procurante magistro S[ampsone], et capellam Sancti Andreæ pro majori parte ædificavit et consummavit prædictus Hugo, domino abbate Sampsone de boscis suis tigna et quicquid ibidem ligneum est devote ministrante. Pulpitum in ecclesia ædificavit, magna cruce erecta, cum imaginibus beatæ Mariæ et Sancti Johannis sibi allaterantibus. Sedem abbatis in choro, manu Symonis pictoris ad hoc desudante, reddidit conspicuam. Capas bruslatas contulit ad valentiam lxᵃ marcarum, et calicem aureum v. marcarum pondere. Idem sacrista aulam hospitum et balneatorium plenarie perfecit, domino abbate S[ampsone] affluenter

---

ᵃ According to Jocelin (Chron., § 22) William Wardell was succeeded in the office of sacrist by Samson, the precentor. But pro- | bably this arrangement did not last long; Jocelin, at any rate, says (Chron., §§ 70, 80) that Hugo was sacrist in 1198.

T 2

largiente de boscis suis quæ necessaria erant ad prædictarum domuum contignationem. In agendis tamen suis prædictus sacrista, receptis et expensis, neminem voluit habere conscium, cum dominus abbas in pleno capitulo id præcepisset; sed solus quæ agenda erant fideliter et feliciter consummavit.

Walter de Banham.

Successit ei magister Walterus de Banham.[a] Hic primo elemosinarius fuit; factus vero sacrista, aulam domini abbatis, antiqua diruta, novam innovavit et plene consummavit. Aqueductum a capite et fonte duobus miliaribus plumbo inclusit, et usque ad claustrum per occultos terræ meatus derivavit. Sanatorium, morte preventus, ad plenum non consummavit. Sed tamen quicquid ibi videmus in marmore aut in imaginibus deauratis, et in opere cæmentario, facto jam sive faciendo, totum fecit, quia in vita sua expensas

col. 2.

omnimodas erogavit. Centum marcas de plata et eo amplius, et duas marcas auri, ad tabulam faciendam dedicavit, et ecclesiæ fabricam innovavit, ut patet omni transeunti. Turrim magnam, quæ est juxta capellam Sanctæ Fidis, quam dominus Hugo sacrista quoad cæmentariam consummaverat, hic culmine superposito plenius consummavit. Quinque capas sericas auro bruslatas, et unam casulam bruslatam devote contulit. Tabulam magnam super altari in choro, cum mole illa lapidea cui trabes innititur, consummavit ad plenum magno candelabro deaurato et laminis aureis innovato; decies xx. tignis relictis in cimiterio, quæ dominus Sampson abbas contulit, scilicet quater xx. de bosco de Wirlingwrth, et sexies xx. de boscis de Meleford, ad innovationem ecclesiæ satis accommodis.

---

[a] Walter de Banham probably became sacrist about the year 1200. For it is mentioned in Jocelin's Chronicle (§ 90), that Hugo, his predecessor, though one of four nominated by Samson in that year for the vacant priorate, was really "impotens et insufficiens," as he himself bore witness "cum juramento."

Waltero de Banham[a] successit Willelmus de Disce. Qui cum modo debito ad illud officium electus fuisset, et in illo a die Sancti Thomæ martyris usque ad Circumcisionem Domini, per quatuor videlicet dies, stetisset, interim somnum oculi sui capere non potuerunt. Qui videns se ibidem proficere non posse, suam ab abbate Sampsone petiit cessionem.

William of Diss is sacrist for four days.

Post hunc venit Robertus de Gravele; qui locum vineæ [b] emit, et muro lapideo inclusit, ad solatium infirmorum et minutorum. Navim ecclesiæ de novó contignavit, et celuram ultra Sanctum Eadmundum fecit, et picturæ varietate decoravit. Mortuo autem abbate Sampsone, a quibusdam Hugo de Northwolde, a quibusdam Robertus prædictus ad abbatiam fuerat electus. Hic vero Robertus, durante inter ipsos non modico tempore controversia memorata, utrique parti expensas invenit sufficientes. Cum autem contra eundem Robertum processu temporis processum fuisset, et in officio sacristiæ post sententiam diffinitivam aliquanto tempore stetisset, electus fuit ad abbatiam de Thorneye. Huic successit Ricardus de Insula, qui cum ibidem non multo tempore stetisset, electus est in abbatem Burtoniæ.[c] Qui, abbate Hugone ad episcopatum Elyensem electo, electus fuit iterum ad abbatiam Sancti Eadmundi.

Robert of Graveley, sacrist.
A.D. 1211.
fol. 121 b.
He is elected abbot of Thorney.
Richard de l'Isle, sacrist under Hugo de Northwold; but soon goes to Burton.

Cui successit Ricardus de Neweport. Hic vetus capitulum destruxit, et novum a fundamentis construxit. Piscariam de Ikelingh non modico pretio comparavit; magnam etiam campanam in majori campanario, quæ dicitur Neweport, sumptu non mediocri fieri fecit. Hic etiam, meremio ab abbate Hugone secundo in manerio de Meleford comparato, omnia

Richard de Newport, sacrist.

---

[a] In the margin is written here—Nota quod subsacrista debet reparare balnearium, quia antiquitus constructum est per sacristam.

[b] The site of the vineyard, on the east bank of the little river Lark, is still pointed out.

[c] *Burtoniæ.* Richard de l'Isle was elected abbot of Burton in June 1223 (Dugdale).

ædificia præter aulam et solarium de lapide apud Manhale construxit.ᵃ `

Huic ad patres suos apposito, successit Gregorius precentor, natus in patria Sancti Albani. Qui cum

ibidem non diu stetisset, electus est ad: prioratum Sancti Eadmundi, meritis sanctitatis suæ exigentibus.

Nam ad sacrum ejus tumulum, prout vidimus, nonnulli a diversis infirmitatibus per merita viri Dei curantur.

Post hunc factus est sacrista Nicholaus, natus in patria de Warewick. Qui inter multa alia bona quæ fecit, fundi fecit campanam optimam in choro, quæ dicitur campana sacristæ. Ab isto primo ablata fuit pixis oblationum ᵇ et assignata thesaurariis. Hic in ultimis diebus suis paralysi percussus sponte cessit, et in infirmaria multos ¹ transigens annos, de sacristia annuatim dum vixit xl. solidos ad species percepit.

Cui successit Symon de Luyton, vir prudentissimus et circumspectus. Qui modicam ibi faciens moram ad altiora non immerito provectus, factus est prior Sancti Eadmundi. In ipso officio stans, fundi fecit campanam in choro quæ dicitur Luyton. Post non multum vero

tempus vocatus est ad abbatiam Sancti Eadmundi.

Huic successit Ricardus de Horningesheth, qui cum ibidem aliquanto tempore stetisset, abbate et priore cum conventu hoc volentibus, sponte cessit vel invitus.

Erat enim senio affectus, et vir tantum agriculturæ et non libertatibus servandis deditus. Cui successit

---

¹ *multum*, MS.

ᵃ In the margin here occurs the following passage : — Idem xxs. annui redditus in Manhale et xxs. annui redditus in Ikelingham adquisivit pro recreatione conventus et pauperum, in die anniversarii sui, scilicet ii. marcas pro conventu et i. marcam pro pauperibus, secundum martilogium. Iste Ricardus de Neuport bona monasterii in diversis officiis fideliter custodivit, et terris et redditibus multiplicavit, ut supra in martilogio.

ᵇ *oblationum.* The offerings at the shrine ; see Joc. Chron., § 9.

Ricardus de Colecestre. Hujus tempore, pacificata lite [a] inter comitem Ricardum Glovern[iæ] et nos, concessum est eidem comiti pro bono pacis manerium de Manhal cum Breninge, terra apud Gaisle ad elemosinarium pertinens, et manerium de Suthwolde spectans ad celerarium. Hujus tempore consideratum fuit per conventum quod in ruinis ecclesiæ reparandis tantum xij. libras poneret per annum, et non amplius. Veruntamen, ultra prædictas xij. libras, fecit novam aulam quæ dicitur Spanne ad recreationem conventus. Hic per duos annos habuit de conventu omnia maneria celerariæ firmaria faciendo plenas firmas, sed conventus interim per annum respondebat illi de xx. libris. Tunc vero temporis celerarius fuit frater Willelmus de Beccles, cui dictus sacrista in omnibus, tanquam firmarius, de his quæ ad coquinam et ad subcelerarium pertinent respondebat; et etiam de pisis, videlicet de elemosina celerarii. Infra vero quindenam qua dictam firmam dimisit, paralysi percussus, et in brevi vitæ valefaciens, appositus est ad patres suos in senectute bona.

Huic successit Symon de Kingeston natus in comitatu Cantebrigiæ, qui prius subcelerarii, postea vero camerarii functus erat officio. Qui, sponte cedens vel invitus, nichil dignum memoria egit ibidem.

Marginal notes: Richard of Colchester, sacrist. — fol. 122. Simon de Kingston.

---

[a] *pacificata lite.* Of this lawsuit, which involved a claim on the part of Richard of Clare, earl of Gloucester, to the valuable manor of Mildenhall, we hear as far back as 1252 (Matt. Par., v. 297, Rolls ed.). When Simon of Luton came back from Rome, in 1258, burdened with debt, and uncertain how to deal with the intruding Franciscans, this pending lawsuit with the powerful earl (*ib.*, 688) was his principal trouble. Of the "finalis concordia" between the parties, there is a copy in the Kempe Register (Harl. 645, f. 212). It is without date, but it must have been concluded some time between 1258 and 1262, for in the last-mentioned year earl Richard died (*Flores Historiarum*, ii. 475, Rolls ed.). At the price of the concessions mentioned in the text, besides others of less importance not here particularised, the earl of Glouces ter renounced his claim to Mildenhall.

Cui successit Willelmus de Lutone, a cameraria ad officium assumptus memoratum. Hujus tempore concessa est regi medietas omnium bonorum temporalium et spiritualium, tam religiosorum quam prelatorum et ecclesiasticarum personarum, in subsidium guerræ suæ contra regem Franciæ. Qui tam in contributione illa quam in aliis casibus fortuitis et infortunatis multipliciter est molestatus et vehementer afflictus. Hic primus cultum Dei in ecclesia, et circa Sanctum Eadmundum, Sanctum Botulphum, aliaque sanctuaria, in cereis et luminaribus diminuit, et plusquam dimidiavit; quod sibi in prosperum cessisse non arbitror. Et quamvis in aliis honestus homo fuit et modestus, in his tamen quæ conventui facere tenebatur, utpote pitantiis, misericordiis, et hujusmodi, superrigidus fuit et austerus. Nec per multos annos ante obitum suum aliquid de hujusmodi, nisi pro voluntatis suæ arbitrio, poterat extorqueri. Maneriorum tamen ædificia et redditus in villa utiliter reparavit et decenter adornavit. Moriens fere nullam reliquit pecuniam; in magna tamen pecunia diversis creditoribus et maxime servitoribus ecclesiæ tenebatur. Staura siquidem, et instauramenta maneriorum, et maxime in bidentibus ampliavit.

Huic successit Ricardus de Brunne de comitatu Grantebrigiæ, in villa de Brunne oriundus, de subcelerario assumptus.

ELECTIO THOMÆ DE TOTYNGTON.

ELECTIO THOMÆ DE TOTYNGTON.

(Harl. 230, f. 128 [now 134].)

Electio domini Thomæ abbatis Sancti Edmundi : Narrative of the election of abbot Thomas. Universis præsentes literas inspecturis vel audituris, N.[1] prior ecclesiæ conveutualis Sancti Edmundi ordinis Sancti Benedicti Norwycensis dioceseos, et ejusdem loci conventus unanimis, salutem in Domino sempiternam. Ad universorum notitiam tenore præsentium volumus pervenire, quod die Dominica proxima post Oct. 29. A.D. 1301. festum Apostolorum Symonis et Judæ, anno ab incarnatione Domini millesimo trecentesimo primo, recolendæ memoriæ N. nuper abbate nostro viam universæ After the death and burial of abbot John de Northwolde carnis ingresso, ac ipsius corpore ecclesiasticæ tradito sepulturæ; et quia de jure et consuetudine regni Angliæ ab olim est obtentum, quod solempnes nuntii the monks met in chapter, and resolved to send messengers to king Edward to ask leave to elect an abbot. vacautium ecclesiarum, maxime quæ per baronias sunt dotatæ, ad petendum licentiam eligendi sibi prælatum futurum illustri regi Angliæ sunt mittendi, cujus prætextu convenientibus in capitulo nostro, die Lunæ Nov. 13. proxima post festum Sancti Martini, anno supradicto, fratribus nostris, tres fratres de conventu nostro, videlicet, N. etc., nuntios seu ambassores nostros elegimus quos pro eligendi nobis pastorem futurum licentia petenda domino regi nostro, tunc temporis in regno Scotiæ perquam in remotis agenti, videlicet apud Lynliscu, qui locus distat a monasterio nostro ultra xvj. dietas, impedimentis aquarum et tempestatum

---

[1] N. stat pro nomine, hic et iufra.

A.D. 1301. minime computatis, cum literis nostris patentibus, sicut
nobis necessario incubuit, duximus transmittendos.
Quarum literarum tenor talis est :—

Letter from
the prior
and convent
to the king, "Excellentissimo principi et domino suo magnifico
"domino E[dwardo], Dei gratia regi Angliæ, illustri
"domino Hyberniæ, et domino Aquitaniæ, sui monachi
"humiles et devoti, frater W. prior monasterii Sancti
"Eadmundi ordinis Sancti Benedicti Norwycensis
"dioceseos, et ejusdem loci conventus unanimis, salu-
"tem in eo per quem reges regnant, et potentes scri-
"bunt justitiam. Eximiæ celsitudini vestræ non sine Prov. viii.
15, 16.
"cordium amaritudine perquam anxie referimus con-
"dolentes, quod reverendus pater N., vester dudum
"sacerdos humilis, nosterque pastor et abbas, in cras-
notifying
the death of
abbot John, "tino apostolorum Symonis et Judæ naturæ debitum
"persolvens, suo plasmatore ipsum evocante, jam mi-
"gravit ad Dominum. Cujus corpore ecclesiasticæ
"tradito sepulturæ,—prout nobis in Christo karissimi
"T. etc., confratres nostri, præsentium portitores, quos
fol. 134 b. "ad serenitatis vestræ præsentiam pro licentia pe-
"tenda eligendi nobis alium in abbatem et pastorem
"duximus destinandos, regiæ majestati potuerunt denu-
"dare,—hinc est quod vestram regiam clementiam
"attentius requirimus et rogamus, quatinus monaste-
"rio vestro antedicto, pastoris solatio, ut præmittitur,
"destituto, nobis nostris angustiis, ob summi salvatoris
and asking
leave to
elect a suc-
cessor. "reverentiam et gloriosi regis et martyris Eadmundi,
"cujus insignia geritis in terris, devotionem pio com-
"patientes affectu, alium nobis eligendi in abbatem
"liberam concedere dignemini facultatem. In cujus
"rei testimonium has literas nostras, sigillo nostri
"capituli communitas, regiæ celsitudini transmittimus
"patentes. Valeat et vigeat vestra magnitudo regia
"per tempora longiora. Datum apud Sanctum Ead-
"mundum in dicto capitulo nostro die Lunæ proxima
"post festum Sancti Martini, anno Domini millesimo
"trecentesimo primo."

Qui die Martis proxima sequente post dictum festum The messengers find Sanctum Martini versus dictum regem iter suum arri- the king at Linlithgow, puerunt, ac ad eundem adeo festinantes quod die Sancti Andreæ apostoli in Scotia apud Lynliscu ^a ipsum Nov. 30. A.D. 1301. invenerunt. Quibus in curia regia negotia nostra adeo festinantibus, quod die Lunæ proxima ante festum and speedily return with Sancti Thomæ apostoli anno eodem ad capitulum his answer, nostrum redierunt, regia eligendi licentia petita et per literas suas patentes obtenta, quarum tenor talis est :—

" Edwardus Dei gratia rex Angliæ, dominus Hyberniæ
" et dux Aquitaniæ :

" Dilectis sibi in Christo priori et conventui de permitting the election.
" Sancto Eadmundo salutem. Accedentes ad nos fra-
" tres T. etc. commonachi vestri, cum literis patentibus
" sigillo capituli vestri signatis, nobis ex parte vestra
" humiliter supplicarunt, quod cum ecclesia vestra per
" mortem bonæ memoriæ N. nuper abbatis vestri,
" pastoris sit solatio destituta, alium vobis eligendi in
" abbatem licentiam vobis concedere dignaremur. Nos
" igitur precibus vestris in hac parte favorabiliter in-
" clinati, licentiam illam vobis duximus concedendam ;
" mandantes vobis, eligatis in abbatem qui Deo devo-
" tus, regimini ecclesiæ vestræ necessarius, nobisque
" et regno nostro utilis et fidelis existat. In cujus
" rei testimonium has literas nostras fieri fecimus
" patentes. Teste meipso apud Lynliscu xxxº die
" Novembris, anno regni nostri xxxº."

Convenientibus siquidem in capitulo nostro die Mar- Dec. 19. tis proxima ante dictum festum Sancti Thomæ apostoli The monks fix upon the omnibus et singulis fratribus nostris qui debuerunt, 3rd of January next voluerunt, et potuerunt commode interesse, habita de- ensuing for the election. liberatione de die statuendo pro electione futuri pas-

---

^a From the Syllabus of Rymer's *Fœdera* it appears that Edward I. was at Linlithgow on the 18th Dec. 1301, and also on the 26th Jan. 1302, on which day he confirmed the truce that he had granted to the Scots through the intervention of Philip of France.

toris faciendum concorditer, post tractatus multiplices
assignamus statuimus seu præfiximus, ad eligendum
nobis futurum abbatem et pastorem, diem Mercurii
proximam post festum Circumcisionis Domini, anno
incarnationis ejusdem .supradicto, injungentes omnibus
et singulis, ne quis dicto die, justo cessante impe-
dimento, aliqualiter se absentaret. Nec de consuetudine ecclesiæ nostræ opus est alia vocatione fratrum[1]
nostrorum ad electionem celebrandam, eo quod cellas
separatas aut monachos seorsum a monasterio degentes
non habemus. Cujus præfixionis forma talis est:—
" In Dei nomine, Amen. Christi fidelibus pateat
" universis, quod cum ecclesia conventualis beati Ed-
" mundi regis et martyris ordinis Sancti Benedicti Nor-
" wycensis dioceseos, ad Romanam ecclesiam nullo medio
" pertinens, per mortem recolendæ memoriæ J[ohannis],
" quondam abbatis ipsius ecclesiæ, qui quarto kalendas
" Novembris, anno ab incarnatione Domini millesimo
" trecentesimo primo, diem clausit extremum, pastoris
" solatio esset destituta, corporeque ipsius prout[2] ec-
" clesiasticæ tradito sepulturæ, ac secundum morem
" et consuetudinem ecclesiæ Anglicanæ ad providen-
" dum ipsi ecclesiæ viduatæ regia licentia petita et
" obtenta, nos W. prior ecclesiæ antedictæ, et ejusdem
" loci conventus unanimis, die Martis proxima ante
" festum Sancti Thomæ apostoli, anno domini supra-
" dicto, in capitulo nostro conventuali convenientes, et
" de die præfigendo seu assignando ad providendum
" ecclesiæ nostræ de futuro pastore diligentius per-
" tractantes, præfiximus et assignavimus, et tenore
" præsentium præfigimus et assignamus,[3] de consensu
" omnium et singulorum, diem Mercurii proximum
" post festum Circumcisionis Domini proximo ventu-
" rum, cum continuatione omnium dierum sequentium
" in capitulo nostro conventuali, loco debito et con-

[1] *fratrorum*, MS.
[2] *decet* videtur excidisse.
[3] *assignavimus*, MS.

" sueto, ad electionem nostram celebrandam et ad
" providendum nobis et ecclesiæ nostræ per electionem
" canonicam de abbate et pastore, et ad omnia alia
" facienda quæ ipsius electionis negotium contingere
" dinoscuntur. In cujus rei testimonium et certitudi-
" nem pleniorem hoc instrumentum præfixionis nostræ
" nostri sigilli appensione fecimus communiri. Datum
" et actum apud Sanctum Edmundum in capitulo
" nostro conventuali, die Martis proxima ante festum
" Sancti Thomæ apostoli, anno Domini supradicto."

Quo die seu termino adveniente, missa de Sancto Spiritu solempniter summo mane in choro nostro cele- *Everything being done in due form,* brata, et post missam comparentibus et convenientibus in capitulo nostro antedicto, virtute præfixionis ante- dictæ, omnibus qui debuerunt, voluerunt, et potuerunt commode interesse, præmisso sermone Domini ac lecta constitutione generalis concilii, *Quia propter,*[a] habito- que tractatu inter nos per quam viam in nostræ elec- *the convent decides to* tionis negotio vellemus procedere, et nostræ ecclesiæ *proceed by way of com-* providere, placuit omnibus et singulis per viam pro- *promise.* cedere compromissi.[b] Unde juxta modum in ecclesia *fol. 135 b.* nostra hactenus usitatum et obtentum, septem viros ydoneos de gremio nostro elegimus, videlicet R. etc. Quibus potestatem dedimus plenam et liberam nobis eligendi pastorem, prout in commissione sibi facta plenius continetur. Cujus commissionis tenor sub- sequitur :—

" Willelmus prior Sancti Eadmundi et ejusdem loci *Commission issued for* " conventus venerabilibus fratribus R. etc., salutem in *the purpose.* " auctore salutis. Cum nuper ecclesia nostra prædicta

---

[a] Ferraris writes under the Art. "Electio,"—" Forma Electionis est " triplex, scilicet Forma Scrutinii, " Forma Compromissi, et Forma " Inspirationis, textu expresso in " const. *Quia propter.*" (Prompta Bibliotheca.) The constitution *Quia propter* on elections was framed by the general council of Lateran in 1215 ; see Fleury, lxxvii. 51.

[b] The "way of compromise" had also been chosen at the election of abbot Symon ; see above, p. 253.

" per mortem J[ohannis] abbatis ejusdem pastoris solatio
" esset destituta, ac ipsius corpore reverenter tradito
" sepulturæ, regia eligendi licentia nobis abbatem futu-
" rum petita et obtenta, convenientibus siquidem legi-
" time in capitulo nostro die infrascripto ad eligendum
" statuto et præfixo omnibus qui potuerunt et debue-
" runt commode interesse : Invocata Spiritus Sancti
" gratia, lectaque constitutione generalis concilii *Quia*
" *propter*, placuit nobis omnibus et singulis in nostræ
" electionis negotio per viam procedere compromissi.
" Unde unanimiter vos compromissarios nostros elegi-
" mus. Dantes et concedentes vobis plenam generalem
" et liberam potestatem, ultra horam vesperarum mi-
" nime duraturam, ut vos omnes vel major et sanior
" pars vestrum per electionem canonicam de nobis vel
" aliis de conventu nostro de abbate et pastore pro-
" videre valeatis, seu valeat, ecclesiæ vestræ viduatæ,
" ita tamen quod cum omnes de persona ydonea eli-
" genda concordes fueritis, aut etiam major et sanior
" pars vestrum concors fuerit, unus vestrum de man-
" dato aliorum speciali, vice sua collegarum suorum
" et nostra, illam personam eligat in communi. Pro-
" mittentes quod illum recipiemus in pastorem de quo
" omnes, aut major et sanior pars vestrum, electionem
" canonicam nobis et ecclesiæ nostræ duxeritis vel
" duxerit providendum. Ratum habentes et firmum
" quicquid vos aut major et sanior pars vestrum in
" ipso electionis negotio decreveritis seu decreverit
" faciendum. In cujus rei testimonium has literas
" sigillo capituli nostri signatas vobis tradimus paten-
" tes. Datum in capitulo nostro die Mercurii proxima
" post festum Circumcisionis Domini, anno ab incar-
" natione ejusdem millesimo trecentesimo primo, ante
" horam primam."

Jan. 3.
A.D. 1302

The com-
missioners
agree in
selecting
Thomas of
Qui potestatem sibi traditam acceptantes, et postmodum in partem secedentes, post tractatus diversos
multiplicum personarum inter se habitos, sicut nobis

retulerunt dicti compromissarii, videlicet R. etc., in Totyngton, and appoint one of their number to carry out the election.
fratrem T. de, etc., suppriorem nostrum et collegam
suum, vota sua concorditer duxerunt; ac ad ipsum
solempniter eligendum R. etc., compromissarii prædicti,
fratri J. etc. collegæ suo vices suas commiserunt sicut
in commissione plenius apparet. Cujus commissionis fol. 136.
tenor talis est :—

"Fratres R. etc., commissarii electi a venerabili viro Commission to J., the cellarer.
" domino W. priore Sancti Edmundi et ejusdem loci
" conventu ad providendum de abbate futuro ecclesiæ
" antedictæ, discreto et religioso viro fratri J. celerario
" et collegæ nostro salutem in auctore salutis. Ad
" eligendum solempniter et communi vice vestra et
" nostra ac totius nostri capituli fratrem T., suppriorem
" et collegam nostrum, in abbatem nobis et pastorem,
" in quem tam nos compromissarii præmissi quam vos,
" frater J., concorditer conveniebamus et consentieba-
" mus, ac etiam convenimus et consentimus, vobis
" vices nostras committimus per præsentes. In cujus
" rei testimonium præsentes literas sigillo nostri capi-
" tuli procuravimus [1] communiri. Datum in capitulo
" nostro die Mercurii post Circumcisionem Domini, Jan. 3. A.D. 1302.
" anno ab incarnatione ejusdem, millesimo trecentesimo
" primo."

Quem frater J. de mandato speciali sociorum suorum
in nostri præsentia infra tempus in compromisso præfinitum solempniter elegit in communi. Cujus electionis forma talis est :—

" In nomine Patris et Filii et Spiritus Sancti, Amen. The formal election of Thomas,
" Anno ab incarnatione Domini m° trecentesimo primo,
" die Mercurii proxima post festum Circumcisionis
" Domini cite post horam nonam. Ego frater J., de
" voluntate consensu et mandato R. etc., collegarum
" seu compromissariorum meorum, in quos compromis-
" sum est et fuit a domino W. priore Sancti Edmundi

---

[1] *proturavimus*, MS.

" et ejusdem loci conventu ad providendum ecclesiæ
" prædictæ de abbate, prout in instrumento super hoc
" confecto plenius continetur, vice mea et dictorum
" collegarum meorum ac omnium aliorum jus in elec-
" tione habentium et hic præsentium, necnon et ex
" potestate et auctoritate supradicta mihi et collegis
" meis prædictis commissa, invocata Spiritus Sancti
" gratia, fratrem T., suppriorem nostræ ecclesiæ et
" collegam nostrum, virum ydoneum et discretum, in
" spiritualibus et temporalibus circumspectum, in quem
" nos R. etc. concorditer convenimus, in nostrum et
" ecclesiæ nostræ abbatem eligo et pastorem, ac ei-
" dem ecclesiæ provideo de eodem, et ipsam electionem
" solempniter in his scriptis publico in communi. In
" cujus rei testimonium sigillum capituli nostri præ-
" sentibus est appensum. Actum in capitulo nostro
" die hora et anno supradictis."

Quam electionem sic canonice factam omnes approbavimus, "Te Deum laudamus" decantantes, ac dictum
electum ad altare magnum deportantes, et ibidem
coram clero et populo electione hujusmodi publicata,
ac ad capitulum nostrum redeuntibus, electione hujusmodi ipsi electo infra tempus legitimum præsentata.

who con-
sents
thereto.
fol. 136 b.

Qui tempore debito, post excusationes multiplices,
nolens divinæ resistere voluntati, electioni de se factæ
suum præbuit assensum, sicut in instrumento requisi-
tionis et consensus plenius apparet. Cujus instrumenti
tenor talis est:—

Instrument
of recogni-
tion and
consent.

" Universis præsentes literas inspecturis W. prior
" Sancti Edmundi et ejusdem loci conventus salutem
" in Domino sempiternam. Ad universitatis vestræ
" notitiam per præsentes volumus pervenire, quod cum
" die Mercurii post festum Circumcisionis Domini,
" anno ejusdem infrascripto, electio de fratre T. sup-
" priore nostro in nostrum abbatem et pastorem so-
" lempniter fuisset celebrata, et sibi eodem die in
" capitulo nostro per J. celerarium nostrum et electorem

" suum præsentata. Petitque idem J. ab eodem sup-
" pliciter et instanter ut eidem electioni suum præsta-
" ret assensum. Qui electus post excusationes multi-
" plices, nolens divinæ resistere voluntati, electioni
" prædictæ consensit in hæc verba: Ego T. supprior
" hujus ecclesiæ electioni de me canonice celebratæ
" in nomine Sanctæ Trinitatis et beati Edmundi regis
" et martyris patroni mei consentio. In cujus rei
" testimonium præsentes literas sigillo nostri capituli
" communitas fecimus patentes. Datum in capitulo
" nostro[1] die Mercurii supradicto, anno ab incarnatione
" Domini m[illesim]o trecentesimo primo."

Et quia de consuetudine regni prædicti non solum Following the custom of the realm, the abbot elect proceeds to Scotland to obtain the royal assent.
eligendi, ut præmittitur, licentia a domino rege est
petenda, verum post electionem celebratam ipsius regis
consensus necessario est requirendus, ad quem petendum et requirendum personalis aditio ante omnia
ipsius personæ electæ est necessaria, igitur familia
competenti, equis et expensis, et aliis ipsi electo necessariis præparatis, die Lunæ proxima post Epiphaniam Jan. 8. A.D. 1302.
Domini, anno ejusdem supradicto, versus dominum
regem, adhuc in dicto regno Scotiæ agentem, pro
ipsius regis assensu petendo et optinendo, juxta et
nostræ ecclesiæ morem, sicut sibi necessario incubuit,
cum literis nostris patentibus iter suum arripuit electus
antedictus. Quarum literarum tenor talis est :—

" Excellentissimo principi et domino suo plurimum Letter of convent, requesting the king to consent to the election, and write accordingly to the pope.
" reverendo domino Edwardo, Dei gratia regi Angliæ,
" domino Hyberniæ, et duci Aquitaniæ, devoti et
" fideles sui, W. prior Sancti Edmundi et ejusdem
" loci conventus, salutem in Eo qui dat salutem regi-
" bus cum reverentia et honore. Regiæ celsitudini
" vestræ præsentibus literis intimamus, quod recolendæ
" memoriæ domino J[ohanne] nuper abbate nostro viam
" universæ carnis ingresso, et concessa nobis a vestra

---

[1] nostre, MS.

U 2

"majestate licentia eligendi, nos fratrem T. suppriorem
"nostrum concorditer elegimus in abbatem, quem per

fol. 137. "fratres J. etc. regiæ excellentiæ præsentamus, pio
"affectu supplicantes, quatinus prædicti electioni nos-
"træ regium assensum impendentes, literas vestras
"super hoc summo pontifici dirigere dignemini gra-
"tiose. In cujus rei testimonium has literas sereni-
"tati vestræ, quam Deus conservet, mittimus patentes.

Jan. 7. "Datum in capitulo nostro in crastino Epiphaniæ
"Domini, anno ejusdem m°ccc°mo primo."

Jan. 30. Qui, dietis ejus adeo expeditis quod die Martis

Thomas proxima ante festum Purificationis beatæ Mariæ apud
finds the
king at Lynliscu in regno Scotiæ domino regi se præsentavit,
Linlithgow;
election et ipsius assensum cum instantia petiit reverenti.[a]
confirmed.
Qui ipsum electum nostrum clementer admittens ipsius
electioni suum regium præbuit assensum; quemadmodum per ipsius regis literas patentes plenius vidimus
contineri. Quarum literarum tenor talis est :—

The king's "Sanctissimo in Christo patri domino Bonefacio,
letter to the
pope in "divina providentia sacrosanctæ Romanæ ac univer-
favour of
the election. "salis ecclesiæ summo pontifici, Edwardus, eadem
"gratia et rex Angliæ, dominus Hyberniæ et dux
"Aquitaniæ, devota pedum oscula beatorum. Sciat
"vestra paternitas reverenda quod electioni nuper
"factæ in ecclesia conventuali de Sancto Edmundo
"de fratre T. suppriore ejus dictæ domus in abbatem
"illius loci regium assensum adhibuimus et favorem,
"et hoc sanctitati vestræ tenore præsentium signifi-
"camus, ut quod vestrum est in hac parte exequi
"dignemini cum favore. In cujus rei testimonium
"has literas nostras[1] fieri fecimus patentes. Datum

Jan. 30. "apud Lynliscu tricesimo die Januarii, anno regni
A.D. 1302. "nostri tricesimo."

---

[1] *vestras*, MS.

[a] The construction breaks down; perhaps "et" before "ipsius assen-
"sum" should be struck out.

Dicto vero electo nostro cum hujusmodi literis regiis Feb. 19.
ad ecclesiam nostram die Lunæ proxima ante festum Thomas himself proceeds to Rome,
Petri in Cathedra redeunte, adeo sibi necessaria [1] ver-
sus curiam Romanam ad petendum confirmationem
electionis de se factæ juxta doctrinam canonicam
properavit, quod die Mercurii proxima sequente iter Feb. 21.
suum arripuit ad eandem cum literis patentibus, decretum suæ electionis continentibus. Quarum literarum tenor talis est:—

" Sanctissimo ac beatissimo in Christo patri domino bearing an official letter from the convent, reciting all the circum- stances of the election.
" Bonifacio divina providente clementia sacrosanctæ
" Romanæ ac universalis ecclesiæ summo pontifici
" sui humiles filii et devoti frater W. prior ecclesiæ
" conventualis Sancti Edmundi ordinis Sancti Bene-
" dicti, Norwicensis dioceseos, et ejusdem loci con-
" ventus, cum omni reverentia devotissima pedum
" oscula beatorum. Cum propter vacationem diutinam
" ecclesiæ   [2] solatiis destitutæ gravia in spiritua-
" libus et temporalibus dispendia patiantur, conditores
" canonum provida deliberatione censuerunt ut ultra fol. 138 b.
" tres menses vacare non debeant ecclesiæ collegiatæ,
" saltem quibus per electionem canonicam habet pro-
" videri. Defuncto igitur, anno ab incarnatione Do-
" mini millesimo trecentesimo primo, die Dominica
" post festum apostolorum Symonis et Judæ, recolendæ
" memoriæ J[ohanne] quondam abbate, et ipsius corpore
" cum reverentia ecclesiasticæ tradito sepulturæ, ne ipsa
" ecclesia viduitatis suæ incommoda diutius displora-
" ret, extitit a nobis dies Mercurii post Circumcisio-
" nem Domini, anno ab incarnatione ejusdem supra-
" dicto, cum continuatione dierum sequentium, ad
" electionem futuri abbatis celebrandam concorditer
" consignatus, assignatus, seu præfixus; regia tamen
" eligendi licentia primitus petita, et [per] ipsius lite-
" ras patentes obtenta. Convenientibus siquidem legi-

---

[1] Supple, " celeritate." | [2] Lacuna.

" time in termino assignato seu præfixo in capitulo
" nostro Sancti Edmundi omnibus qui debuerunt, vo-
" luerunt, et potuerunt commode interesse, Dei ser-
" mone præmisso, lectaque constitutione generalis con-
" cilii, *Quia propter*, tandem deliberatione habita
" inter nos diligenti per quam formam esset in nos-
" træ electionis negotio procedendum, placuit nobis
" omnibus et singulis per viam procedere compromissi,
" et viduatæ ecclesiæ nostræ providere. Unde de
" confratribus nostris communi omnium assensu R.
" etc. compromissarios nostros elegimus, quibus una-
" nimiter, nullo contradicente, plenam generalem et
" liberam potestatem dedimus, usque ad horam ves-
" perarum ejusdem diei tantummodo duraturam, eli-
" gendi nobis abbatem de se vel aliis, dum tamen de
" ecclesiæ nostræ gremio, prout eis expediens videre-
" tur, et [1] nostræ ecclesiæ providendi ; ita tamen quod
" postquam omnes, aut major pars et sanior eorun-
" dem, concordes fuerimus seu fuerit de persona eli-
" gendi, unus ipsorum de mandato aliorum vice sua
" et ipsorum ac etiam totius nostri capituli personam
" illam solempniter eligeret in communi et ipsi eccle-
" siæ provideret [2] de eadem. Compromissarii autem
" antedicti, potestatem per nos sibi traditam accep-
" tantes, et in parte postmodum secedentes, tandem
" post tractatus inter se habitos plurium personarum
" dicti compromissarii, videlicet R. etc., unanimiter in
" fratrem T. suppriorem nostrum et collegam suum,
" virum religiosum et circumspectum, vota sua concor-
" diter direxerunt. Quem frater J. unus de compro-
" missariis nostris infra terminum in compromisso
" præfinitum solempniter in nostri præsentia elegit
" in hunc modum." [Here follows the formal election,
as on p. 305.]

---

[1] *at*, MS. | [2] *providere*, MS.

" Quam electionem sic solempniter et canonice cele-
" bratam omnes approbavimus,[1] gratamque habuimus
" et acceptam, 'Te Deum laudamus' more solito de-
" cantantes, forma constitutionis prælibatæ in omni-
" bus, sicut credimus, observata. Postmodum vero
" electione hujusmodi coram clero et populo publicata,
" et ipsi electo infra tempus debitum [præsentata] et
" petito ab eo ut suum præberet eidem assensum,
" ipse tandem post excusationes multiplices, nolens
" divinæ resistere voluntati, infra tempus debitum
" annuit votis nostris, electioni consentiens[2] de se
" factæ. Cum igitur ejusdem electionis et electi con-
" firmatio ad vos pertineat, eo quod monasterium
" nostrum ad ecclesiam Romanam nullo medio spec-
" tare dignoscitur, sanctissimæ paternitati vestræ hu-
" militer supplicamus et devote, quatinus divinæ pie-
" tatis intuitu misericorditer nobiscum agentes, et
" processum nostrum de solita sedis apostolicæ benig- and request-
" nitate approbantes, electionem nostram memoratam to confirm
" dignemini confirmare, ac eidem electo nostro munus it.
" vestræ benedictionis sanctæ favorabiliter impertiri,
" ut Deo auctore nobis et populo sibi commisso velut
" pastor ydoneus præesse utiliter valeat et prodesse,
" ac nos sub ipsius regimine salubriter possimus[3]
" militare. Ceterum ut beatitudo vestra cognoscat
" evidentius vota nostra in præmissis concordasse, ac
" nos in petitione hujusmodi unanimes existere et
" concordes, præsentes literas, electionis nostræ decre-
" tum serie continentes, sigillo nostri capituli loco
" subscriptionum nostrarum munitas sanctitati vestræ
" transmittimus patentes. Datum in capitulo nostro
" die Mercurii proxima ante festum Sancti Petri in   Feb. 21.
" Cathedra. Anno ab incarnatione Domini supradicto. A.D. 1302.
" Unde nos prior et conventus antedicti præsentem

---

[1] approbravimus, MS.   [3] possumus, MS.
[2] consentientes, MS.

" processum seriem et modum nostræ electionis con-
" tinentem, de communi consensu nostro sigillo nostri
" capituli fecimus communiri. Data et acta sunt
" præmissa diebus et locis supradictis."

Et quia exstat per sacros canones provisum quod
personæ aliquæ quæ electioni interfuerunt de aliquo
prælato ad superiorem causa testimonii in hac perhi-
bendi mittantur, ideo fecimus et constituimus procuratores nostros N. et N. ad illud faciendum per literas
nostras [1] sub hac forma :—

" Universis præsentes literas inspecturis W. prior
" Sancti Edmundi ordinis Sancti Benedicti, Norwi-
" censis dioceseos, et ejusdem loci conventus, salutem
" in Domino sempiternam. Quia sacris canonibus esse [2]
" cautum, quod electione de aliquo prælato quamquam
" canonice celebrata, tamen personæ aliquæ de his
" personis quæ electioni interfuerunt sunt hodie cum
" ipso electo ad superiorem mittendæ, ut per eas su-
" perior de persona electa et de forma electionis ac
" de studiis eligentium plenius instruatur, hinc est
" quod fratres W. et W., monachos nostros, facimus,
" et tenore præsentium constituimus, et quemlibet
" eorum in solidum, ita quod non sit melior conditio
" occupantis, sed quod unus inceperit alter perficere
" possit, nostros certos procuratores et nuncios spe-
" ciales, ad comparendum et se representandum coram
" sanctissimo patre domino Bonifacio divina provi-
" dente clementia papa octavo, juxta constitutionem
" bonæ memoriæ domini Nicholai, ac ad petendum
" nomine nostro et suo ab ipso domino papa, vel a
" quibuscunque aliis judicibus seu auditoribus depu-
" tandis ab eo, confirmationem electionis nostræ de
" fratre T. suppriore nostro in, nomine ecclesiæ, abba-
" tem et pastorem factæ et celebratæ. Dantes eisdem

---

[1] *vestras*, MS. | [2] Sic in MS.; lege *est*, vel con-
stat esse.

" et cuilibet prædictorum plenam generalem et libe-
" ram potestatem quodlibet genus liciti sacramenti
" præstandi, et etiam alia omnia faciendi quod in
" præmissis et circa præmissa ordo juris exigit et
" requirit. Ratum et firmum perpetuo habentes quic-
" quid per eosdem seu eorum alterum actum seu
" gestum fuerit in præmissis et quolibet[1] præmisso-
" rum. In cujus rei testimonium præsentibus sigillum
" capituli nostri duximus apponendum. Datum in
" capitulo nostro die Mercurii proxima ante festum
" Sancti Petri in Cathedra, anno ab incarnatione
" Domini m[illesim]o ccc^{mo} primo."

Et licet hujusmodi sub suis datis sigillatim fuissent
consignata, propter tamen inhabilitatem deferendi ad
partes remotas instrumenta multa sigillo nostro sig-
nata, ipsa instrumenta præsenti membranæ unica impressione sigilli nostri communis fecimus commendari.

" In nomine Domine, Amen. Per præsens publicum
" instrumentum omnibus appareat evidenter quod anno
" a Nativitate Domini millesimo trecentesimo secundo,
" Indictione quinta decima, vj^{to} die mensis Maii, in
" præsentia mei notarii publici[2] infrascripti et testium
" subscriptorum ad hoc specialiter vocatorum et roga-
" torum, religiosus vir frater T., supprior monasterii
" Sancti Edmundi ordinis Sancti Benedicti Norwicen-
" sis dioceseos, electus in abbatem dicti monasterii,
" fecit, constituit, et ordinavit suum procuratorem et
" nuntium specialem magistrum Cursium de Sancto
" Geminiano ad comparendum coram sanctissimo
" patre domino Bonifacio divina providentia sacro-
" sanctæ Romanæ ac universalis ecclesiæ summo pon-
" tifice, et ad petendum nomine ipsius ab eodem
" domino papa et a quibuscunque auditoribus ab eo-
" dem deputatis vel deputandis confirmationem elec-

May 6.
A.D. 1302.

fol. 139.
The abbot elect ap-
points master Cur-
sius his proctor at
Rome.

---

[1] quælibet, MS. | [2] pupplica, MS.

" tionis celebratæ [1] de ipso fratre T. in abbatem mo-
" nasterii supradicti, ac ad ipsius electionis negotium
" prosequendum; dans eidem plenam potestatem et
" speciale mandatum omnia et singula faciendi et
" exercendi in præmissis, et circa præmissa, et quo-
" libet præmissorum, quæ necessaria fuerint et sibi
" videbitur expedire, et quæ ipse idem frater T. facere
" posset si præsens esset. Promittens ratum et gra-
" tum habere totum et quicquid per dictum procura-
" torem actum, gestum, seu procuratum fuerit in præ-
" missis et quolibet præmissorum : Protestans quod
" per aliquam comparitionem seu actum, quam seu
" quem faceret seu exerceret in dicto negotio, non
" intendebat dictum procuratorem revocare, nec pro
" revocato haberi, nisi ipsum revocaret. Acta Romæ
" in hospitio dicti electi anno Indictione die et mense [2]
" prædictis. Præsentibus magistris R. etc.

Notarial attestation. " [E]t ego Johannes Clementis de Sancto Edmundo
" clericus Norwicensis dioceseos, publicus imperiali
" auctoritate notarius, præmissis omnibus et singulis
" una cum testibus prænotatis præsens interfui, et ea
" ut supra leguntur scripsi, et ad instantiam dicti
" electi in hanc publicam formam redegi : meoque
" signo signavi, rogatus."

Papal confirmation of the election. " Bonifacius episcopus, servus servorum Dei, dilecto
" filio T. abbati monasterii Sancti Edmundi, ad Ro-
" manam ecclesiam nullo medio pertinentis, ordinis
" Sancti Benedicti, Norwicensis dioceseos, salutem et
" apostolicam benedictionem. Ad regimen universalis
" ecclesiæ Domino disponente vocati, de universis
" orbis ecclesiis et monasteriis juxta pastoralis officii
" debitum nos oportet propensius cogitare ; sed ad ea
" nimirum attentioris dirigimus considerationis intui-
" tum, quæ ad Romanam ecclesiam nullo pertinent
" mediante, cum præsertim suis destituta pastoribus

---

[1] celebrato, MS. | [2] mensis, MS.

" vacationis incommodis exponuntur. Vacante siqui-
" dem nuper monasterio Sancti Edmundi, ad Romanam
" ecclesiam nullo medio pertinente, ordinis Sancti
" Benedicti, Norwicensis dioceseos, per obitum quondam
" J[ohannis] abbatis ipsius conventus ejusdem mona-
" sterii, vocatis omnibus," etc. [What follows here is fol. 139 b.
merely a recital of the circumstances and manner of the
election as already given, and need not be printed.]

" Tuque, præstito ad ipsorum conventus instantiam
" electioni hujusmodi de te factæ consensu, ac N. et
" N. ejusdem monasterii monachi, procuratores ipsorum
" conventus, ad sedem apostolicam accessistis, decretum
" nobis electionis ejusdem, servatis in his omnibus
" statutis a jure temporibus, præsentantes, eamque
" confirmari a nobis cum instantia postulantes. Nos
" autem tam ipsius electionis formam quam tuæ per-
" sonæ merita per venerabilem fratrem M. episcopum
" Portuen[sem],[a] et dilectos filios nostros G. Sancti
" Martini in montibus presbyterum, ac Franciscum
" Sanctæ Luciæ in Silice, diaconos cardinales exami-
" nari fecimus diligenter. Et quia demum, facta nobis
" per eos relatione fideli, electionem ipsam invenimus
" de te persona ydonea canonice celebratam, illam de
" ipsorum, episcopi, cardinalium, et aliorum fratrum
" nostrorum consilio duximus confirmandam. Præfi-
" ciendo te ipsi monasterio in abbatem, ac faciendo
" tibi postmodum per venerabilem fratrem L. episco-
" pum Albanen[sem][b] munus benedictionis impendi,
" firma de te concepta fiducia, quod cum tibi vitæ
" munditia, religionis zelus, morum gravitas, literarum
" scientia, providentia spiritualium et circumspectio
" temporalium, aliaque virtutum dona, sicut habent

---

[a] The bishop of Porto from 1291
to 1302 was Matthæus de Aqua-
sparta, a Franciscan (Gams' *Series
Episcoporum*).

[b] Leonardus Patrasso was bishop
of Albano from 1300 to 1311
(Gams' *Ser. Episc.*).

" fide dignorum testimonia, suffragentur, monasterium
" ipsum per tuæ cooperationis ministerium, gratia tibi
" favente divina, grata sub tuo felici regimine reci-

fol. 116. " piet incrementa. Ad prædictum itaque monasterium
" cum nostræ gratia benedictionis accedens, illius re-
" gimen sic exercere studeas solicite fideliter et pru-
" denter, quod de talento tibi divinitus credito dignam
" valeas in extremo reddere rationem, nosque letari
" possemus in Domino, cum a spe quam de tua boni-
" tate concepimus fuerimus non fraudati. Datum

June 1.
A.D. 1302. " Anagniæ, kal. Junii, pontificatus nostri anno octavo."

Papal letter
to the con-
vent of
Bury, ap-
proving the
election. " Bonifacius episcopus, servus servorum Dei, dilec-
" tis filiis conventui monasterii Sancti Eadmundi, ad
" Romanam ecclesiam nullo medio pertinentis, ordinis
" Sancti Benedicti, Norwicensis dioceseos, salutem et
" apostolicam benedictionem. Ad regimen universalis
" ecclesiæ Domino disponente vocati, de universis orbis
" ecclesiis et monasteriis juxta pastoralis officii debitum
" nos oportet propensius cogitare, sed ad ea nimirum
" attentioris dirigimus considerationis intuitum, quæ
" ad Romanam ecclesiam nullo pertinent mediante,
" cum præsertim suis destituta pastoribus vacationis
" incommodis exponuntur. Vacante nuper monasterio

Recitals. " vestro Sancti Edmundi, ad Romanam ecclesiam nullo
" medio pertinente, ordinis Sancti Benedicti et Norwicen-
" sis dioceseos, per obitum quondam J[ohannis] abbatis
" ipsius monasterii, vos,[1] vocatis omnibus qui debue-
" runt, voluerunt, et potuerunt commode interesse, die
" ad hoc præfixa convenientes in unum pro futuri
" facienda electione abbatis, ac deliberantes ad id per
" viam procedere compromissi, fratribus R. etc. mo-
" nachis ejusdem monasterii providendi ea vice dicto
" monasterio de abbate concessistis unanimiter potes-
" tatem, usque ad certi temporis spatium duraturam;
" promittentes illum in vestrum et dicti monasterii

---

[1] nos, MS.

" abbatem recipere et habere, quem dicti compromis-
" sarii, vel major eorum pars, de seipsis vel aliis de
" gremio dicti monasterii, infra dictum spatium duce-
" rent eligendum. Cumque idem T. et alii supradicti
" compromissarii, collegæ ipsius, hujusmodi potestate
" recepta, secedentes in partem deliberationem habuis-
" sent, prout expediebat, super hujusmodi negotio dili-
" gentem, demum dicti collegæ in prædictum T. vota
" sua unanimiter duxerunt, ac dictus J., unus de
" compromissariis supradictis, nomine suo et aliorum
" collegarum prædictorum suorum et omnium vestrum
" vice, de ipsorum aliorum collegarum mandato, infra
" dictum spatium eundem T. in abbatem dicti monas-
" terii elegit, et electionem hujusmodi coram ipsis con-
" ventu illam acceptantibus publicavit; idemque T.,   fol. 140 b.
" præstito ad vestram instantiam electioni hujusmodi
" de se factæ consensu, ac N. et N. ejusdem monasterii
" monachi, procuratores vestri, ad sedem apostolicam
" accesserunt, decretum nobis electionis ejusdem, ser-
" vatis in his omnibus statutis a jure temporibus,
" præsentantes, eamque confirmari a nobis cum instantia
" postulantes. Nos autem, tam ipsius electionis for-
" mam quam personæ ipsius T. abbatis merita per
" venerabilem fratrem M. episcopum Portuen[sem]
" et dilectos filios nostros G. titulo Sancti Martini in
" montibus presbyterum, ac Franciscum Sanctæ Luciæ
" in Silice diaconum, cardinales, examinari fecimus
" diligenter, et quia demum, facta nobis per eos rela-
" tione fideli,[1] electionem ipsam invenimus de eodem
" T. persona ydonea canonice celebratam, illam de ipso-
" rum episcopi et cardinalium et aliorum fratrum nos-   Confirma-
" trorum consilio duximus confirmandam, præficiendo   tion.
" eundem T. ipsi monasterio in abbatem, ac faciendo
" sibi postmodum per venerabilem fratrem nostrum
" L. episcopum Albanen[sem] munus benedictionis im-

---

[1] *fidei*, MS.

" pendi, firma de ipso abbate concepta fiducia, quod cum
" sibi vitæ munditia, religionis zelus, morum gravitas,
" literarum scientia, providentia spiritualium et cir-
" cumspectio temporalium, aliaque virtutum dona, sicut
" habent fidedignorum testimonia, suffragentur, mo-
" nasterium ipsum per suæ cooperationis ministerium,
" gratia ei favente divina, sub ejus felici regimine
" recipiet incrementa. Quocirca discretioni vestræ per
" apostolica scripta mandamus, quatinus eidem abbati
" tanquam patri et pastori animarum vestrarum plene
" et humiliter intendentes, ac exhibentes ei obedientiam
" et reverentiam debitam et devotam, ejus salubria
" monita et mandata recipiatis hilariter, et efficaciter
" adimplere curetis. Alioquin sententiam quam propter
" hoc rite tulerit in rebelles ratam habebimus, et
" faciemus actore Domino usque ad satisfactionem
" condignam inviolabiter observari. Datum Anagniæ
" kal. Junii, pontificatus nostri anno octavo."

Papal letter
to king
Edward to
the same
effect.
" Bonifacius episcopus, servus servorum Dei, carissimo
" in Christo filio E[dwardo], regi Anglorum illustri,
" salutem et apostolicam benedictionem. Gratiæ tibi
" divinæ premium et humanæ preconium laudis acqui-
" ritur, si ecclesias, monasteria, et personas ecclesiasticas
" præcipue regni tui regali præsidio foveas et favore
[ol. 141. " benivolo prosequaris. Nosque ad id celsitudinem
" tuam fiducialius apostolicis exhortationibus excitamus,
" quo magis illam in operum executione bonorum spera-
" mus promptam et facilem invenire. Vacante siqui-
" dem dudum monasterio Sancti Edmundi ad Romanam
' ecclesiam nullo medio pertinente ordinis Sancti Be-
" nedicti Norwicensis dioceseos per obitum quondam
" J[ohannis] abbatis ipsius, conventus ejusdem mona-
" sterii, vocatis omnibus qui debuerunt," etc. [Another
recital, nearly in the same terms as those used in the
letter to the convent.]
    . . . "incrementa. Quocirca magnificentiam tuam
" rogamus et hortamur attente, quatinus eundem

" abbatem et commissum sibi monasterium habentes
" pro divina dictæ sedis ac nostra reverentia propen-
" sius commendata, exhibeas te illi benivolum et in
" cunctis opportunitatibus gratiosum, ita quod ipse
" regio favore suffultus commissum sibi dicti monasterii
" regimen possit salubriter exercere, tuque provide con-
" crescas meritis apud Deum, apud nos gratia, et apud
" fidelium populos clara fama. Datum Anagniæ kal.
" Junii, pontificatus nostri anno octavo.'

" Bonifacius episcopus, servus servorum Dei, dilectis ^{Papal letter}
" filiis, universis vassallis monasterii Sancti Edmundi
" ad Romanam ecclesiam nullo medio pertinentis,
" ordinis Sancti Benedicti, Norwicensis dioceseos, salu-
" tem et apostolicam benedictionem. Ad regimen," etc.
[See p. 316.]

. . . " incrementa. Quocirca universitatem ves-
" tram rogamus, monemus, et hortamur attente, per
" apostolica vobis scripta mandamus, quatinus eundem
" abbatem honorificentia debita prosequentes, ac pa-
" trantes ei fidelitatis debitæ juramentum, consueta illi
" exhibere servitia, et de juribus et redditibus ei debitis
" plenarie respondere curetis. Ita quod ipse in vobis
" devotionis filios, vosque in eo patrem reperisse beni-
" volum gaudeatis. Alioquin sententiam sive pænam
" quam ipse spiritualiter et temporaliter rite tulerit vel
" statuerit in rebelles, ratam habebimus,[1] et faciemus
" actore Domino usque ad satisfactionem inviolabiliter
" observari. Datum Anagniæ kal. Junii, pontificatus
" nostri anno octavo."

" Edwardus Dei gratia, rex Angliæ, dominus Hy-
" berniæ, et dux Aquitaniæ, militibus, liberis homi-
" nibus, et omnibus aliis tenentibus de abbatia Sancti
" Edmundi salutem. Cum dominus Bonifacius sum-
" mus pontifex electionem nuper celebratam in
" ecclesia prædicta de fratre T. suppriore ejusdem

Papal letter
to the
tenants of
St. Edmund.

Letter from
the king to
the tenants
of St. Ed-
mund,
directing
them to
accept and
obey the
new abbot.

---

[1] *habimus*, MS.

" domus in abbatem illius loci, cui prius regium assen-
" sum adhibuimus et favorem, confirmaverit, sicut per
" literas ipsius summi pontificis bullatas nobis inde
" directas plenius nobis constat, nos confirmationem
" illam acceptantes cepimus ipsius electi, et temporalia
" dictæ abbatiæ, prout moris est, restituimus eidem.
" Et ideo vobis mandamus, quod eidem T. tanquam
" abbati et domino vestro in omnibus quæ ad ab-
" batiam illam pertinent intendentes sitis et respon-
" dentes, sicut prædictum est. In cujus rei testi-
" monium has literas nostras fieri fecimus patentes.

Aug. 10.
A.D. 1302.
" Teste meipso apud Westmonasterium x. die Augusti,
" anno regni nostri tricesimo."

Protestation
of the ab-
bot's proctor
before a
notary,
March 5.
A.D. 1302.
" In nomine Domini, Amen. Per præsens publicum
" instrumentum omnibus appareat evidenter, quod
" anno ab incarnatione Domini millesimo tricesimo
" primo, secundum cursum ecclesiæ Anglicanæ In-
" dictione quintadecima, iijº nonas Martii, consti-

fol. 143.
" tutus personaliter in præsentia mei notarii publici
" infrascripti et testium subscriptorum ad hæc specia-
" liter vocatorum, in ecclesia Sancti Pauli ª London,
" discretus vir magister Radulphus Torny, clericus
" et procurator religiosi viri fratris T., in abbatem
" monasterii Sancti Edmundi ordinis Sancti Benedicti,
" Norwicensis dioceseos, electi, quamdam protestatio-
" nem nomine dicti domini electi emisit, et publice
" recitavit. Cujus quidem protestationis tenor talis
" est :—

that the
abbot is de-
tained from
travelling
to Rome by
" In nomine Domini, Amen. Cum frater T. dominus
" meus et in abbatem monasterii Sancti Edmundi
" ordinis Sancti Benedicti, Norwicensis dioceseos, ad

ª The nave of old St. Paul's was the scene of the transaction of all kinds of ecclesiastical business. Compare Chaucer, *Prol. to Cant. Tales*, 507 ; " He " (the good Persoun)—

—sette nat his benefice to hyre,
And leet his sheep encombred in
    the myre,
And ran to London, unto seynte
    Ponles,
To seken him a chaunterie for
    soules.

" Romanam ecclesiam nullo medio pertinentis electu[s], the diffi-
" post reditum suum de domino nostro E[dwardo] Dei culty of
obtaining
money for
" gratia illustri rege Angliæ, quem adiverat in Scotia the journey.
" personaliter, sicut necessario sibi incubuit, infra
" ipsam terram Scotiæ, per quinque dietas vel circiter,
" pro ejus consensu et assensu electioni de se factæ
" adhibendo, quo quidem adhibito et obtento, ipsoque
" reverso ad partes proprias, pro decreto electionis
" suæ a priore et capitulo monasterii prædicti sanc-
" tissimo in Christo patri domino B[onifacio], divina
" providentia summo pontifici, destinando, declinaverit-
" que ad civitatem London, pro mercatoribus inveni-
" endis et requirendis per se et suos, pro expensis
" suis recipiendis, pro se electoribus et familia sua per
" regnum Franciæ et alias terras versus Romanam
" curiam faciendis; cum notorium sit et manifestum
" quod extra regnum Angliæ aurum nec argentum
" duci nec extrahi poterit in pondere numero seu
" moneta, nullumque mercatorem vel alium hominem
" adhuc valeat reperire, qui pecuniam suam recipere
" voluerit, pro illa sibi solvenda in Francia vel etiam
" transveanda, sine qua notum est quod ire vel trans-
" fretare non poterit, nec ad curiam continuare dietas
" pro confirmatione electionis de se factæ concorditer
" obtinenda, protestor quod per ipsum non stat quin
" ad ipsum adiret diebus continuis, si ad transeundum
" per regnum Franciæ et terras alias sibi posset pro-
" videre de pecunia quoquomodo. Et quod, quam cito
" aliquem invenerit mercatorem vel alium qui pecu-
" niam suam per regnum Franciæ et terras alias
" transveat sive ductat, per literas vel in mercimoniis fol. 143 b.
" vel aliter quovismodo, ad ipsam curiam Romanam
" pro confirmatione electionis suæ habenda continuatis
" diebus se transferet sine mora. Acta sunt hæc quæ
" supradixi anno Indictione die et loco prædictis.
" Præsentibus magistris R. et J. clericis testibus ad
" hæc vocatis et rogatis."

Summary.　Anno Domini m°ccc° primo et anno regni domini
regis Edwardi filii regis Henrici vicesimo nono, in
A.D. 1301.
Oct. 29. crastino apostolorum Simonis et Judæ, dominus Johannes de Norwolde abbas Sancti Edmundi diem
clausit extremum, cujus animæ propitietur Deus, et
exstitit baronia Sancti Edmundi in manu domini regis
A.D. 1302.
Aug. 10. a prædicto die usque ad diem Sancti Laurentii
proximo sequentem. Quo die dominus Thomas de
Totington, abbas Sancti Eadmundi, de curia rediens
Romana, singulis negotiis suis ibidem prius feliciter
expeditis, fecit dicto domino regi fidelitatem Londonii,
et liberata sibi fuit baronia sua integraliter per eundem
Nov. 1.
Levy of an
aid formerly
granted. regem. Circa festum Omnium Sanctorum proximo
sequens concessum fuit domino regi auxilium ad primogenitam filiam suam maritandam,[a] quod quidem
prius transactis xiiij. annis erat, ut dicitur, concessum,
This is made
a pretext
for extor-
tion, nondum tamen levatum. Unde dominus rex petit
nunc de quolibet feudo militari xl. solidos per breve
suum et super hoc misit justitiarios suos ad quemlibet
comita tum, ad inquirendum de hujusmodi feudis.
Unde quam plures compatriotæ, dictam petitionem et
ejusdem processum minus prudenter intelligentes,
super maneria religiosorum ubique imposuerunt feuda
militaria, ac si essent laica tenementa, quæ quidem
revera tenentur in liberam elemosinam et puram.
to restrain
which, in
the case of
Bury, Unde dominus rex postea ex gravi conquestione
eorundem talem perpendens errorem, eisdem breve
suum concessit, quod quidem dominus abbas prædictus impetravit pro se et ecclesia sua in hoc forma :—
the king
writes to
the sheriff
of Essex " Rex dilectis et fidelibus suis vicecomiti Essexiæ
" et Johanni de Bassingburn, ad auxilium xl. soli-

---

[a] Eleanor, eldest daughter of
Edward I., born in 1264, married
Henry, count of Bar, and died in
1297. According to the statement
in the text the aid for the marriage
was granted in 1288; but the marriage was not celebrated till
1293 (Flor. Hist., iii. 86; Rolls
ed.). There had been a proposal
for her marriage with Alfonso III.
of Arragon in 1286, but it had
come to nothing.

" dorum nobis de singulis feudis militum in regno and John de Bassing-
" nostro ad primogenitam filiam nostram maritandam burn,
" nuper concessum in eodem comitatu levandum et fol. 144.
" colligendum assignatis, salutem. Ex parte dilecti
" nobis in Christo abbatis Sancti Eadmundi est
" ostensum, quod cum ipse teneat totam baroniam
" suam de Sancto Edmundo in dominico et servitio
" de nobis per servitium xl. feudorum militum tan-
" tum,[a] et non per servitium plurium feudorum, ac
" licet tenentes sui de baronia prædicta feuda ipsa
" de ipso abbate teneant, et, id quod ad nos perti-
" net, pro prædictis xl. feodis ratione auxilii prædicti
" vobis ad opus nostrum solverint ad plenum, vos
" nichilominus ipsum abbatem ad hujusmodi auxi-
" lium de terris et tenementis suis de baronia præ-
" dicta pro pluribus aliis feodis, ac si plura teneret,
" cum non teneat, præstandum graviter distringitis, et
" ipsum ea occasione multipliciter inquietatis minus
" juste, in dampnum non modicum et gravamen. Et ordering them to
" quia ipsum abbatem in hac parte nolumus indebite desist from pressing the
" prægravari, vobis mandamus quod, si ita sit, tunc abbot.
" ab hujusmodi districtionibus indebitis eidem abbati
" ea occasione inferendis desistentes, ipsum ad aliquod
" vobis ad opus nostrum Romanæ [1] auxilii prædicti,
" ultra id quod ad ipsum pertinet pro prædictis xl.
" feodis præstandum, contra formam concessionis præ-
" dictæ, nullatenus compellatis. Teste meipso apud
" Weltumstowe xxvii. die Februarii anno regni nostri Feb. 27. A.D. 1302.
" tricesimo primo."

---

[1] Sic in MS.

[a] See Jocelyn's Chronicle, § 52. The abbot of Bury held the honour of the king by the service of forty knights' fees, but there were, in fact, fifty or fifty-two knights holding of the abbot in Samson's time. When a scutage was levied, Samson obliged all his knights to account to him individually, while he himself only accounted to the king for the customary forty knights' fees. It seems that the sheriff of Essex wished to levy the aid of 40s. on every knight holding of the abbey.

DEPRÆDATIO ABBATIÆ SANCTI EDMUNDI.

DEPRÆDATIO ABBATIÆ SANCTI EDMUNDI.

(Claud. A. XII., f. 116.)

Deprædatio et combustio abbatiæ Sancti Edmundi et maneriorum, cum furtiva abductione abbatis in Brabantiam, et de quibusdam eventibus illius temporis.

Anno Domini millesimo cccᵐᵒ vicesimo sexto, octavo kalendas Octobris, Isabella regina Angliæ, uxor scilicet Edwardi regis a conquestu secundi, cum primogenito filio suo Edwardo, scilicet tertio, puero scilicet quindecim annorum,[a] duce Aquitaniæ, quia timebat proditionem Gallicorum[b] pecunia corruptorum, applicuit in Anglia, comitantibus secum Edmundo comite Cantiæ fratre regis Edwardi secundi, domino Rogero de Mortuo Mari, qui ante fugerat de turri London in qua incarceratus fuerat cum avunculo suo[c] ejusdem nominis, domino Johanne de Crumwelle,[d] domino Johanne de Henadio, fratre comitis ejusdem

A.D. 1326. Sept. 24. Landing of the queen Isabella and prince Edward in England.

---

[a] *quindecim annorum.* Edward III. was born on the 13th Nov. 1312 (*Flor. Hist.*, iii. 153; Rolls ed.), and was therefore not yet turned of fourteen.

[b] *proditionem Gall.* See Lingard, *Hist. of Eng.*, iii. 30.

[c] Roger Mortimer the elder, after an imprisonment of six years in the Tower, died there in August 1326 (*Ann. Paulini*, Stubbs, Rolls ed., p. 312).

[d] John de Crumwell was a time

server. He signed the barons' letter to the pope in 1309, and another letter to the king on the question of the appointment of the ordainers in 1310. In 1312 we find him constable of the Tower; in 1322 he was in attendance on the king in Yorkshire, as "sibi secre-"tarius et familiaris." Now, in 1326, he is engaged in the queen's treacherous enterprise against her husband (*Ann. Paulini*).

patriæ, et multis aliis Anglicis et alienigenis, apud
Waleton,[a] fugientibus custodibus quos ibi constituit
dominus rex. scilicet domino Roberto de Watevile et
aliis. Et die Sancti Michaelis venit regina cum suis
apud Sanctum Edmundum. Rex autem si obviasset
cum paucis victoriam habuisset, sed usus malo consilio
cum domino Hugone Dispensatore filio et aliis privatis
fugit versus Walliam ; et regina cum suis perseque-
batur, et semper multiplicabatur ejus pompa sive
potentia, aliorum enervata. Tandem Bristolliæ adveniens præcepit sibi et filio reddi castrum, in quo
fuit dominus Hugo Dispensator pater, et custos castri
erat Dovenaldus de Mar Scotus, qui reddidit castrum,
et dominus Hugo Dispensator pater erat vilissime
tractus et suspensus. Regina, ut dicebatur, voluit
salvasse[b] eum, sed amici Thomæ comitis Lancastriæ,
cujus judex fuit in occisione, dissuaserunt. Et sic
procedentes versus Walliam, et juxta castrum Kerfilii,
ceperunt dominum Hugone[m] Dispensatorem filium,
regis consiliarium, et ipsum traxerunt et nimis
afflixerunt et tandem suspenderunt. Et sic non
cessarunt usque quo cepissent regem Edwardum a
conquestu secundum, qui, captus, positus est in custodia
mala in castro de Berkele usque ad mortem. Magister
autem Robertus de Baldoc,[c] cancellarius Angliæ et
consiliarius regis Edwardi a conquestu secundi, captus
est et in carcere apud London tortus est. Magister

---

[a] Walton is at the mouth of the
Orwell, opposite Harwich. Murimuth (p. 46, Rolls ed.) says, " in
" terra comitis Mariscalli apud
" Waltoniam applicuerunt."

[b] voluit salvasse. This does not
appear to be mentioned elsewhere.

[c] Baldoc. The chancellor Bal-
dock had been archdeacon of Middlesex in 1323. Having fallen into
the hands of Orleton, bishop of
Hereford, one of the most prominent
men of the queen's faction, he was
imprisoned in his house in London.
The citizens took him by force and
brought him to Newgate, where he
died " in great anguish " (Ann.
Paulini, 320). The clergy of London appear to have been shocked
by his cruel death, and gave him a
sumptuous funeral.

Walterus de Stapelton,[a] episcopus Exoniensis, the- fol. 116 b.
saurarius Angliæ, capitur Londoniæ, et decollatur in
Schepe, et vix corpori traditur sepultura. Dominus
Herveus de Stanton,[b] dominus Galfridus de Scrope [c]
quærebantur ad occisionem, sed per diffugium evaserunt, et alii multi qui fuerunt de consilio regis latuerunt propter metum mortis. Dominus Edmundus
comes de Arundell [d] captus et decollatus est, procurante, ut creditur, R[ogero] de Mortuo Mari. Tunc
cœperunt mala multiplicari in terra; nam communitas
London in malum erecta spoliavit [e] mercatores Lum-
bardos qui fuerunt London, et combusserunt domos
eorum, et dominati sunt nimis. Nam comites et
barones, episcopos et abbates, et omnes magnos accedentes ad villam duxerunt ad le Gildhalle, et fecerunt eos jurare quod consuetudines civitatis London
observarent et manutenerent usque ad mortem. Quorum exemplo communitates aliarum villarum ingras-
sati insurrexerunt contra dominos suos, sicut apud
Sanctum Albanum et Abendon, et alibi.

Inter quos, anno Domini supradicto et anno regni Outbreak at
Bury. Vil-
regis Edwardi secundi post conquestum vicesimo in- leins and
disorderly
cipiente, die Martis in octabis Epiphaniæ, Johannes persons,
egged on by
Ffraunceys, Walterus Hugun, Johannes Prentyz, et some of the
rioters from
London,

---

[a] Walter de Stapleton was the founder of Exeter College, Oxford, in 1314.

[b] Hervey de Stanton, one of the king's justices, had been prominent in supporting the royal authority against the claims of the Londoners. His name occurs in the charter granted to the city of London in 1327 (*Ann. Paulini*, 314, 329).

[c] Geoffrey Scrope was one of the negotiators of peace with Scotland in 1323. In 1328 he was a commissioner for settling the treaty of marriage between David Bruce and the princess Joan (*Ann. Brid-lington*, 84, 98, Stubbs; Rolls ed.).

[d] The earl of Arundel was one of those who "had remained neutral " during the invasion, but were ac- " cused of having consented to the " death of the earl of Lancaster " (Lingard, iii. 35).

[e] On the riots in London and the proceedings of the " rifflers " (riflers) there, see *Annales Paulini*, 321. Of Abingdon, Knighton writes (i. 443, Rolls ed.), "Abbathia de " Abyndon spoliata est a civibus " ejusdem villæ."

A.D. 1327. alii villani et capitosi ribaldi de villa Sancti Edmundi mane convenerunt in taberna, et edocti per male-factores London miserunt pro aliis, qui prælocuti ordinaverunt et conspiraverunt destruere et deprædari abbatiam. Et eodem die post prandium illi idem congregati sunt ad aulam gildæ, et miserunt pro valentioribus totius villæ Sancti Edmundi, qui simul omnes fuerunt jurati fovere et manutenere propositum

Jan. 15. et querelas contra abbatem et conventum. In crastino

congregate to the number of 3,000, break into the convent, and begin to plunder and destroy. igitur Sancti Hillarii, feria scilicet quarta, fecerunt pulsare campanam de le Tolhous a mane usque ad nonam, et congregati sunt multi et armaverunt se, circa tria milia, et abbatiam obsidentes primo frege-runt magnas portas, et ingressi fecerunt insultum, et quosdam monachos et plures servientes verberaverunt et male tractaverunt et vulneraverunt, videlicet dompnum Robertum de Chikeneye, et dompnum E. de Totyngton, et elemosinarium, et alios. Portas et

fol. 117. ostia subcellariæ fregerunt, et clipsedras de doleis extraxerunt, et cervisiam effuderunt et totaliter perdi-derunt, et quicquid poterant asportaverunt. Deinde claustrum ingressi, cistulas, id est caroles, et armoriola fregerunt, et libros ac omnia in eis inventa similiter

They seize and impri-son the prior and the third prior. asportaverunt. Postea cameram prioris intrantes, unum calicem, aurum et argentum, vasa et jocalia secum tulerunt, priorem et tertium priorem vi secum abduxerunt, et in aula Gildæ incarceraverunt, et multis opprobriis saturaverunt, et tres monachos qui perrexerunt visitare et consolari suum priorem retinu-erunt, et cum eo tribus diebus et ii. noctibus incarcera-verunt. Sacristiam fregerunt, cistas et omnia clausa

Plunder of the sacristy, diruperunt, aurum et argentum, libros, registra, et vasa argentea sustulerunt, et vinum ultra modum consumpserunt. Registra et munimenta et cartas

of the cham-berlain's quarters, the infir-mary, and other offices. sacristiæ, et unum equum pretio x. librarum abduxe-runt. Deinde perrexerunt ad camerariam et infirma-riam et ad alia officia, asportantes omnia quæ eis

valere poterant, et infirmos monachos nimis molesta-
verunt.

In crastino, qui fuit dies Jovis, ad egressum con- Jan. 16.
On Thurs-
ventus de capitulo, venerunt et ceperunt ix. monachos, day they
imprison
et vi abduxerunt ad aulam Gildæ, et cum priore suo nine more
of the
et aliis incarceraverunt, unde timor magnus irruit monks, and
rob the con-
super alios de conventu. Postea ingressi sunt thesau- vent treasury, taking
rariam ecclesiæ, et inde aurum et argentum, florenos away royal
and papal
et jocalia, multa vasa argentea et lapides pretiosos, charters.
cartas regum, paparum bullas, et alia munimenta
libertatum secum abstulerunt. Regressi igitur ad
aulam Gildæ ammonuerunt aldermannum, nomine Ricardum de Berton, qui ab eis in festo Sancti Michaelis fuerat electus, et ab abbate et conventu, ut
moris est, admissus, et juratus per sacristam. Sta- They ap-
tuerunt in loco suo capitose et, injuste Johannem de point John
de Berton
Berton, fratrem dicti Roberti,[1] irrequisito consensu alderman.
abbatis et conventus, ad manutenendum querelam
eorum. Item janitores portarum villæ removerunt, et
alios in locis eorum posuerunt. Et prohibuerunt ne
conventus pulsaret campanas suas quousque manda-
rent eis, et hoc duravit a vespera usque ad vesperam.

Die Veneris immediate sequente prædicti villani Friday,
Jan. 17.
reduxerunt priorem et xiij. monachos quos incarcera- Ill-usage of
the prior.
verunt ad abbatiam, et mortem minantes fecerunt
eos signare communi sigillo capituli unam acquietan- fol. 117 b.
tiam omnium actionum quas habere possent versus
eos a principio mundi usque tunc, et unum scriptum
obligatorium ii. mille librarum, et unam acquietantiam
v^c marcarum et l. doliorum vini, in quibus tenebantur
abbati et conventui pro transgressionibus prius illatis,
levandorum de eis qua hora injuste contra eos in-
surgerent. Et ad cumulum malitiæ eorum ingressi Robbery of
the vestiary;
sunt vestiarium ecclesiæ, et xxiiij. capas pretiosas, sacrilege.
omnia vestimenta principalia, et ij. casulas festivales

---

[1] Sic in MS.; lege *Ricardi?*

cum tunicis et dalmaticis, pretiosum saphirum, ij. turribula magna argentea et deaurata, iiij. pelves de argento et ammelat[o] et fiolas, ij. cruces festivales, iij. calices de auro puro magni ponderis, cupam auream supra magnum altare in qua reconditum fuerit

corpus Christi, ejecto corpore super altare, cum tribus aliis cupis argenteis et deauratis ibidem pendentibus, asportaverunt. De refectorio magnum ciphum Sancti Edmundi ᵃ et xxiiij. mazers electos, unam cupam argenteam, j. cupam deauratam, pelves, aquaria argenti, pecias et discos argenteos cum cocliariis deprædati

sunt. Item iiij. monachos, videlicet dompnum E. de Brundyssch et iij. alios, iter arripientes versus London ad annunciandam abbati injurias ecclesiæ suæ factas Johannes Unesire et Willelmus atte Grene et alii persecuti sunt, et apud Novum Mercatum repertos male tractaverunt, et unum equum eorum et manticam cum summa magna pecuniæ abduxerunt, et unum eorum ad Sanctum Edmundum reduxerunt et in custodia per unam noctem et dimidiam diem detinuerunt.

Portarum villæ custodiam sibi rapuerunt, domos conventus in villa radicitus extirpaverunt, arbores in gardinis amputaverunt, loca mercatorum pro libito mutaverunt, theloneum dari prohibuerunt, placita et

amerciamenta in villa sibi appropriaverunt. Redditus etiam, quæ conventus percipit in villa, ad usus aldermanni collegerunt, nec ausi sunt ministri abbatis

They set up
a block
with an axe
in the mar-
ket-place;
and by
threats,
gifts, and
lies win
many to
their side.

et conventus propter minas eorum eis deservire. Et ad trahendum populum de patria ad consensum eorum posuerunt unum truncum cum securi in foro, ut siquis adveniens noluerit eis consentire statim ibidem decollaretur; et sic partim per minas, partim per dona et execrabilia mendacia, attraxerunt sibi corda multorum et magnorum de patria qui malitiam suam confoverent.

ᵃ On the " seyphus " or cup of St. Edmund, see vol. i., p. 203.

Abbas autem toto tempore prædicto fuit London A.D. 1327.
in parliamento; sed tandem per internuntios mona- fol. 118.
chos audiens de dictis injuriis et dampnis ecclesiæ suæ Meantime the abbot has been
factis, per consilium magnorum qui fuerunt in parlia- attending Parliament.
mento venit domum ad succurrendum conventui et Hearing of the out-
ecclesiæ suæ, die Mercurii proxima ante Purificationem break, he returns to
beatæ Mariæ. Quo cognito, dicti villani armati, asso- Bury.
ciatis ribi quibusdam militibus, vi ingressi cameram Jan. 29.
abbatis, petierunt signari quandam cartam, multum The rioters ask him to sign a char-
abbati et conventui contrariam et prejudicialem, vide- ter injuri- ous to the
licet de communitate et de communi sigillo et alder- convent.
manno perpetuis habendis. Et quia abbas non concessit, tractaverunt cum viliter, et de loco ad locum
pepulerunt, vibrantes arma, et intentantes sibi et
conventui mortem si non paruisset. Abbas vero, paratus The abbot, after resist-
mori in causa, sed fratribus suis condolens, sic arctatus ing for some time, yields,
concessit eis petitionem suam. Et quia dimiserat
sigillum suum apud Walden, coegerunt eum ut unum
de capellanis suis mitteret pro eo, quem comitati sunt and sends to Walden for
sex armati de villa die noctuque ne evaderet. Interim his seal.
tota abbatia custodita erat circumquaque cum magno
numero virorum armatorum, ne abbas discederet, et
sic eum incarceraverunt in monasterio suo. Cumque When it is brought, the
sigillum esset allatum de Walden, compulerunt abbatem abbot and convent,
et conventum ingredi capitulum, et ipsi villani cum under com- pulsion, sign
Sathanæ satellitibus ingressi sunt cum eis, positis a charter granting
custodiis ad ostium capituli, et timore mortis coactos what the rioters defecerunt eos signare sigillo capituli et sigillo abbatis mand, and a release of
unam cartam, de communitate, et de communi sigillo, all their lawless acts.
gilda mercatoria, et aldermanno perpetuis habendis,
magnam exhæredationem ecclesiæ continentem, cujus
copiam et inspectionem abbati petenti denegaverunt.
Similiter signare coegerunt abbatem et conventum
ibidem unam relaxationem omnium actionum et trans-
gressionum, et unam obligationem v. mille librarum eis
solvendarum, si infringerent pactum, et non facerent
irrotulari in thesauraria regis infra tempus limitatum.

A.D. 1327.
The abbot returns to London, and declares his wrongs in full Parliament.

Enraged at this, the villeins continue their ravages.
fol. 118 b.

Feb. 17.

Plunder of the dormitory and the abbot's wardrobe.

Their promises cause many thousands to join them.

Carts and provisions stolen; the conduit broken.

Hiis peractis, abbas permissione eorum reversus est ad parliamentum, quia erat receptor billarum. Villani autem sequebantur ipsum, sperantes eum omnia prædicta completurum ; sed ipse coram magnatibus qui in parliamento fuerunt retulit passionem suam et suorum et quia metu mortis et incendii ita peregisset. Unde villani prædicti redeuntes, diabolo succensi, dampna et injurias continuarunt, et indies multiplicarunt, in pratis, pascuis, domibus, et redditibus. debitas consuetudines impedientes, decimas et oblationes ecclesiasticas subtrahentes, et sub pœna prohibentes. Die insuper Lunæ præcedente festum Cathedræ Sancti Petri, vi et armis ingressi sunt dormitorium monachorum, lectos eorum perscrutantes, et omnia mobilia ibi inventa furtive et violenter asportantes. Postea garderobam abbatis fregerunt, et arma et alia ibidem mobilia hinc inde inventa sustulerunt. Et sic multotiens et multis modis conventum terruerunt, frangentes vitreas fenestras ecclesiæ, et multa alia enormia perpetrantes, pacemque regis et protectionem abbatiæ vilipendentes, ita quod vix ausi sunt monachi vel servientes eorum portas egredi, propter clamorem eorum et timorem. Promiserunt etiam quod omnes de patria, tam villani quam liberi, qui causam illorum manutenere vellent, essent liberi ab omni theloneo et omni servitio per totam Angliam, virtute cartarum quas penes se dicebant habere, unde plus quam xx. mille de patria[a] ad eorum auxilia concurrebant. Et quidam portaverunt cedulas libertatis, sed minime signatas. Ceperunt insuper carrectas abbatis et conventus, oneratas victualibus et aliis necessariis pro sustentatione conventus, et duxerunt ad aulam Gildæ, prohibentes sub pœna ne quis venderet eis esculenta vel poculenta sub pœna mortis. Et ut penuriam aquæ paterentur, fre-

---

[a] de patria. Upland men, countrymen ; comp. the phrase "Jacke | "Upland." Wright, Polit. Poems and Songs, ii. 16.

gerunt conductum aquæ ne ad eos descenderet. Deinde, A.D. 1327. May 19.
post festum Sancti Dunstani, campanam pulsaverunt, In May they muster in great numbers, headed by two clerks.
et congregati sunt, tam de patria quam de villa, plus-
quam x. mille hominum, cum armis et pencellis præce-
dentibus more belli ; quos duo clerici ecclesiarum beatæ They remove the church doors and fortify the tower.
Mariæ et Sancti Jacobi in tunicis cum vexillis et
pencellis præcesserunt, et accesserunt, et deposuerunt
portas ecclesiæ et portaverunt in villam, et ascende-
runt turrim et more bellico munierunt. Portas gar-
dini fregerunt, et pontes ruperunt, et meremium aliena-
runt, et ij. battellas sive naviculas quæ fuerunt in aqua
sustulerunt. Fecerunt etiam unum fossatum in medio Other outrages.
prati sacristæ, et dixerunt quod fuit de communa ;
domos et redditus abbatiæ et servientium eorum in
villa existentes prostraverunt, et meremium abduxe-
runt. Pro quibus transgressionibus puniendis et fol. 119. The abbot sends to Rome in order to get redress ; the messenger dies.
remediis quærendis, abbas et conventus miserunt ad
curiam Romanam quendam monachum, qui ibi post
breve tempus mortuus est. Subsequenter et illi de
villa miserunt ad prædictam curiam duos clericos,
scilicet magistrum Johannem de Refham, et magistrum Two clerks go to Rome to represent the other side.
Willelmum de Coulingge, ad accusandum abbatem et
conventum, et pro ecclesia Sanctæ Mariæ et Sancti
Jacobi sibi approprianda ; qui nichil expedientes reversi
sunt, asserentes bullas suas impetratas contra abbatem et conventum impignoratas pro fine et expensis
xl. li[bris], quas suppliciter petebant. Sed aliqui aliis
astutiores, falsitatem eorum intelligentes, derisorie concesserunt, uni ecclesiam Sanctæ Mariæ, et alteri ecclesiam Sancti Jacobi.

Post hæc terrores indies creverunt conventui, et ma- Terror of the monks; their enemies increase in number and boldness.
lorum numerus villanorum et extraneorum augmentatus
est, et maxime auxilio et consilio fratrum Minorum
de Babbewelle, qui monachis fuerunt tempore illo gra- The friars at Babwell encourage them.
viter infesti. Quia, quando prior fuit cum sociis suis
incarceratus in aula Gildæ, venerunt sex fratres Minores,
scilicet frater Thomas de Cantabrig[ia] et frater J. de

Aspal, et alii quatuor senes, et petierunt licentiam a villanis ut possent habitare infra villam Sancti Edmundi in loco quem aliquando occupare frustra videbantur ; sed non obtinuerunt, contradicentibus capellanis villæ et timentibus quod auferrent lucra eorum. Sed tamen in alio confederati sunt cum capellanis de villa. Cum enim secundum communem modum conventus et

Procession on the Rogation Days. capellani villæ tribus diebus rogationum processionem facerent circa villam, tunc monachi non audebant egredi propter metum mortis, quia dicebatur quod omnes monachi occiderentur et seculares capellani ut prius restituerentur. Accurrerunt fratres Minores cum cruce, et procedebant cum capellanis et parochianis circa villam, canendo letanias quod nunquam ante

Tithes and offerings withheld. fecerunt nec post. Processum etiam ultra eorum furia, quod retraxerunt plene decimas ecclesiarum et oblationes, ita quod capellani altaribus deservientes non habuerunt victui suo necessaria, sed conventus de diversis corrodiis in abbatia necessaria eis ministrabant. Quod maledicti perpendentes, sub pœna privationis capitum inhibuerunt prædictis capellanis ne ulterius in ecclesiis deservirent, malentes tanquam pagani vivere et

fol. 119 b. mori quam ab eis sacramenta recipere. Unde conven-
The convent directs the sacrist to supply the place of the chaplains. tus ordinavit quod Radulphus Caston, tunc sacrista, cum alio monacho Johanne de Stokes qui tintinabulum portaret, quia nullus clericus audebat, infirmos visitaret, mortuos sepeliret, pueros baptizaret, missas celebraret. Et sic officium capellani parochialis secundum numerum eorum persolvit, sæpius in die et aliquando de nocte

He does so, and is subjected to much obloquy. sacramentum Eucharistiæ ministrando. Unde multas blasphemias opprobria et etiam pericula incurrebat. Dicebant illi filii Sathanæ de sacrista, quod diabolus
A vile plot hatched against him. portabat Deum. Sed cum nec sic se viderunt prævalere, quoddam facinus execrabile machinati sunt, videlicet quod facerent unam mulierem fingere se infirmam, quæ mitteret pro sacrista ut ministraret sibi sacramenta ; quem suam confessionem audientem amplecte-

retur, cum in ulnis suis stringens, et clamans quod A.D. 1327.
vellet eam violare; et sic insidiantes caperent eum et
socium ejus, et perducerent eos ad gaolam, quousque
solverent finem ad voluntatem eorum. Sed decepta which, how-ever, is baffled.
est eorum dolositas, quia sacrista fuit præmunitus a
quodam amico ut non iret ad talem infirmam. Quo
comperto prior inhibuit sacristæ ne de cetero tale
officium exerceret, committens Deo negotium. Confessa est postea prædicta mulier sacristæ facinus suum
præmeditatum. His et aliis terroribus concussi quidam Many of the monks leave the convent.
monachi alibi divertentes in maneriis, aliqui in cenobiis
et cum amicis latuerunt. Tunc dominus Robertus Morlee
compassus est monachis, et venit apud Eldhaghe cum Vain attempt of Sir Robert Morley to heal the breach between the abbey and the town.
magna populi multitudine ad succurrendum monachis,
et fecit concordiam pro tempore inter monachos et
villam. Sed statim post recessum suum homines de
villa malitiam suam continuantes prioribus pejora per-
petuarunt.

Cum prædicta gens villæ Sancti Edmundi nec minis In the autumn the riots are renewed.
nec mendaciis nec persecutionibus nec deprædationibus
propositum suum consequi possent, ad consumptionem
monasterii et monachorum interitum prosilientes, in
ferro et flamma conati sunt omnia vastare. Unde die
Dominica, in festo Sancti Lucæ, post vesperas, anno Oct. 18.
scilicet Domini millesimo ccc^{mo}xxvij^o, intrantes pres- fol. 120.
biterium maledictiones et minas mortis monachis
præsentibus intulerunt. Sed illi, pro Deo et ecclesia
malentes mori quam sic torqueri, terrores minantibus
reddiderunt, saltem verbis eos ab ecclesia repellentes.
Nec mora; illi recedentes fecerunt pulsare diutissime The bell of the Toll House, and the fire-bell at St. James' Church, by continual ringing, summon a vast multitude, who all swear to live and die together.
campanam de le Tolhous, et campanam ignis in turri
Sancti Jacobi. Quibus auditis, congregati sunt omnes
majores et minores totius villæ, videlicet Johannes de
Berton, Robertus de Ffoxton, et Robertus de Eriswelle,
cum tota villa, simul cum ingenti multitudine patriæ
et ignotorum, rectorum et presbiterorum xxviii.,
clericorum et laicorum, et per confederationem inter

A.D. 1327.

eos prælocutam, et per sacramentum inter eos prestitum ad invicem vivendum et moriendum.

They pull down and burn the abbey gates,

Et primo combusserunt illo die et nocte sequenti et diebus sequentibus magnas portas abbatiæ, cum camera janitoris et stabularii, et communia stabula, cameras cellerarii et socii sui, senescalli et clerici sui,

and the various monastic offices, one after the other.

bracinum, boveriam, et porcariam, molendinum, pistrinum, et domum fœni; pistrinum abbatis, stabula prioris cum portis, et aula, et omnibus appenditiis suis; utrasque partes aulæ hospitum, cum coquina et cum camera hospitilarii, et camera hostilarii, et capella Sancti Laurentii, totam camerariam et subcamerariam, cum appenditiis suis, et magnum ædificium quondam fratris Johannis de Saham, cum multis appenditiis; pulcrum solarium ex parte orientali novæ aulæ, studium prioris, cum botelria, et quandam partem magnæ camerre prioris, cum pincernaria, et cameram capellani prioris; totam magnam aulam infirmariæ, cum ij. magnis cameris capellani infirmariæ, et quandam mansionem solempnem, vocatam Bradefeld, cum aula

They set fire to Brad-field, the king's lodg-ing, when at Bury,

et cameris [1] et coquina, ubi rex multotiens se recepit. Cameram etiam sacristæ, cum capella, vinario, et aliis multis cameris ibidem, et turri, totam etiam mansionem pro famulis sacristæ extra murum, videlicet aulam, solaria, cameras, bracinum, pistrinum, coquinam, granarium, et grangium fœni cum stabulis, domum carpentrariæ, domos subsacristriæ, cum monetario et aliis officinis ibidem. Adhuc ex parte curiæ elemosinariam totam a portis magnæ curiæ cum j. pentiz pro distributione pauperum, usque ad aulam placitorum,

fol. 120 b.

quam similiter combusserunt, cum ij. magnis solariis,

and to many buildings and stables,

et coquina, et ij. cameris; cameram reginæ, cum lardario abbatis et granario ejus juxta stagnum, in curia solarium cellerarii et socii sui, devastaverunt et combusserunt, cum granario frumenti, et portam

---

[1] *camis*, MS.

subcellerariæ, cum capella superædificata, cameram A.D. 1327.
coquinarii, lardarium conventus, pitanciariam, et cameram præcentoris. Et ubi non potuerunt ascendere
propter testudines,[1] imposuerunt subtus ignem qui
supergredientes afflixit, cujus incendium diutissime
duravit. Et quia istæ domus prædictæ erant coo- and steal the lead on
pertæ plumbo, aliquas cum coopertura combusserunt, et the roofs.
multas ante incendium discooperuerunt, abscondentes
magnam partem plumbi in fontibus et sterquiliniis,
et magnam partem vendebant leviori pretio quam
emebatur a monachis, quia qui accesserant ad villam
cum mercimoniis equis oneratis, in recedendo onera-
bant equos tribus denariatis de plumbo ; et qui propter
periculum sacrilegii recusabant valde male tractabantur.
Extra portas etiam comburebant soldas conventus.
Ingressi autem armati multis cum eis dederunt The monks now and then arm their ser-vants and resist; fight-ing and bloodshed ensue.
insultum multotiens ; et in multis locis monachi,
virtute Dei et Sancti Martiris Edmundi suffulti,
servientes suos congregaverunt et bene se armantes
viriliter se defenderunt et sæpius eos fugaverunt, et
plures hinc inde sunt interfecti, et post victoriam
semper recursum habuerunt ad Sanctum Edmundum,
cantantes antiphonam, "Ave rex gentis" etc.

Duravit hæc combustio per multos dies. Die Oct. 19.
insuper Lunæ, in crastino Sancti Lucæ, accesserunt The prior brought to Bury with ignominy, his palfrey being ridden by William Green.
aliqui eorum ad Whepstede, et priorem repertum
apud Doneton ad villam Sancti Edmundi, omnibus
bonis suis ibidem depredatis, adduxerunt, et ab-
ductum, vili et debili equo eum desuper sedere
fecerunt, et capellanum suum coegerunt pedibus
ambulare. Willelmus autem atte Grene equitavit
palefridum prioris in capa sua et capello, dando
maledictam et derisoriam benedictionem. Die Martis Tuesday, Oct. 20.
ingressi sunt aliqui eorum monasterium in forma Five oxen stolen.
concordiæ, sed discordes recesserunt, abducentes secum

---

[1] tes!itudines, MS.

A.D. 1327.
Oct. 21.
The monks are requested to send some of their number to St. Mary's to treat of concord.

fol. 121.

They do so; John de Berton demands that they shall all appear at the church; they send twenty-four,

Oct. 22.

who are seized and imprisoned.

The plunder and arson not confined to Bury, but carried on equally on twenty-two manors belonging to the convent, Oct. 18-25.

furtive quinque boves. Die Mercurii venerunt capellanus ecclesiæ Sancta Mariæ, cum corpore Christi, et Stephanus atte Chirch, nudus pedes et distinctus, capite discoopertus, cum cruce, et Helena de Costeseie pari modo cum ardente tortica, rogantes humiliter ut mitterent aliquos monachos ad ecclesiam Sanctæ Mariæ tractaturos de concordia. Et conventus amens quinque monachos vestibus sacris indutos, cum corpore Christi, cruce, et cereis, et cum aqua benedicta, ad ecclesiam Sanctæ Mariæ destinarunt. Cumque venissent ad Johannem de Berton pseudo-aldermannum et complices ejus, mandavit ut totus conventus excepto uno feretrario veniret. Sed monachi mortem timentes non omnino paruerunt mandatis ejus. Die Jovis xxiiij. monachi albis induti ad prædictam ecclesiam perrexerunt. Quo cum pervenissent, exuti sunt albis, et inclusi vii. diebus et vii. noctibus, multum dolentes et tristes, quia mors cotidie eis minabatur.

Nec sic saturatus est furor eorum per deprædationem et combustionem monasterii, sed ad maneria conventus manus eorum extentæ, xxii. maneria infra unam et eandem ebdomadam Sancti Lucæ combusserunt, spoliaverunt, et deprædaverunt, de quibus quidem dampnis aliqua pars hic exprimitur et notatur :—

Apud Berton Magnam.

Losses on manors :
1. Great Barton.

Apud Berton Magnam ceperunt de frumento iiijˣˣ et xvi. quarteria, pretio quarterii vs., summa xxiiijli.; de ordeo iiijˣˣviij. quarteria, pretio quarterii iiijs., summa xvijli. xijs.; de avena lx. quarteria, pretio quarterii iis., summa vjli.; de brasia viij. quarteria vj. bussellos, pretio quarterii iiijs., summa xxxvs. De stauro ii. stottos, pretio capitis xiijs. iiijd., summa xxxvjs.[1] viijd. De bobus viij., pretio capitis xviijs.,

---

[1] Sic in MS. pro xxvi.

summa vij*li*. iiijs. De boviculis j., pretio vs. De
vaccis viij., pretio capitis xiijs. iiij*d*, summa cvjs.
viij*d*. De juvenculis j., pretio vjs. viij*d*. Item xxiij.
porcos, pretio capitis iis., summa xlvjs. Item clxviij.
multones, pretio capitis ijs. vj*d*., summa xxj*li*. Item
lxv. oves matrices, pretio capitis ijs., summa vj*li*. xs.
Et totam pultriam et omnia utensilia domus. Item
de domibus combustis, i. aula, cum ij. solariis super
eandem. Item j. bercaria apud Cateshale. Summa
totius bladi in denariis xlix*li*. vjs. Summa stauri in
denariis xliiij*li*. vs. Summa summarum iiij^{xx}xiii*li*.
xiis.

Apud Pakenham.

De stauro iii. equos carect[arios], pretio capitis
xxvis. viij*d*., summa iiij*li*. Item iij. stottos, pretio
xls. Item iiij. vaccas, pretio liijs. iij*d*. Item ix.
porcos, pretio xxijs. Item xxij. porcellos, pretio
capitis xij*d*., summa xxijs. Item ij. auc[as] cum
utensilibus domus. Summa summarum xl*li*. xvijs.
iiij*d*.

2. Paken-
ham.

Apud Novam Aulam.

j. equum carectar[ium], pretio xxvjs. viij*d*., j. stottum, pretio xiijs. iiij*d*. Summa xls.

3. Newhall.

Apud Rucham.

De stauro j. bovem, pretio xviijs., iij. boviculos,
pretio xvs.; item v. vaccas, pretio lxvjs. viij*d*.; item
ii. juvenculos, pretio ixs. iiij*d*.; item ccxxxv. multones,
pretio xxix*li*. vijs. vj*d*., et majorem partem pultriæ,
et omnia utensilia domus, et totum ferramentum
molendini. Summa summarum xxxiiij*li*. xvs. ij*d*.

4. Roug-
ham.

Apud Bradefeld.

5. Bradfield. De stauro ij. equos carect[arios], pretio liijs. iiij*d*.;
item xj. stottos, pretio vij*li*. vjs. viij*d*.; item xviij.
boves, pretio xvj*li*. iiijs.; item iiij. boviculos, pretio
xxs.; item x. vaccas, pretio vj*li*. xiijs. iiij*d*.; vj. multones, pretio xvs.; item xv. hogastros, pretio xljs.
viij*d*.; item lv. oves matrices, pretio cxs.; item xxxij.
porcos, pretio lxiiijs.; item iij. auc[as] err[antes], et
totam pultriam, et omnia utensilia domus et molendini.
Summa summarum xlv*li*. viijs.

Apud Cokefeld.

6. Cockfield. De frumento xxi. quarteria et iij. bussellos, pretio
cvijs. vj*d*. De stauro vj. stottos, pretio iiij*li*. Item
xiij. boves, pretio xj*li*. xiiijs. Item v. bovettos, pretio
xlvs. Item iiij. boviculos, pretio xxs. Item xiij.

fol. 122. vaccas, pretio vij*li*. xiijs. iiij*d*. Item v. juvencos,
pretio xxxiijs. iiij*d*. Item iiij. juvenculos, pretio xvjs.
Item v. porcos, pretio xs. Item vj. oves matrices,
pretio xijs. Et totam pultriam et omnia utensilia
domus. Item i. bercariam combusserunt. Summa
summarum xxxvj*li*. xjs. ij*d*.

Apud Whepsted.

7. Whep-
stend. De stauro i. stottum, pretio xiijs. iiij*d*.; item ii.
boves, pretio xxxvjs., ij. porcos, pretio iiijs. Summa
liiis. iiii*d*.

Apud Neuton.

8. Newton. De ordeo i. bussellum et dimidium, pretio ix*d*.; de
avena i. quarterium iiij. bussellos, pretio iijs.; de
stauro v. stottos, pretio lxvjs. viij*d*., iij. boviculos xvs.,
iij. vaccas xls.; item iij. juvenculos, pretio viijs., et
totam pultriam, et omnia utensilia domus. Summa
vj*li*. xiijs. v*d*.

Apud Hornyngjesherth.

De frumento xlviij. quarteria iiij. bussellos, pretio 9. Horning-
xij*li*. ij*s*. vj*d*., de ordeo xl. quarteria, pretio viij*li*., de sheath.
avena xxxij. quarteria iiij. bussellos, pretio lxv*s*. De
stauro ij. equos, pretio liij*s*. iiij*d*., i. bovem, pretio
xviij*s*., ij. vaccas, xxvj*s*. viij*d*., et totam pultriam, et
omnia utensilia domus. Item de domibus combustis,
i. aula cum solario, i. granaria cum i. solario, i. pistrinum, i. boveria et vaccaria, cum stabulo equorum, et
i. bercaria. Summa xxviij*li*. vs. vj*d*.

Apud Rysby.

De stauro xj. multones, pretio xxvij*s*. vj*d*. Summa 10. Risby.
patet.

Apud Ingham.

De frumento xxxvj. quarteria, pretio ix*li*., de ordeo 11. Ingham.
lx. quarteria, pretio xij*li*., de avena xij. quarteria, fol. 122 b.
xxiiij*s*. De stauro iij. equos carect[arios], iiij*li*.; item
ii. stottos, xxvj*s*. viij*d*., viij. boves, vij*li*. iiij*s*.; item
iij. bovettos, xxvij*s*., ij. boviculos, x*s*., ij. tauros, xxvj*s*.
viij*d*., ix. vaccas, vj*li*., j. juvencum vj*s*. viij*d*., iij. juvenculos xij*s*., et totam pultriam, et omnia utensilia
domus, et postes et fenestras aulæ. Summa xlv*li*.
vj*s*.

Apud Fornham Sancti Martini.

De frumento xxviij. quarteria, vij*li*., de siligine lvj. 12. Fornham
quarteria, ix*li*. vj*s*. viij*d*., de ordeo lxxvj. quarteria, St. Martin.
pretio xv*li*. iiij*s*., de avena xxv. quarteria v. bussellos
lj*s*. iij*d*. De stauro iij. stottos, pretio xl*s*.; item v.
boves, iiij*li*. x*s*., i. taurum, xiiij*s*. iii*d*., ix. vaccas, vj*li*.,
et totam pultriam, et omnia utensilia domus. De
domibus combustis, i. aula cum solario et camera
annexa, i. stabulum, i. domus pultriæ, i. boveria et i.
vaccaria, i. grangium. Summa xlvij*li*. vs. iij*d*.

Apud Grang[ium].

De frumento l. quarteria iiij. bussellos, xij*li*. xij*s*. vj*d*., de siligine cxxii. quarteria iiij. bussellos, xx*li*. viij*s*. viij*d*., de ordeo v^cxx. quarteria, ciij*li*. ij*s*., de pisis x. quarteria, xxxvj*s*. viij*d*. De stauro vj. equos carect[arios], viij*li*., x. stottos, vj*li*. iij*s*. iij*d*., v. boves, iiij*li*. x*s*., ij. boviculos, x*s*., j. taurum, xiij*s*., iiij*d*., viij. vaccas, cvj*s*., ii. juvenculos, viij*s*.; item lv. multones, vj*li*. xvij*s*. vj*d*.; item cc,iiij^{xx}vj. hogastros, xxiij*li*. xvj*s*. viij*d*., et totam pulteriam, et omnia utensilia domus. Item omnes domus manerii combustæ, præter portam. Summa c,iiij^{xx}xv*li*.ª xiiij*s*. viij*d*. Summa summarum istorum xij. maneriorum d*lli*. viij*d*.ᵇ

Apud Haberdon.

De frumento ij. quarteria, x*s*., de ordeo xv. quarteria, x*ls*. De stauro xij. vaccas, viij*li*., i. taurum, xiij*s*. iiij*d*., et totam pulteriam, et omnia utensilia domus. Item de domibus combustis, domus daeriæ, domus straminis, et boveriæ, et i. columbaria. Summa xij*li*. iij*s*. iiij*d*.

ª Read in English, this is, a hundred, four score, and fifteen pounds; 195*l*.

ᵇ The total of the estimated losses on the twelve manors, and at the "Grange" or home farm of the convent, appears to be 580*l*. 9*s*. 4*d*. :—

	£	s.	d.
Great Barton	- 93	12	0
Pakenham	- 40	17	4
Newhall -	- 2	0	0
Rougham -	- 34	15	2
Bradfield -	- 45	8	0
Cockfield -	- 36	11	2
Whepstead	- 2	13	4

	£	s.	d.
Newton -	- 6	13	5
Horningsheath ·	28	5	6
Risby -	- 1	7	6
Ingham -	- 45	6	0
Fornham St. Martin -	- 47	5	3
Grange -	- 195	14	8
	£580	9	4

In several cases, the total of the losses at a manor, as stated in the MS., does not quite agree with the items previously given.

Apud Eldhawe.

De frumento cxiiij. quarteria, xxviij*li*. xs., de siligine
iiij^{xx}xiij. quarteria, xv*li*. xs., de ordeo cclx. quarteria,
pretio lij*li*., de avena xx. quarteria, xls., de pisis lx.
quarteria, xj*li*. De stauro i. equum carect[arium],
xxvjs. viij*d*., vj. stottos, iiij*li*., i. taurum, xiijs. iiij*d*.,
viij. vaccas, cvjs. viij*d*., i. juvenculum, iiijs. ; item j.
vitulum, ijs., iiij. porcos, viijs., clvj. multones, xix*li*.
xijs. iiij*d*., lx. oves matrices, xj*li*., xxxiiij. hogastros,
lvjs. viij*d*., et totam pultriam,[1] et omnia utensilia
domus, et totum manerium combustum. Summa denariorum, cliij*li*. ixs. viij*d*.

Apud Westle.

16. Westley.

Totum manerium combustum ibidem, præter j. grangium. Summa summarum de sacristria clxv*li*. xiijs.

Apud Reddewelle.

17. Redde-
welle.

De frumento xl. quarteria x*li*., de siligine xxx. quarteria cs., de ordeo iiij^{xx} quarteria xvj*li*., de pisis x. quarteria pretio xxxvjs. iiij*d*., ce avena x. quarteria xxs., de
stauro iiij. stottos liijs. iiij*d*. Item iij. boviculos xvs.,
xxiiij. multones lxs., totam pulteriam et omnia utensilia
domus. De domibus combustis j. aula cum ij. cameris,
j. stabulum, domus straminis. Item tria paria portarum
magnarum. Item xx. ostia asportata. Item fenestræ
multæ. Item alia domus confracta et deprædata. Item
omnes clades faldæ pretio iiijs. iiij*d*. Item columbaria
fracta et fugata ad dampnum iijs. iij*d*. Summa xl*li*.
ixs. iiij*d*.

---

[1] *puletriam*, MS.

Apud Clopton.

18. Clopton. De stauro ij. equos carect[arios] liijs. iiijd. Item ij. boves pretio xxxvjs. Et totam pultriam et omnia utensilia domus ad valorem xvijs. iijd. Summa cvjs. vijd.

Apud Grangiam Elemos[inarii].

19. Grange Almoners. De frumento lx. quarteria xvli., de siligine lx. quarteria xli., de ordeo cc. quarteria xlli., de avena x. quarteria xxs., de pisis xx. quarteria lxxiijs., iiijd., de stauro iiij. equos carect[arios] cvjs. viijd. Item vj. vaccas iiijli., v. boviculos xxvs., iiij. juvencos xxvjs. viijd., v. vituli xs., l. porcos cs., xx. porcelli xxs., totam pulctriam et omnia utensilia domus cum carectis et carucis pretio cvijs. Et totum manerium combustum præter j. grangiam. Item j. grangia Elemos[inarii] combusta juxta Babbewelle. Summa denariorum iiijˣˣxiijli. viijs. viijd.

Apud Hospitale Sancti Salvatoris.

20. St. Saviour's Hospital. De stauro iij. equos carectarios iiijli., iiij. stottos, liijs. iiijd., vij. vaccas, iiijli. xiijs. iiijd., xxxvj. porcos, lxxijs. De domino Willelmo Stowe, capellano ibidem, xxs. in denariis. Item de domino N. de Wrotham, capellano ibidem, xxxs. in denariis; de domino Helia, capellano ibidem, xxxvjs. in denariis; de eodem vj. coclearia argenti, pretio viis. vjd., de eodem ii. mapp[as], pretio xs., de eodem vij. manutergia, pretii xijs., de eodem i. mazer, pretio i. marcæ, de eodem in diversis minutis ijs. Summa xxjli. ixs. vjd.

Apud Congeston.

21. Congeston. De stauro ij. equos carectarios, liijs. iiijd., iiij. stottos, iiijli., x. boves, ixli., vj. vaccas, iiijli., i. juvenculum, vjs. viijd. Summa xxli.

Apud Fornham Omnium Sanctorum.

De stauro vij. stottos, vj*li.* xiijs. iiij*d.*, viij. boves,
vij*li.* iiijs., xviij. vaccas, pretio xij*li.* Summa totius
in denariis xxv*li.* xvijs. iiij*d.*[a]

Summa omnium quarteriorum diversorum bladorum
de omnibus maneriis abbatis et conventus, ij. mill.
cccclxxviij. quarteria et dimidium busselli. In denariis,
cccc. iiij[xx]. viij*li.* vjs. x*d.*

Summa omnium capitum de stauro mdcccxxiiij.
In denariis, cccxxxiij*li.* xvijs. iij*d.*

Summa omnium summarum denariorum de bladis
et de bestiis, ix[c]xxij*li.* vs. i*d.*

De bladis, bestiis, et aliis rebus mobilibus combustis
et depredatis potuit fieri computatio; sed valor domorum combustarum et destructarum, argenti et auri,
jocalium et librorum, furatorum et abductorum nullus
potuit computari.[1]

Inter hæc abbas impetravit brevia et præcepta
vicecomiti Norff[olk] domino Roberto Morle, et domino Johanni Howard militibus, ut tempestatem
sedarent, et de malefactoribus inquirerent. Sed homines de villa parvipendentes adventum eorum, ut
dicebant, munierunt villam et portas tanquam ad bellum parati. Sed cum audierunt se esse indictatos,
et pro certo cognoverunt adventum eorum ad villam,
multum confusi sunt, et coadunati, xxiiij. eorum cum
aldermanno quæsierunt dominum Robertum Morle et
prædictos socios suos, gratiam eorum flagitantes.
Qui reverentius quam meruerant recepti, nocte illa
sub secura custodia detenti sunt. Cum autem in

---

[1] *computare*, MS.

---

[a] The further losses on the nine last-mentioned manors, from Haberdon to Fornham All Saints, | amount to 537*l.* 17*s.* 5*d.*; making, with the losses computed on p. 344, a grand total of 1,118*l.* 6*s.* 9*d.*

A.D. 1327.
They come
to Bury.

Cunning of
the villeins.

fol. 124 b.

The sheriff
sends those
indicted to
Norwich,
in thirty
carts.
Justices
sent down
from Lon-
don.
Conviction
and punish-
ment of the
rioters.
Dec. 16.

The town
cast in
damages.

crastino milites prædicti villam fuissent ingressi, cum magna populi multitudine, expaverunt corda eorum quæ diu ante timebant, et mortuos eorum qui in conflictu occubuerunt in cistis clauserunt, et juxta murum abbatiæ prope magnas portas collocaverunt, ut illorum horrore et populi clamore corda militum ab adjutorio conventus elongarent. Sed milites, mortem excommunicatorum parvipendentes, ad ecclesiam Sanctæ Mariæ festinarunt, et monachos ibi incarceratos liberantes, albis indutos ad monasterium cum gaudio magno remiserunt. Porro ballivi abbatiæ, corpora prædictorum mortuorum excommunicatorum extra villam deferentes, cistis reportatis, more canum projecerunt. Vicecomes autem cum tanta multitudine morabatur in abbatia, quod equi eorum in capitulo et locutorio et aliis non combustis stabulabantur. Ipse enim indictatos qui remanserant cepit et bene custodivit, et in xxx. carectis ad Norwycum deduci fecit. Interim rex misit iiij. justiciarios, videlicet dominum Johannem de Stonoure, dominum Johannem de Burseres, dominum Walterum de Friskeneye, et dominum Robertum de Malmesthorp, ad audiendum et terminandum querelam inter abbatem et homines villæ Sancti Edmundi. Qui die Mercurii proxima post festum Sanctæ Luciæ xix. alios furcis pro furtis condempnatos suspendi fecerunt, alios tanquam clericos convictos sanctæ ecclesiæ custodiendos liberaverunt, condempnantes totam villam (supple, omnes illos qui implacitaverunt), ad septies xx. millia pro dampnis et expensis, sicut plenius in registris continetur.

Et vide placita de materia supradicta coram eisdem justitiariis in registro W. P.,ª folio 40, et deinceps per longissimum processum ab illo folio usque ad folium

---

ª This is the register of Walter de Pyncebek, now in the Public Library at Cambridge; see Vol. I., xii.

116 in eodem libro. Et in fine ipsius processus, A.D. 1328. scilicet folia 114, 115, et 116, vide copiam concordiæ, et in Rubeo registro thes[aurariæ],ᵃ folium 113.

Johannes Berton, J. Cokefeld, dominus W. Herlyng, The sentences on et xxxij. rectores, presbiteri, et clerici convicti, et xiij John de Berton, and feminæ forbani, et vijˣˣ et xviij. homines utlegati et others. forbani, quorum quidam grangiam de Mildenhale combusserunt et ad Rysby pugnaverunt, et unum de sociis suis Johannem Fraunceys occiderunt. Deinde apud Cantabrigiam pugnantes se invicem occiderunt, et postea Londoniæ quidam eorum capti suspensi, vel clerici convicti fuerunt.

Et post festum Epiphaniæ Johannes de Berton Berton and Barbour aldermannus eorum, et Gilbertus Barbour, qui in escape from prison. carcere morabantur, evaserunt a vinculis, et ad fratres fol. 125. Minores hospitati sunt. Qui Johannes Berton et Gilbertus Barbour, post festum, ut dicitur, Epiphaniæ, fregerunt gaolam per assensum, ut dicebatur, vel negligentiam custodis gaolæ, et ad fratres Minores evaserunt, et fractis ibidem vinculis evadentes postea abbati et conventui multa mala procuraverunt.

Post hæc, circa noctem mediam Sanctæ Helenæ Aug. 18. eodem anno, venit Thomas de Thornham cum multis Thomas Thornham, de fugitivis et utlegatis in villam Sancti Edmundi, et with many outlaws, vi rapuit claves omnium portarum villæ, et nullo de comes to Bury: villa contradicente ad aulam Moysiiᵇ ad jantaculum breakfast at Moses Hall, festinarunt, et quendam servientem abbatiæ, Rogerum Pesenhale, in itinere occiderunt. Pro quorum adventu homines villæ jocundati multis exenniis prædictum jantaculum celebre fecerunt. Sed unum quid ibi contigit, quod timorem eis potuit incussisse. Cum enim femina de where a woman sees a devil.

ᵃ The agreement is No. 71 in the Registrum Rubrum, also at Cambridge; see Vol. I., *loc. cit.*

ᵇ This "Moyse Hall" still stands on the "Hog hill" in Bury; it was formerly the Jewish synagogue; in 1783 it was used as a bridewell. (*Description of the Ancient and Present State of Bury*, 1783.)

A.D. 1328. vico cocorum pro carnibus suis eis venditis pretium acceptura venisset, respexit in cellarium juxta eos, et vidit demonem teterrimum et horribilem quasi scribentem. Cujus horribili vultu tremefacta retraxit pedem suum, quem ultra limen posuerat, sed non sine pœna. Nam statim idem pes igne infernali decoctus et putridus de corpore ejus sejunctus est. Illi autem malefactores hæc videntes timuerunt, sed de hominibus villæ plurimum confidentes, per . medium exibant portam de Rysby, quos aliqui de abbatia insequentes ut eos comprehendissent, fere ab illis et quibusdam aliis de villa sunt intercepti et occisi.

A party from the abbey, endeavouring to seize the outlaws, is cut off and slain.

Oct. 17.

In fine istius anni, media nocte vigiliæ Sancti Lucæ, Johannes de Berton et Gilbertus Barbour, dominus de Criketot miles, Ricardus Froisel armiger, cum aliis multis utlegatis et Londoniensibus, cum ii. feminis villæ Sancti Edmundi, venerunt ad Cheventon et rapuerunt abbatem etc.,—prout sequitur immediate hic infra.

Berton and others go to Cherington and make prisoner of the abbot.

Anno Domini millesimo cccᵐᵒxxviijᵒ, xvi. kalendis Novembris, in octabis Sanctorum Dionisii sociorumque ejus, circa mediam noctem venit Johannes de Berton cum multis utlegatis villæ Sancti Edmundi et Londoniensibus, et cum aliis latronibus, ad manerium de Cheventon, ubi abbas tunc morabatur, et ingressi ligaverunt familiam et deprædarunt. Ad cameram autem abbatis cum venissent, ostium cum magna vi fregerunt et abbatem ceperunt. Capellani vero ejus metu mortis per fenestram cameræ cum manutergio aufugerant [1] Latrones igitur prædicti rapuerunt vasa argentea et deaurata, cupas, pecias, et masers, ollas et pelves, discos et salsaria de argento, lavatoria, coclearia, et aquaria, jocaliaque plurima et valde pretiosa, et quicquid repererunt in garderoba,

fol. 125 b.

Seizure of abbot Draughton.

His house plundered.

---

[1] affugerant, MS.

aula, camera, vel pincernaria, sumptis secum xxxv.
equis, quorum iiij^{or} palefridi optimi et alii validi
runcini,[a] cum equis carect[ariis]. Sicque abbatem He is taken
to London,
noctanter abduxerunt, sequente eum uno de tribus
capellanis suis pedibus per longam viam, donec invitus
sub pœna capitis privatione redire compellebatur. Sed
marescallus abbatem comitabatur usque London; qui,
cum ad præceptum eorum noluit dominum suum
occidere, coactus est sub pœna mortis ultra non
prosequi sed domum redire. Duxerunt igitur abbatem and placed
in the house
of John
Coterel,
in Wood
Street.
de nocte in Wode strete,[b] ad domum Johannis Coterelle
allutarii, et ibi deposuerunt habitum suum monachalem,
induentes eum vestibus prædicti Johannis Coterel[c]
allutarii, et radentes sibi caput et supercilia, ne ab
aliquo cognosceretur. Alia nocte duxerunt eum in He is moved
about from
house to
house.
Friday strete, ad domum Willelmi de Kyngeston;
deinde in Eldeffysshstrete, ad domum Johannis de
Thornham; ubi cum quadam nocte audivit flumen
Thamesis vehementer fluentem, suspicatus est se in eo
fore submergendum. Duos autem palefridos abbatis
et duas magnas pelves suas argenteas dederunt The outlaws
bribe Ha-
mund of
Chigwell.
Hamundo de Chikewell,[d] quondam majori London, ut
manuteneret eos, aliis equis, bonis, jocalibus, et catallis
inter eos divisis. Post hæc duxerunt abbatem ultra The abbot is
taken to
Dover, and
across the

---

[a] *runcinus* is a hack or nag;
comp. Chaucer, *Prol.*, 390:—

  He [the Shipman] rode upon
    a rouncy, as he couthe.

[b] Wood Street, which still retains
its old name, runs from St. Giles'
Church, Cripplegate, to Cheapside.

[c] John Coterel, a skinner, was
charged before a jury at the Tower
of London in Feb. 1229 with this
outrage upon the abbot of Bury,
coupled with robbery, and being
found guilty was hanged. There is
a grim simplicity in the brief report
of the trial. "Which said John
"throws himself on the country for
"good or ill. And the country
"comes, and says that he is guilty.
"Therefore to judgment" (*Chron.
Edw. I. and Edw. II.*, Stubbs,
Rolls ed., i. 243).

[d] The career of Hamund, or
Hamo, of Chigwell, is traced by
bishop Stubbs in the Introduction
to the work mentioned in the last
note. He narrowly escaped hang-
ing in 1329, on account of the
transaction mentioned in the text.

A.D. 1329.
sea; he is
lodged at
Diest in
Brabant,
and kept
there till
the follow-
ing April :
the convent
knows not
what has
become of
him.
Thamesim in Cantiam ad Lollyngton,[a] et ibi fecerunt
eum morari per quindenam, et deinde per Thamesim
usque ad Dovorre, et per mare ad villam de Dist in
Brabantiam cum illo navigaverunt, ubi usque ad
mensem Aprilis in magna miseria et penuria cibi et
potus, calciamentorum et vestimentorum, sine auditione
divinorum, quia neque ipse dixit, carens libro, neque
audivit. privatus gressu libero, permansit. Et sic
elongatus, et ductus ad regionem longinquam, et in
custodia positus est; ignorantibus suis quonam
devenisset.

Dec. 21.
fol. 126.
Interim die Sancti Thomæ apostoli post abductionem
abbatis, utlegati et alii de villa Sancti Edmundi
conduxerunt quendam clericum, qui de Cantabrigia
venit cum eis, habens quasi commissionem quandam,
sub similitudine sigilli abbatis signatam, ad purgandum
By means of
a forged
commission
the clerks in
Bury gaol
escape, and
try to reach
Cambridge ;
some are re-
taken, the
rest dis-
persed.
clericos in gaola existentes. Qui defectu bonæ custodiæ
egredientes ad hospitale Sancti Petri, extra portam de
Rysby, tali falso modo purgabantur non purgati ;
videlicet Johannes de Cokefeld, dominus Edmundus
de Welnetham, et dominus W. de Herlyng, et plures
alii, qui statim fugerunt versus Cantabrigiam. Quo
comperto servientes monachorum, in conductu dominorum Radulphi de Bockyng et Johannis de Quel-
netham militum, qui tunc præsentes aderant, eos
comprehendere nitebantur. Sed illorum aliqui se
defenderunt, alii se reddiderunt, et quidam ad fratres
Minores pro tuitione fugerunt. Et sic postea dispersi
per diversas partes Angliæ multa mala fecerunt. Inter
quæ quidem mala combusserunt unam magnam
grangiam apud Mildenhale.

The arch-
bishop ex-
communi-
cates all
concerned
in the ab-
duction of
the abbot.
Post raptum vero et abductionem abbatis archiepiscopus Cantuariensis [b] cum suffraganeis suis excom-

---

[a] Lullingstone is a retired village
on the Darent, ten miles above
Dartford.

[b] Simon Mepeham, consecrated
in June 1328 (Stubbs, *Registrum*).

municavit omnes qui cum abduxerunt, et bona sua et monasterii sui rapuerunt seu detinuerunt, et per totam Angliam sententiam illam promulgari fecit. Rex autem assignavit justitiarios, scilicet dominum Oliverum de Ingham, dominum Ricardum de Wileby, et dominum Johannem de Stonore, ad inquirendum apud London de bonis abbatis furatis et ablatis. In qua quidem inquisitione tanquam culpabiles et receptores indictati sunt Johannes Coterell, et barbitonsor qui cum rasit, et suspensi. Hamundus vero de Chikewelle, dignus eadem morte, per libertatem ecclesiæ traditus est ordinario, sed postea purgatus est.

A.D. 1329.
The king appoints a commission of four justices.

Coterell and another are hanged; Hamund of Chigwell obtains benefit of clergy.

Post raptum etiam abbatis et ejus abductionem, papa in præsentia cardinalium et omnium prælatorum et totius curiæ excommunicavit sollempniter omnes illos qui abbatiam cum maneriis deprædarunt, combusserunt, vel aliquid inde abstulerunt, et abbatem rapuerunt, et extra Angliam in Brabantiam abduxerunt, et omnes communicantes cum eis, et eandem sententiam mandavit archiepiscopo Cantuariensi et archiepiscopo Eboracensi et suffraganeis suis per totam Angliam publicari. Archiepiscopus autem et vij. episcopi puplicarunt illam sententiam in ecclesia Sancti Pauli London, excommunicantes solempniter omnes illos qui etc. Et hoc idem fecerunt omnes presbiteri parochiales in tota Anglia. Rex autem assignavit justitiarios suos, dominum Johannem Stonore etc. Tandem, procurantibus monachis et amicis, et duobus parentibus abbatis, cum consilio et auxilio Radulphi de Polsted, qui semper abbati inter tribulationes suas et angustias solatium fuit et levamen, reductus est abbas de Brabantia in Angliam, et in ecclesia sua cum solempni processione monachorum receptus.

The pope solemnly excommunicates all concerned in the plundering and burning of the abbey and its manors, and in the abduction of the abbot.

The sentence published in St. Paul's, and in all parish churches in England

fol. 126b.

Through the exertions of friends and kinsmen, and especially of the faithful Ralph Polsted, the abbot is at last restored to his convent (April 1329).

Deinde, ad rogatum regis Edward tertii et ejus instantiam, die Jovis proxima post festum Sanctæ Trinitatis, anno regni sui quinto, concordati sunt sub

A.D. 1331.
Agreement between the convent and the town.

hac forma, quod, perdonatis cxl. mille libris, solverent
conventui ij. milia marcarum, solvendarum infra xx.
annos, scilicet quolibet anno c. marcas etc., ut habetur
in registris in hac cronica superius prænotatis.[a]

---

[a] The agreement is printed in the Appendix, p. 357. It was probably in connexion with the commissions of Traylbaston, under which (Knighton, i. 460) judges sat in 1331 all over the kingdom, and many persons were banished. The writ of Traylbaston, for putting down lawless violence of all kinds, was instituted by Edward I. in 1305 (*Flor. Hist.*, iii. 122; Rolls ed.).

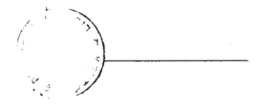

APPENDIX.

APPENDIX A.

De concordia inter abbatem et conventum Sancti Edmundi et villam Sancti Edmundi mediante rege Edwardo III. stabilita anno 5° regni sui.[a]

(*Reg. Kempe,* Harl. 645, f. 141.)

Memorandum quod die Jovis proximo post festum Sanctæ Trinitatis, anno regni domini Edwardi regis Angliæ illustris tertii a conquestu quinto, super discordiis et dissensionibus, inter abbatem et conventum de Sancto Edmundo ex parte una, et Ricardum de Drayton et alios homines de villa de Sancto Edmundo ex parte altera, nuper exortis apud villam de Sancto Edmundo inter prædictas partes, de assensu earundem, coram venerabili patre Johanne Wyntoniensi episcopo,[b] cancellario ipsius domini regis, et dominis Johanne de Stonore et Johanne de Cantebriggia justiciariis suis, apud dictam villam de Sancto Edmundo, de mandato ejusdem domini regis tunc sedentibus, et aliis de consilio suo; præsente ibidem tunc ipso domino rege, concordatum est in hunc modum, videlicet :—Quod cum prædictus abbas, coram præfato Johanne de Stonore et sociis suis nuper justiciariis ipsius domini regis, ad diversas transgressiones eidem abbati per præfatum Ricardum et alios homines dictæ villæ de Sancto Edmundo illatas audiendum et terminandum assignatis, recuperasset pro dampnis suis in hac parte per tria brevia ipsius domini regis centum et quadraginta milia librarum versus præfatum Ricardum et alios homines dictæ villæ de Sancto Edmundo; quod prædicti abbas et conventus, pro se et successoribus suis, ad requisitionem et rogatum ipsius domini regis et ob reverentiam suam, et pro pace et tranquillitate inter ipsos abbatem et conventum et præfatos homines qui tenentes et parochiani ipsorum abbatis et conventus existunt, imperpe-

(marginal note:) A.D. 1331. Agreement between the convent and those concerned in the outrages, in presence of the king at Bury.

---

tuum confovendo, remiserunt et perdonaverunt eisdem Ricardo et aliis hominibus de dicta villa de Sancto Edmundo,

that in con-
sideration of
the remis-
sion of the
greater part
of the fine
of 140,000l.
imposed on
the defen-
dants,

et eorum cuilibet, necnon heredibus executoribus successoribus et assignatis suis, centum et viginti et duas mille tre-
centas triginta et tres libras et sex solidos et octo denarios, de
prædicta summa centum et quadraginta milium librarum
recuperatarum, ut prædictum est.* Et ulterius, præfati abbas
et conventus pro se et successoribus suis concesserunt, quod
si prædictus Ricardus et alii homines de dicta villa de
Santo Edmundo vel eorum aliquis, heredes successores seu

these should
pay to the
convent
2,000 marks
in the
course of
the next
twenty
years,
and in that
case should
be quit of
4,000 marks
of the
residue.

assignati sui, solvant vel solvat eisdem abbati et conventui
seu eorum successoribus, infra viginti annos a data confec-
tionis præsentium proxime sequentes, duo milia marcarum,
videlicet centum marcas quolibet anno ad festa Sancti Michaelis et Paschæ per æquales portiones, quod idem Ricardus
et alii homines de dicta villa de Sancto Edmundo et eorum
quilibet, heredes executores successores et assignati sui, de
quatuor milibus marcarum de prædictis decem et septem
milibus sexcentis sexaginta et sex libris tresdecim solidis et
quatuor denariis residuis imperpetuum sint quieti et exonerati. Et quod ad quemlibet terminum quo præfati homines,

On every
payment of
fifty marks
the defen-
dants
should re-
ceive a
letter of
quittance.

heredes executores successores seu assignati sui, quinquaginta
marcas præfatis abbati et conventui et successoribus suis sic
solverint, iidem abbas et conventus et successores sui literas
acquietantiæ inde præfatis hominibus et heredibus executoribus, successoribus, et assignatis suis facient, ita quod idem
Ricardus et alii homines prædicti non impediantur per dictos
abbatem et conventum seu eorum successores ballivos seu

and should
not be
hindered in
any mea-
sures which
they might
take to raise
the money.

ministros suos, ad prædictos denarios præfato abbati terminis
statutis solvendos, ut prædictum est, per visum et auxilium
ballivorum prædictorum colligend[o] de omnibus his qui in
brevibus prædictis nominati fuerunt, necnon de aliis qui de
voluntate sua spontanea contribuere voluerint ad solutionem
prædictam; sed potius quod ballivi prædictorum abbatis et
conventus qui pro tempore fuerint sint in auxilium prædictorum Ricardi et aliorum hominum, ad prædictos denarios

Also, that if
the defen-
dants

levandum ut prædictum est [et] colligendum. Insuper, cum
prædicti abbas et conventus, ac etiam dictus abbas per se,

---

* Summa dampnorum recuperato-
rum per regem condonata centum
et viginti et duas mille trescentas

triginta et tres libras et sex solidos
et octo denarios. (Marginal note,
fol. 141 b.)

cartas libertatum, quietas clamantias, scripta obligatoria, ac alia diversa munimenta ab anno regni regis Edwardi filii regis Edwardi decimo nono usque ad datam præsentium, tam sub nomine communitatis dictæ villæ de Sancto Edmundo quam aliis singularibus personis ejusdem villæ, et tam sub sigillo dicti abbatis quam sub communi sigillo domus prædictæ fecissent, iidem abbas et conventus concesserunt pro se et successoribus suis, quod si præfatus Ricardus et alii homines prædictæ villæ de Sancto Edmundo vel eorum aliquis, heredes executores successores seu assignati sui, hujusmodi cartas, quietas clamantias, scripta et alia munimenta, eisdem abbati et conventui seu eorum successoribus restituerint seu restituerit, vel si iidem abbas et conventus seu successores sui prætextu hujusmodi cartarum quietarum clamantiarum scriptorum et aliorum munimentorum eisdem hominibus dictæ villæ de Sancto Edmundo vel eorum alicui sub nomine communitatis vel alio modo per prædictos abbatem et conventum a dicto anno decimo nono usque ad dictam datam præsentium factorum per præfatos homines dictæ villæ de Sancto Edmundo vel eorum aliquem, heredes executores successores vel assignatos suos, implacitati non fuerint, nec occasionati, impetiti, seu gravati in futurum; et etiam quod si prædictus Ricardus et alii homines dictæ villæ de Sancto Edmundo vel eorum aliquis, heredes executores successores vel assignati sui, ad judicium sive judicia super præmissis coram præfato Johanne de Stonore et dictis sociis suis, nuper justiciariis ipsius domini regis, redditum vel reddita adnullandum seu infirmandum non prosequantur, nec executiones judiciorum prædictorum per falsas acquietancias vel alio modo impediverint, nec juratores per quos præfatus Ricardus et alii homines prædictæ villæ de Sancto Edmundo indictati vel convicti fuerunt nec alios quoscunque præmissa occasione non inplacitaverint, seu aliquo modo gravaverint, quod idem Ricardus et alii homines dictæ villæ de Sancto Edmundo, heredes executores successores et assignati sui, de decem milibus librarum de residuo prædictorum decem et septem mille sexcentarum sexaginta et sex librarum tresdecim solidorum et quatuor denuariorum inperpetuum sint quieti et exonerati.

Præterea iidem abbas et conventus concesserunt pro se et successoribus suis, quod si prædictus Ricardus et alii homines de dicta villa de Sancto Edmundo, heredes et successores sui, erga præfatos abbatem et conventum et eorum

Marginal notes:

should restore abstracted muniments to the convent,

fol. 142.

or should abstain from vexatious lawsuits,

and not endeavour to obtain a reversal of the sentence passed by the judges at the late trial, or molest the jurors,

then the defendants should be released and discharged for ever from 10,000l. of the residue.

Also the abbot and convent grant, that if the defendants

successores bene ex nunc se gesserint, ita quod contra ipsos abbatem et conventum seu eorum successores malitiose non insurgant, nec ipsos per conspirationem, confederationem, seu aliam causam injustam, seu etiam aliquem hominem de cetero, occasione alicujus indictamenti de aliquo homine de dicta villa de Sancto Edmundo facto, gravent seu gravare procurent, nec communitatem de se in eadem villa clament seu manuteneant, quod tunc iidem Ricardus et alii homines de dicta villa de Sancto Edmundo et eorum quilibet, ac heredes executores successores et assignati sui, de toto residuo prædictorum decem et septem mille sexcentarum sexaginta et sex librarum tresdecim solidorum et quatuor denariorum inperpetuum sint quieti et exonerati. Et prædicti abbas et conventus concesserunt pro se et successoribus suis, quod intentionis suæ non existit quod si aliqua singularis persona ex malitia sua propria insurgat contra dictos abbatem et conventum vel eorum successores, monachos ballivos seu servientes suos, ad mala aliqua perpetrandum, seu etiam delinquat contra eosdem vel eorum aliquem, quod illi qui non deliquerunt puniantur, dum tamen delinquentes per alios homines dictæ villæ de Sancto Edmundo non manuteneantur, sed quod ipsi sint in auxilium præfatis abbati et conventui et eorum successoribus, ballivis et ministris suis, ad hujusmodi delinquentes juxta eorum demerita puniendos et castigandos, secundum legem et consuetudinem regni. Et si idem Ricardus et alii homines dictæ villæ de Sancto Edmundo, heredes successores et assignati sui, omnia et singula præmissa bene et fideliter juxta conditiones prænominatas fecerint et servaverint, et contra easdem conditiones seu aliquam earundem nullatenus deliquerint seu contravenerint, tunc ipsi de prædictis summis sicut[1] prædictum est in perpetuum sint quieti et exonerati; sin autem, prædicti abbas et conventus et successores sui executionem seu executiones de summis residuis et non perdonatis habeant et prosequantur in forma supradicta.

Et super hoc coram dicto consilio venerunt prædictus Ricardus Semannus le Warner, Robertus de Batisford, Michelis Skabaille, Johannes Canoun, Ricardus de Cleye, Radulphus le Smeremonger, Stephanus atte Chirche, Willelmus Bataille, Robertus de Saxham, Thomas de Bulneye, Johannes de Brade-

---

leye, Willelmus de Bradefeld, Johannes le Vaux, Thomas de
Wrotham, Johannes Fleg, Nicholaus de Lyveremere, Willelmus
de Heydon, Thomas Wllemonger, Willelmus de Herst, et alii
homines dictæ villæ de Sancto Edmundo, in eadem villa tunc
existentes, et recognoverunt et concesserunt pro se et heredi- and admit that they
bus et successoribus suis, quod ipsi communitatem in dicta have no
villa de Sancto Edmundo de se non habent, nec habere debent, share in the franchises,
nec clamant, nec clamare poterunt in futurum. Et præfatus and claim none.
dominus rex ad requisitionem dictorum abbatis et conventus,
et etiam prædictorum hominum dictæ villæ de Sancto Ed- The great
mundo, ad majorem notitiam præmissorum præsentibus sigil- seal affixed to this
lum suum apponi fecit. agreement.

APPENDIX B.

Extracts from Bod. 240.*

De equis raptis de monasterio Sancti Edmundi et reductis.

Anno Domini M°cc°LXVIJ°. tempore discordiæ inter regem Henricum et barones Angliæ, licet in conspectu baronum pretiosa valde fucrat libertas Sancti Edmundi,[a] quidam tamen ribaldi, de munitione Eliensi egredientes, equos quorundam virorum qui in secretioribus locis curiæ beati martyris Edmundi occultabantur per medium infirmariæ deducentes in insulam Eliensem secum duxerunt. Quos cum quidam monachus ejusdem loci insequeretur, magnatibus insulanis rem gestam luculenter exposuit; tandem, dictis insulanis sententiantibus, dicti ribaldi dolentes et pœnitentes cum dictis equis arbitrio dicti monachi committebantur. Quos videlicet equos, cum ad altare Sancti Edmundi devotissime reduxissent, in signum præsumptionis gladios suos, [quos] irreverenter contra Sancti Edmundi libertatem erexerant, veniam petentes feretro martyris optulerunt. Istud miraculum sculptum est in choro cum aliis miraculis juxta sedem abbatis, cum his versibus:—

> Hic rapiuntur equi de fundo martyris æqui;
> Clamant raptores, faciunt patiendo dolores;
> Post veniunt flentes, enses offerre volentes,
> Abbatem quærunt, contriti corde fuerunt;
> Hos absolvebat humiles quos esse videbat.

---

* These extracts are given in continuation of those printed in vol. i. (Appendix E.).

---

[a] The expression is borrowed from the *Cronica* of Oxenedes, p. 205 (Rolls ed.) "Tunc enim " in conspectu baronum pretiosa " fuit libertas Sancti Ædmundi."

De naufragantibus per Sanctum Edmundum liberatis.

Johannes quidam Brabantinus fide qua potuit et juramento asseruit, quod cum in die Sancti Clementis papæ cum sociis in mare velificaret, associatis ei pluribus aliis navibus, et ad quendam portum cuperent omnes applicare, repente orta est tempestas in mari, turbans omnes navigantes, sicut vulgo creditur, quod qui illius sancti dio opera marina exercent, finem dubium consequentur. Cumque vis tempestatis eos præoccuparet, aliis navibus hinc inde pereuntibus, solliciti de vita, omnesque in desperatione positi, mortem adesse formidabant, maxime cum omnia armamenta navis exposita fuerant perditioni. Tandem cum omnes sanctos familiares pro auxilio invocarent, recordatus ille alienigena regis et martyris Edmundi,—"Frequenter audivi quendam sanctum " nomine Edmundum multa mirabilia dono Dei in pelago " operari ; explicemus illi corda nostra et corporum pericula, " votivos sibi nos fore spondentes, si a præsenti periculo " dignatus fuerit nos eripere, et vivos ad portum ducti- " tare." Cumque omnes unanimi assensu conclamarent, et succursum ab eo efflagitarent, concito cursu navis, omni armamento destituta, ad optatum portum feliciter emigravit.

Nov. 23.

John of Brabant and others are in peril of shipwreck ; on invoking the saint they are delivered.

De rebus furatis et miraculose restitutis.

Idem Johannes Brabantinus, ob amorem Sancti Edmundi Angliam incolens, asserere consuevit quod in monasterio Eliensi, in domo hospitum, cum quodam nuncio regis pernoctavit, præsente quodam garcione quem credidit ipsius nuncii ministrum fuisse. Cumque mane surrexissent ut iter arriperent, perpendit idem Johannes res suas, scilicet diploidem, capellum, gladium, et cultellum cum cirotecis deesse, et prædictum garcionem recessisse. Aggreditur nuncium prædictum, credens illius fuisse famulum, quod et nuncius ille negavit ; unde unus dampno confusus, et alter rubore perfusus quærere statuerunt ut amissa recuperarent. Suspicantesque prædonem versus Cantibriggiam divertisse, prosequi statuerunt, nuncius navigio, Johannes prædictus campestri via. Qui quidem Johannes itinerando, memor beneficii quod per

The same John is robbed in the guest-room at Ely of his doublet, sword, and other things.

After praying to St. Edmund he recovers them.

Sanctum Edmundum receperat, sic oravit; " Sancte Edmunde, " esto mediator apud Dominum ut res meas recipiam, et tibi " offeram universas." Vixque voto completo conspexit sibi obvium formosæ staturæ et faciei hominem indutum vestibus tinctisque[1] coloribus jacinctinis, quærentem causam tantæ festinationis. Qui prius distulit enodare, sed iterum et iterum quærenti totius facti ordinem enarravit. Cui ille, " Retorque iter, et veni ad villam quæ vocatur Litleport,[a] " et in quarta domo ab aqua distante reperies quem quæris, " habentem unum pedem infra limen ostii et alterum exte- " rius situatum; unam partem clamidis vendidit, alteramque " pro defectu emptoris sibi retinuit." Cùmque finem dicendi faceret, revocavit præfatus Johannes nuncium, dicens, "Ne " labores incassum; ecce, iste homo totius curæ nostræ " seriem mihi indicavit." Et ille, "Quisnam est ipse?" " Ecce," inquit, "juxta me stantem poteris intueri." Qui cum obnixius respiceret, neminem vidit; nec ipse Johannes qui nuncium revocabat. Intellexerunt ergo ex visione desiderium eorum citius adimplendum, et simul pergentes omnia sicut dictum erat facto et ordine invenerunt. Unde Johannes, non immemor voti sui, omnia reportans beato martyri offerebat, quæ ad devotionem intuentium multis annis juxta feretrum dependebant.

A.D. 1270. Moonlighters, attacking the house of a Dunwich man, are baffled, after invocation of the saint.

Anno Domini MCCCLXX. erat quidam paterfamilias apud Donwicum, cujus domum nocturno tempore aggressi sunt quidam latrones infringere et deprædari. Qui de humano diffidens adjutorio ad divinum se convertit præsidium. Interim, dum latrones conantur machinamentis aditum sibi præparare, præfatus paterfamilias, filo in circuitu domus suæ interius circumducto, votoque ad Sanctum Edmundum, Dei et ejusdem sancti protectioni se commisit. Quo facto, dictos latrones meritis Sancti Edmundi Deus in tantum compescuit, ut etiam aditibus undique patefactis aditus sibi invenire non possent.

---

[1] Excidisse aliquid videtur.

---

[a] Littleport is a populous village five miles to the north of Ely, Cambridge being sixteen miles to the south of it.

Quomodo Sanctus Edmundus terruit regem Edwardum, eo quod libertatem ecclesiæ in manu sua ceperat.

Circa annum Domini MCCXCI. rex Edwardus, filius regis Henrici, pro guerris suis omnes libertates Angliæ et maxime virorum ecclesiasticorum in manu sua seisivit. Quo facto quilibet prælatus Angliæ pro libertate ecclesiæ suæ ut ad statum pristinum eam reduceret, laboravit. Inter quos abbas Sancti Edmundi, Johannes nomine, ut ecclesiæ suæ libertatem recuperaret, sumptibus magnis et laboribus quasi continuis decertabat. Sed dum cupiditas jam excrevit et malignorum consilium instituit, ut postposita Dei et sanctorum reverentia omnino fisci mederentur ingluviem, perpendens abbas præfatus hominum duritiam ingravescere, et sanctorum reverentiam et sanctimoniam oblivisci, et scipsum ad labores ulterius non sufficere, cartas privilegiorum Sancti Edmundi regis et martyris, a regibus datas et a successoribus confirmatas, in parliamento apud Westmonasterium protulit in medio, sic dicens, "Domine mi rex, prædecessores " tui privilegia Sancto Edmundo concesserunt, quorum cartæ " præsentes sunt; quæ quidem privilegia voluntarie revocasti " et detines. Et ego senio confectus et laboribus pro illis " recuperandis debilitatus ultra prosequi non valeo. Sed " coram summo judice causam inter martyrem Edmundum " et ecclesiam ejus et te, dominum meum terrenum, termi- " nandam committo." Et valedicens regi et proceribus, tristis recessit, ad propria tendens. Cumque nocte sequente rex in stratu suo quiesceret, ut affectatum caperet soporem, repente territus propter quamdam visionem sibi ostensam de stratu suo prosiliit, vocans suos, et vociferans quod Sanctus Edmundus ipsum alterum regem Suanum, quem apud Geynesburgh occiderat, faceret puniendo. Et statim post fecit proclamari, quod quicunque libertatem[1] prosecuti fuerant sine mora ad curiam properarent, asserens quod Sanctus Edmundus vexillum pro singulis erexisset.

Marginal notes: A.D. 1291. Harsh measures of Edward I. to extract money from the church. Abbot John at Westminster. Edward, alarmed by a vision, declares that he dreads the fate of Sweyn.

---

[1] *libertatum,* MS.

*Quomodo Sanctus Edmundus terruit comitem Lin-
colniæ, pro libertatibus ecclesiæ de assensu suo
in manu regis captis, et de devotione prædicti
comitis erga Edmundum postea multipliciter
ostensa.*

Devotion
shown by
Henry, earl
of Lincoln,
to St. Ed-
mund.

Comes Lincolniensis, Henricus de Lacy,[a] qui forte consiliarius fuit prædicti domini regis, et particeps facti ut
libertates in manu regis caperentur, dum apud Stratfordiam
membra quieti dedisset, terrore nimio percussus est. Et sic
qui prius fuerat sancto alienus, voluntate et munerum obla-
tione multipliciter factus est devotus. Venit enim peregri-
nando visitare Sanctum Edmundum ; et ibi jocale pretiosum.
crucem scilicet ex auro et argento ac lapidibus pretiosis
ornatam, continentem quamdam ligni sanctæ crucis portionem,

The earl
used to tell
of a deliver-
ance which
befell him
in Aqui-
taine,

offerens astante plebe, retulit in aperto quod, cum esset in
Aquitania nomine regis Anglorum contra regem Franciæ
actibus bellicis occupatus, quadam die hostium cuneos, ut
cum morti traderent vel saltem captivitate subjugarent, pro-
spexit ocius adventare ; respiciensque ad adjutorium hominum
et suorum commilitonum, ut succursum præberent ne in
manus adversariorum incideret, neminem suorum præter
custodem animalis cui insedit adesse videt. Tactus ergo
dolore cordis intrinsecus, et cernens humanum auxilium

after invo-
cation of
the saint.

abesse, confugit ad divinum, rogans Deum et martyrem
Sanctum Edmundum, ut meritis ejus et precibus impetraret
sibi remedium, vovensque quod tali pacto jocale prædictum,
quod præ omnibus dilexit, sibi devote conferret. Quo facto
statim exercitum suum ita densum et expeditum circa se
conspexit ac si nullus de numero defuisset. Et completo
sermone sic sanctum affatur : "Hoc jocale est quod tibi

He offered
at the
shrine a
jewel of
price,

" promisi, hoc tibi offero, martyr Christi sanctissime." Nec
solum ex hoc donativo patuit ad sanctum ejus devotio, sed
ex pluribus aliis donariis sancto martyri devote collatis,
Dedit enim vestiario unam pretiosam capam bruslatam ; item

and made
us valuable
bequests,

alia vice crucem magni pretii auream, cum lapidibus pretio-

---

* Henry de Lacy, earl of Lincoln,
died in 1311 ; the author of *Flores
Historiarum* speaks of his death as
a grievous loss to the kingdom.

His daughter and heiress, Avelina,
marrying Thomas, earl of Lancaster, brought to him great wealth
and increased territorial influence.

sis adornatam, quæ in australi parte feretri dependet. Contulit etiam pretiosum lapidem qui antrax dicitur, et situatur
ad pedem dictæ crucis super feretrum. Item legavit viginti
marcas pro ymagine de argento facienda et deauranda, in
cujus fronte seu pectore prædictus lapis situaretur; sed ad some of which never
martyris injuriam, per executorum incuriam minus juste de- reached us.
functi voluntatem complentium, detentæ sunt, cum uno calice
aureo pond. xl. oz., quem similiter Sancto Edmundo legavit.
Legavit etiam post mortem matris suæ beato Edmundo, pro
refectorio monachorum suorum, unam cupam argenteam et
deauratam, et miro opere fabricatam, quam dixit et asseruit
fuisse Sancti Edmundi in vita sua, ob cujus honorem diebus
festivis sacerdos ejus superpellicio indutus ex hoc convivan-
tibus propinavit. Sed et reverenda mater ejus, perpendens
executorum negligentiam, prædictam cupham cum uno pre- He also sold his manor of
tioso saphiro Sancto Edmundo destinavit. Dedit etiam præ- East Bra-
dictus comes ecclesiæ Sancti Edmundi quasi pro modico denham to the convent
pretio manerium suum de Est Bradenham, anno Domini at a low price.
M°ccc°viij°; cujus animæ propitietur Deus, amen.

A.D. 1308.

*De ultione capta super dominum Johannem de Bello
monte militem.*

Ad venerationem sanctorum et terrorem peccatorum; anno A.D. 1341.
Domino M°ccc°xlj° narratur contigisse, quod quidam miles John de Beaumont
strenuus in armis militaribus, nomine Johannes de Bello exclaimed
monte,ª accessit ad feretrum Sancti Edmundi. Qui, dum au- one day, how much
rum et argentum, lapides pretiosos, et varia ornamenta ibi- the applica-tion of the
dem conspexisset, in hæc verba prorupit; "O quantum possent gold and jewels at
" ista jocalia et thesaurus promovere regem nostrum in expe- the shrine
" ditione guerræ suæ!" nesciens vel dissimulans quod plus would help
valent subsidia sanctorum quam infinitus cumulus thesauro- the king in his wars.
rum terrenorum. Cujus verba assistentibus et audientibus
plurimum displicuerunt. Quid plura? ille recedens et, sicut

---

* John, brother of the count of
Hainault, and therefore uncle to
Philippa, Edward III.'s queen, accompanied queen Isabella to England in 1326 (*Ann Paul.*, 314).
From entries in the Syllabus to
Rymer's *Fœdera*, it appears that he
was employed by the king in many
important affairs during the years
1341-5. He seems to have been
killed at Crecy (Murimuth, 216;
Rolls ed.).

vulgo dicitur, non reversurus, ut mos est, columpnas et postes
ostiorum osculatus est, et non multum post in hastiludio
membris conquassatus et mortuus est.

De ultione capta super Willelmum de Gyslingham justiciarium regis.

Quidam miles de Estsexia, nomine Thomas Gubira, audiens
prædictum dominum Johannem de Bellomonte in hastiludio,
vindice Deo pro Sancto Edmundo, sic perisse, dixit, quod
cum juvenis esset, intravit cum magistro suo cameram regis
apud Westmonasterium quæ vocatur nigra camera, ubi rex
consuluit quibus sumptibus manutenere posset guerram suam.
Ingessit se justiciarius magnus, nomine Willelmus de Gis-
lingham.   Volens aucupare favorem magnorum et minuere
laudem sanctorum, dixit, — " O quanta scrinia et qualia
" sanctorum, videlicet Edmundi, Thomæ, et aliorum, infinito
" thesauro ornata, nichil continentia nisi ossa mortuorum,
" quæ si in fisco redigerentur, non esset alibi recurrendum."
Quo dicto confestim in medio cecidit, et exspiravit.   Quod
infortunium rex videns ait, " Extrahite canem istum, qui
" istud scelus suggessit, ut Dei et sanctorum incurrerem
" vindictam."

GLOSSARY TO
LA VIE SEINT EDMUND LE REY.

A A

GLOSSARY TO
LA VIE SEINT EDMUND LE REY.

Many words beginning with *d, k, l, m, n, qu,* or *s* in the text must be looked for under the letter next following in the Glossary.

A.

Aate, 1490; *nimble, agile;* here, *bright, cheerful.*

Abaisier, abaiser, 3156, 3152, 3361; *to lower, to abase.*

Abatre, 1468; *to quell.*

Abbe, abe, 1629, 2875; *abbot.*

Abit=about, 2908; *confine, quarter, boundary.*

Abiter, 356; *pret.* abit; *to dwell.*

Acerter, 225; *to establish oneself.*

Aces, 2041; *a slant of sailing, a board.*

Acoillir, 1448; *to receive, meet.*

Acost, 3363; *a company.*

Acoster, acostier, 1413, 1418; *to coast along.*

Acue, 1700; *sharp, sharpened.*

Acun, 2023; *someone, anyone.*

Acurir, 2773; *to run up.*

Acuter (*accubitare*); s'acuter, *to rest oneself,* 1437.

Ad; *see* Aver.

Ades, 3328, 3506; *immediately, forthwith.*

Adeser, 2321, 2764; *to touch, to approach.*

Ados, 2079, 3821; *shelter, defence.*

Adrescier, 1372; *to raise, to put in order.*

Aerdre, 3566; *refuge.*

Aez, 2225; *see* Aver.

Afaitement, 486; *in fact.*

Afeitier, 3144; *to prepare, to fashion.*

Aflier, afier, 211, 2217, 727; *to certify, to assure, to trust.*

Agard, 942; *regard, respect.*

Agarder, 1205, *to look at.*

Agrei, 4024; *pleasure, satisfaction.*

Aguait, aguet, 1958, 2587, 3815; *ambush, hiding or watching-place.*

Aguisser, aguiser (aiguiser), 1963; *to sharpen;* here, *to gnash.*

Aguwe, 1583; *help, aid.*

Agu, 2399; *sharp, piercing.*

Ahan, 1093; *trouble, effort.*

Ahi, ai, 1987, 1989; *interjection.*

Aidier, *pres. subj.* ayt; 24, *to help.*

Aie, 2707; *help.*

Aiez, 1074; *see* Aver.

Aigniel, 2797 (*agneau*); *a lamb.*

Ainces, anceis, aincois, enceis, 328, 1127, 1242, 3303; *before.*

Ainne, 1891 (aîné); *eldest born.*

Ainz, aynz, einz, 2173, 1401; *before, but, rather.*

Air, 1524,=hair, *q.v.*

Ajuster, 2004; *to range, to assemble.*

Al, 2190 and passim; *see* Li.

Alaiter, 2150; *to suck.*

Alames, 1662; *see* Aler.

Alarun, 2109; *the cry of " Thieves,"* *alarum, alarm.*

Alascher, 1483; *to slacken.*

Alast, 3649; *see* Aler.

Albe, 2063; *the dawn.*

Alcun, alcune, 2682; *some.*

Alee, 972; *see* Aler.

Aler, (aller), *pres.* veit, vunt; *pret.* ala, alames; *fut.* irray, ura, irrez; *pres. sub.* alge, algent; *pret. sub.* alast; *p.p.* alee.

Aleure, alure, 2793, 3566; *pace, course.*

Alever, 3315; *to exalt.*

Alge, 1327; *see* Aler.

Algent, 270; *see* Aler.

Alier, 1389; *to lay down, to bed.*

Aliurs, 2892 (ailleurs); *elsewhere.*

Alme, 64; *soul.*

Almonere, 575; *purse, wallet.*

Almoynes, 620 (aumône); *alms.*

Alonguir, 236; *to dally, to spend time.*

Alques, 1230; *somewhat, a little.*

Altre, 3567?

Altresi; *see* Autresi.

Alumer, 2861; *to give sight to.*

Alure; *see* Aleure.

Amananter, 1910; *to enrich.*

Ambe, 3752; *both.*

Ambedui, amedeus, an-deus, 1084, 3442; *both the two.*

Amedeus, 2751; *see* Ambedui.

Ameiner, 1519; *to bring.*

Amenter, 1856; *to remind.*

Amer, 1271, &c.; *to love.*

Amiste, 2539; *friendship, love.*

Amparz, 2061; *on both sides.*

Amunt, 1174; *above, upward.*

Amunte, 2041; *see* Gloss. Notes.

Amunter, 1910; *to uplift.*

Amur, 698; *love.*

Amy, 1815; *friend.*

Au, en, 3645; *on.*

Anaientir, aneintir, 3456, 3870; *to annihilate, to crush.*

Anceis; *see* Ainces.

Ancele, 372; *female servant.*

Anel, 576; *a ring.*

Anelet, 3090; *a chain?*

Angle, 1893; *a corner.*

Anguisus, 1936; *anxious, tormenting.*

Aparailement, 610; *preparation.*

Aparer, 2063; *to appear.*

Aparceroir, 696; *to perceive.*

Apendre, 1420; *to belong.*

Apentis, 906; *appurtenances, belongings.*

Apert, 3555; *openly, publicly.*

Aperte, 1323; *open, manifest.*

Aponer, 2754 (apponere); *to lay by.*

Aport, 3099; *store, treasure, offering.*

Apostoile, 3473 (apostolicus); *the pope.*

Aprendre, 1573, 1792; *to teach;* s'aprendre, *to learn;* apris, 1047, *skilled in.*

Aprester, 3117; *to prepare.*

Aproicier, aprochier (approcher), 196; *to approach.*

Apuier, 1834; *to lean.*

Aquaiser, 2836; *to calm down.*

Aquente, 1123; *acquainted.*

Aramier, 301; *to engage;* here, *to enlist.*

Archiers, 3790; *archers.*

Arc, 2398; *bow.*

Ardeir, 2068, 3370; *to burn.*

Arcimer, 253; *read* arcinier, *to arrange, to concert.*

Arester, 359; *to stay.*

Ariere, 250; *back.*

Arsun, 1956; *arson, burning.*

Artere, 2708; *artery.*

Artilus, atilus, 1928, 3703; *clever, adroit.*

Arveire, 78, 1827; *illusion, fiction.*

Art, 2176; *an art.*

As; *see* Li; 1051.

As, 3829; *an ace.*

Asalt, 233; *assault.*

Asazer, 411; *to sate, to provide plenteously.*

Ascer, 272, 274; *steel.*

Asenement, 510; *see* Gloss. Notes.

Aseurer, asurer, 1547, 2619; *to secure, to place in safety, to wait, stay.*

Asez=assez, 293.

Asire (asseoir), 962, 1213, 2958, 3725; *to settle, make to sit.*

Asne, 2731; *ass.*

Aspre, 1448; *rough.*

Aspresce, 2548; *suffering, anguish.*

Assise, 3729; *an assize.*

Astais, 3878; *see* Estre.

Asurer; *see* Aseurer.

Atant, 562; *forthwith, thus, so far, then.*

Ateindre, 2074; *to reach, overtake.*

Ateint, 2074; *see* Ateindre.

Atemptrent, 195; *see* Ateindre.

Atendre, 2479, 3741; *to wait, await.*

Atilus; *see* Artilus.

Atrair, 328; *to draw to, to invite.*

Atturner, aturner, 178, 1383, 2920; *to arrange, to fit up.*

Aultri, 570; *another man's.*

Auner, aduner, 2633; *to come together.*

Aurner, 3008, 3246, 3308; *to adorn, deck.*

Ausi, 3642; *also.*

Autresi, altresi, 1182; *also, similarly.*

Aval, 2345; *below, downward.*

Avaler, 2059, 2102; *to descend upon, to lower.*

Aveir; *see* Aver.

Avenant, 2924; *imposing, grand.*

Avenir, 75, 1283; *p.p.* aveneu; *to happen.*

Aver, aveir, 1643, *passim; to have; pres. ind.,* ay *and* ai, ad, avum, avez *and* aez, ount, unt; *imp.,* aveit, aveient; *pret. ind.,* out, ot, hout, orent; *fut.,* avera, averez, averunt; *condit.,* avereit; *pres. sub.,* ait, aiez; *pret. subj.,* usse, ust, eust, oust, ustes; *p. part.,* eu. *Compounds with* ne, nad, nunt, nout, nust; *see* Ne.

Avera, 3116; *see* Aver.

Avereit, 715; *see* Aver.

Averez, 1093; *see* Aver.

Averser, gen. aversiere, acc. pl., aversiers, 2184, 2832, 2145; *adversary.*

Avint; *see* Avenir.

Avis, avys, 1165, 1016; *opinion.*

Avougle, 2861; *blind.*

Avum; *see* Aver.

Ay, 1781; *see* Aver.

Aymer, 1108; *see* Amer.

Aynz, 2173; *see* Ainz.

Ayt, 24; *see* Aidier.

B.

Bachelur, 2182; *bachelor.*

Bailer, bayler, 1269; *to bring, to hand over.*

Bailie, baylie, 1030, 3711; *province, jurisdiction.*

Bald, 361, 3120; *bold, joyous.*

Balier, 3868; *to brandish.*

Ban, 2216; *summons.*

Bandun, 3212, *summons*; a bandun, *readily, promptly.*

Banir, 2338; *to proclaim;* 2017, 3979, *to summons.*

Baratte, 3278; *trouble, annoyance.*

Barge, 2030; *barge.*

Barne, 780; *the baronage, the body of nobles.*

Bastun, 2386, (bâton); *a stick.*

Batel, 1364,=bateau.

Batestal, 3161; *noise, uproar.*

Bateure, 2526; *blow, stripe.*

Banz, 417; *see* Bald.

Bayla, 1299; *see* Bailer.

Bealces, 483; should be bealtes?

Beals, bealz, 480; *voc.,* beal, beu, 539, 531; *beautiful, fair*

Bealte, 1691; *beauty.*

Beiser, 534,=baiser.

Belbelet, beaubelet, 3089; *jewel, bauble.*

Beleisur, belisor, 2932; *more beautiful.*

Ben (bien) 2511; *good, happiness.*

Beneir, beneistre; *pret.* benesquis; 581, 2856, 3253,=bénir.

Benefice, 2483; *kind, beneficent.*

Benesciun, 736, (benison) *blessing.*

Benfait, 2637; *benefit.*

Ber, 99, &c.; *baron.*

Berbiz, 2478, (brebis); *sheep.*

Besant, 3092; *a besant.*

Besque, 3143; *a spade.*

Beyvre, 1534, (boire), *to drink.*

Blancheier, 3992; *to look white.*

Blecher, 2796, (blesser); *to harm.*

Blesceure, 2998, (blessure); *wound.*

Blesmer, blesmier, *to injure, damage;* 700, 2464.

Bleste, 2682; *a clod.*

Boele, 2410; *bowel.*

Boelin, 1379, 1453; an English word; *bowline.*

Bort, 1364, (bord); *deck.*

Bos, 3090; *see* Bou.

Boscage, 2662; *wood, thicket.*

Bosoyne, 1194; *need.*

Bosoynus, 1845; *needy.*

Bou, 3090; A. S. *beag; ring, bracelet.*

Bouce, 2030; *see* Gloss. Notes.

Bouter, 2422; *to knock or push out.*

Brace, 639,=bras.

Brand, 274, 3868; *sword.*

Braun, 469; *brawn,* (English).

Bresteche, 228; *parapet; see* Gloss. Notes.

Broil, 2695; *thicket.*

Broine, 3762; A. S. *byrne; breastplate.*

Buffeter, 2374; *to buffet.*

Buisun, buissun, 2563, 2680; *bush.*

Bun (bon), 222; *good.*

Bunte, 2887, (bonté); *goodness.*

Bure, burg, 2196; *town.*

Burder, 15; *to tilt; to play at the quintain.*

Burdun, 781; *staff.*

Busine, 2772, (Lat. *buccina*), *trumpet.*

Buter, 1358; *to shore out.*

Buteilier, 813; *butler.*

C.

Carbun, 2127,=charbon.

Case, 2955; *shrine.*

Cea, 684, 707, 800 ; *this, this way, here.*

Ceanariere, 3240 ; *heretofore;* lit. *at the back of this.*

Ceisant, ceissant, cessant, 802, 3848 ; (soixante), *sixty.*

Celeement, 2564 ; *stealthily.*

Celerum, 1677,=célerons.

Celi, 1876,=celui.

Cels, 388,=ceux.

Cendir, 1171 : se cendir, *to ascend.*

Cenz, 3293,=cent.

Ceo, 3201,=ce.

Cercher, cerchir, 2110 (chercher), *to search, hunt through.*

Cerchie, 2698 ; *see* Cercher.

Cerchir, 2672, *see* Cercher.

Cervele, 3759,=cervelle.

Cessant, 3848 ; *see* Ceisant.

Cessier, 3423,=cesser.

Cest, *passim,*=ce, cet.

Ceste=cette.

Cesti, 753, &c.,=ce, cet, celui-ci.

Chaceeut, 3839,=chassant.

Chai, 388 ; *see* Chair.

Chair, chaier, cheier, choier ; *pret.* chai, chey ; *to fall.*

Chaland, 2028 ; *a ship of burden.*

Chaleir, 3871 ; *to be anxious.*

Chalus, *timid, anxious.*

Chambe, 2761,=jambe.

Chapelette, 2827 ; *a little chapel.*

Chapleiz, 3818 ; *shock, conflict.*

Char, chare, 2432, 3239,=chair.

Charoyne, 3678 ; *carrion, carcase.*

Chariere, 2937 ; *carriage.*

Chase, 3223 ; *a frame for relics, a shrine.*

Cheitif, cheytif, cheitive, 3671, 3573 ; *wretch, wretched.*

Chevage, 3398; *poll-tax.*

Chevetayne, chevetyn, 1617 ; *chieftain.*

Chey, 1504 ; *see* Chair.

Cheygne,=chêne, 232.

Cheytis, 2133 ; *see* Cheitif.

Chier, 1330, 1541,=cher.

Chiere, 3026,=chère.

Chies, 322 ; pl. of chief, *chief.*

Chiet, 3225 ; *see* Chair.

Chois, 3144,=choix.

Choisir, choysir, 1645, 2043, 2431 ; *to distinguish, to sight, to choose.*

Chol, 315 ; *cabbage;* foile de chol, *a cabbage leaf.*

Ci, 2246,=ici.

Cil, 2521, 2533 ; *that* (pron.).

Cimiter, 3643,=cimetière.

Cink, 3287,=cinq.

Cist, icist, (celui-ci), 2529, 2539 ; *this one.*

Cit, cizt, 1772, 1588,=cité.

Citeein, citein, 2879, 2967,=citoyen.

Cizt ; *see* Cit.

Clamer, claymer, 1491 ; *to call.*

Clare, 1337 ; *claret.*

Claymer, 1483, 1807 ; *see* Clamer.

Cler, clier, 1247, 3027, 3158 ; *clear.*

Clier ; *see* Cler.

Clore, *pret.* clot, 742 ; *to close, shut.*

Clos, 3115 ; *enclosure.*

Coart, 3871 ; *coward.*

Coiement, 352 ; *quietly, cautiously.*

Coillir, cuillir, 1289, 3881,=cueillir ; en he les coilli ; *gathered them together in hate.*

Coint, 2176 ; *acquainted with ;* Lat. *cognitus.*

Coke, 2055,=coq.

Col, 3419 ; *see* Colpe.

Colpe, coupe, cop, col, 3774, 3751 ; *blow, cut.*

Colper, couper, coper, cuper, culper, 2441, 2656, 2657, 2593 ; *to cut off, to strike.*

Columpne, 2523 ; *column.*

Colvert, 2350 ; *see* Gloss. Notes.

Comander, 706 ; *pres.* comant ; *to commend.*

Comant ; *see* Comander.

Compayne, 209 ; *a company.*

Conoistre, conustre, =connâitre.

Conquere, 2529 ; *to win.*

Conquester, 863 ; *to conquer.*

Conrei, cunrei, cunrie, 1351, 3772, 3835 ; *equipment, troop, formation, array.*

Conseler, conseiler, 1238, 2289 ; *to advise.*

Conteint, 3778 ; *see* Contenir.

Contemple, 3343 ; *time, period.*

Contenement, 819 ; *behaviour.*

Contenir, se, 3778, 3803 ; *to behave.*

Contraire, contreire, contrere, 3531 ; *opposition, mischief.*

Contraire, 2062 ; *to control, to regulate.*

Contreire, 3128 ; *see* Contraire.

Contrels, 3400, (contre els) ; *against them.*

Contrere, 3388 ; *see* Contraire.

Contrez, 2865 ; *contracted, deformed.*

Conusent, 1046 ; *see* Conoistre.

Cop, 2492 ; *see* Colpe.

Coper, 2492 ; *see* Colper.

Coraile, 2408, 3767 ; *gut ;* la mestre coraile, *the principal gut.*

Corir ; *see* Curir.

Corne, 2669, 2772 ; *a horn.*

Corner, 2669, 2772 ; *to sound the horn.*

Corseint, 2845 ; *holy body.*

Cortil, 2110 ; *poultry yard.*

Coruner, 1759,=couronner.

Corusce, 3180 ; *angry* (courroucé).

Coruscer, coruscier, 3537, 3584 ; *to be angry.*

Corusseiz, 3817 ; *see* Croissier.

Coste, costee, 1399 ; *coast.*

Coste, 2406 ; *rib.*

Costere, costiere, 2047, 1412 ; *coast.*

Cou, 815 ; *cook.*

Coupe ; *see* Colpe.

Courte, 5, =cour.

Courtur, 49, =courtisan.

Coustre, 3688, (coudre) ; *to sew.*

Covendra, 273, =conviendra.

Coverir, 2172, =couvrir.

Covint, 1456, =convint.

Cravanter, 3773 ; *to strike down.*

Creance, 2271 ; *belief.*

Creant, 3468, =croyant.

Creire, 2271, =croire.

Cremer, criemer, 1620 ; *to fear.*

Creuz, 3030 ; *see* croistre.

Crever, criever, 117 ; *to rise, to spring.*

Crieme, 1613 ; *fear.*

Criement, 233 ; *see* Cremer.

Croice, croyce, 2308, =croix.

Croissier, croissir, corussier, 3817 ; *to break, crush, mangle.*

Croistre ; *pret.* crurent ; *p.p.* creux, 3030, =croître.

Croler, 1404, =crouler.

Cruciement, 2574 ; *torture.*

Cruist, *see* Crussir.

Crussir, grincer les dents, 1963.

Cuart, 3770 ; *coward.*

Cuillir, 1289 ; *see* Coillir.

Culper, 3001 ; *see* Colper.

Culpe, 3774 ; *guilt.*

Culvert, 1925 ; *see* Colvert.

Cum ; *passim,*=comme.

Cumpenser, 37 ; *to harmonise, to arrange rhythmically.*

Cunge, 604,=congé.

Cungier, 2912 ; *to get leave.*

Cunrei, 3772 ; *see* Conrei.

Cunriez, 3835 ; *see* Conrei.

Cunte, 1320, 3544 ; *county, county court.*

Cunter, 857,=conter, raconter.

Cuntre, 2965 ; *to meet, obviam ;*= contre.

Cuntremunt, contremont, 2299 ; *upward.*

Cuper, 3371 ; *see* Colper.

Curber, 3155,=courber.

Curir, 1527,=courir.

Curte, 1198,=cour.

Curu, 2040 ; *see* Curir.

Cyngnes, 470,=cygnes.

D.

Damage, 3374,=dommage.

Dambes, 3752 ; *see* Ambe.

Damisel, 538,=damoiseau.

Dampne, 521 ; *the lord.*

Dancel, 1480, 473 ; *see* Damisel.

Darein, dareyn, 2551, 804,=dernier.

Deceyvre, 1832,=décevoir.

Dechiet, 701 ; *see* Dechoir.

Dechoir ; *to fall down, to die.*

Decirer, 2547,=déchirer.

Decoler, 764, 2442,=décoller.

Decoleur, 2444 ; *headsman.*

Dedegne, 1967,=dédain.

Dedegner, 2161,=dédaigner.

Dedenz, 2546,=dedans.

Dednit, dedut, 61, 58, 69 ; *delight, pleasure.*

Defouir, 2948 ; *to bury,* (defodere).

Defrayner, 273 ; *to open, to free from restraint.*

Defreier, se, 319 ; *to trouble oneself.*

Defrunt, 1173 ; *see* Frunt.

Deglagier, 2348, (glisser) ; *to strike down.*

Deguerpir, 2311 ; *to quit, to forsake.*

Deguerpist, 1081 ; *see* Deguerpir.

Dei, 535 ; *finger.*

Deis, 478 ; *table.*

Deist, 1929 ; *see* Dir.

Deit, 941 ; *see* Devoir.

Deivent, 85 ; *see* Devoir.

Dekes, deske, desque, jesque, 389, 400, 2794, 2798 ; *up to, as far as.*

Del, 2589, *and passim ; see* Li.

Delec, delcez, 1516, 1894, 3546 ; *near by, beside, close to.*

Delez, 2749 ; *see* Delec.

Delivre, 180 ; a delivre, *ad libitum, in great quantity.*

Dels, 1852 ; *see* Li.

Deltut, 1290, 2630 ; *altogether.*

Deluc, 3625, *see* Eloques ; *forthwith.*

Demayne, 1778, 850 ; *see* Demeine.

Demeine, demeyne, demayne, demene, 477, 1191, 1778, 2532 ; *same, own, very.*

Demener, 821, 811, 2141, 2640 ; *to show, exhibit, treat.*

Demorer, demurer, 3642, 1590, 3978,=demeurer.

Denter, 2462 ; *see* Enter.

Dentur, 2181 ; *see* Entur.

Departiz, 1077 ; *separated.*

Derechief, 3435,=derechef.

Dercier, 2067 ; *to disband themselves.*

Dercyner, 275 ; *to decide solemnly.*

Des ore en avant, 565, 597,=dorénavant.

Desauncrer, 2108 ; *to weigh anchor.*

Descloer, 2985, 3142 ; *to open by taking out nails.*

Descoverir, 3230, 1930, 2756,=découvrir.

Descurgiez, 2385 ; *see* Escurgie.

Desdein, 3670,=dédain.

Desdire, 1100, 1155,=dédire.

Deserrer, 2979, 2986,=desserrer.

Deservir, 2740 ; *to deserve.*

Desevelir, 2987 ; *to disinter.*

Desevrer, 1161, 2554, 2570 ; *to separate, to part.*

Desfaire, 3874 ; (used as a substantive), *calamity.*

Deshancker, 1374 ; *to cast loose ; see* Hancker.

Deske, 928 ; *see* Dekes.

Desken, deske en.

Deslacier, 2779,=délaisser.

Deslaier, 921,=délayer.

Deslie, 2454,=délié.

Desmesure, 1922, 2929 ; a desmesure, *exceedingly.*

Desmesure, 2314 ; *excessive.*

Despendre, 1786 ; *to dispense.*

Despenser, 814 ; (Lat. *dispensator*), *steward.*

Despescer, 3113,=dépécer.

Despist, 2164,=dépit ; here, *contempt.*

Desplaire, 829,=déplaire.

Desplout, 829 ; *see* Desplaire.

Desque, 2798 ; *see* Dekes.

Desray, desrei, 2402, 2578,=désarroi ; par desrei, *hurriedly,* 2333.

Desreier, 2203 ; *to break the ranks, to march irregularly.*

Desreisnier, 1698; *to argue out rationally.*

Desrenger, 2067,=déranger.

Desrey, 2333, *see* Desray.

Destendre, 1531,=distendre.

Destrencher, 2555, 2070; *to slay, to massacre.*

Destrer, destrier, 1352 ; *a war-horse.*

Destresce, 3793,=détresse.

Destruire, 1716, 4016,=détruire.

Destruirunt, 2010; *see* Destruire.

Destrut, 1709; *see* Destruire.

Desur, 3312.; read desus?

Desus, desuz, 1587, 2696,=dessus.

Detrenchier, 2016, 2144; *to cut, slash.*

Detries, 2024 ; *behind.*

Deus, 4008,=deux.

Deut, 2988 ; *see* Devoir.

Deve, devez, 2864, 3658 ; *mad.*

Deviser, *to divide, to bound,* 399.

Devoir ; *pres.* deit, deivent, *pret.* dust ; *pres. subj.,* deyve ; *pret. subj.* deut.

Deys, 2279 ; *read* Reys ; *see* Glos. Notes.

Deyve, 938, 1730 ; *see* Devoir.

Dir, 2325, 1215, 1103, 1016, 3916, 2315 ; *pret.* dist., distrent, *imp.,* di ; *pres. subj.,* die ; *fut.* dirrai, dirrun ; *pret. sub.,* deist.

Diacne, 3518,=diacre.

Dinei, 2236 ; *read* direi.

Dis, 3021,=dix.

Dis, 1574 ; *word.*

Discoverir, 1296 ; *see* Descoverir.

Doel, 809, 830 ; *grief, mourning.*
Doint, 4020 ; *see* Doner.
Doluser, 2800 ; *to mourn, to be sorrowful.*
Doluserie ; 859 ; *mourning, lamentation.*
Doner, 731, 1049, 2130, 1267, 522, =donner.
Dos, 2546 ; *see* Deus ; en dos, *in two.*
Doter, douter, duter, 197, 1897, 1614, 3335, 3419 ; *to fear.*
Dount, 1275,=dont.
Doygne, doyne, 541 ; *see* Doner.
Doynd, *see* Doner.
Dras, 2126,=draps.
Dreiturels, 770 ; *righteous.*
Dreiturer, 2315 ; *upright, just.*
Dreiturers, 796 ; *see* Dreiturer.
Drescier, 3132,=dresser.
Dromunt, 2028 ; *a cruiser, a fast vessel built for war.*
Dru, drue, 8, 3005 ; *a beloved one.*
Duire, 1043 ; *to handle, manage.*
Duitre, 1640 ; *see* Dutre.
Duiz, 3126, 3897 ; *skilled, endowed.*
Dulceur, 1858,=douceur.
Dunt, 1788,=dont.
Dust, 1654 ; *see* Devoir.
Duta, 3565 ; *see* Doter.
Dutre, duitre, 109 ; *ruler, chief, leader.*
Duzime, 2500,=douzième.

E.

E, 94 ; *in.*
E, passim ; *and.*
Egier, 1455 ; *see* Gloss. Notes.

Eginner, enginner, enginer, 3553, 3554 ; *to deal craftily with, to deceive.*
Egrement, 3595 ; *eagerly.*
Einz ; *see* Ainz, 841.
Eir, 430 ; *see* Heir.
Eire, eyre, ere, 612, 2036, 2039, 603, 3645 ; *journey, way.*
Eire, 494 ; de bon eire=débonnaire.
Eirer, 2962 ; *to travel.*
Eissir, *pres.* ist ; *pret.*, issi, issit ; *p.p.* eiscu, issu, eissuz, 1994, 1251, 1500 ; *to go out, to issue.*
El ; *see* Li.
Ele=elle.
Eloques, eluec, eluc, iluec, iluc, ilukes, 2557, 3551, 3173, 3625 ; *then, there.*
Els, 741, 2659,=eux.
Embler, 3114 ; *to steal.*
Embler, 349 ; sen embler, *to go away.*
Enancrer, 1488 ; *to anchor.*
Enangler, 1895 ; *to enclose, to hem in.*
Enbelir, 2745,=embellir.
Enberser, 2455 ; *to stick round, to set thickly.*
Enbouchez, 313 ; *pointed at the enemy.*
Enbracier, 2753,=embrasser.
Enbrancher, se, 560 ; *see* Enbruncher.
Enbraser, 1991, 2395,=embraser.
Enbruncher, Enbrancher, se, 2296 ; *to stoop, to shrug oneself together.*
Enbruns, 3202 ; *gloomy, downcast.*
Enceis, 1127 ; *see* Ainces.
Encheir, 2135 ; *to fall into.*
Enclin, enclyn, 169, 322, 2255 ; *obedient, subject, turned towards.*
Encombreer, 3366 ; *see* Encumbrier.

Encontrer, 2077, 3420; *to meet, to encounter.*

Encumbrier, encumbrer, encombrier, 1605, 3131, 3366, 3910; *difficulty, damage.*

Endreit, 157, 684; *with regard to, compared to ; cea endreit, in this direction.*

Enfantosmer, 3676; *to bewitch, to possess.*

Enfle, 1965; *swollen.*

Enforcer, se, 3130; *to endeavour strongly.*

Enfortir, 1195; *to strengthen.*

Enfraite, 3560; *a law breaker, a criminal ;* from Enfraindre.

Enfrez, 1287; *a criminal* (Enfraindre).

Enfundrer, 3131; *to break into, to smash.*

Engein, 3125,=engin.

Engendrure, 1987; *birth.*

Enginez, 3798; *see* Eginner.

Enginner, 3554; *see* Eginner.

Engreine, 2526, (engraing ?) ; *weight of pain or sickness ?*

Engres, 1949, 2560; *perverse, obstinate.*

Enhalcer, enhalcier, enhaucer, enhaucier. 1272, 1833, 1850, 1974 ; *to exalt, to lift up.*

Enmenant, 2377,=emmenant.

Enoyndre, 750, 1770; *to anoint.*

Enpenne, 310; *feathered.*

Enpirer, 862,=empirer.

Enprendre, 3538; *to undertake.*

Enpres, 2787; *close to, alongside of.*

Enprise, 1798; *see* Enprendre.

Enprist, 3538; *see* Enprendre.

Enquerre, *fut,* enquerei, *pp.* enquis, 2235; *to ask.*

Enquis, *see* Enquerre.

Ens, enz, 2658, 2596; *within.*

Ensegne, 886,=enseignable; *docile.*

Ensegne, 2525; *a mark.*

Enseivirent, 1430; *see* Ensivre.

Ensement, 1091, 1345, 2147 ; *together.*

Enserrer, 3017; *to lock, to make fast.*

Ensivre, ensiwre, 1430, 2367, 2517 ; *to follow.*

Ensuwi, 2517; *see* Ensivre.

Entendantmènt, 1830,=entendement.

Entent, 1293,=entend.

Enter, 3076, 1601, 2462; *entire, whole.*

Enterdemander, se, 202; *to question each other.*

Entere, 822,=enterré.

Enterer, 2608,=enterrer.

Enterin, enterins, enteryns, 1568, 1811, 1845, 3077 ; *entire, whole, absolute.*

Entour, 3168; *see* Entur.

Entredire, se, 205; *to tell one another.*

Entrefaillir, se, 213; *to fail one another.*

Entrels, 2667, 3376,=entre eux.

Entreset, 3221; *immediately.*

Entresque, 676; *up to, until.*

Entur, 2181, 2712; *about, around.*

Enturner, se, 463, 847; *to turn, to repair.*

Enuy, 54,=ennui.

Enveier, 1141, 3194, 3445,=envoyer.

Enveiser, 1393; *to amuse oneself.*

Enz, 2596; *see* Ens.

Ercevesque, 963,=archevêque.

Ere, 612; *see* Eire (1).

Erecr, 2851; *see* Errer

Erer, 238; *to ear, to cultivate.*

Errantment, erraument, 961, 2624, 2269; *promptly, quickly.*

Erraument, 964; *see* Errantment.

Errer, ercer, 1644, 1914, 3392, 1831, 2191, 2851; *to proceed, to be busy, to cruise.*

Ert; *see* Estre.

Esbair, se, 1253, 1181, 1183,= s'ébahir.

Esbainer, se, 1400; *see* Gloss. Notes.

Esbaudir, se, 297; *to take courage.*

Esbay, 1153; *see* Esbair.

Esbueler, 2151; *to disembowel, to rip up.*

Escervelez, 3757; *brained.*

Eschaper, 2075,=échapper.

Escharir, 901; *to engage, bind.*

Eschesse, les, 1391,=les échecs.

Eschet, 2153; *booty.*

Escheviz, 884; *slender, of elegant figure.*

Esclarir, 2064; *see* Esclerzier.

Esclate, 2363; *race, lineage.*

Esclerzier, 1865, (éclaircir); *to blaze, to shine.*

Escole, 3483,=école.

Escorchier, 3369,=écorcher.

Escovenance, 987; *compact, agreement.*

Escrever, 1402; *to burst forth.*

Escrier, se, 1329,=s'écrier.

Escu, 3761, 3868,=écu; *shield.*

Esculter, 1635,=écouter.

Escurgie, 2385; *a scourge.*

Esgarice, 3573,=égarée.

Esguarder, 2778; *to gaze at.*

Eshalcier, *to exalt, to uphold,* 3348.

Eslire, 1637, 1063, 1771, 1059,= élire.

Eslistrent; *see* Eslire.

Eslust, 1343; *see* Eslire.

Esmaier, 291; *to be troubled, to feel dismay.*

Esmerer, 2508; *to purify.*

Esmoluz, 2400, (émoulus); *ground, sharp.*

Esueke, 1373, 2029; *a light swift vessel.*

Espandre, 1252, 2524, 2839; *to spread out, to shed, to disperse.*

Esparnier, 1939, 3816,=épargner.

Esparplier, 2840,=éparpiller.

Espeisse, 2697, (épaisseur); *thicket.*

Espeneir, 1236; *to expiate.*

Espermenter, 1261,=experimenter.

Espes, espesse, 2419, 2779,=épais.

Espinei, 2699; *a spinney, a copse.*

Espirer, 2646,=inspirer.

Espirital, espiritel, 3309, 2854,= spirituel.

Espleit, 1475, 2204; *a espleit, speedily, vigorously.*

Esponter, 3574,=épouvanter.

Espourer, 2833; *to frighten.*

Esprover, 1150,=éprouver.

Espurier, 3562, for espucier?= épuiser.

Espuse, 2139,=épouse.

Esquaisier, 3351; *to banish.*

Esquier, 1428,=écuyer.

Essimes, 3801; *see* Eissir.

Essoyne, 421; *excuse for non-appearance.*

Estable, 1821,=stable.

Estais, 410; *see* Estre.

Estal, 729, 3149, 3378; *station, post, position.*

Estant, 1634; *see* Estre.

Estays, 124; *see* Estre.

Este, 2799; *see* Estre.

Esteile, 118,=étoile.

Esteler, 1408; *to break up into portions.*

Estendre, 1176, 1180,=étendre.

Ester, 163, 992 ; *see* Estre.

Estereit, 952 ; *see* Estre.

Estes, 1728 ; *see* Estre.

Estocher, estoquier, 2421 ; *to break, to collide with.*

Estoet ; *see* Estovoir.

Estoire, 2048, 2050, 2093 ; *armament, expedition.*

Estorer, 3286 ; *to construct, fashion.*

Estorie, estoyre, 92, 791,=histoire.

Estovoir, 1001 ; *to behove, to be proper, to be bound to ;* 1087, 1643.

Estre, 494 ; *a being.*

Estre, ester ; *pres.* su, sumes, estes, sunt ; *imp.* esteit, ert, esteient, erent ; *pret.* fui, fu-fut-fust, fumes, fustes, fur ; *fut.* serra-ert, serrum ; *pres. subj.* seit, susum, seiez, scient ; *condit.* estereit, serreit; *pres. part.* estant ; *p.p.* este-estais,-estays-astais ; *to be, to stand, to be settled.*

Estreit, 2850,=étroit.

Estremer, 1375 ; *to haul out.*

Estrey, estrei, estreit, 638 ; *a narrow way or place, a pass.*

Estroer, estroyr, 2405, 3761 ; *to pierce.*

Estrus, 725, 869 ; *resolute ;* a estrus, *resolutely.*

Estrusement, 877 ; *resolutely, decidedly.*

Estu, 2231, es tu.

Estuet, 644 ; *see* Estovoir.

Estui, 551 ; *see* Estovoir.

Estur, 1618 ; *food, store.*

Esturtre, 2134 ; *to escape.*

Esvanuir, 1188,=s'évanouir.

Esveiler, 2882 ; *to watch,* (éveiller).

Eust, 378 ; *see* Aver.

Euwe, 3193 ; *see* Ewe.

Eveschie, 3211,=évêché.

Ewe, euwe, 1341, 1426, 3193,=eau.

Eyr ; *see* Heir.

Eyre, 880 ; *see* Heir.

F.

Face, 3280; *see* Feire.

Faceun, 3233,=façon.

Faile, 1039 ; sans faile, *without fail.*

Failir, faillir, 1426, 1461 ; *to fail.*

Failliz, 1464 ; *see* Failir.

Fais, 144, 3276, 1799 ; *heap, burden ;* a fais, *in a heap, all at once.*

Faiz, 2638 ; *see* Feire.

Falde, 2114 ; *see* Faude.

Faleise, 1416,=falaise.

Falser, 3762 ; *to deceive* [*its wearer*].

Falt, 1582, 2530 ; *see* Failir.

Farain, 2684 ; *a wild beast.*

Faude, falde, 2478 ; *fold.*

Fay, fey, 2676,=foi.

Feeil, 1099 ; *lieges, faithful men.*

Feire, 1031,=faire; *pres.* feisum, funt ; *impf.* fesei, feseient ; *pret.* fist, feismes ; *fut.* ferum ; *condit.* ferey ; *pret. sub.* feist ; *imper.* fetes ; *p.p.* feit, faiz.

Feisance, fesance, 1798, 3493 ; *deed.*

Feisant, 1870; *see* Feire.

Feismes, 1674 ; *see* Feire.

Feist, 2290; *see* Feire.

Feisum, 1138 ; *see* Feire.

Feit, 2588,=fait.

Feiterement, 930; *in such a manner.*

Feiture, 2930 ; *making, construction.*

Feiz, 882 ; *see* Feit.

Feiz, 2717 ; *see* Fez.

Fel, 1815,=fiel.

Felun, 760,=felon.

Fere, 2750,=fière.

Ferement, 3382,=fièrement.

Ferey, 932 ; *see* Feire.

Ferir, 1450; *to strike.*

Ferme, 2371,=fermement.

Fermete, 1030 ; *a fortress, a strong-hold.*

Fertre, 3040; *shrine, feretry.*

Ferum, 878 ; *see* Feire.

Fes, 1799 ; *see* Fais.

Fesance, 3493 ; *see* Feisance.

Fesci ; *see* Feire.

Fescient ; *see* Feire.

Fesimes, 1682 ; *read* Feismes.

Fetes, 1035 ; *see* Feire.

Feyntise, 725 ; *feigning.*

Feytement, 2747 ; *in such a manner.*

Fez, 2831,=fois.

Fi, *sure, certain* ; de fi, *certainly ;* jeo lur mand de fi, 3956 ; *I send word to them confidently.*

Fiance, 914 ; *pledge, engagement.*

Fichie, 2582,=fiché.

Fichiez, 2536,=fiché.

Fie, 2848; fief ?

Fieble, 3472,=faible.

Fierge, 3174; *a chain.*

Fiert, 1450; *see* Ferir.

Fin, 2505 ; *end ;* de fin, *surely ;* de grant fin, *most surely,* 3899, 480, 577.

Finablement, 2252,=finalement.

Finer, 1904, 2094 ; *to come to an end, cease.*

Fist, 1031 ; *see* Feire.

Fiu, 2913 ; *fief.*

Flaelier, 2384,=flageller.

Flairur, flairurs, 1561, 3300 ; *the scent.*

Foer, 1939 ; *price.*

Foil, 2696,=feuille.

Fole, 2674,=folle.

Folur, 3355,=folie.

Forconseiler, 1036 ; *to give wrong counsel.*

Forfez, 1288,=forfait.

Forment, 1329, 3537, 3659 ; (fortement), *strongly, loudly.*

Forsene, 2396 ; *demented, distracted.*

Fortresce, 3794,=forteresse.

Forz, 2665,=force.

Founz, funz, 3692, 3694,=fond.

Fraindre, 3763 ; *to break.*

Frarin, 2611 ; *wretch, ruffian.*

Fremier, 3610,=frémir.

Fricun, 2331,=fripon ?

Fruncer, 1964 ; *to frown, to scowl.*

Frunt, 1173, 1859, 1964 ; de frunt, *in front, altogether.*

Frussier, 3108 ; (froisseur), *a breaker, a destroyer.*

Fuant, 3405 ; *see* Fuer.

Fuer, 2076,=fuir.

Fuisun, 2426,=foison.

Fuiz, 2617 ; *see* Fuer.

Funder, 1564,=fonder.

Funt, 2690; *see* Feire.

Funz, 2310,=fonts.

Funz ; *see* Founz.

Fur, 2119 ; *see* Estre.

Furmer, 3285,=former.

Furmeresce, 1804; *creatress.*

Furmeur, 2743 ; *creator.*

Fussez, 2317 ; *see* Estre.

Fust, fut, 2921, 2454, 2458 ; *wood, a post.*

Fustes, 1234 ; *see* Estre.

Fusun, 1335 ; *see* Fuisun.

Fusunable, 1514 ; *plenteous, abundant.*

G.

Gaber, 561, 2373, 3798 ; *to jest, to jeer at, to deride.*

Gardain, gardein, 3023, =gardien.

Gareysun, garisun, 2071, =guérison.

Garir, 2194, 1536, =guérir.

Gaste, 1959 ; *waste.*

Gastine, 166 ; *waste, desert.*

Gaveloc, gaveloke, 312, 2400, 2412 ; *javelin.*

Gaygner, gaynier, 861, =gagner.

Gaygnour, gayneur, 2156 ; *a gainer, a working man.*

Gaynable, 219 ; *profitable.*

Gayneries, 220 ; *farms ; means of gaining or earning.*

Geambes, 2406, =jambes.

Gehir, 1295 ; *to confess.*

Gelin, 2111 ; *a hen.*

Genestei, 2680, =genêt.

Gemuillun, genuliun, genulliun, 1437, 3225, 1504 ; *knee.*

Gesir, gisir ; *pret.* jut. just ; *p.p.* gin, 2626, 2955 ; *to lie.*

Getter, 1515, 2528, 3290, 3651, = jeter.

Gettout, 1168 ; *see* Getter.

Geu, 2856; *see* Gesir.

Geu, 560, =jeu.

Geuner, 3213, =jeuner.

Geuwer, 1391, =jouer.

Gisir, 761 ; *see* Gesir.

Gist, 3076 ; *see* Gesir.

Giu, 2978 ; *see* Gesir.

Glayme, 2135 ; *read* Glayive, = glaive.

Gopil, gopilz, 1883, 2109, (goupil) ; *fox.*

Goute, 1585, =goutte.

Grante *or* grance, 775 ; *shortened forms of* grandece *or* grandité ? *greatness.*

Granter, 1722 ; *to grant.*

Graveir, 3991 ; *sand, beach.*

Gref, 3203 ; *grievous.*

Greindre, grendre, 1195, 3924 ; *greater.*

Greer, se, 1103, =agréer.

Greinur ; *see* Greindre.

Grendre, 3924 ; *see* Greindre.

Griet, 702 ; *see* Griger.

Griffain, 2538 ; *grim, terrible.*

Griger, gregier, 702 ; *to be painful or grievous.*

Groin, 2754 ; *muzzle, snout.*

Gruindre, 1963, =gronder.

Guaires, 1400, =guères.

Guait, 2649, =guet.

Guandir, 2096 ; *to escape.*

Guarder, 1638, =garder.

Guarisun, gareysun, 1040, 160, 599 ; *food, healing, protection.*

Guarnir, 3894, (garnir) ; *to protect.*

Guerreer, 3365, =guerroyer.

Guyer, 1342, =guider.

Guyse, 1774, 3107, =guise.

H.

Haanz, 3375 ; *a form of* ahan ; *q.v.*

Hachie, 1427, 3838 ; *distress, torment.*

Hainus, 1887, =haineux.

Hair, 3373, 3380, 3886 ; *to hate.*

Hair, 1250, 3613 ; *force, impetuosity.*

Haitee, 3940 ; *content, cheerful.*

Hauz, 1902 ; *see* Hair.

Halegre, 616 ; *cheerful.*

Haler, 1379 ; *to haul.*

Hallo, 2029 ; *see* Gloss. Notes.

Haltesce, 1280,=hauteur.

Halteyn, 2702,=hautain ; *loud.*

Halt, 232,=haut.

Ham, 2197 ; *village.*

Hamel, 2195,=hameau.

Haneker, 1456 ; *see* Gloss. Notes.

Hardement, 3043 ; *boldness.*

Hardre, 3745,=hardi.

Harpun, 3091 ; *a crook* ; Span. *arpon.*

Hart or hard, *a cord*, 3177 ; mis a la hart, *hanged.*

Haster, 2184,=hâter.

Haubere, 315 ; *hauberk.*

Hault, 851,=haut.

Haven, 1358,=havre.

He, hee, 1289, 1946, 3881 ; *hate.*

Heinient, 1899 ; *see* Hair.

Heir, 1684, 1284,=héritier.

Heire, 1019 ; *see* Heir.

Heit, 3898 ; *see* Hair.

Herbergier, herberger, 2910, 2916 ; *to harbour, to lodge.*

Hericer, 2556,=hérisser.

Hericiun, heritun, 2425, 230,=hérisson ; *hedgehog, a pointed stake.*

Heritun, 230 ; *see* Hericiun.

Herneys, 1066,=harnais.

Het, 549, (hait) ; *kindness, welcome.*

Heyent, 365 ; *see* Hair.

Hobens, 1375 ; *see* Gloss. Notes.

Holgurdins, 1454 ; *haulyards.*

Honour, honur, 261, 1420 ; *see* Gloss. Notes.

Hors, 1057,=dehors.

Host, hoste, ost, 1933, 2081, 3722 ; *army.*

Un 6621 l.

Hosteler, 3998 ; *to lodge.*

Hoster, 2534, 887,=ôter.

Hout, 3572 ; *see* Aver.

Hucher, huchier, 2229; *to shout.*

Hue, 3404,=huée.

Hune, 1377, (naval word) ; *the top.*

Hunte, 1998,=honte.

Huntusement,2142,=honteusement.

I.

I, *passim*=y.

Icel=cel, celui-ci.

Icels, ices, 1860, 1919,=ces, ceux, ceux ci.

Ices ; *see* Icels.

Icest, 1100, 2945,=ce, cet ; *this.*

Icist, 3375 ; *see* Cist.

Ignelement, ignielement, isnelement, 1531, 2442, 2953 ; *quickly, promptly.*

Iloe, 2153 ; *see* Eloques.

Iluc ; *see* Eloques.

Ilukes, 3551 ; *see* Eloques.

Ioe, jowe, 2727, 2752,=joue.

Ires, irez, 1936, 2470 ; *angry.*

Irray, 2235 ; *see* Aler.

Irrement, 3586 ; *angrily.*

Irrez, 724 ; *see* Aler.

Irrie, 2000 ; *angry.*

Iserent, 2968 ; *see* Eissir.

Isnelement, 1531 ; *see* Ignelement.

Isseient, 1175 ; *see* Eissir.

Issi, issit, 1167, 1172 ; *see* Eissir.

Issi, 1095 ; *so, thus.*

Issue, 2513 ; *see* Eissir.

Ist, 960 ; *see* Eissir.

B G

J.

Ja (Lat. *jam*), 1106 ; *now, never.*
James, 15 ; *ever, never.*
Javeit, 765,=i aveit (il y avait).
Jeo, 1257, 1260,=je.
Jesqua=jesque a.
Jesqual, 1177,=jesque al.
Jesque, 950, 3692 ; *see* Dekes.
Jesquen, 1530,=jesque en.
Joefne=jeune.
Joefnesce=jeunesse.
Joir, 468,=réjouir.
Jowe, 2752,=joue.
Jugier, 3598,=juger.
Juindre=joindre.
Juvent, 3028 ; *youth.*
June, 3037,=jeûne.
Just, 2759 ; *see* Gesir.
Juste, 1213 ; de juste li ; *close beside her.*
Justis, 2302,=justice.
Justiser, 714,=justicier.
Jut, 871 ; *see* Gesir.
Juvencel, 1975,=jouvenceau.
Juyndrent, 669 ; *see* Juindre.

K.

Ka=que à.
Kanque, 2074,=quantque ; *whatsoever.*
Kanquil, 2347,=quant que ils.
Kant=quand, *passim.*

Kantes, kanz, 1971, 3302 *how many, how great,* (Lat. *quot, quantas*).
Kar=car.
Karant, 1350,=quarante.
Katre=quatre.
Ke=que.
Kele, 1215,=qu'elle.
Ken, 1571,=qu'en.
Kernels, 228 ; *see* Gloss. Notes.
Ki, 802,=qui.
Knivez, (English word), 345.
Kum, ke um, 235, 3190,=qu'on.
Kum=comme, *passim.*
Kunkes=ke unkes.

L.

Labit, 790,=le abit.
Lad, 975,=le ad.
Laidez, 2834 ; *see* Laidir.
Laidir, laider, 1999, 2374 ; *to maltreat.*
Lainne, 1891,=l'aîné.
Lalme, 2468,=l'ame.
Laners, 3872 ; *see* Lanier.
Lange, 2450,=langue.
Lange, 3215 ; *woollen.*
Lanier, laners, 1968, 3770 ; *wretch, villain, dastard.*
Larun, lere, 1949 ; *robber, brigand ;* a larun, 1907 ; *like robbers, piratically ; see* Alarun.
Laruncels, 3192 ; *thieves.*
Lasent, 2816,=l'assentiment.
Lay, 732,=l'ai.
Lay, 2577,=loi.
Le, 2942 ; *wide, large.*
Lealte, 940,=loyauté.

Leaus, 3880,=loyaux.
Lec, 1418; see Le.
Lee, 173; see Lie.
Leesse, 2164; see Leisser.
Lein, 1486,=loin.
Lei, 2343,=loi.
Leisie, 2847; see Leisser.
Leisser, leesser, leisier, lesser; cond. lerait, lerrait; fut. lerrai, 2060, 2164, 2847,=laisser.
Lenquerei, 2235; see Enquerre.
Lente, 3852,=lent.
Leouns, 1818,=lion.
Lerait, 2087; see Leisser.
Lere, 2085; see Larun.
Lerme, 3630,=larme.
Lerrai, 2220; see Leisser.
Lespes, 2779,=l'épais.
Lesser, 864, 3636; see Leisser.
Lessel, 2240, lesse il; see Leisser.
Lestre, 3296, le estre.
Lestuet, 1334; it must be so; see Estuet.
Lever, liever, 118, 1211,=se lever.
Leysir, 1088,=loisir.
Lez, 2752; beside, near.
Li=lui, 2087, passim; for eux, 3780.
Li, the, sg. and plur.; del, of the, al, to the, passim; el (e il), in the, 863; lo (=cela), 1745; as (a les); dels (de les); els (e les).
Lie, 382, 1451; glad.
Liever, 118, 1462; see Lever.
Liez, 382; see Lie.
Lin, lyne, 880,=ligne.
Liu, 1529,=lieu.
Liverer, 912,=livrer.
Liverunt, 3927,=livreront.
Liwe, 2058,=lieue.
Liz, 2069,=lits.
Lo, 1745; see Li.

Loer, 2290, 3253,=louer.
Lof, 1376 (naval term); Eng. luff; the sheet?
Longes, 1471,=longtemps.
Lore, 1380; see Ore and Oure.
Loter, 379; to allot.
Lou, 2113, 2750,=loup.
Louwer, 554,=loyer.
Loz=lots.
Lumeir, lumer,1263,1315,=lumière.
Lyne, 1838; see Lin.

M.

Maien, 3331, (moyen); of middle rank.
Maile, maîlle, 3768; a small coin; ni vaut maile, is not worth a groat.
Mainoverer, 3307,=manœuvrer.
Maint, maynt, meint, ment, meynt, 2830, &c.; many.
Maisnee, meine, mesnye, mesnee, mesne, menies, 1058, 1061, 1346, 2665, 3848; band, host, following, (Eng. meinie).
Malbailie, malbaillie, 14, 1425, 3652; harassed, ruined, villain.
Maldiz, maldit, 2113; cursed.
Malengyn, 1825; intrigue, wicked device.
Male, 2176, 2314; bad.
Malfe, 3383, 3675; devil, demon.
Malfesanz, 2056; evil-doers.
Malveis, 1968,=mauvais; here in an adverbial sense. See Gloss. Notes.
Malveis, 2381,=mauvais.
Manaie, 922; power, right.
Manant, 412; rich, opulent; also (1893), an inhabitant.

Mander, 3956; *to order, to send word to.*

Maneir, maner, manoir; *pret.* meist; 977, 1894; *to remain, to dwell.*

Maneys, maneiz, 126; *immediately.*

Marche, 1777; *boundary.*

Marchis, 758; *the Mercians.*

Margarite, 2811, 3092; *daisy.*

Marinals, 1339, 1045; *mariners.*

Marrement, 820; *distress, compassion.*

Marri, 439, 2000, 3561; *vexed, distressed, confounded.*

Martel, 3140,=marteau.

Mastin, 4018; *a mastiff.*

Medi, 1179,=midi.

Mei, 59, 2211,=moi.

Meine, 3848; *see* maisnee.

Meissent, 2574,=missent.

Meldre, 1515,=meilleur.

Melee, 1498; *honeyed.*

Meliur, 1060,=meilleur.

Melleie, 3753,=mêlée.

Membre, 885, 3068; *celebrated, renowned.*

Membru, 1945; *strong-limbed.*

Mendre, 3268, 3331,=moindre.

Mener, 129, 846; *to lead.*

Menies, 1058; *see* Maisnee.

Menisum, 1665; *see* Mener.

Mente, 3085; *see* Maint.

Merir, 3340,=mériter.

Mes, 830, 2806, (*magis*); *more.*

Mesovenir, 1620; *to misbefall.*

Meschyn, 479, (mesquin); *a youth.*

Mesese, 151,=malaise.

Mesne, 341; *see* Maisnee.

Mesnee, 1346; *see* Maisnee.

Mesnye, 1061; *see* Maisnee.

Mesprisun, 127; *mistake.*

Message, 1731; *messengers.*

Mester, mestier, 589, 676, 3776, 3061; *need, service, employment.*

Mestier, 628, 713; *see* Mester.

Mestre, 32, 926,=maître.

Mestresce, 1803,=maîtresse.

Mesuverer, mesovrer, 1596; *to work amiss, to do ill deeds.*

Meule, 2542,=moelle.

Ment, 2862,=muet.

Mey; *see* Mei.

Meyce, 762; *read* meyte.

Meyndre, maneir, 2174; *to abide.*

Meynt, 2174; *see* Meyndre.

Meynt; *see* Maint.

Meyte, 1396, 1572,=moitié.

Meyte, for meynte, 762; *see* Maint.

Mie, 3843,=mi.

Miedi, 1447; *see* Medi.

Mieldre; *see* Meldre.

Mielz, milz, 3020,=mieux.

Miest, 1567; *see* Maneir.

Milez, 61; *read* mielz.

Milz, 3020; *see* Mielz.

Mire, 3776; *doctor, surgeon.*

Mirer, 569; *to look upon, to regard.*

Mistrent, 1480, 2057,=mirent.

Moigne, 787,=moine.

Moldre, molir, 3557,=moudre. *See* Gloss. Notes.

Morir, murir, 873, 857, 746, 2278, =mourir.

Morut, 774; *see* Morir.

Moz, 2327,=mots.

Muiller, 2165,=mouiller.

Mulier, 2145, 3592; *woman.*

Mult, *passim*; *much, very.*

Multz, 3063; Lat. *multos.*

Mulz, 2025; Lat. *multi.*

Murdrer, 1949, 2596,=meurtrier.

Murdre, 1955,=meurtre.

Murge, 650; *see* Morir.

Murir, 875 ; *see* Morir.
Murne, 848,=morne.
Murrum, 857 ; *see* Morir.
Murast, 746 ; *see* Morir.
Musceouns, 345 ; *sheaths? connected
with* muscier?
Muscier, 2581, 2600 ; *to hide.*
Must, 2760,=mut.
Muster, 2915,=moutier.
Musterum, 904 ; *see* Mustrer.
Mustrer, 969, 904, 1686,=montrer.
Mut, 3892 ; *see* Mult.
Mutun, 2477,=mouton.
Mye, 925, 1187,=mie.
Mys, 983,=mis.

Nient, 958, 2516,=néant.
Nonain, 3034,=nonnain, nonne.
Noun, 732, 1495,=nom.
Nuaie, 4021 ; *hurt, injury?*
Nuitant, 2105 ; a la nuitant ; *at
night time ; comp.* nuitantre.
Numbrer, 3843,=nombrer.
Numement, 1229, nommément.
Nuncer, nuncier, 2237, 2280,=an-
noncer.
Nun, 3886,=nom.
Nupiez, 3215 ; *barefoot.*
Nusches, 3090; *brooches.*
Nust, 820 ; *see* Aver.
Nutable, 21,=notable.
Nute, nut, 1408,=nuit.

N.

Na ; *see* Ne.
Nad ; *see* Ne.
Nafrer, 3407, 3758,=navrer.
Nasquit, 2387,=naquit.
Nay ; *see* Ne.
Ne ; nel, 834, 932, 925, 2571,=ne
le ; nay, 1219,=n'ai ; na, 1221,
=n'à ; nad, *passim*=n'a ; nen,
2187,=n'en ; *so also* nert, nestuet,
ni, nont, nunt, nust.
Nefe, neife, 1333,=nef, navire.
Neir, 3370,=noyer.
Neis, 1941,=nez.
Nel ; *see* Ne.
Nenout, 3904 ; *read* nen out ; *there
was not.*
Ne-pur-quant (*or* kant), 959, 3873 ;
none the less.
Nessance, 1324,=naissance.
Neue, 1410,=nue.

O.

O, 3404 ; *see* Od.
Occoissent, 2340; *see* Occire.
Occiant, 3840; *see* Occire.
Occire, 2016, 2340, 2143, 3840 ; *to
kill.*
Occis, 2082 ; *see* Occire.
Occistrent, 2143 ; *see* Occire.
Occisun, 2128 ; *slaughter.*
Od, *passim ; with ;* other forms, o, of.
Oels, 3127 ; *with them.*
Oevre, 76 ; *see* Ovre.
Of, 938 ; *see* Od.
Oi, 2326 ; *see* Oir.
Oilz, 742, 862,=yeux.
Oir, 3083, 3161, 2216, 2326, 1305,
3455 ; *fut.* orrai, oyrai ; *condit.*
oyreis ; *p.p.* oi, oy ; *to hear.*
Ord, 3678 ; *foul.*
Ordener, 3725,=ordonner.

Ordene, 1110, 1009; *one of rank and distinction.*

Ordier, 2162; *to befoul.*

Ore, *adv.*, 14, 1286,=or.

Ore, 1380; *see* Oure.

Oreisun, 1129; *prayer.*

Orent, 1591; *see* Aver.

Orfanyn, 1843,=orphelin.

Orra, 2216; *see* Oir.

Ost, 3364; *see* Host.

Oste, 1290, 3173; *see* Hoster.

Ot, 324; *sec* Aver.

Otreer, otreier, otrier, 925, 929, 2496,=octroyer.

Ouekes, 2658,=avec?

Ount, 3731; *see* Aver.

Ourer, 633, 1443; *to pray;* 1723; *to speak as an orator.*

Oure, ore, 189, 191, 1380; *a breeze* (Lat. *aura*).

Oust, 2187; *see* Aver.

Out; *see* Aver.

Ouwel, 295,=égal.

Over, 882; *see* Ovre.

Overer, 2933; *to work, to construct.*

Overegne, 3147,=ouvrage.

Overt, 1926, 2726,=ouvert.

Ovre, oevre, over, 20, 58, 76, 1230, 2313, 3256,=œuvre.

Ovrir, overir, 2417, 3025, 3051,= ouvrir.

Oy, 3455; *see* Oir.

Oyanz, oyance, 1305; Audience!

Oyer; *see* Oir.

Oyl, 2329,=œil.

Oyreient, 1595; *see* Oir.

Oyrez, 2268; *see* Oir.

Oysel, 167, 1485,=oiseau.

Oyt, 1712; *sec* Oir.

P.

Pais, 1506,=pays.

Paisant, 2964,=paysan.

Palain, 3900,=palatin.

Palis, 230; *a palisade.*

Palmiers, 795; *a palmer.*

Par, an augmentative particle, intensifying the meaning of verbs or adjectives,—from which it is usually separated by tmesis; 1748, 1821, 2923, 3565, &c.

Parais, 752,=paradis.

Paraprester, 2934; *to prepare thoroughly.*

Paraprendre, 1569; *to learn thoroughly.*

Parcevoir, 2749,=percevoir.

Pardire, 2327; *to finish speaking.*

Pardurable, 2486; *lasting.*

Parei, 3133, 3145,=paroi.

Parfin, 959; *a la* parfin, *finally.*

Parfund, 2057,=profondément.

Parfund, parfunt, 1700, 3691,= profond.

Parfurnir, 1780; *to finish.*

Parmeindre; *pret.* parmist, 2550; *to persist.*

Paroir, 2462; *to appear.*

Paroler, se, 1390; *to converse.*

Parveoir, 3471; *to observe closely.*

Payne, 2327,=peine.

Pe, 782,=pied.

Pechie, 1236, 2522,=péché.

Peindre, poindre, se, (Lat. *pungere*), 1450; *to rush on, to hurry.*

Peiser, 179, 1405, 1654; used impersonally; *it afflicts, it wearies.*

Peiz, 1433; *see* Pe.

Pel, 2425, 2464,=peau.

Pelfer, pelfrer, 2352, 3735 ; *to pilfer, to plunder.*

Pelrin, 750,=pèlerin.

Penout,=peinait.

Perde, 829,=perte.

Perderum, 1710,=perdrons.

Peresceuz, 3852,=paresseux.

Pert, 1286 ; *openly, plainly.*

Pertros, pertrus, pertuis, 2030 ; *having port holes ?*

Pes, 132, 2835,=paix.

Pesance, 3446; *distress, affliction.*

Pescherie, 222, 3933,=pêcherie.

Pessun, 406,=poisson.

Petitete, 2828 ; *dim. of* petite.

Petiz, 778,=petits.

Picois, 3143 ; *pick-axe.*

Pie, 2360, 2427 ; *see* Pe.

Piert, 2462, 2545 ; *see* Paroir.

Pilet, 2399 ; *a javelin.*

Piment, pyement, 472, 1337 ; *a spiced drink.*

Pius, 100,=pieux.

Piz, pis, pix, 1167, 1172, 1249 ; *breast.*

Plain, 2112,=plein.

Plaissie, plessie, 2697 ; *an enclosed wood ; comp.* Plessis-les-Tours.

Plait, 1135, 3636; *plea ;* tenir plait, *to take account of, to esteem.*

Playe, 2417, 3060,=plaie.

Playn, 3702 ; *see* Plain.

Pleit, 3636 ; *see* Plait.

Plente, 1353 ; *plenty.*

Plever, plevir, 1668, 1681 ; *to pledge, to assure.*

Plour, 3206,=pleur.

Plust, 2990,=plût.

Poeient, 3358 ; *see* Poeir.

Poeir,=pouvoir ; puet, poeun, poez, *imp.* poeit, poeient ; *pret.* pout, porent, poerent; *pres. subj.* poent ;

condit. pureis ; *fut.* purrum, purrez ; *pret. sub.* puse, poust.

Poent, 3267,=puissent.

Poer, s, 724, 3708,=pouvoir.

Poerent, 3683 ; *see* Poeir.

Poesce, 1784 ; *read* Poeste.

Poeste, 3341 ; *power.*

Poestif, 1022, 1027 ; *powerful.*

Poeum, 915,=pouvons.

Poez, 1074, 4006,=pouvez.

Poi, poy, 1602,=peu ; pur poi, *within a little, narrowly.*

Pointel, 2463 ; *a lancehead.*

Poinz, 3620,=poings.

Poire, 2848,=povre ?

Poplier, 130,=peuplier.

Porent, 1424,=purent.

Poun, 782,=peon ; *a footman.*

Poun, 470, paon ?

Pour, 2832,=peur.

Poure, pover, povre, 1750, 816. 2880,=pauvre.

Pourpes, 2313; *read* pompes.

Pourus, 3872,=peureux.

Poust, 2188,=pût.

Pout, 2447 ; *see* Poeir.

Powes, 2751 ; *paws.*

Poy, 1934 ; *see* Poi.

Poynes, 307,=poyngs, poings.

Prei, 2083,=proie.

Preier, 2068 ; *to ravage.*

Preiser, 1060 ; *to praise, to prize.*

Prenge, prengne, 3634, 3826,= prenne.

Preste, 2946,=prêt.

Prester, 2026 ; *to make ready.*

Prez, 751,=près.

Primes, 2956 ; *at first.*

Pristrent, 2125,=prirent.

Prive, 668 ; *a close friend.*

Priveete, 1152,=privauté.

Prodomme, 432,=prudhomme.

Proveire, 3646; *a priest.*
Proz, pruz, 3243,=preux.
Pruesce, 3896,=prouesse.
Pruz, 2182; *see* Proz.
Puet, 1332, 2077; *see* Poeir.
Puinal, 2386; *a stick.*
Puint, 2462,=point.
Puis, 100; *read* Pius.
Pur=pour.
Purchacer, 2810,=pourchasser.
Pureient, 2394; *see* Poeir.
Purpalle, 3112; *read* Purparle.
Purpens, 955; *a thought, a reflection.*
Purpenser, 956, 2844; *to think about, to plan.*
Purrez, 3083; *see* Poeir.
Purri, 2988,=pourri.
Purrum, 858; *see* Poeir.
Purveance,1576,2585,=*providence.*
Purveoir, 1801, 2984; *to provide, to see into.*
Pus, 131,=puis.
Puse, 3218, 441; *see* Poeir.
Pussance, 747, 3633,=puissance.
Put, 2034; *foul, pestilent.*
Putel, 3691; *a slough, a pond.*
Pyement, 472; *see* Piment.

Q.*

Quanque, 1969, quant que, (Lat. *quodcunque*); *whatever.*
Quant=quand *or* quant.

* In the case of a variety of conjunctions and pronouns derived from the Latin, Qu and K seem to be used by the scribe indifferently.

Quart, 1180,=quatrième
Que, 3025; *as often as.*
Queinte, 934; *see* Coint.
Queintise, 2815; *skill.*
Queisent, 3909; *see* Querre.
Quer, 232, 647,=cœur.
Querant, 2692; *see* Querre.
Quere, 1037; *see* Querre.
Quereit, 1830, 2177; *see* Querre.
Quereur, 2709; *a seeker.*
Querre, quere; *pres.* quiers, querent; *imp.* quereit; *pret.* quierent, queisent; *p.p.* quis, 1621, 2621, 2694; *to seek.*
Quest, 1583; *see* Cest.
Qui, 2983, 2992; *anyone.*
Quider, 1232, 3148, 3800; *to think, to imagine.*
Quierent, 2623; *see* Querre.
Quiers, 2231; *see* Querre.
Quir, 3685,=cuir.
Quis, 1621; *see* Querre.
Quise, 2406,=cuisse.
Quoer, quor, 1940, 2646,=cœur.
Quor, 2282; *see* Quoer.
Quns, 89,=comte.

R.

Rai, reis, 1169, 1175,=rayon.
Rascaile, rascayle, 2160, 2871,=racaille.
Realer, 1060, 3414; *to go back; pres.* reveit; *pret. subj.* realisum.
Recoilt, 1380,=recueilt.
Recorder, 1847; *to remember.*
Recoverer, 860, 865,=recouvrer.
Redde, 1775; *rapid.*

Regum, 442,=royaume.

Reis, 703 ; see Gloss. Notes.

Reis, 1169 ; see Rai.

Reisner, 1202,=raisonner.

Remaneient, 2458 ; see Remaneir.

Remaneir, remeindre, 1002, 1196 ; to remain ; pret. remistrent.

Remeindre, see Remaneir.

Remist, 3191 ; from Remettre.

Remistrent, 2460 ; see Remaneir.

Remorir, 1874 ; to die.

Renablement, 3280 ; reasonably.

Reneier, 2272,=renier.

Renumee, 1863,=renommée.

Repaire, 1032, 2869 ; repair, visitation.

Repairer, repayrer, repeirer, 369, 556, 797 ; to repair, to proceed, to return.

Repast, 149,=repas.

Replenir, 2485,=remplir.

Repost, 2617 ; hidden away.

Reposter, 2681 ; to lay, to deposit.

Repurpenser, 3199; to think over again.

Requere, 3086 ; see Requerre.

Requereint, 2648 ; see Requerre.

Requerre, requere ; pret. requist ; condit. requereient ; p.p. requis, 975, 1968, 2648 ; to seek, to ask, to require ; to attack, 3382.

Requey, 132 ; rest, repose.

Requis, 975 ; see Requerre.

Requist, 1968 ; see Requerre.

Resazier, 2488,=rassasier.

Respit, 1392 ; a tale.

Responez, 2279 ; see Respoundre.

Respound, 2717 ; see Respoundre.

Respoundre=répondre ; to answer.

Resqual, 1377 ; for Jesqual ?

Restut, 3645 ; read Arestut.

Retailes, 3056 ; cuttings.

Retourer, 2418 ; to change.

Retraiz, 881 ; see Retreire.

Retreiez, 2274 ; see Retreire.

Retreire, 592, 879 ; to hold back, to recount.

Retur, 1871,=retour.

Returt, 3800,=retourne.

Reveien, 2209,=reviens.

Reveit, 3414 ; see Realer.

Rifflei, rufflei, 2565, 2679 ; a thicket; see Gloss. Notes.

Rime, 1468 ; rime, hoar-frost.

Riote, 3434; riot, devastation.

Riuleiz, 231 ; see Gloss. Notes.

Rober, 1904; to rob, to plunder.

Roberie, 1956 ; robbery.

Roele, 3558,= rôle.

Roil, 2535,=rouille.

Rover, 776 ; to ask of.

Rovent, 3027 ; red, ruddy.

Royner, 3052 ; to shave.

Rufflei, 2565 ; see Rifflei.

Ruisel, 1886,=ruisseau.

Ruiste, 384 ; stout, rough, sturdy.

Runcei, runcerei, 2700, 2779, (ronce) ; a thorny covert.

Russels, 1529,=ruisseaux.

S.

Sace, 3281 ; gre me sace,=qu'il me sache gré.

Sachanz, 852,=savants.

Sacher, 2454 ; to draw, to drag.

Saf, 522 ; for Salf.

Saieter, 2655 ; to shoot with arrows.

Saite, secte, seite, 2412, 2418 ; arrow.

Sale, 961,=salle.

Salf, salfe, 522,=sauf, sauve.

Salfre, 1860,=saufs.

Salir, 1249,=saillir.

Salme, 1314,=son ame.

Salse, 1530; *the salt sea.*

Salter, 1569,=psautier.

Salvete, 2292; *safety.*

Salvage, 2890,=sauvage.

Salvagesce, 2767,=sauvagerie.

Salvagine, 167, (sauvagine); *wild fowl.*

Samur, 3272,=son amour.

Sanc, 2524,=sang.

Sauter, 1394,; *see* Salter.

Sauvement, 1056; *safely.*

Saveir, 1572, 1558, &c.; *pres.* say, seivent, sevent; *imp.* saveit; *pret.* sout, sorent; *pres. s.* sace; *pret. s.* seust; *p.p.* seu.

Saver, *n.* 721,=savoir.

Say, 942; *see* Saveir.

Sazees, 414; *see* Asazez; *plentifully stored.*

Scete; *see* Saite.

Segnur, for *segnurs,* 57,=seigneurs.

Segnurage, 2913,=seigneurie.

Segre, 1747; *to follow; pres.* sint; *pret.* siwirent.

Sei, 3146,=soi.

Scient, 1041; *see* Estre.

Sciez, 1974; *see* Estre.

Seins, 3032,=sain.

Scintim, sentim, 2693; *superl. of* seint, *most holy.*

Seisir, 1669; *to put in possession.*

Seite, 3765; *see* Saite.

Seivent, 1512; *see* Saveir.

Selve, 2691; *wood.*

Sempres, 3645; *always* (Lat. *semper*).

Sen, 1584, 1586; *sense, intelligence;* 1473, *appearance?*

Sene, 2512,=sénat.

Sene, sence, 1116, 886; *sensible, discreet.*

Seneghan, 801; *see* Gloss. Notes.

Senestre, 1376; *left-hand.*

Sentiere, 2937,=sentier.

Sentim, 2328; *see* Scintim.

Serement, 733, 1054,=serment.

Scriant, 815,=sergent.

Serin, seriz, 1459, 1463,=serein.

Seriz, 1463; *see* Serin.

Serrum, 1709; *see* Estre.

Serventeis, 6; *a rimed poem, usually satirical.*

Sesmut, 1158, (s'émut); *put himself in motion, set out.*

Set, 3846,=sept.

Seu, 1558; *see* Saveir.

Seust, 1697; *see* Saveir.

Sevent, 1342; *see* Saveir.

Sey, 846; *see* Sei.

Seyn, 3160; *a bell.*

Seysant, cessant, 3293, 3847,= soixante.

Seysi, 1736; *see* Seisir.

Sez, 3066,=assez.

Sicum, *passim;* (It. *siccome*) *so as.*

Sigle, 1374; *sail.*

Sigler, 1397; *to sail.*

Sisme, 1417,=sixième.

Sint, 2793; *see* Segre.

Siwirent, 3716; *see* Segre.

Siwte, 2674; *sect, following.*

Soens, 3572,=siens.

Soil, 2330,=seuil.

Soldeier, 3975,=soudoyer.

Solei, 3997; *see* Solier.

Solier, soulier, souloir, 3709, &c.; *to be accustomed* (Lat. *solere*).

Solum, sulum, 3260,=selon.

Somundre, 2341 ; *to summon, to order.*

Son (soin ?), 569 ; *care.*

Sonout, 3160,=sonnait.

Sorent, 1592 ; *see* Saveir.

Sot, sote, 3433 ; *foolish, mad.*

Soucher, sucher, 1592, 2661 ; *to suspect, to surmise.*

Soul, 1980,=seulement.

Sount, 1806 ; *see* Estre.

Sourdre, surdre, (Lat. *surgere*) ; *pres.* surt ; *imp.* surdeit ; *pret.* surst ; *fut.* surderunt ; *pres. sub.* surde ; *pret. sub.* sursissent ; *p.p.* surs ; *to rise.*

Sout, 901 ; *see* Saveir.

Sovenerement, 2872 ; *frequently.*

Su, 1228 ; *see* Estre.

Subdeynement, 2121, 3453,=soudainement.

Sucha, 2661 ; *see* Soucher.

Suduiant, sudduiant, (suduire, *for* séduire), 2560, 2673, *deceiver, seducer.*

Sueif, 1520,=suave.

Suens, 1853 ; *see* Soens.

Suffoer, 3145 ; *to dig down* (Lat. *suffodere*).

Suffreituses, 630 ; *see* Sufreytus.

Suffrir, sufrir, 1427, 2136,=souffrir.

Sufreite, 710 ; *want, default.*

Sufreytus, 1846,=souffreteux.

Sul, 2219,=seul.

Sulum, 2719 ; *see* Solum.

Sumer, 603 ; *a beast of burden.*

Sun, 3274,=son.

Snonge, 30,=songe.

Supprendre, 1380 ; *to take, to admit.*

Supris, 2123,=surpris.

Surde, 3793 ; *see* Sourdre.

Surdeit, 1892 ; *see* Sourdre.

Surdernnt, 1317 ; *see* Sourdre.

Surdre, 3796 ; *see* Sourdre.

Surfeit, 3634 ; *outrage, crime.*

Surs, 1529 ; *see* Sourdre.

Sursissent, 3910 ; *see* Sourdre.

Surst, 1447 ; *see* Sourdre.

Surt, 1170 ; *see* Sourdre.

Surveir, 1933 ; *to overlook (as a wizard does).*

Susum, 951 ; *see* Estre.

Sutif, soutif, sutive ; 3788 ; *secret.*

Suz, 2682,=sus.

T.

Talant, 1458 ; *a talant, according to one's desire, prosperously.*

Tan, tant, 2051 ; *see* Atant.

Tanquil, 2097,=tant qu'ils.

Tant ; *see* Tan.

Tart, 3178,=tard.

Teche, 2180 ; *quality.*

Teinge, 716 ; *see* Tenir.

Teint, 2204 ; *see* Tenir.

Tendrur, 820,=tendresse.

Tenir, 461, 716, 903, &c. ; *pres.* teint, tenum ; *pret.* tint - tynt, tindrent-tyndrent ; *pres. s.* teinge, tiengez ; *pret. s.* tenisent.

Tenisent, 461 ; *see* Tenir.

Tenum, 903 ; *see* Tenir.

Terel, 1489 ; *dim. of* tere *or* terre ; *a plot of ground.*

Teriene, 1282,=terrestre.

Terst, 530 ; *pret. of* terdre, *to wipe, to stroke ;* Lat. *tergere.*

Tesmoyne, 2303, (témoin), tesmoyne de mey, *teste me ipso ; the common formula at the end of a King's official letter in the 13th century.*

Tey, 1062,=toi.
Tieugez, 2265 ; *see* Tenir.
Tierz, 1409,=tiers.
Til, 654,=tel ?
Tindrent ; *see* Tenir.
Tirce, 3891,=tiers.
Toldre, tollir, 1785 ; *to take decay.*
Tor, 3685,=taureau.
Tout, 2297,=tut.
Trai, 794,=trahit.
Traist, 755 ; *see* Treier.
Traistrent, 2402 ; *see* Treier.
Tramette,   tramist,   tramistrent,
    tramys,=transmette,   transmit,
    &c., 1347, 1430, 3475.
Trea, 1217 ; *see* Treier.
Tref, trief, 1449, 3416 ; *a kind of sail.*
Treier, 3766 ; *pres.* trey ; *pret.* trea,
    treist-traist, treistrent-traistrent ;
    fut. trerra ; *pret. sub.* treisist ;
    p.p. treite ; *to draw.*
Treisist, 1826 ; *see* Treier.
Treist, 2782 ; *see* Treier.
Treite, 1780 ; *see* Treier.
Tremuz, 1276 ; *p.p. of* tremir, *to dread.*
Trerra, 1312 ; *see* Treier.
Trestuit, trestut, trestuz, 57, 1995 ;
    quite all, without exception.
Treu, 1609, 2215 ; *tribute.*
Trey, 18 ; *see* Treier.
Trez, 3657,=très.
Trief, 3982 ; *see* Tref.
Tries, 3567 ; *behind.*
Triesine, 760,=trahison.
Tristur, 2284,=tristesse.
Truncuner, 3756,=tronçonner.
Trusser, 603,=trousser.
Tucher, 2795,=toucher.
Tuit, 3305,=tous.
Tumbel, 2798,=tombeau.

Tundre, 787,=tondre.
Tup, tupet, 2022, 2024,=toupet
Tyndrent ; *see* Tenir.

U.

Ublier, 2769,=oublier.
Ultrage, 3624,=outrage.
Umbre, 3288,=ombre.
Une, unkes, 709, 1986 ; *ever, never,*
    (Lat. *unquam*).
Unke, unkes ; *see* Une.
Unt, 2972 ; *see* Aver.
Unt, 355 ?
Unt, 2718 ; *whence? after which?*
Ura, 445 ; *see* Aler.
Ure, 3227 ; *see* Ourer.
Urner, 2474,=orner.
Us, 2452 ; *usage, business.*
Usse, 4027 ; *see* Aver.
Usser, 815,=huissier.
Ust, 844 ; *see* Aver.
Ustiler, 1041,=outiller.
Ustil, 3125,=outil.
Uthlage, 1903 ; *outlaw.*
Uverir, 3229,=ouvrir.
Uyt, 2058,=huit.

V.

Val, 3796,=vallée.
Valt, 1581,=vaut.
Vasel, 3657,=vassal.
Vaten, 2325,=va t'en.

Vavasur, 966 ; *a mesne tenant.*

Veant, 2860,=voyant.

Vedue, 1117,=veuve.

Veeir, 1085,=voir.

Veilanz, 2070,=veillans.

Veile, 1380 ; *topsail?*

Veindre, 2394,=vaincre.

Veir, 2539,=vrai.

Veisiez, 3817 ; *see* Veeir.

Veissez, 3753 ; *see* Veeir.

Veissele, 910,=vaisselle.

Veist, 819 ; *see* Veeir.

Vengement, 3175,=vengeance.

Vernis, 2729,=vrai.

Vergeant, 2385 ; *one who uses rods.*

Vergoine, vergoyne, verguyne, 1993, 1712, 1256 ; *shame, disgrace.*

Vergunder, 2142 ; *to put to shame.*

Verseiler, 3628 ; *to sing by verses.*

Vescent, vescunt, vescunte, vesquens, 3524, 3526, 3537, 3571,=vicomte.

Vesqui, vesquit, 789,=vécut.

Vessel, 981 ; *see* Veissele.

Vest, 1362,=va? ; *see* Vet.

Vet, 2092 ; sen vet=s'en va.

Vey, 1232 ; *see* Veeir.

Vezie, vezier, 2085, 1821, 3786 ; *villainous, fiery, warlike.*

Viengent, 1615,=viennent.

Vilanaile, 2159 ; *the populace.*

Vinch, 1225, 1243,=vins.

Viren, 3029,=virent.

Vis, 3079 ; *face.*

Voel ; 810 ; *wish.*

Voelent, 2890 ; *see* Voleir.

Voice, 2892,=voix.

Voil, voile, 2321, 2323 ; *see* Voleir.

Voise, 221 ; *apparently for* voies, *ways, roads.*

Voldrai, 2233 ; *see* Voleir.

Voleir ; *pres.* voil-voile, vols, volt, volent-voelent ; *imp.* volient ; *pret.* voult ; *fut.* voldrai ; *condit.* volereit ; *pret. sub.* volsissent *imper.* voyle ;=vouloir.

Vols, 2231 ; *see* Voleir.

Volsissent, 1608 ; *see* Voleir.

Voult, 838 ; *see* Voleir.

Voyle, 1850 ; *see* Voleir.

Vunt, 1755,=vont.

Vys, 1434 ; *see* Vis.

W.

Waerer, 1466 ; *to drift.*

Waymenter, 833, 868 ; *to lament, to wail.*

Welcomer, 1528 ; English word.

Y.

Yver, 2262,=hiver.

228. *bresteches* (i.e., breteschcs; see Godefroy) *od kernels*, " crenelated or loopholed parapets " ; *kernel* = creneau.

231. Read *ruiliez,* " border-fences," " stockades." The word must evidently be connected with the mod. Fr. *ruilée,* which Littré thus explains, " bordure de plâtre ou de mortier, qui sert à lier une " rangée de tuiles avec un mur." The ground-notion is regularity; O. Fr. *ruile, riule,* Lat. *regula.*

261, 1420. *honour, honur.* An " honour " was a feudally governed district, consisting of several knights' fees.

355. *Il unt ceste gent.* There is an anacoluthon here; the verb *rescent* is made to agree with the new subject (*li rei*) introduced in l. 356, and not with the plural *il.*

510. *asenement.* In La Curne de Sainte Palaye's dictionary *asené* occurs for *assensé*; whence *asenement* would mean " sensibly," " discreetly." *Asene* and *assene,* connected with *assigner,* are also used in the sense of " well-placed," " well-suited." But the first explanation seems preferable.

569. *Ne ai son.* I adopt Prof. O'Donnell's suggestion,—that *son* is for *soin.* " Nor do I care to regard as mine the child of another " man."

703. *Si est il feit li reis de mey.* The natural order of the words is changed. " All is over with me, the king." Unless *reis,* " campaign," " expedition," is intended; in which case the meaning would be, " My career is ended." But Prof. Atkinson is of opinion that the first is the more probable explanation.

801. The *seneghan* of the MS. appeared at first sight to be unintelligible; but M. Paul Meyer, upon the passage being referred to him, at once declared it be one of those tags or decorative phrases in which the works of the trouvères abound, and to mean *sen[s] e[n]ghan,* " without deceit."

1375. *hobens. Hauban,* (see Littré,) is a " shroud " or " stay " ; Fleut. *hoof-band.*

1400. Godefroy explains *s'esbainer* by *s'égayer, s'amuser*; the meaning would therefore be, " in which (i.e. the nearness to the Saxon " shore,) the ship hardly takes pleasure."

1432. *ne li fu bele.* Lit. " it was not fair for him "; i.e., he did not like it.

1455. *li sigle i egier.* This obscure passage has been seen by M. Paul Meyer and Prof. Atkinson, but no satisfactory explanation has occurred to either of them. The general meaning is clear : " the breeze is strong ; they have the sails full and drawing ; " and it did not suit them to take in sail."

1456. *haneker.* O.E. *hanken,* Sw. *hanka ;* " to tie up," " to make fast." See Laȝamon, 25,871, *þine feðer-heomen ihaneked mid golden ;* Wycl. Engl. Works, iii. 28, " lappinge of pride . . . . . " whereinne he hadde . . . hankid þi chosun."

1574. *a tut dis mes.* This is another tag; padding to fill up the verse, and round the rhyme. See *dis* and *mes* in the Glossary.

1968. *Lanier ceo ait malveis requist.* The line appears to be corrupt. Perhaps *dit* should be read instead of *ait*, and *requist* taken as a noun. " The villain said this,—a malicious inquiry," referring to the question in l. 1985.

2028. *dromunz.* Vessels of various kinds are here named; the *dromund* and the *chaland* are well known ; the word *esneke* (Engl. " smack " ?) is also of frequent occurrence ; and M. Paul Meyer reminds me that *bouce* must have the same origin as the *bussa* (O.E. " busse ") of Ducange. Matthew Paris has the word under the form *bucca,* " decem magnas buccas." (Works, ii., 363, Rolls ed.) But what is a *hallo ?* and what does *pertros* mean as an epithet of *barges ?*

2041. *amuntes.* " Up-risings," " mountings "; i.e., over the sea waves, I suppose.

2279. The transcriber, whose work is, generally speaking, of admirable accuracy, here misread the MS. and wrote *Deys,* which has no meaning. The letter is in fact not D, but an unusual form of R, as may be seen on reference to Chassant's work on Palæography, which was kindly shown to me by Mr. Bickley of the British Museum.

2350. *colvert culvert,* colibert, " a serf "; hence, " a wretch," " a " villain " ; and, used as an adjective, " vile," " base."

2526. *engreine.* Denis seems to have used the word here in the sense of " wound," " gash," though I cannot find any instance of a similar use elsewhere.

2565. *rufflei;* 2679, *rifflei ;* " a thicket"; from the Low Latin *refletum ;* see Matt. Paris, vi. 94 (Rolls ed.) .

3375. *haunz* seemed to present some difficulty, but M. Paul Meyer immediately recognized it as a form of *ahan*, *q.v.*

3557. *Sicum cil entur ceo molle*, " while he revolves, or twists, this about " that." Prof. Atkinson suggests that the texture of the language is so loose in this poem, that the writer may have formed the word *molle* for himself, from *moliri*. But it seems more likely, either that it is from *moller*, which is a recognized variant of *mouler*, " to mould," or that it belongs to *moldre*, *moudre*, " to grind," but follows the tense-formation of the first conjugation.

CATALOGUE

(*Revised to 30th October* 1892)

OF

ENGLISH, SCOTCH, AND IRISH RECORD PUBLICATIONS,

REPORTS OF THE HISTORICAL MANUSCRIPTS COMMISSION,

AND

ANNUAL REPORTS OF THE DEPUTY KEEPERS OF THE PUBLIC RECORDS, ENGLAND AND IRELAND,

Printed for

HER MAJESTY'S STATIONERY OFFICE,

And to be purchased,

Either directly or through any Bookseller, from

EYRE AND SPOTTISWOODE, EAST HARDING STREET, FLEET STREET, E.C.; or

JOHN MENZIES & Co., 12, HANOVER STREET, EDINBURGH, and
90, WEST NILE STREET, GLASGOW; or

HODGES, FIGGIS, & Co., LIMITED, 104, GRAFTON STREET, DUBLIN.

CONTENTS.

ENGLAND.

CALENDARS OF STATE PAPERS, &c.

[IMPERIAL 8vo., cloth. *Price* 15s. each Volume or Part.]

As far back as the year 1800, a Committee of the House of Commons recommended that Indexes and Calendars should be made to the Public Records, and thirty-six years afterwards another Committee of the House of Commons reiterated that recommendation in more forcible words ; but it was not until the incorporation of the State Paper Office with the Public Record Office that the Master of the Rolls found himself in a position to take the necessary steps for carrying out the wishes of the House of Commons.

On 7 December 1855, he stated to the Lords of the Treasury that although " the Records, State Papers, and Documents in his charge con-" stitute the most complete and perfect series of their kind in the civilized " world," and although " they are of the greatest value in a historical " and constitutional point of view, yet they are comparatively useless to " the public, from the want of proper Calendars and Indexes."

Their Lordships assented to the necessity of having Calendars prepared and printed, and empowered the Master of the Rolls to take such steps as might be necessary for this purpose.

The following Works have been already published in this Series :—

CALENDARIUM GENEALOGICUM ; for the Reigns of Henry III. and Edward I. *Edited by* CHARLES ROBERTS, Secretary of the Public Record Office. 2 Vols. 1865.

> This is a work of great value for elucidating the early history of our nobility and landed gentry.

SYLLABUS, IN ENGLISH, OF RYMER'S FŒDERA. *By* Sir THOMAS DUFFUS HARDY, D.C.L., Deputy Keeper of the Records. Vol. I.—1066–1377. (*Out of print.*) Vol. II.—1377–1654. Vol. III., Appendix and Index. 1869–1885.

> Several editions of the *Fœdera* have been published, and the present Syllabus was undertaken to make the contents of them more generally known.

DESCRIPTIVE CATALOGUE OF ANCIENT DEEDS, preserved in the Public Record Office. Vol. I. 1890.

CALENDAR OF THE PATENT ROLLS OF THE REIGN OF EDWARD III., preserved in the Public Record Office, prepared under the superintendence of the Deputy Keeper of the Records. Vol. I.—1327–1330. 1891.

CALENDAR OF THE CLOSE ROLLS OF THE REIGN OF EDWARD II. Vol. I. 1309–1313.

CALENDAR OF LETTERS AND PAPERS, FOREIGN AND DOMESTIC, OF THE REIGN OF HENRY VIII., preserved in Her Majesty's Public Record Office, the British Museum, and elsewhere in England. *Edited by* J. S. BREWER, M.A., Professor of English Literature, King's College, London (Vols. I.-IV.); and *by* JAMES GAIRDNER, an Assistant Record Keeper (Vols. V.-XII.). 1862-1892.

Vol. I.— 1509-1514. (*Out of print.*)	Vol. VII.— 1534.
	Vol. VIII.—1535, to July.
Vol. II. (in two Parts)—1515-1518. (*Part I. out of print.*)	Vol. IX.— 1535, Aug. to Dec.
	Vol. X.— 1536, Jan. to June.
Vol. III. (in two Parts)—1519-1523.	Vol. XI.—1536, July to Dec.
	Vol. XII., Part 1.—1537, Jan. to May.
Vol. IV.—Introduction.	
Vol. IV., Part 1.—1524-1526.	Vol. XII., Part 2.—1537, June to Dec.
Vol. IV., Part 2.—1526-1528.	
Vol. IV., Part 3.—1529-1530.	Vol. XIII., Part 1.—1538, Jan. to July.
Vol. V.—1531-1532.	
Vol. VI.— 1533.	

CALENDAR OF STATE PAPERS, DOMESTIC SERIES, OF THE REIGNS OF EDWARD VI., MARY, ELIZABETH, and JAMES I., preserved in the Public Record Office. *Edited by* ROBERT LEMON, F.S.A. (Vols. I. and II.), *and by* MARY ANNE EVERETT GREEN (Vols. III.-XII.). 1856-1872.

Vol. I.— 1547-1580.	Vol. VII.— Addenda, 1566-1579.
Vol. II.— 1581-1590.	Vol. VIII.—1603-1610.
Vol. III.—1591-1594.	Vol. IX.— 1611-1618.
Vol. IV.—1595-1597.	Vol. X.— 1619-1623.
Vol. V.— 1598-1601.	Vol. XI.— 1623-1625, with Addenda, 1603-1625.
Vol. VI.— 1601-1633, with Addenda, 1547-1565.	Vol. XII.— Addenda, 1580-1620.

CALENDAR OF STATE PAPERS, DOMESTIC SERIES, OF THE REIGN OF CHARLES I. preserved in the Public Record Office. *Edited by* JOHN BRUCE, F.S.A. (Vols. I.-XII.); *by* JOHN BRUCE, F.S.A., and WILLIAM DOUGLAS HAMILTON, F.S.A. (Vol. XIII.); and *by* WILLIAM DOUGLAS HAMILTON, F.S.A. (Vols. XIV.-XX.). 1858-1890.

Vol. I.— 1625-1626.	Vol. XII.— 1637-1638.
Vol. II.— 1627-1628.	Vol. XIII.— 1638-1639.
Vol. III.— 1628-1629.	Vol. XIV.— 1639.
Vol. IV.— 1629-1631.	Vol. XV.— 1639-1640.
Vol. V.— 1631-1633.	Vol. XVI.— 1640.
Vol. VI.— 1633-1634.	Vol. XVII.— 1640-1641.
Vol. VII.— 1634-1635.	Vol. XVIII.—1641-1643.
Vol. VIII.—1635.	Vol. XIX.— 1644.
Vol. IX.— 1635-1636.	Vol. XX.— 1644-1645.
Vol. X.— 1636-1637.	Vol. XXI.— 1645-1647.
Vol. XI.— 1637.	

CALENDAR OF STATE PAPERS, DOMESTIC SERIES, DURING THE COMMONWEALTH preserved in the Public Record Office. *Edited by* MARY ANNE EVERETT GREEN. 1875-1885.

Vol. I.— 1649-1650.	Vol. VIII.—1655.
Vol. II.— 1650.	Vol. IX.— 1655-1656.
Vol. III.— 1651.	Vol. X.— 1656-1657.
Vol. IV.— 1651-1652.	Vol. XI.— 1657-1658.
Vol. V.— 1652-1653.	Vol. XII.— 1658-1659.
Vol. VI.— 1653-1654.	Vol. XIII.—1659-1660.
Vol. VII.—1654.	

CALENDAR OF STATE PAPERS:—COMMITTEE FOR THE ADVANCE OF MONEY, 1642-1656. *Edited by* MARY ANNE EVERETT GREEN. Parts I.-III., 1888.

CALENDAR OF STATE PAPERS:—COMMITTEE FOR COMPOUNDING, &c., 1643-1660. *Edited by* MARY ANNE EVERETT GREEN. Parts I.-IV., 1889-1892.

CALENDAR OF STATE PAPERS, DOMESTIC SERIES, OF THE REIGN OF CHARLES II., preserved in the Public Record Office. *Edited by* MARY ANNE EVERETT GREEN. 1860–1866.

Vol. I.— 1660–1661.	Vol. V.— 1665–1666.
Vol. II.— 1661–1662.	Vol. VI.— 1666–1667.
Vol. III.—1663–1664.	Vol. VII.—1667.
Vol. IV.—1664–1665.	

CALENDAR OF HOME OFFICE PAPERS OF THE REIGN OF GEORGE III., preserved in the Public Record Office. Vols. I. and II. *Edited by* JOSEPH REDINGTON, an Assistant Record Keeper, 1878–1879. Vol. III. *Edited by* RICHARD ARTHUR ROBERTS, Barrister-at-Law. 1881.

Vol. I.—1760 (25 Oct.)–1765.	Vol. III.—1770–1772.
Vol. II.—1766–1769.	

CALENDAR OF TREASURY PAPERS, preserved in the Public Record Office. *Edited by* JOSEPH REDINGTON, an Assistant Record Keeper. 1868–1889.

Vol. I.— 1557–1696.	Vol. IV.—1708–1714.
Vol. II.— 1697–1702.	Vol. V.— 1714–1719
Vol. III.—1702–1707.	Vol. VI.—1720–1728.

CALENDAR OF STATE PAPERS relating to SCOTLAND, preserved in the Public Record Office. *Edited by* MARKHAM JOHN THORPE. 1858.

Vol. I., the Scottish Series, 1509–1589.

Vol. II., the Scottish Series, 1589–1603; an Appendix to the Scottish Series, 1543–1592; and the State Papers relating to Mary Queen of Scots.

CALENDAR OF DOCUMENTS relating to IRELAND, in the Public Record Office, London. *Edited by* HENRY SAVAGE SWEETMAN, B.A,, Barrister-at-Law (Ireland); *continued by* GUSTAVUS FREDERICK HANDCOCK. 1875–1886.

Vol. I.— 1171–1251.	Vol. IV.—1293–1301.
Vol. II.— 1252–1284.	Vol. V.— 1302–1307.
Vol. III.—1285–1292.	

CALENDAR OF STATE PAPERS relating to IRELAND, OF THE REIGNS OF HENRY VIII., EDWARD VI., MARY, and ELIZABETH, preserved in the Public Record Office. *Edited by* HANS CLAUDE HAMILTON, F.S.A. 1860–1890.

Vol. I.— 1509–1573.	Vol. IV.—1588–1592.
Vol. II.— 1574–1585.	Vol. V.— 1592–1596.
Vol. III.—1586–1588.	

CALENDAR OF STATE PAPERS relating to IRELAND, OF THE REIGN OF JAMES I., preserved in the Public Record Office, and elsewhere. *Edited by* the Rev. C. W. RUSSELL, D.D., and JOHN P. PRENDERGAST, Barrister-at-Law. 1872–1880.

Vol. I.— 1603–1606.	Vol. IV.—1611–1614.
Vol. II.— 1606–1608.	Vol. V.— 1615–1625.
Vol. III.—1608–1610.	

This series is in continuation of the Irish State Papers commencing with the reign of Henry VIII.; but for the reign of James I., the papers are not confined to those in the Public Record Office, London.

CALENDAR OF THE CAREW PAPERS, preserved in the Lambeth Library. *Edited by* J. S. BREWER, M.A., Professor of English Literature, King's College, London; and WILLIAM BULLEN. 1867–1873.

Vol. I.— 1515–1574. (*Out of print.*)	Vol. IV.—1601–1603.
	Vol. V.— Book of Howth;
Vol. II.— 1575–1588.	Miscellaneous.
Vol. III.—1589–1600.	Vol. VI.—1603–1624.

. The Carew Papers are of great importance to all students of Irish history.

CALENDAR OF STATE PAPERS, COLONIAL SERIES. *Edited by* W. NOEL
SAINSBURY, an Assistant Record Keeper. 1860–1892.
  Vol. I.—America and West Indies, 1574–1660.
  Vol. II.—East Indies, China, and Japan, 1513–1616. (*Out of print.*)
  Vol. III.—   ,,   ,,   ,,   1617–1621.
  Vol. IV.—   ,,   ,,   ,,   1622–1624.
  Vol V.—America and West Indies, 1661–1668.
  Vol. VI.—East Indies, 1625–1629.
  Vol. VII.—America and West Indies, 1669–1674.
  Vol. VIII.—East Indies and Persia, 1630–1634.

    These volumes deal with Colonial Papers in the Public Record Office,
    the India Office, and the British Museum.

CALENDAR OF STATE PAPERS, FOREIGN SERIES, OF THE REIGN OF EDWARD VI.,
preserved in the Public Record Office. 1547–1553. *Edited by*
W. B. TURNBULL, Barrister-at-Law, &c. 1861.

CALENDAR OF STATE PAPERS, FOREIGN SERIES, OF THE REIGN OF MARY, preserved in the Public Record Office. 1553–1558. *Edited by* W. B
TURNBULL, Barrister-at-Law, &c. 1861.

CALENDAR OF STATE PAPERS, FOREIGN SERIES, OF THE REIGN OF ELIZABETH,
preserved in the Public Record Office, &c. *Edited by* the Rev. JOSEPH
STEVENSON, M.A. (Vols. I.–VII.), and ALLAN JAMES CROSBY, M.A.,
Barrister-at-Law (Vols. VIII.–XI.). 1863–1880.

Vol. I.— 1558–1559.	Vol. VII.— 1564–1565.
Vol. II.— 1559–1560.	Vol. VIII.—1566–1568.
Vol. III.—1560–1561.	Vol. IX.— 1569–1571.
Vol. IV.— 1561–1562.	Vol. X.— 1572–1574.
Vol. V.— 1562.	Vol. XI.— 1575–1577.
Vol. VI.— 1563.	

CALENDAR OF LETTERS, DESPATCHES, AND STATE PAPERS, relating to the
Negotiations between England and Spain, preserved in the Archives
at Simancas, and elsewhere. *Edited by* G. A. BERGENROTH, (Vols. I.
and II.) 1862–1868, *and* DON PASCUAL DE GAYANGOS (Vols. III. to VI.)
1873–1890.

Vol. I.— 1485–1509.	Vol. IV., Part 2.—1531–1533.
Vol. II.—1509–1525.	Vol. IV., Part 2.—1531–1533.
Supplement to Vol. I. and	*continued.*
Vol. II.	Vol. V., Part 1.— 1534–1535.
Vol. III., Part 1.—1525–1526.	Vol. V., Part 2.— 1536–1538.
Vol. III., Part 2.—1527–1529.	Vol. VI., Part 1.—_1538–1542.
Vol. IV., Part 1.—1529–1530.	

CALENDAR OF STATE PAPERS AND MANUSCRIPTS, relating to ENGLISH AFFAIRS,
preserved in the Archives of Venice, &c. *Edited by* RAWDON BROWN.
1864–1884. and by RAWDON BROWN and the Right Hon. G. CAVENDISH
BENTINCK, M.P., 1890.

Vol. I.— 1202–1509.	Vol. VI., Part I.— 1555–1556.
Vol. II.— 1509–1519.	Vol. VI., Part II.— 1556–1557.
Vol. III.—1520–1526.	Vol. VI., Part III.—1557–1558.
Vol. IV.— 1527–1533.	Vol. VII.— 1558–1580.
Vol. V.— 1534–1554.	

REPORT OF THE DEPUTY KEEPER OF THE RECORDS AND THE REV. J. S. BREWER
upon the Carte and Carew Papers in the Bodleian and Lambeth
Libraries. 1864. *Price 2s. 6d.*

REPORT OF THE DEPUTY KEEPER OF THE RECORDS upon the Documents in the
Archives and Public Libraries of Venice. 1866. *Price 2s. 6d.*

GUIDE TO THE PRINCIPAL CLASSES OF DOCUMENTS IN THE PUBLIC RECORD
OFFICE. *By* S. R. SCARGILL BIRD, F.S.A. 1891. *Price 7s.*

ACTS OF THE PRIVY COUNCIL OF ENGLAND, New Series. *Edited by* JOHN
ROCHE DASENT, M.A., Barrister-at-Law. 1890–92. *Price* 10s. *each.*

Vol. I. —1542–1547.   Vol. III.—1550–1552.
Vol. II.—1547–1550.   Vol. IV. —1552–1554.

In the Press.

DESCRIPTIVE CATALOGUE OF ANCIENT DEEDS, preserved in the Public Record
Office. Vol. II.

CALENDAR OF THE PATENT ROLLS OF THE REIGN OF EDWARD I. Vol. I. 1281–
1292.

CALENDAR OF THE PATENT ROLLS OF THE REIGN OF EDWARD II. Vol. I.
1307–1313.

CALENDAR OF THE PATENT ROLLS OF THE REIGN OF EDWARD III. Vol. II.
1330–1334.

CALENDAR OF THE CLOSE ROLLS OF THE REIGN OF EDWARD II. Vol. II. 1313, &c.

CALENDAR OF LETTERS AND PAPERS, FOREIGN AND DOMESTIC, OF THE REIGN OF
HENRY VIII., preserved in the Public Record Office, the British
Museum, &c. *Edited by* JAMES GAIRDNER, an Assistant Record Keeper.
Vol. XIII. Part 2.

CALENDAR OF STATE PAPERS:—COMMITTEE FOR COMPOUNDING, &c. *Edited by*
MARY ANN EVERETT GREEN. Part V.

CALENDAR OF STATE PAPERS, DOMESTIC SERIES, OF THE REIGN OF CHARLES I.,
preserved in the Public Record Office. *Edited by* WILLIAM DOUGLAS
HAMILTON, F.S.A. Vol. XXII. 1648–1649.

CALENDAR OF STATE PAPERS relating to IRELAND, OF THE REIGN OF ELIZABETH,
preserved in the Public Record Office. Vol. VI.

CALENDAR OF STATE PAPERS, COLONIAL SERIES, preserved in the Public
Record Office, and elsewhere. *Edited by* W. NOEL SAINSBURY, late an
Assistant Record Keeper. Vol. IX.

CALENDAR OF LETTERS AND STATE PAPERS, relating to ENGLISH AFFAIRS
preserved principally in the Archives of Simancas. *Edited by*
MARTIN A. S. HUME, F.R.Hist.S. Vol. I.—Elizabeth.

CALENDAR OF LETTERS, DESPATCHES, AND STATE PAPERS, relating to the nego-
tiations between England and Spain, preserved in the Archives at
Simancas, and elsewhere. *Edited by* DON PASCUAL DE GAYANGOS.
Vol. VI., Part 2.

CALENDAR OF STATE PAPERS, relating to ENGLISH AFFAIRS, preserved in the
Archives of Venice, &c. *Edited by* HORATIO F. BROWN. Vol. VIII.

CALENDAR of entries in the PAPAL REGISTERS, illustrating the history of
Great Britain and Ireland. Vol. I. 1198–1304.

ACTS OF THE PRIVY COUNCIL OF ENGLAND, New Series, Vol. V. *Edited by*
JOHN ROCHE DASENT, M.A., Barrister-at-Law.

In Progress.

CALENDAR OF ANCIENT CORRESPONDENCE, Diplomatic Documents, and the
like, preserved in the Public Record Office.

CALENDAR OF INQUISITIONES POST MORTEM, Henry VII.

CALENDAR OF STATE PAPERS, DOMESTIC SERIES, OF THE REIGN OF CHARLES II.

PUBLIC RECORD OFFICE.

LISTS AND INDEXES.

The object of these publications is to make the contents of the Public Record Office more easily available. In conjunction with the Calendars, they will, in course of time, form a catalogue of the National Archives, as explained in the Fifty-first Report of the Deputy Keeper of the Records (page 10).

No. I. Index of ANCIENT PETITIONS of the Chancery and the Exchequer. 9s. 6d.

In the Press.

List of DECLARED ACCOUNTS of the Pipe Office and the Audit Office.

List of volumes of STATE PAPERS (Great Britain and Ireland), A.D. 1547–1760.

List and Index of MINISTERS' ACCOUNTS. Part I.

List and Index of COURT ROLLS.

Index of CHANCERY PROCEEDINGS, Series II., A.D. 1558–1579.

List of PLEA ROLLS.

In Progress.

Index of EARLY CHANCERY PROCEEDINGS.

THE CHRONICLES AND MEMORIALS OF GREAT BRITAIN AND IRELAND DURING THE MIDDLE AGES.

[ROYAL 8vo.   *Price* 10s. each Volume or Part.]

On 25 July 1822, the House of Commons presented an address to the Crown, stating that the editions of the works of our ancient historians were inconvenient and defective; that many of their writings still remained in manuscript, and, in some cases, in a single copy only.   They added, "that an uniform and convenient edition of the whole, published " under His Majesty's royal sanction, would be an undertaking honour-" able to His Majesty's reign, and conducive to the advancement of " historical and constitutional knowledge; that the House therefore " humbly besought His Majesty, that He would be graciously pleased to " give such directions as His Majesty, in His wisdom, might think fit, " for the publication of a complete edition of the ancient historians " of this realm."

The Master of the Rolls, being very desirous that effect should be given to the resolution of the House of Commons, submitted to Her Majesty's Treasury in 1857 a plan for the publication of the ancient chronicles and memorials of the United Kingdom, and it was adopted accordingly.

Of the Chronicles and Memorials, the following volumes have been published.   They embrace the period from the earliest time of British history down to the end of the reign of Henry VII.

1. THE CHRONICLE OF ENGLAND, by JOHN CAPGRAVE.   *Edited by* the Rev. F. C. HINGESTON, M.A.   1858.

    Capgrave's Chronicle extends from the creation of the world to the year 1417.   As a record of the language spoken in Norfolk (being written in English), it is of considerable value.

2. CHRONICON MONASTERII DE ABINGDON.   Vols. I. and II.   *Edited by* the Rev. JOSEPH STEVENSON, M.A., Vicar of Leighton Buzzard.   1858.

    This Chronicle traces the history of the monastery from its foundation by King Ina of Wessex, to the reign of Richard I.   The author had access to the title deeds of the house, and incorporates into his history various charters of the Saxon kings, of great importance as illustrating not only the history of the locality but that of the kingdom.

3. LIVES OF EDWARD THE CONFESSOR.   I.—La Estoire de Seint Aedward le Rei.   II.—Vita Beati Edvardi Regis et Confessoris.   III.—Vita Æduuardi Regis qui apud Westmonasterium requiescit.   *Edited by* HENRY RICHARDS LUARD, M.A., Fellow and Assistant Tutor of Trinity College, Cambridge.   1858.

    The first is a poem in Norman French, probably written in 1245.   The second is an anonymous poem, written between 1440 and 1450, which is mainly valuable as a specimen of the Latin poetry of the time.   The third, also by an anonymous author, was apparently written between 1066 and 1074.

4. MONUMENTA FRANCISCANA.   Vol. I.—Thomas de Eccleston de Adventu Fratrum Minorum in Angliam.   Adæ de Marisco Epistolæ.   Registrum Fratrum Minorum Londoniæ.   *Edited by* J. S. BREWER, M.A., Professor of English Literature, King's College, London.   Vol. II.— De Adventu Minorum; re-edited, with additions.   Chronicle of the Grey Friars.   The ancient English version of the Rule of St. Francis. Abbreviatio Statutorum, 1451, &c.   *Edited by* RICHARD HOWLETT, Barrister-at-Law.   1858, 1882.

    The first volume contains original materials for the history of the settlement of the order of St. Francis in England, the letters of Adam de Marisco, and other papers.   The second volume contains materials found since the first volume was published.

5. FASCICULI ZIZANIORUM MAGISTRI JOHANNIS WYCLIF CUM TRITICO. Ascribed to THOMAS NETTER, of WALDEN, Provincial of the Carmelite Order in England, and Confessor to King Henry the Fifth. *Edited by* the Rev. W. W. SHIRLEY, M.A., Tutor and late Fellow of Wadham College, Oxford. 1858.

This work gives the only contemporaneous account of the rise of the Lollards.

6. THE BUIK OF THE CRONICLIS OF SCOTLAND ; or, A Metrical Version of the History of Hector Boece; by WILLIAM STEWART. Vols. I., II., and III. *Edited by* W. B. TURNBULL, Barrister-at-Law. 1858.

This is a metrical translation of a Latin Prose Chronicle, written in the first half of the 16th century. The narrative begins with the earliest legends and ends with the death of James I. of Scotland, and the "evil ending of the traitors that slew him." The peculiarities of the Scottish dialect are well illustrated in this version.

7. JOHANNIS CAPGRAVE LIBER DE ILLUSTRIBUS HENRICIS. *Edited by* the Rev. F. C. HINGESTON, M.A. 1858.

The first part relates only to the history of the Empire from the election of Henry I. the Fowler, to the end of the reign of the Emperor Henry VI. The second part is devoted to English history, from the accession of Henry I. in 1100, to 1446, which was the twenty-fourth year of the reign of Henry VI. The third part contains the lives of illustrious men who have borne the name of Henry in various parts of the world.

8. HISTORIA MONASTERII S. AUGUSTINI CANTUARIENSIS, by THOMAS OF ELMHAM, formerly Monk and Treasurer of that Foundation. *Edited by* CHARLES HARDWICK, M.A., Fellow of St. Catharine's Hall, and Christian Advocate in the University of Cambridge. 1858.

This history extends from the arrival of St. Augustine in Kent until 1191.

9. EULOGIUM (HISTORIARUM SIVE TEMPORIS): Chronicon ab Orbe condito usque ad Annum Domini 1366 ; a Monacho quodam Malmesbiriensi exaratum. Vols. I., II., and III. *Edited by* F. S. HAYDON, B.A. 1858–1863.

This is a Latin Chronicle extending from the Creation to the latter part of the reign of Edward III. and written by a monk of Malmesbury, about the year 1367. A continuation carries the history of England down to the year 1413.

10. MEMORIALS OF HENRY THE SEVENTH : Bernardi Andreæ Tholosatis Vita Regis Henrici Septimi; necnon alia quædam ad eundem Regem spectantia. *Edited by* JAMES GAIRDNER. 1858.

The contents of this volume are—(1) a life of Henry VII., by his poet Laureate and historiographer, Bernard André, of Toulouse, with some compositions in verse, of which he is supposed to have been the author ; (2) the journals of Roger Machado during certain embassies to Spain and Brittany, the first of which had reference to the marriage of the King's son, Arthur, with Catharine of Arragon ; (3) two curious reports by envoys sent to Spain in 1505 touching the succession to the Crown of Castile, and a project of marriage between Henry VII. and the Queen of Naples ; and (4) an account of Philip of Castile's reception in England in 1506. Other documents of interest are given in an appendix.

11. MEMORIALS OF HENRY THE FIFTH. I.—Vita Henrici Quinti, Roberto Redmanno auctore. II.—Versus Rhythmici in laudem Regis Henrici Quinti. III.—Elmhami Liber Metricus de Henrico V. *Edited by* CHARLES A. COLE. 1858.

12. MUNIMENTA GILDHALLÆ LONDONIENSIS ; Liber Albus, Liber Custumarum, et Liber Horn, in archivis Gildhallæ asservati. Vol. I., Liber Albus. Vol. II. (in Two Parts). Liber Custumarum. Vol. III., Translation of the Anglo-Norman Passages in Liber Albus, Glossaries, Appendices, and Index. *Edited by* HENRY THOMAS RILEY, M.A., Barrister-at-Law. 1859–1862.

The *Liber Albus*, compiled by John Carpenter, Common Clerk of the City of London in the year 1419, gives an account of the laws, regulations, and institutions of that City in the 12th, 13th, 14th, and early part of the 15th centuries. The *Liber Custumarum* was compiled in the early part of the 14th century during the reign of Edward II. It also gives an account of the laws, regulations, and institutions of the City of London in the 12th, 13th, and early part of the 14th centuries.

13. CHRONICA JOHANNIS DE OXENEDES. *Edited by* Sir HENRY ELLIS, K.H. 1859.

Although this Chronicle tells of the arrival of Hengist and Horsa, it substantially begins with the reign of King Alfred, and comes down to 1292. It is particularly valuable for notices of events in the eastern portions of the Kingdom.

14. A COLLECTION OF POLITICAL POEMS AND SONGS RELATING TO ENGLISH HISTORY, FROM THE ACCESSION OF EDWARD III. TO THE REIGN OF HENRY VIII. Vols. I. and II. *Edited by* THOMAS WRIGHT, M.A. 1859–1861.

15. The "OPUS TERTIUM," "OPUS MINUS," &c. of ROGER BACON. *Edited by* J. S. BREWER, M.A., Professor of English Literature, King's College, London. 1859.

16. BARTHOLOMÆI DE COTTON, MONACHI NORWICENSIS, HISTORIA ANGLICANA; 449–1298; necnon ejusdem Liber de Achiepiscopis et Episcopis Angliæ. *Edited by* HENRY RICHARDS LUARD, M.A., Fellow and Assistant Tutor of Trinity College, Cambridge, 1859.

17. BRUT Y TYWYSOGION; or, The Chronicle of the Princes of Wales. *Edited by* the Rev. JOHN WILLIAMS AB ITHEL, M.A. 1860.

This work, written in the ancient Welsh language, begins with the abdication and death of Caedwala at Rome, in the year 681, and continues the history down to the subjugation of Wales by Edward I., about the year 1282.

18. A COLLECTION OF ROYAL AND HISTORICAL LETTERS DURING THE REIGN OF HENRY IV. 1399–1404. *Edited by* the Rev. F. C. HINGESTON, M.A., of Exeter College, Oxford. 1860.

19. THE REPRESSOR OF OVER MUCH BLAMING OF THE CLERGY. By REGINALD PECOCK, sometime Bishop of Chichester. Vols. I. and II. *Edited by* the Rev. CHURCHILL BABINGTON, B.D., Fellow of St. John's College, Cambridge. 1860.

The " Repressor " may be considered the earliest piece of good theological disquisition of which our English prose literature can boast. The author was born about the end of the fourteenth century, consecrated Bishop of St. Asaph in the year 1444, and translated to the see of Chichester in 1450. His work is interesting chiefly because it gives a full account of the views of the Lollards, and it has great value for the philologist.

20. ANNALES CAMBRIÆ. *Edited by* the Rev. JOHN WILLIAMS AB ITHEL, M.A. 1860.

These annals, which are in Latin, commenced in 447, and come down to 1288. The earlier portion appears to be taken from an Irish Chronicle used by Tigernach, and by the compiler of the Annals of Ulster.

21. THE WORKS OF GIRALDUS CAMBRENSIS. Vols. I.–IV. *Edited by* the Rev. J. S. BREWER, M.A., Professor of English Literature, King's College, London. Vols. V.–VII. *Edited by* the Rev. JAMES F. DIMOCK, M.A., Rector of Barnburgh, Yorkshire. Vol. VIII. *Edited by* GEORGE F. WARNER, M.A., of the Department of MSS., British Museum. 1861–1891.

These volumes contain the historical works of Gerald du Barry, who lived in the reigns of Henry II., Richard I., and John. His works are of a very miscellaneous nature, both in prose and verse, and are remarkable for the anecdotes which they contain.
The *Topographia Hibernica* (in Vol. V.) is the result of Giraldus' two visits to Ireland, the first in 1183, the second in 1185–6, when he accompanied Prince John into that country. The *Expugnatio Hibernica* was written about 1188, and may be regarded rather as a great epic than a sober relation of acts occurring in his own days. Vol. VI. contains the *Itinerarium Kambriæ et Descriptio Kambriæ ;* and Vol. VII., the lives of S. Remigius and S. Hugh. Vol. VIII. contains the Treatise *De Principum Instructione,* and an Index to Vols. I.–IV. and VIII.

22. LETTERS AND PAPERS ILLUSTRATIVE OF THE WARS OF THE ENGLISH IN FRANCE DURING THE REIGN OF HENRY THE SIXTH, KING OF ENGLAND. Vol. I., and Vol. II. (in Two Parts). *Edited by* the Rev. JOSEPH STEVENSON, M.A., Vicar of Leighton Buzzard. 1861–1864.

23. THE ANGLO-SAXON CHRONICLE, ACCORDING TO THE SEVERAL ORIGINAL AUTHORITIES. Vol. I., Original Texts. Vol. II., Translation. *Edited and translated by* BENJAMIN THORPE, Member of the Royal Academy of Sciences at Munich, and of the Society of Netherlandish Literature at Leyden. 1861.

There are at present six independent manuscripts of the Saxon Chronicle, ending in different years, and written in different parts of the country. In this edition, the text of each manuscript is printed in columns on the same page, so that the student may see at a glance the various changes which occur in orthography.

24. LETTERS AND PAPERS ILLUSTRATIVE OF THE REIGNS OF RICHARD III. AND
HENRY VII. Vols. I. and II. *Edited by* JAMES GAIRDNER. 1861–
1863.

The principal contents of the volumes are some diplomatic Papers of Richard III.,
correspondence between Henry VII. and Ferdinand and Isabella of Spain; documents
relating to Edmund de la Pole, Earl of Suffolk; and a portion of the correspondence of
James IV. of Scotland.

25. LETTERS OF BISHOP GROSSETESTE. *Edited by* the Rev. HENRY RICHARDS
LUARD, M.A., Fellow and Assistant Tutor of Trinity College, Cambridge. 1861.

The letters of Robert Grosseteste range in date from about 1210 to 1253, and relate to
various matters connected not only with the political history of England during the reign
of Henry III., but with its ecclesiastical condition. They refer especially to the diocese of
Lincoln, of which Grosseteste was bishop.

26. DESCRIPTIVE CATALOGUE OF MANUSCRIPTS RELATING TO THE HISTORY OF
GREAT BRITAIN AND IRELAND. Vol. I. (in Two Parts); Anterior to the
Norman Invasion. Vol. II.; 1066–1200. Vol. III.; 1200–1327. *By*
Sir THOMAS DUFFUS HARDY, D.C.L., Deputy Keeper of the Records.
1862–1871.

The object of this work is to publish notices of all known sources of British history,
both printed and unprinted, in one continued sequence. The materials, when historical (as
distinguished from biographical), are arranged under the year in which the latest event is
recorded in the chronicle or history, and not under the period in which its author, real or
supposed, flourished. Biographies are enumerated under the year in which the person
commemorated died, and not under the year in which the life was written. A brief
analysis of each work has been added when deserving it, in which original portions are
distinguished from mere compilations. A biographical sketch of the author of each piece
has been added, and a brief notice of such British authors as have written on historical
subjects.

27. ROYAL AND OTHER HISTORICAL LETTERS ILLUSTRATIVE OF THE REIGN OF
HENRY III. Vol. I., 1216–1235. Vol. II., 1236–1272. *Selected and
edited by* the Rev. W. W. SHIRLEY, D.D., Regius Professor of Ecclesiastical History, and Canon of Christ Church, Oxford. 1862–1866.

28. CHRONICA MONASTERII S. ALBANI.—1. THOMÆ WALSINGHAM HISTORIA
ANGLICANA; Vol. I., 1272–1381: Vol. II., 1381–1422. 2. WILLELMI
RISHANGER CHRONICA ET ANNALES, 1259–1307. 3. JOHANNIS DE
TROKELOWE ET HENRICI DE BLANEFORDE CHRONICA ET ANNALES, 1259–1296;
1307–1324; 1392–1406. 4. GESTA ABBATUM MONASTERII S. ALBANI, A
THOMA WALSINGHAM, REGNANTE RICARDO SECUNDO, EJUSDEM ECCLESIÆ
PRÆCENTORE, COMPILATA; Vol. I., 793–1290: Vol. II., 1290–1349:
Vol. III, 1349–1411. 5. JOHANNIS AMUNDESHAM, MONACHI MONASTERII
S. ALBANI, UT VIDETUR, ANNALES; Vols. I. and II. 6. REGISTRA
QUORUNDAM ABBATUM MONASTERII S. ALBANI, QUI SÆCULO XV^{mo} FLORUERE;
Vol. I., REGISTRUM ABBATIÆ JOHANNIS WHETHAMSTEDE, ABBATIS MONAS-
TERII SANCTI ALBANI, ITERUM SUSCEPTÆ; ROBERTO BLAKENEY, CAPELLANO,
QUONDAM ADSCRIPTUM: Vol. II., REGISTRA JOHANNIS WHETHAMSTEDE,
WILLELMI ALBON, ET WILLELMI WALINGFORDE, ABBATUM MONASTERII
SANCTI ALBANI, CUM APPENDICE, CONTINENTE QUASDAM EPISTOLAS, A
JOHANNE WHETHAMSTEDE CONSCRIPTAS. 7. YPODIGMA NEUSTRIÆ A
THOMA WALSINGHAM, QUONDAM MONACHO MONASTERII S. ALBANI,
CONSCRIPTUM. *Edited by* HENRY THOMAS RILEY, M.A., Barrister-at-Law.
1863–1876.

In the first two volumes is a History of England, from the death of Henry III. to the
death of Henry V., by Thomas Walsingham, Precentor of St. Albans.
In the 3rd volume is a Chronicle of English History, attributed to William Rishanger,
who lived in the reign of Edward I.: an account of transactions attending the award of
the kingdom of Scotland to John Balliol, 1291–1292, also attributed to William Rishanger,
but on no sufficient ground: a short Chronicle of English History, 1292 to 1300, by an
unknown hand: a short Chronicle Willelmi Rishanger Gesta Edwardi Primi, Regis Angliæ,
with Annales Regum Angliæ, probably by the same hand: and fragments of three
Chronicles of English History, 1285 to 1307.
In the 4th volume is a Chronicle of English History, 1259 to 1296: Annals of Edward II.,
1307 to 1323, by John de Trokelowe, a monk of St. Albans, and a continuation of Trokelowe's Annals, 1323, 1324, by Henry de Blaneforde: a full Chronicle of English History, 1392
to 1406: and an account of the Benefactors of St. Albans, written in the early part of the
15th century.
The 5th, 6th, and 7th volumes contain a history of the Abbots of St. Albans, 793 to
1411, mainly compiled by Thomas Walsingham: with a Continuation.
The 8th and 9th volumes, in continuation of the Annals, contain a Chronicle, probably
by John Amundesham, a monk of St. Albans.

The 10th and 11th volumes relate especially to the acts and proceedings of Abbots Whethamstede, Albon, and Wallingford.

The 12th volume contains a compendious History of England to the reign of Henry V., and of Normandy in early times, also by Thomas Walsingham, and dedicated to Henry V.

29. CHRONICON ABBATIÆ EVESHAMENSIS, AUCTORIBUS DOMINICO PRIORE EVESHAMIÆ ET THOMA DE MARLEBERGE ABBATE, A FUNDATIONE AD ANNUM 1213, UNA CUM CONTINUATIONE AD ANNUM 1418. *Edited by* the Rev. W. D. MACRAY, Bodleian Library, Oxford. 1863.

The Chronicle of Evesham illustrates the history of that important monastery from about 690 to 1418. Its chief feature is an autobiography, which makes us acquainted with the inner daily life of a great abbey. Interspersed are many notices of general, personal, and local history.

30. RICARDI DE CIRENCESTRIA SPECULUM HISTORIALE DE GESTIS REGUM ANGLIÆ. Vol. I., 447–871. Vol. II., 872–1066. *Edited by* JOHN E. B. MAYOR, M.A., Fellow of St. John's College, Cambridge. 1863–1869.

Richard of Cirencester's history, in four books, extends from 447 to 1066. It gives many charters in favour of Westminster Abbey, and a very full account of the lives and miracles of the saints, especially of Edward the Confessor, whose reign occupies the fourth book. A treatise on the Coronation, by William of Sudbury, a monk of Westminster, fills book ii. c. 3.

31. YEAR BOOKS OF THE REIGN OF EDWARD THE FIRST. Years 20–21, 21–22, 30–31, 32–33, and 33–35 Edw. I; and 11–12 Edw. III. *Edited and translated by* ALFRED JOHN HORWOOD, Barrister-at-Law. Years 12–13, 13–14, 14, 14–15, and 15, Edward III. *Edited and translated by* LUKE OWEN PIKE, M.A., Barrister-at-Law. 1863–1891.

The "Year Books" are the earliest of our Law Reports. They contain matter not only of practical utility to lawyers in the present day, but also illustrative of almost every branch of history, while for certain philological purposes they hold a position absolutely unique.

32. NARRATIVES OF THE EXPULSION OF THE ENGLISH FROM NORMANDY, 1449–1450.—Robertus Blondelli de Reductione Normanniæ : Le Recouvrement de Normendie, par Berry, Hérault du Roy: Conferences between the Ambassadors of France and England. *Edited by* the Rev. JOSEPH STEVENSON, M.A. 1863.

33. HISTORIA ET CARTULARIUM MONASTERII S. PETRI GLOUCESTRIÆ. Vols. I., II., and III. *Edited by* W. H. HART, F.S.A., Membre correspondant de la Société des Antiquaires de Normandie. 1863–1867.

34. ALEXANDRI NECKAM DE NATURIS RERUM LIBRI DUO; with NECKAM'S POEM, DE LAUDIBUS DIVINÆ SAPIENTIÆ. *Edited by* THOMAS WRIGHT, M.A. 1863.

In the *De Naturis Rerum* are to be found what may be called the rudiments of many sciences mixed up with much error and ignorance. Neckam had his own views in morals, and in giving us a glimpse of them, as well as of his other opinions, he throws much light upon the manners, customs, and general tone of thought prevalent in the twelfth century.

35. LEECHDOMS, WORTCUNNING, AND STARCRAFT OF EARLY ENGLAND; being a Collection of Documents illustrating the History of Science in this Country before the Norman Conquest. Vols. I., II., and III. *Collected and edited by* the Rev. T. OSWALD COCKAYNE, M.A. 1864–1866.

36. ANNALES MONASTICI. Vol. I.:—Annales de Margan, 1066–1232; Annales de Theokesberia, 1066–1263; Annales de Burton, 1004–1263. Vol. II.:—Annales Monasterii de Wintonia, 519–1277; Annales Monasterii de Waverleia, 1–1291. Vol. III.:—Annales Prioratus de Dunstaplia, 1–1297. Annales Monasterii de Bermundeseia, 1042–1432. Vol. IV.:—Annales Monasterii de Oseneia, 1016–1347; Chronicon vulgo dictum Chronicon Thomæ Wykes, 1066–1289; Annales Prioratus de Wigornia, 1–1377. Vol. V.:—Index and Glossary. *Edited by* HENRY RICHARDS LUARD, M.A., Fellow and Assistant Tutor of Trinity College, and Registrary of the University, Cambridge. 1864–1869.

The present collection embraces chronicles compiled in religious houses in England during the thirteenth century. These distinct works are ten in number. The extreme period which they embrace ranges from the year 1 to 1432.

37. MAGNA VITA S. HUGONIS EPISCOPI LINCOLNIENSIS. *Edited by* the Rev. JAMES F. DIMOCK, M.A., Rector of Barnburgh, Yorkshire. 1864.

This work is valuable, not only as a biography of a celebrated ecclesiastic but as the work of a man, who, from personal knowledge, gives notices of passing events, as well as of individuals who were then taking active part in public affairs.

38. CHRONICLES AND MEMORIALS OF THE REIGN OF RICHARD THE FIRST. Vol. I. :—ITINERARIUM PEREGRINORUM ET GESTA REGIS RICARDI. Vol. II. :—EPISTOLÆ CANTUARIENSES; the Letters of the Prior and Convent of Christ Church, Canterbury; 1187 to 1199. *Edited by* the Rev. WILLIAM STUBBS, M.A., Vicar of Navestock, Essex, and Lambeth Librarian. 1864–1865.

The authorship of the Chronicle in Vol. I., hitherto ascribed to Geoffrey Vinesauf, is now more correctly ascribed to Richard, Canon of the Holy Trinity of London.
In letters in Vol. II., written between 1187 and 1199, had their origin in a dispute which arose from the attempts of Baldwin and Hubert, archbishops of Canterbury, to found a college of secular canons, a project which gave great umbrage to the monks of Canterbury.

39. RECUEIL DES CRONIQUES ET ANCHIENNES ISTORIES DE LA GRANT BRETAIGNE A PRESENT NOMME ENGLETERRE, par JEHAN DE WAURIN. Vol. I. Albina to 688. Vol. II., 1399–1422. Vol. III., 1422–1431. *Edited by* WILLIAM HARDY, F.S.A. 1864–1879. Vol. IV., 1431–1447. Vol. V., 1447–1471. *Edited by* Sir WILLIAM HARDY, F.S.A., and EDWARD L. C. P. HARDY, F.S.A. 1884–1891.

40. A COLLECTION OF THE CHRONICLES AND ANCIENT HISTORIES OF GREAT BRITAIN, NOW CALLED ENGLAND, by JOHN DE WAURIN. Vol. I., Albina to 668. Vol. II., 1399–1422. Vol. III., 1422–1431. (Translations of the preceding Vols. I., II., and III.) *Edited and translated by* Sir WILLIAM HARDY, F.S.A., and EDWARD L. C. P. HARDY, F.S.A. 1864–1891.

41. POLYCHRONICON RANULPHI HIGDEN, with Trevisa's Translation. Vols. I. and II. *Edited by* CHURCHILL BABINGTON, B.D., Senior Fellow of St. John's College, Cambridge. Vols. III.-IX. *Edited by* the Rev. JOSEPH RAWSON LUMBY, D.D., Norrisian Professor of Divinity, Vicar of St. Edward's, Fellow of St. Catharine's College, and late Fellow of Magdalene College, Cambridge. 1865–1886.

This chronicle begins with the creation, and is brought down to the reign of Edward III. It enables us to form a very fair estimate of the knowledge of history and geography which well-informed readers of the fourteenth and fifteenth centuries possessed, for it was then the standard work on general history.
The two English translations, which are printed with the original Latin, afford interesting illustrations of the gradual change of our language, for one was made in the fourteenth century, the other in the fifteenth.

42. LE LIVERE DE REIS DE BRITTANIE E LE LIVERE DE REIS DE ENGLETERE. *Edited by* the Rev. JOHN GLOVER, M.A., Vicar of Brading, Isle of Wight, formerly Librarian of Trinity College, Cambridge. 1865.

These two treaties are valuable as careful abstracts of previous historians. Some various readings are given which are interesting to the philologist as instances of semi-Saxonised French.

43. CHRONICA MONASTERII DE MELSA AB ANNO 1150 USQUE AD ANNUM 1406. Vols. I., II., and III. *Edited by* EDWARD AUGUSTUS BOND, Assistant Keeper of Manuscripts, and Egerton Librarian, British Museum. 1866–1868.

The Abbey of Meaux was a Cistercian house, and the work of its abbot is a faithful and often minute record of the establishment of a religious community, of its progress in forming an ample revenue, of its struggles to maintain its acquisitions, and of its relations to the governing institutions of the country.

44. MATTHÆ PARISIENSIS HISTORIA ANGLORUM, SIVE, UT VULGO DICITUR, HISTORIA MINOR. Vols. I., II., and III. 1067–1253. *Edited by* Sir FREDERICK MADDEN, K.H., Keeper of the Manuscript Department of British Museum. 1866–1869.

45. LIBER MONASTERII DE HYDA: A CHRONICLE AND CHARTULARY OF HYDE ABBEY, WINCHESTER, 455–1023. *Edited by* EDWARD EDWARDS. 1866.

The "Book of Hyde" is a compilation from much earlier sources which are usually indicated with considerable care and precision. In many cases, however, the Hyde

Chronicler appears to correct, to qualify, or to amplify the statements, which, in substance, he adopts.

There is to be found, in the "Book of Hyde," much information relating to the reign of King Alfred which is not known to exist elsewhere. The volume contains some curious specimens of Anglo-Saxon and mediæval English.

46. CHRONICON SCOTORUM: A CHRONICLE OF IRISH AFFAIRS, from the earliest times to 1135; and SUPPLEMENT, containing the Events from 1141 to 1150. *Edited, with Translation, by* WILLIAM MAUNSELL HENNESSY, M.R.I.A. 1866.

47. THE CHRONICLE OF PIERRE DE LANGTOFT, IN FRENCH VERSE, FROM THE EARLIEST PERIOD TO THE DEATH OF EDWARD I. Vols. I. and II. *Edited by* THOMAS WRIGHT, M.A. 1866-1868.

It is probable that Pierre de Langtoft was a canon of Bridlington. in Yorkshire, and lived in the reign of Edward I., and during a portion of the reign of Edward II. This chronicle is divided into three parts; in the first, is an abridgment of Geoffrey of Monmouth's "Historia Britonum;" in the second, a history of the Anglo-Saxon and Norman kings, to the death of Henry III.; in the third, a history of the reign of Edward I. The language is a curious specimen of the French of Yorkshire.

48. THE WAR OF THE GAEDHIL WITH THE GAILL, or THE INVASIONS OF IRELAND BY THE DANES AND OTHER NORSEMEN. *Edited, with a Translation, by* the Rev. JAMES HENTHORN TODD, D.D., Senior Fellow of Trinity College, and Regius Professor of Hebrew in the University of Dublin. 1867.

The work in its present form, in the editor's opinion, is a comparatively modern version of an ancient original. The story is told after the manner of the Scandinavian Sagas.

49. GESTA REGIS HENRICI SECUNDI BENEDICTI ABBATIS. CHRONICLE OF THE REIGNS OF HENRY II. AND RICHARD I., 1169-1192, known under the name of BENEDICT OF PETERBOROUGH. Vols. I. and II. *Edited by* the REV. WILLIAM STUBBS, M.A., Regius Professor of Modern History, Oxford, and Lambeth Librarian. 1867.

50. MONIMENTA ACADEMICA, OR, DOCUMENTS ILLUSTRATIVE OF ACADEMICAL LIFE AND STUDIES AT OXFORD (in Two Parts). *Edited by* the Rev. HENRY ANSTEY, M.A., Vicar of St. Wendron, Cornwall, and lately Vice-Principal of St. Mary Hall, Oxford. 1868.

51. CHRONICA MAGISTRI ROGERI DE HOUEDENE. Vols. I., II., III., and IV. *Edited by* the Rev. WILLIAM STUBBS, M.A., Regius Professor of Modern History, and Fellow of Oriel College, Oxford. 1868-1871.

The earlier portion, extending from 732 to 1148, appears to be a copy of a compilation made in Northumbria about 1161, to which Hoveden added little. From 1148 to 1169—a very valuable portion of this work—the matter is derived from another source, to which Hoveden appears to have supplied little. From 1170 to 1192 is the portion which corresponds to some extent with the Chronicle known under the name of Benedict of Peterborough (*see* No. 49). From 1192 to 1201 may be said to be wholly Hoveden's work.

52. WILLELMI MALMESBIRIENSIS MONACHI DE GESTIS PONTIFICUM ANGLORUM LIBRI QUINQUE. *Edited by* N. E. S. A. HAMILTON, of the Department of Manuscripts, British Museum. 1870.

53. HISTORIC AND MUNICIPAL DOCUMENTS OF IRELAND, FROM THE ARCHIVES OF THE CITY OF DUBLIN, &c. 1172-1320. *Edited by* JOHN T. GILBERT, F.S.A., Secretary of the Public Record Office of Ireland. 1870.

54. THE ANNALS OF LOCH CÉ. A CHRONICLE OF IRISH AFFAIRS, FROM 1041 to 1590. Vols. I. and II. *Edited, with a Translation, by* WILLIAM MAUNSELL HENNESSY, M.R.I.A. 1871.

55. MONUMENTA JURIDICA. THE BLACK BOOK OF THE ADMIRALTY, WITH APPENDICES, Vols. I.-IV. *Edited by* SIR TRAVERS TWISS, Q.C., D.C.L. 1871-1876.

This book contains the ancient ordinances and laws relating to the navy.

56. MEMORIALS OF THE REIGN OF HENRY VI.:—OFFICIAL CORRESPONDENCE OF THOMAS BEKYNTON, SECRETARY TO HENRY VI., AND BISHOP OF BATH AND WELLS. *Edited by* the Rev. GEORGE WILLIAMS, B.D., Vicar of Ringwood, late Fellow of King's College, Cambridge. Vols. I. and II. 1872.

57. Matthæi Parisiensis, Monachi Sancti Albani, Chronica Majora.
Vol. I. The Creation to A.D. 1066.   Vol. II. A.D. 1067 to A.D. 1216.
Vol. III. A.D. 1216 to A.D. 1239.   Vol. IV. A.D. 1240 to A.D. 1247.
Vol. V. A.D. 1248 to A.D. 1259.   Vol. VI. Additamenta.   Vol. VII.
Index.   *Edited by* the Rev. Henry Richards Luard, D.D., Fellow of
Trinity College, Registrary of the University, and Vicar of Great St.
Mary's, Cambridge.   1872–1884.

58. Memoriale Fratris Walteri de Coventria.—The Historical Collec-
tions of Walter of Coventry.   Vols. I. and II.   *Edited by* the Rev.
William Stubbs, M.A., Regius Professor of Modern History, and
Fellow of Oriel College, Oxford.   1872–1873.

   The part relating to the first quarter of the thirteenth century is the most valuable.

59. The Anglo-Latin Satirical Poets and Epigrammatists of the Twelfth
Century.   Vols. I. and II.   *Collected and edited by* Thomas Wright,
M.A., Corresponding Member of the National Institute of France
(Académie des Inscriptions et Belles-Lettres).   1872.

60. Materials for a History of the Reign of Henry VII., from original
Documents preserved in the Public Record Office.   Vols. I. and II.
Edited by the Rev. William Campbell, M.A., one of Her Majesty's
Inspectors of Schools.   1873–1877.

61. Historical Papers and Letters from the Northern Registers.   *Edited
by* the Rev. James Raine, M.A., Canon of York, and Secretary of the
Surtees Society.   1873.

62. Registrum Palatinum Dunelmense.   The Register of Richard de
Kellawe, Lord Palatine and Bishop of Durham; 1311–1316.   Vols.
I.–IV.   *Edited by* Sir Thomas Duffus Hardy, D.C.L., Deputy Keeper
of the Records.   1873–1878.

63. Memorials of Saint Dunstan, Archbishop of Canterbury.   *Edited by*
the Rev. William Stubbs, M.A., Regius Professor of Modern History,
and Fellow of Oriel College, Oxford.   1874.

64. Chronicon Angliæ, ab Anno Domini 1328 usque ad Annum 1388,
Auctore Monacho quodam Sancti Albani.   *Edited by* Edward Maunde
Thompson, Barrister-at-Law, Assistant Keeper of the Manuscripts in
the British Museum.   1874.

65. Thómas Saga Erkibyskups.   A Life of Archbishof Thomas Becket,
in Icelandic.   Vols. I. and II.   *Edited, with English Translation,
Notes, and Glossary by* M. Eiríkr Magnússon, M.A., Sub-Librarian of
the University Library, Cambridge.   1875–1884.

66. Radulphi de Coggeshall Chronicon Anglicanum.   *Edited by* the Rev.
Joseph Stevenson, M.A.   1875.

67. Materials for the History of Thomas Becket, Archbishop of Canter-
bury.   Vols. I.–VI.   *Edited by* the Rev. James Craigie Robertson,
M.A., Canon of Canterbury.   1875–1883.   Vol. VII.   *Edited by* Joseph
Brigstocke Sheppard, LL.D.   1885.

   The first volume contains the life of that celebrated man, and the miracles after his
death, by William, a monk of Canterbury. The second, the life by Benedict of Peterborough; John of Salisbury; Alan of Tewkesbury; and Edward Grim. The third, the life
by William Fitzstephen; and Herbert of Bosham. The fourth, anonymous lives, Quadri-
logus, &c. The fifth, sixth, and seventh, the Epistles, and known letters.

68. Radulfi de Diceto Decani Lundoniensis Opera Historica.   The
Historical Works of Master Ralph de Diceto, Dean of London.
Vols. I. and II.   *Edited by* the Rev. William Stubbs, M.A., Regius
Professor of Modern History, and Fellow of Oriel College, Oxford.
1876.

   The abbreviationes Chronicorum extend to 1147 and the Ymagines Historiarum to
1201.

69. ROLL OF THE PROCEEDINGS OF THE KING'S COUNCIL IN IRELAND, FOR A PORTION OF THE 16TH YEAR OF THE REIGN OF RICHARD II. 1392–93. *Edited by* the Rev. JAMES GRAVES, A.B. 1877.

70. HENRICI DE BRACTON DE LEGIBUS ET CONSUETUDINIBUS ANGLIÆ LIBRI QUINQUE IN VARIOS TRACTATUS DISTINCTI. Vols. I.–IV. *Edited by* SIR TRAVERS TWISS, Q.C., D.C.L. 1878–1883.

71. THE HISTORIANS OF THE CHURCH OF YORK, AND ITS ARCHBISHOPS. Vols. I. and II. *Edited by* the Rev. JAMES RAINE, M.A., Canon of York, and Secretary of the Surtees Society. 1879–1886.

72. REGISTRUM MALMESBURIENSE. THE REGISTER OF MALMESBURY ABBEY ; PRESERVED IN THE PUBLIC RECORD OFFICE. Vols. I. and II. *Edited by* the Rev. J. S. BREWER, M.A., Preacher at the Rolls, and Rector of Toppesfield; *and* CHARLES TRICE MARTIN, B.A. 1879–1880.

73. HISTORICAL WORKS OF GERVASE OF CANTERBURY. Vols. I. and II. *Edited by* the Rev. WILLIAM STUBBS, D.D.; Canon Residentiary of St. Paul's, London; Regius Professor of Modern History and Fellow of Oriel College, Oxford; &c. 1879, 1880.

74. HENRICI ARCHIDIACONI HUNTENDUNENSIS HISTORIA ANGLORUM. THE HISTORY OF THE ENGLISH, BY HENRY, ARCHDEACON OF HUNTINGDON, from A.D. 55 to A.D. 1154, in Eight Books. *Edited by* THOMAS ARNOLD, M.A. 1879.

75. THE HISTORICAL WORKS OF SYMEON OF DURHAM. Vols. I. and II. *Edited by* THOMAS ARNOLD, M.A. 1882–1885.

76. CHRONICLE OF THE REIGNS OF EDWARD I. AND EDWARD II. Vols. I. and II. *Edited by* the Rev. WILLIAM STUBBS, D.D., Canon Residentiary of St. Paul's, London; Regius Professor of Modern History, and Fellow of Oriel College, Oxford, &c. 1882, 1883.

    The first volume of these Chronicles contains the *Annales Londonienses* and the *Annales Paulini* : the second I.—*Commendatio Lamentabilis in Transitu magni Regis Edwardi.* II.—*Gesta Edwardi de Carnarvan Auctore Canonico Bridlingtoniensi.* III.—*Monachi cujusdam Malmesberiensis Vita Edwardi II.* IV.—*Vita et Mors Edwardi II., conscripta a Thoma de la Moore.*

77. REGISTRUM EPISTOLARUM FRATRIS JOHANNIS PECKHAM, ARCHIEPISCOPI CANTUARIENSIS. Vols. I.–III. *Edited by* CHARLES TRICE MARTIN, B.A., F.S.A., 1882–1886.

78. REGISTER OF S. OSMUND. *Edited by* the Rev. W. H. RICH JONES, M.A., F.S.A., Canon of Salisbury, Vicar of Bradford-on-Avon. Vols. I. and II. 1883, 1884.

    This Register derives its name from containing the statutes, rules, and orders made or compiled by S. Osmund, to be observed in the Cathedral and diocese of Salisbury.

79. CHARTULARY OF THE ABBEY OF RAMSEY. Vols. I. and II. *Edited by* WILLIAM HENRY HART, F.S.A.; and the Rev. PONSONBY ANNESLEY LYONS. 1884, 1886.

80. CHARTULARIES OF ST. MARY'S ABBEY, DUBLIN, WITH THE REGISTER OF ITS HOUSE AT DUNBRODY, COUNTY OF WEXFORD, AND ANNALS OF IRELAND, 1162–1370. *Edited by* JOHN THOMAS GILBERT, F.S.A., M.R.I.A. Vols. I. and II. 1884, 1885.

81. EADMERI HISTORIA NOVORUM IN ANGLIA, ET OPUSCULA DUO DE VITA SANCTI ANSELMI ET QUIBUSDAM MIRACULIS EJUS. *Edited by* the Rev. MARTIN RULE, M.A. 1884.

82. CHRONICLES OF THE REIGNS OF STEPHEN, HENRY II., AND RICHARD I. Vols. I.–IV. *Edited by* RICHARD HOWLETT, Barrister-at-Law. 1884–1890.

    Vol. I. contains Books I.–IV. of the *Historia Rerum Anglicarum* of William of New burgh. Vol. II. contains Book V. of that work, the continuation of the same to A.D. 1298 and the *Draco Normannicus* of Etienne de Rouen.

Vol. III. contains the *Gesta Stephani Regis*, the Chronicle of Richard of Hexham, the *Relatio de Standardo* of St. Aelred of Rievaulx, the poem of Jordan Fantosme, and the Chronicle of Richard of Devizes.
Vol. IV. contains the Chronicle of Robert of Torigni.

83. CHRONICLE OF THE ABBEY OF RAMSEY. *Edited by* the Rev. WILLIAM DUNN MACRAY, M.A., F.S.A., Rector of Ducklington, Oxon. 1886.

84. CHRONICA ROGERI DE WENDOVER, SIVE FLORES HISTORIARUM. Vols. I.-III. *Edited by* HENRY GAY HEWLETT, Keeper of the Records of the Land Revenue. 1886-1889.

   This edition gives that portion only of Roger of Wendover's Chronicle which can be accounted an original authority.

85. THE LETTER BOOKS OF THE MONASTERY OF CHRIST CHURCH, CANTERBURY, *Edited by* JOSEPH BRIGSTOCKE SHEPPARD, LL.D. Vols. I.-III., 1887-1889.

   The Letters printed in these volumes were chiefly written between the years 1296 and 1333.

86. THE METRICAL CHRONICLE OF ROBERT OF GLOUCESTER. *Edited by* WILLIAM ALDIS WRIGHT, M.A., Senior Fellow of Trinity College, Cambridge. Parts I. and II., 1887.

   The date of the composition of this Chronicle is placed about the year 1300. The writer appears to have been an eye witness of many events which he describes. The language in which it is written was the dialect of Gloucestershire at that time.

87. CHRONICLE OF ROBERT OF BRUNNE. *Edited by* FREDERICK JAMES FURNIVALL, M.A., Barrister-at-Law. Parts I. and II. 1887.

   Robert of Brunne, or Bourne, co. Lincoln, was a member of the Gilbertine Order established at Sempringham. His Chronicle is described by its editor as a work of fiction, a contribution not to English history, but to the history of English.

88. ICELANDIC SAGAS AND OTHER HISTORICAL DOCUMENTS relating to the Settlements and Descents of the Northmen on the British Isles. Vol. I. Orkneyinga Saga, and Magnus Saga. Vol. II. Hakonar Saga, and Magnus Saga. *Edited by* GUDBRAND VIGFUSSON, M.A. 1887.

89. THE TRIPARTITE LIFE OF ST. PATRICK, with other documents relating to that Saint. *Edited by* WHITLEY STOKES, LL.D., D.C.L., Honorary Fellow of Jesus College, Oxford; and Corresponding Member of the Institute of France. Parts I. and II. 1887.

90. WILLELMI MONACHI MALMESBIRIENSIS DE REGUM GESTIS ANGLORUM LIBRI V.; ET HISTORIÆ NOVELLÆ, LIBRI III. *Edited by* WILLIAM STUBBS, D.D., Bishop of Oxford. Vols. I. and II. 1887-1889.

91. LESTORIE DES ENGLES SOLUM GEFFREI GAIMAR. *Edited by* the late Sir THOMAS DUFFUS HARDY, D.C.L., Deputy Keeper of the Records; *continued and translated by* CHARLES TRICE MARTIN, B A., F.S.A. Vols. I. and II. 1888-1889.

92. CHRONICLE OF HENRY KNIGHTON, Canon of Leicester. *Edited by* the Rev. JOSEPH RAWSON LUMBY, D.D., Norrisian Professor of Divinity. Vol. I. 1889.

93. CHRONICLE OF ADAM MURIMUTH, with the CHRONICLE OF ROBERT OF AVESBURY. *Edited by* EDWARD MAUNDE THOMPSON, LL.D., F.S.A. Principal Librarian and Secretary of the British Museum. 1889.

94. CHARTULARY OF THE ABBEY OF ST. THOMAS THE MARTYR, DUBLIN. *Edited by* JOHN THOMAS GILBERT, F.S.A., M.I.R.A. 1889.

95. FLORES HISTORIARUM. *Edited by* the Rev. H. R. LUARD, D.D., Fellow of Trinity College and Registrar of the University, Cambridge. Vol. I. The creation to A.D. 1066. Vol. II. A.D. 1067-1264. Vol. III. A.D. 1265-1326. 1890.

96. MEMORIALS OF ST. EDMUND'S ABBEY. *Edited by* THOMAS ARNOLD, M.A., Fellow of the Royal University of Ireland. Vol. I. 1890.

97. CHARTERS AND DOCUMENTS, ILLUSTRATING THE HISTORY OF THE CATHEDRAL AND CITY OF SARUM, 1100–1300; forming an Appendix to the Register of S. Osmund. *Selected by* the late Rev. W. H. RICH JONES, M.A., F.S.A., *and edited by* the Rev. W. D. MACRAY, M.A., F.S.A., Rector of Ducklington. 1891.

In the Press.

ICELANDIC SAGAS, AND OTHER HISTORICAL DOCUMENTS relating to the Settlements and Descents of the Northmen on the British Isles. Vols. III.—IV. *Translated by* Sir GEORGE WEBBE DASENT, D.C.L.

CHARTULARY OF THE ABBEY OF RAMSEY. Vol. III.

RANULF DE GLANVILL; TRACTATUS DE LEGIBUS ET CONSUETUDINIBUS ANGLIÆ, &c. *Edited and translated by* Sir TRAVERS TWISS, Q.C., D.C.L.

YEAR BOOKS OF THE REIGN OF EDWARD III. *Edited and translated by* LUKE OWEN PIKE, M.A., Barrister-at-Law.

CHRONICLE OF HENRY KNIGHTON, Canon of Leicester, to the death of RICHARD II. *Edited by* the Rev. JOSEPH RAWSON LUMBY, D.D. Vol. II.

MEMORIALS OF ST. EDMUND'S ABBEY. *Edited by* THOMAS ARNOLD, M.A. Vol. II.

THE RED BOOK OF THE EXCHEQUER. *Edited by* HUBERT HALL, F.S.A., of the Public Record Office. Parts I., II., and III.

THE HISTORIANS OF THE CHURCH OF YORK, AND ITS ARCHBISHOPS, Vol. III. *Edited by* the Rev. JAMES RAINE, M.A., Canon of York, and Secretary of the Surtees Society.

PARLIAMENTARY PETITIONS, &c., of the reign of Edward I. *Edited by* F. W. MAITLAND, M.A.

In Progress.

DESCRIPTIVE CATALOGUE OF MANUSCRIPTS RELATING TO THE HISTORY OF GREAT BRITAIN AND IRELAND. Vol. IV.; 1327, &c. *Edited by* the late Sir THOMAS DUFFUS HARDY, D.C.L., Deputy Keeper of the Records, and C. TRICE MARTIN, B.A., F.S.A.

PUBLICATIONS OF THE RECORD COMMISSIONERS, &c.

[In boards or cloth. Volumes not mentioned in this list are out of print.]

ROTULORUM ORIGINALIUM IN CURIÂ SCACCARII ABBREVIATIO. Hen. III.—
Edw. III. *Edited by* HENRY PLAYFORD. 2 Vols. folio (1805-1810).
12s. 6d. each.

LIBRORUM MANUSCRIPTORUM BIBLIOTHECÆ HARLEIANÆ CATALOGUS. Vol. 4.
Edited by the Rev. T. HARTWELL HORNE. Folio (1812), 18s.

ABBREVIATIO PLACITORUM. Richard I.—Edward II. *Edited by* the Right Hon.
GEORGE ROSE and W. ILLINGWORTH. 1 Vol. folio (1811), 18s.

LIBRI CENSUALIS vocati DOMESDAY-BOOK, INDICES. *Edited by* Sir HENRY ELLIS.
Folio (1816), (Domesday-Book, Vol. 3). 21s.

LIBRI CENSUALIS vocati DOMESDAY-BOOK, ADDITAMENTA EX CODIC. ANTIQUISS.
Edited by Sir HENRY ELLIS. Folio (1816), (Domesday-Book, Vol. 4). 21s.

STATUTES OF THE REALM. *Edited by* Sir T. E. TOMLINS, JOHN RAITHBY, JOHN
CALEY and WM. ELLIOTT. Vols. 7, 8, 9, 10, and 11, folio (1819-1828).
31s. 6d. each; Indices, 30s. each.

VALOR ECCLESIASTICUS, temp. Hen. VIII., Auctoritate Regia institutus. *Edited by*
JOHN CALEY, Esq., and the Rev. JOSEPH HUNTER. Vols. 5 to 6, folio (1825-
1834). 25s. each. The Introduction, separately, 8vo. 2s. 6d.

ROTULI SCOTIÆ IN TURRI LONDINENSI ET IN DOMO CAPITULARI WESTMONASTERIENS
ASSERVATI. 19 Edw. I.—Hen. VIII. *Edited by* D. MACPHERSON, J. CALEY,
W. ILLINGWORTH, and Rev. T. H. HORNE. Vol. 2, folio (1818). 21s.

FŒDERA, CONVENTIONES, LITTERÆ, &c.; or, RYMER'S FŒDERA, New Edition, folio.
Edited by JOHN CALEY and FRED. HOLBROOKE. Vol. 4, 1377-1383 (1869). 6s.

DUCATUS LANCASTRIÆ CALENDARIUM INQUISITIONUM POST MORTEM, &c. Part 3.
Calendar to Pleadings, &c., Hen. VII.—13 Eliz. Part 4, Calendar to Pleadings,
to end of Eliz. (1827-1834.) *Edited by* R. J. HARPER, JOHN CALEY, and
WM. MINCHIN. Folio. Part 4 (or Vol. 3), 21s.

CALENDARS OF THE PROCEEDINGS IN CHANCERY, ELIZ.; with Examples of Proceedings from Ric. II. *Edited by* JOHN BAYLEY. Vol. 3 (1832), folio, 21s.

ROTULI LITTERARUM CLAUSARUM IN TURRI LONDINENSI ASSERVATI. 2 Vols. folio
(1833, 1844). *Edited by* THOMAS DUFFUS HARDY, Esq. Vol. 2, 1224-1227.
18s.

PROCEEDINGS AND ORDINANCES OF THE PRIVY COUNCIL OF ENGLAND. 10 Ric. II.—
33 Hen. VIII. *Edited by* Sir NICHOLAS HARRIS NICOLAS. 7 Vols. royal 8vo.
(1834-1837). 14s. each.

ROTULI LITTERARUM PATENTIUM IN TURRI LOND. ASSERVATI. 1201-1216. *Edited
by* T. DUFFUS HARDY. 1 Vol. folio (1835), 31s. 6d. The Introduction,
separately, 8vo. 9s.

ROTULI CURIÆ REGIS. Rolls and Records of the Court held before the King's
Justiciars or Justices. 6 Richard I.—1 John. *Edited by* Sir FRANCIS PALGRAVE.
Vol. 2 royal 8vo. (1835). 14s.

ROTULI NORMANNIÆ IN TURRI LOND. ASSERVATI. 1200-1205; 1417-1418. *Edited
by* THOMAS DUFFUS HARDY. 1 Vol. royal 8vo. (1835). 12s. 6d.

ROTULI DE OBLATIS ET FINIBUS IN TURRI LOND. ASSERVATI, temp. Regis Johannis.
Edited by THOMAS DUFFUS HARDY. 1 Vol. royal 8vo. (1835). 18s.

EXCERPTA E ROTULIS FINIUM IN TURRI LONDINENSI ASSERVATIS. Henry III.,
1216-1272. *Edited by* CHARLES ROBERTS. 2 Vols. royal 8vo. (1835, 1836);
Vol. 1, 14s. Vol. 2, 18s.

FINES, SIVE PEDES FINIUM; SIVE FINALES CONCORDIÆ IN CURIÂ DOMINI REGIS.
7 Richard I.—16 John, 1195—1214. *Edited by* the Rev. JOSEPH HUNTER. In
Counties. 2 Vols. royal 8vo. (1835-1844); Vol. 1, 8s. 6d.; Vol. 2, 2s. 6d.

ANCIENT KALENDARS AND INVENTORIES OF THE TREASURY OF HIS MAJESTY'S
EXCHEQUER; with Documents illustrating its History. *Edited by* Sir FRANCIS
PALGRAVE. 3 Vols. royal 8vo. (1836). 42s.

DOCUMENTS AND RECORDS illustrating the History of Scotland, and Transactions
between Scotland and England; preserved in the Treasury of Her Majesty's
Exchequer. *Edited by* Sir FRANCIS PALGRAVE. 1 Vol. royal 8vo. (1837). 18s.

Rotuli Chartarum in Turri Londinensi asservati. 1190–1216. *Edited by* Thomas Duffus Hardy. 1 Vol. folio (1837). 30s.

Report of the Proceedings of the Record Commissioners, 1831–1837. 1 Vol. fol. (1837). 8s.

Registrum vulgariter nuncupatum "The Record of Caernarvon," e codice MS. Harleiano, 696, descriptum. *Edited by* Sir Henry Ellis. 1 Vol. folio (1838). 31s. 6d.

Ancient Laws and Institutes of England ; comprising Laws enacted under the Anglo-Saxon Kings, with Translation of the Saxon; the Laws called Edward Confessor's ; the Laws of William the Conqueror, and those ascribed to Henry I. ; Monumenta Ecclesiastica Anglicana, from 7th to 10th century ; and Ancient Latin Version of the Anglo-Saxon Laws. *Edited by* Benjamin Thorpe. 2 Vols. royal 8vo., 30s.

Ancient Laws and Institutes of Wales; comprising Laws supposed to be enacted by Howel the Good, modified by Regulations prior to the Conquest by Edward I.; and anomalous Laws, principally of Institutions which continued in force. With translation. Also, Latin Transcripts, containing Digests of Laws, principally of the Dimetian Code. *Edited by* Aneurin Owen. 1 Vol. folio (1841), 44s. 2 Vols. royal 8vo., 36s.

Rotuli de Liberate ac de Misis et Præstitis, Regnante Johanne. *Edited by* Thomas Duffus Hardy. 1 Vol. royal 8vo. (1844). 6s.

The Great Rolls of the Pipe, 2, 3, 4 Hen. II., 1155–1158. *Edited by* the Rev. Joseph Hunter. 1 Vol. royal 8vo. (1844). 4s. 6d.

The Great Roll of the Pipe, 1 Ric. I., 1189–1190. *Edited by* the Rev. Joseph Hunter. 1 Vol. royal 8vo. (1844). 6s.

Documents Illustrative of English History in the 13th and 14th centuries, from the Records of the Queen's Remembrancer in the Exchequer. *Edited by* Henry Cole. 1 Vol. fcp. folio (1844). 45s. 6d.

Modus Tenendi Parliamentum. An Ancient Treatise on the Mode of holding the Parliament in England. *Edited by* Thomas Duffus Hardy. 1 Vol. 8vo. (1846). 2s. 6d.

Registrum Magni Sigilli Reg. Scot. in Archivis Publicis asservatum. Vol. 1. 1306–1424. (*For continuation see* p. 33.) *Edited by* Thomas Thomson. Folio (1814). 10s. 6d.

Acts of the Parliaments of Scotland. Folio (1814–1875). *Edited by* Thomas Thomson and Cosmo Innes. Vol. 1, 42s. Vols. 5 and 6 (in three Parts), 21s. each Part; Vols. 7, 8, 9, 10, and 11, 10s. 6d. each; Vol. 12 (Index), 63s. Or, 12 Volumes in 13, 12l. 12s.

Acts of the Lords Auditors of Causes and Complaints (Acta Dominorum Auditorum). 1466–1494. *Edited by* Thomas Thomson. Fol. (1839). 10s. 6d.

Acts of the Lords of Council in Civil Causes (Acta Dominorum Concilii), 1478–1495. *Edited by* Thomas Thomson. Folio (1839). 10s. 6d.

Issue Roll of Thomas de Brantingham, Bishop of Exeter, Lord High Treasurer, containing Payments out of the Revenue, 44 Edw. III., 1370. *Edited by* Frederick Devon. 1 Vol. royal 8vo., 25s.

Issues of the Exchequer, James I.; from the Pell Records. *Edited by* Frederick Devon, Esq. 1 Vol. 4to. (1836), 30s. Or, royal 8vo., 21s.

Issues of the Exchequer, Henry III.—Henry VI.; from the Pell Records. *Edited by* Frederick Devon. 1 Vol. royal 8vo., 30s.

Handbook to the Public Records. *By* F. S. Thomas, Secretary of the Public Record Office. 1 Vol. royal 8vo. (1853). 12s.

Historical Notes relative to the History of England. Henry VIII.—Anne (1509–1714). A Book of Reference for ascertaining the Dates of Events. *By* F. S. Thomas. 3 Vols. 8vo. (1856). 40s.

State Papers, during the Reign of Henry the Eighth : with Indices of Persons and Places. 11 Vols. 4to. (1830–1852), 10s. 6d. each.
Vol. I.—Domestic Correspondence.
Vols. II. & III.—Correspondence relating to Ireland.
Vols. IV. & V.—Correspondence relating to Scotland.
Vols. VI. to XI.—Correspondence between England and Foreign Courts.

WORKS PUBLISHED IN PHOTOZINCOGRAPHY.

DOMESDAY BOOK, or the GREAT SURVEY OF ENGLAND OF WILLIAM THE CONQUEROR, 1086; fac-simile of the Part relating to each county, separately (with a few exceptions of double counties). Photozincographed at the Ordinance Survey Office, Southampton, by Colonel Sir HENRY JAMES, R.E., F.R.S., &c., DIRECTOR-GENERAL of the ORDNANCE SURVEY, under the Superintendence of W. BASEVI SANDERS, an Assistant Record Keeper. 35 Parts, imperial quarto and demy quarto (1861–1863), boards.

Domesday Survey is in two parts or volumes. The first in folio, contains the counties of Bedford, Berks, Bucks, Cambridge, Chester, and Lancaster, Cornwall, Derby, Devon, Dorset, Gloucester, Hants, Hereford, Herts, Huntingdon, Kent, Leicester and Rutland, Lincoln, Middlesex, Northampton, Nottingham, Oxford, Salop, Somerset, Stafford, Surrey, Sussex, Warwick, Wilts, Worcester, and York. The second volume, in quarto, contains the counties of Essex, Norfolk and Suffolk.

Domesday Book was printed *verbatim et literatim* during the last century, in consequence of an address of the House of Lords to King George III. in 1767. It was not, however, commenced until 1773, and was completed early in 1783. In 1860, Her Majesty's Government with the concurrence of the Master of the Rolls, determined to apply the art of photozincography to the production of a fac-simile of Domesday Book.

Title.	Price.		Title.	Price.	
	£	s.	d.		£	s.	d.
In Great Domesday Book.	£	s.	d.	Brought forward -	7	17	0
				Middlesex - -	0	8	0
Bedfordshire - -	0	8	0	Nottinghamshire -	0	10	0
Berkshire - - -	0	8	0	Northamptonshire -	0	8	0
Buckingham - -	0	8	0	Oxfordshire - -	0	8	0
Cambridge - -	0	10	0	Rutlandshire (bound with			
Cheshire and Lancashire -	0	8	0	Leicestershire)	—		
Cornwall - - -	0	8	0	Shropshire - -	0	8	0
Derbyshire - -	0	8	0	Somersetshire -	0	10	0
Devonshire - -	0	10	0	Staffordshire -	0	8	0
Dorsetshire - -	0	8	0	Surrey - -	0	8	0
Gloucestershire - -	0	8	0	Sussex - -	0	10	0
Hampshire - -	0	10	0	Warwickshire -	0	8	0
Herefordshire - -	0	8	0	Wiltshire - -	0	10	0
Hertfordshire - -	0	10	0	Worcestershire -	0	8	0
Huntingdonshire - -	0	8	0	Yorkshire - -	1	1	0
Kent - - -	0	8	0				
Lancashire (*see* Cheshire and Lancashire) -	—			*In Little Domesday Book.*			
				Norfolk - - -	1	3	0
Leicestershire and Rutlandshire -	0	8	0	Suffolk - - -	1	2	0
Lincolnshire - -	1	1	0	Essex - - -	0	16	0
Carried forward -	7	17	0	Total - -	£17	3	0

FAC-SIMILES OF NATIONAL MANUSCRIPTS, from WILLIAM THE CONQUEROR to QUEEN ANNE, selected under the direction of the Master of the Rolls and Photozincographed, by Command of Her Majesty, by Colonel Sir HENRY JAMES, R.E., F.R.S., DIRECTOR-GENERAL of the ORDNANCE SURVEY, and edited by W. BASEVI SANDERS, an Assistant Record Keeper. *Price*, each Part, with translations and notes, double foolscap folio, 16s.

Part I. (William the Conqueror to Henry VII.). 1865. (*Out of print.*)

Part II. (Henry VII. and Edward VI.). 1866.

Part III. (Mary and Elizabeth). 1867.

Part IV. (James I. to Anne). 1868.

The first Part extends from William the Conqueror to Henry VII., and contains autographs of the kings of England, as well as of many other illustrious personages famous in history, and some interesting charters, letters patent, and state papers. The second Part for the reigns of Henry VIII. and Edward VI., consists principally of holograph letters, and autographs of kings, princes, statesmen, and other persons of great historical interest, who lived during those reigns. The third Part contains similar documents for the reigns of Mary and Elizabeth, including a signed bill of Lady Jane Grey. The fourth Part concludes the series, and comprises a number of documents taken from the originals belonging to the Constable of the Tower of London ; also several records illustrative of the Gunpowder Plot, and a woodcut containing portraits of Mary Queen of Scots and James VI., circulated by their adherent. in England, 1580–3.

FAC-SIMILES OF ANGLO-SAXON MANUSCRIPTS. Photozin·ographed, by Command of Her Majesty, upon the recommendation of the Master of the Rolls, by the DIRECTOR-GENERAL of the ORDNANCE SURVEY, Lieut-General J. CAMERON, R.E., C.B., F.R.S., and·edited by W. BASEVI SANDERS, an Assistant Record Keeper. Part I. *Price 2l. 10s.*

The Anglo-Saxon MSS. represented in this volume from the earlier portions of the collection of archives belonging to the Dean and Chapter of Canterbury, and consist of a series of 25 charters, deeds, and wills, commencing with a record of proceedings at the first Synodal Council of Clovestho in 742, and terminating with the first part of a tripartite chirograph of the sixth year of the reign of Edward the Confessor.

FAC-SIMILES OF ANGLO-SAXON MANUSCRIPTS. Photozincographed, by Command of Her Majesty, upon the recommendation of the Master of the Rolls, by the DIRECTOR-GENERAL of the ORDNANCE SURVEY, Major-General A. COOKE, R.E., C.B., and collected and edited by W. BASEVI SANDERS, an Assistant Record Keeper. Part II. *Price 3l. 10s.*

·(Also, separately. Edward the Confessor's Charter. *Price 2s.*)

The originals of the Fac-similes contained in this volume belong to the Deans and Chapters of Westminster, Exeter, Wells, Winchester, and Worcester; the Marquis of Bath, the Earl of Ilchester, Winchester College, Her Majesty's Public Record Office, Bodleian Library, Somersetshire Archæological and National History Society's Museum in Taunton Castle, and William Salt Library at Stafford. They consist of charters and other documents granted by, or during the reigns of, Baldred, Æthelred, Offa, and Burgred, Kings of Mercia; Uhtred of the Huiccas, Ceadwalla and Ini of Wessex; Æthelwulf, Edward the Elder, Æthelstan, Eadmund the First, Eadred, Eadwig, Eadgar, Eadward the Second, Æthelred the Second, Cnut, Eadward the Confessor, and William the Conqueror, embracing altogether a period of nearly four hundred years.

FAC-SIMILES OF ANGLO-SAXON MANUSCRIPTS. Photozincograpned, by Command of Her Majesty, upon the recommendation of the Master of the Rolls, by the DIRECTOR-GENERAL of the ORDNANCE SURVEY, Colonel R. H. STOTHERD, R.E., C.B., and collected and edited by W. BASEVI SANDERS, an Assistant Keeper of Her Majesty's Records. Part III. *Price 6l. 6s.*

This volume contains fac-similes of the Ashburnham collection of Anglo-Saxon Charters, &c., including King Alfred's Will. The MSS. represented in it, range from A.D. 697 to A.D. 1161, being charters, wills, deeds, and reports of Synodal transactions during the reigns of Kings Wihtred of Kent, Offa, Eardwulf, Coenwulf, Cuthred, Beornwulf, Æthelwulf, Ælfred, Eadward the Elder, Eadmund, Eadred, Queen Eadgifu, and Kings Eadgar, Æthelred the Second, Cnut, Henry the First, and Henry the Second. In addition to these are two belonging to the Marquis of Anglesey, one of them being the Foundation Charter of Burton Abbey by Æthelred the Second with the testament of its great benefactor Wulfric.

Public Record Office,
October 1892.

HISTORICAL MANUSCRIPTS COMMISSION.

REPORTS OF THE ROYAL COMMISSIONERS APPOINTED TO INQUIRE WHAT
• PAPERS AND MANUSCRIPTS BELONGING TO PRIVATE FAMILIES AND
INSTITUTIONS ARE EXTANT WHICH WOULD BE OF UTILITY IN THE
ILLUSTRATION OF HISTORY, CONSTITUTIONAL LAW, SCIENCE AND
GENERAL LITERATURE.

Date.	—	Size.	Sessional Paper.	Price.
				s. d
1870 (Reprinted 1874.)	FIRST REPORT, WITH APPENDIX · Contents :— ENGLAND. House of Lords; Cambridge Colleges; Abingdon, and other Corporations, &c. SCOTLAND. Advocates' Library, Glasgow Corporation, &c. IRELAND. Dublin, Cork, and other Corporations, &c.	f'cap	[C. 55]	1 6
1871	SECOND REPORT, WITH APPENDIX, AND INDEX TO THE FIRST AND SECOND REPORTS · · · · · Contents :— ENGLAND. House of Lords; Cambridge Colleges; Oxford Colleges; Monastery of Dominican Friars at Woodchester, Duke of Bedford, Earl Spencer, &c. SCOTLAND. Aberdeen and St. Andrew's Universities, &c. IRELAND. Marquis of Ormonde; Dr. Lyons, &c.	„	[C. 441]	3 10
1872	THIRD REPORT, WITH APPENDIX AND INDEX · · · · · Contents :— ENGLAND. House of Lords; Cambridge Colleges; Stonyhurst College; Bridgewater and other Corporations; Duke of Northumberland, Marquis of Lansdowne, Marquis of Bath, &c. SCOTLAND. University of Glasgow; Duke of Montrose, &c. IRELAND. Marquis of Ormonde; Black Book of Limerick, &c.	„	[C. 673]	[*Out of print.*]
1873	FOURTH REPORT, WITH APPENDIX. PART I. · · · · · Contents :— ENGLAND. House of Lords; Westminster Abbey; Cambridge and Oxford Colleges; Cinque Ports, Hythe, and other Corporations, Marquis of Bath, Earl of Denbigh, &c.	„	[C. 857]	6 8

Date.	—	Size.	Sessional Paper.	Price.
	FOURTH REPORT, &c.—*cont.* SCOTLAND. Duke of Argyll, &c. IRELAND. Trinity College, Dublin; Marquis of Ormonde.			*s. d.*
1873	DITTO. PART II. INDEX - - -	f'cap	[C.857i.]	2 6
1876	FIFTH REPORT, WITH APPENDIX. PART I. - Contents :— ENGLAND. House of Lords; Oxford and Cambridge Colleges; Dean and Chapter of Canterbury; Rye, Lydd, and other Corporations, Duke of Sutherland, Marquis of Lansdowne, Reginald Cholmondeley, Esq., &c. SCOTLAND. Earl of Aberdeen, &c.	„	[C.1432]	7 0
„	DITTO. PART II. INDEX - - -	„	[C.1432 i.]	3 6
1877	SIXTH REPORT, WITH APPENDIX. PART I. - Contents :— ENGLAND. House of Lords; Oxford and Cambridge Colleges; Lambeth Palace; Black Book of the Arch- deacon of Canterbury; Bridport, Wallingford, and other Corporations; Lord Leconfield, Sir Reginald Graham, Sir Henry Ingilby, &c. SCOTLAND. Duke of Argyll, Earl of Moray, &c. IRELAND. Marquis of Ormonde.	„	[C.1745]	8 6
	DITTO. PART II. INDEX - - -	„	[C.2102]	[*Out of print.*]
1879	SEVENTH REPORT, WITH APPENDIX. PART I. - - - - - Contents :— House of Lords; County of Somerset; Earl of Egmont, Sir Frederick Graham, Sir Harry Verney, &c.	„	[C.2340]	[*Out of print.*]
	DITTO. PART II. APPENDIX AND INDEX - Contents : — Duke of Athole, Marquis of Ormonde, S. F. Livingstone, Esq., &c.	„	[C. 2340 i.]	[*Out of print.*]
1881	EIGHTH REPORT, WITH APPENDIX AND INDEX. PART I. - - - Contents :— List of collections examined, 1869–1880. ENGLAND. House of Lords; Duke of Marlborough; Magdalen College, Oxford; Royal College of Physicians; Queen Anne's Bounty Office; Corporations of Chester, Leicester, &c. IRELAND. Marquis of Ormonde, Lord Emly, The O'Conor Don, Trinity College, Dublin, &c.	„	[C.3040]	8 6
1881	DITTO. PART II. APPENDIX AND INDEX - Contents :— Duke of Manchester.	„	[C. 3040 i.]	1 9

Date.	—	Size.	Sessional Paper.	Price.
				s. d.
1881	EIGHTH REPORT. PART III. APPENDIX AND INDEX - - - - - Contents :— Earl of Ashburnham.	f'cap	[C.3040 ii.]	1 4
1883	NINTH REPORT, WITH APPENDIX AND INDEX. PART I. - - - - Contents :— St. Paul's and Canterbury Cathedrals ; Eton College ; Carlisle, Yarmouth, Canterbury, and Barnstaple Corporations, &c.	,,	[C.3773]	[*Out of print.*]
1884	DITTO. PART II. APPENDIX AND INDEX - Contents :— ENGLAND. House of Lords, Earl of Leicester ; C. Pole Gell, Alfred Morrison, Esqs., &c. SCOTLAND. Lord Elphinstone, H. C. Maxwell Stuart, Esq., &c. IRELAND. Duke of Leinster, Marquis of Drogheda, &c.	,,	[C.3773 i.]	6 3
1884	DITTO. PART III. APPENDIX AND INDEX - - - - - Contents :— Mrs. Stopford Sackville.	,,	[C.3773 ii.]	1 7
1883	CALENDAR OF THE MANUSCRIPTS OF THE MARQUIS OF SALISBURY, K.G. (or CECIL MSS.). PART I. - - - -	8vo.	[C.3777]	[*Out of print.*]
1888	DITTO. PART II. - - -	,,	[C.5463]	3 5
1889	DITTO. PART III. - - -	,,	[C. 5889 v.]	2 1
	DITTO. PART IV. - - -	*In the Press.*		
1885	TENTH REPORT - - - - This is introductory to the following :—	,,	[C.4548]	0 3½
1885	(1.) APPENDIX AND INDEX - - - Earl of Eglinton, Sir J. S. Maxwell, Bart., and C. S. H. D. Moray, C. F. Weston Underwood, G. W. Digby, Esqs.	,,	[C.4575]	[*Out of print.*]
1885	(2.) APPENDIX AND INDEX - - The Family of Gawdy.	,,	[C.4576 iii.]	1 4
1885	(3.) APPENDIX AND INDEX - - Wells Cathedral.	,,	[C.4576 ii.]	2 0
1885	(4.) APPENDIX AND INDEX - - - Earl of Westmorland ; Capt. Stewart ; Lord Stafford ; Sir N. W. Throckmorton, Stonyhurst College ; Sir P. T. Mainwaring, Misses Boycott, Lord Muncaster, M.P., Capt. J. F. Bagot, Earl of Kilmorey, Earl of Powis, Revs. T. S. Hill, C. R. Man-	,,	[C.4576]	3 6

Date.	—	Size.	Sessional Paper.	Price.
				s. d.
	(4.) APPENDIX AND INDEX.—*cont.* and others, the Corporations of Kendal, Wenlock, Bridgnorth, Eye, Plymouth, and the County of Essex.			
1885	(5.) APPENDIX AND INDEX - - - The Marquis of Ormonde, Earl of Fingall, Corporations of Galway, Waterford, the Sees of Dublin and Ossory, the Jesuits in Ireland.	8vo.	[4576 i.]	[*Out of print.*]
1887	(6.) APPENDIX AND INDEX - - - Marquis of Abergavenny, Lord Braye, G. F. Luttrell, P. P. Bouverie, W. B. Davenport, M.P., R. T. Balfour, Esquires.	,,	[C.5242]	1 7
1887	ELEVENTH REPORT - - - - This is introductory to the following :—	,,	[C. 5060 vi.]	0 3
1887	(1.) APPENDIX AND INDEX - - - H. D. Skrine, Esq., Salvetti Correspondence.	,,	[C.5060]	1 1
1887	(2.) APPENDIX AND INDEX - - - House of Lords. 1678-1688.	,,	[C. 5060 i.]	2 0
1887	(3.) APPENDIX AND INDEX - - - Corporations of Southampton and Lynn.	,,	[C. 5060 ii.]	1 8
1887	(4.) APPENDIX AND INDEX - - - Marquess Townshend.	,,	[C. 5060 iii.]	2 6
1887	(5.) APPENDIX AND INDEX - - - Earl of Dartmouth.	,,	[C. 5060 iv.]	2 8
1887	(6.) APPENDIX AND INDEX - - - Duke of Hamilton.	,,	[C. 5060 v.]	1 6
1888	(7.) APPENDIX AND INDEX - - - Duke of Leeds, Marchioness of Waterford, Lord Hothfield, &c.; Bridgwater Trust Office, Reading Corporation, Inner Temple Library.	,,	[C.5612]	2 0
1890	TWELFTH REPORT - - - - This is introductory to the following :--	,,	[C.5889]	0 3
1888	(1.) APPENDIX - - - - Earl Cowper, K.G. (Coke MSS., at Melbourne Hall, Derby) Vol. I.	,,	[C.5472]	2 7
1888	(2.) APPENDIX - - - Ditto. Vol. II.	,,	[C.5613]	2 5
1889	(3.) APPENDIX AND INDEX - - - Ditto. Vol. III.	,,	[C. 5889 i.]	1 4
1888	(4.) APPENDIX - - - - The Duke of Rutland, G.C.B. Vol. I.	,,	[C.5614]	3 2
1891	(5.) APPENDIX AND INDEX - - - Ditto. Vol. II.	,,	[C. 5889 ii.]	2 0
1889	(6.) APPENDIX AND INDEX - - - House of Lords, 1689-1690.	,,	[C. 5889 iii.]	2 1½

Date.	—	Size.	Sessional Paper.	Price.
				s. d.
1890	(7.) APPENDIX AND INDEX - - - S. H. le Fleming, Esq., of Rydal.	8vo.	[C. 5889 iv.]	1 11
1891	(8.) APPENDIX AND INDEX - - - The Duke of Athole, K.T., and the Earl of Home.	,,	[C.6338]	1 0
1891	(9.) APPENDIX AND INDEX - - - The Duke of Beaufort, K.G., the Earl of Donoughmore, J. H. Gurney, W. W. B. Hulton, R. W. Ketton, G. A. Aitken, P. V. Smith, Esqs.; Bishop of Ely ; Cathedrals of Ely, Gloucester, Lincloln, and Peterborough ; Corporations of Gloucester, Higham Ferrers, and Newark; Southwell Minster; Lincoln District Registry.	,,	[C. 6338 i.]	2 6
1891	(10.) APPENDIX - - - - The First Earl of Charlemont. 1745–1783. Vol. I.	,,	[C. 6338 ii.]	1 11
	THIRTEENTH REPORT. This is introductory to the following :—			
1891	(1.) APPENDIX - - - - The Duke of Portland. Vol. I.	,,	[C.6474]	3 0
	(2.) APPENDIX AND INDEX. Ditto. Vol. II. - - -	In the Press.		
1892	(3.) APPENDIX. J. B. Fortescue, Esq. Vol. I. -	8vo.	[C.6660]	2 7
	(4.) APPENDIX AND INDEX. Corporations of Rye and Hereford, &c.	In the Press.		
	(5.) APPENDIX AND INDEX. House of Lords, 1691 - - -	In the Press.		

Stationery Office,
October 1892.

ANNUAL REPORTS OF THE DEPUTY KEEPER OF THE PUBLIC RECORDS.

REPORTS Nos. 1-22, IN FOLIO, PUBLISHED BETWEEN 1840 AND 1861, ARE NO LONGER ON SALE. SUBSEQUENT REPORTS ARE IN OCTAVO.

Date.	Number of Report.	Chief Contents.	Sessional No.	Price.	
				s.	*d.*
1862	23	Proceedings - - - -	C. 2970	0	4
1863	24	Proceedings - - -	C. 3142	0	7½
1864	25	Calendar of Crown Leases, 33–38 Hen. VIII.—Calendar of Bills and Answers, &c., Hen. VIII.-Ph. & Mary, for Cheshire and Flintshire.—List of Lords High Treasurers and Chief Commissioners of the Treasury, from Hen. VII.	C. 3318	0	8
1865	26	List of Plans annexed to Inclosure Awards, 31 Geo. II.-7 Will. IV.—Calendar of Privy Seals, &c., for Cheshire and Flintshire, Hen. VI.-Eliz.—Calendar of Writs of General Livery, &c., for Cheshire, Eliz.-Charles I. — Calendar of Deeds, &c., on the Chester Plea Rolls, Hen. III. and Edw. I.	C. 3492	0	7
1866	27	List of Awards of Inclosure Commissioners.—References to Charters in the Cartæ Antiquæ and the Confirmation Rolls of Chancery, Ethelbert of Kent-James I.—Calendar of Deeds, &c., on the Chester Plea Rolls, Edw. II.	C. 3717	1	6
1867	28	Calendar of Fines, Cheshire and Flintshire, Edw. I.—Calendar of Deeds, &c., on the Chester Plea Rolls, Edw. III. Table of Law Terms, from the Norman Conquest to 1 Will IV.	C. 3839	0	10½
1868	29	Calendar of Royal Charters.—Calendar of Deeds, &c., on the Chester Plea Rolls Richard II.-Henry VII.—Durham Records, Letter and Report.	C. 4012	0	9
1869	30	Duchy of Lancaster Records, Inventory. —Durham Records, Inventory.—Calendar of Deeds, &c. on the Chester Plea Rolls, Hen. VIII.—Calendar of Decrees of Court of General Surveyors, 34-38 Hen. VIII.—Calendar of Royal Charters. —State Paper Office, Calendar of Documents relating to the History of, to 1800.—Tower of London. Index to Documents in custody of the Constable of.—Calendar of Dockets, &c., for Privy Seals, 1634–1711.—Report of the Commissioners on Carte Papers.—Venetian Ciphers.	C. 4165	3	0

Date.	Number of Report.	Chief Contents.	Sessional No.	Price.
				s. d.
1870	31	Duchy of Lancaster Records, Calendar of Royal Charters.—Durham Records, Calendar of Chancery Enrolments; Cursitors' Records.—List of Officers of Palatinate of Chester, in Cheshire and Flintshire, and North Wales.—List of Sheriffs of England, 31 Hen. I. to 4 Edw. III.	[C. 187]	[*Out of print.*]
1871	32	Part I.—Report of the Commissioners on Carte Papers.—Calendarium Genealogicum, 1 & 2 Edw. II.—Durham Records, Calendar of Cursitor's Records, Chancery Enrolments.—Duchy of Lancaster Records, Calendar of Rolls of the Chancery of the County Palatine.	[C. 374]	2 2
1871	—	Part II.—Charities; Calendar of Trust Deeds enrolled on the Close Rolls of Chancery, subsequent to 9 Geo. II.	[C. 374 I.]	5 6
1872	33	Duchy of Lancaster Records, Calendar of Rolls of the Chancery of the County Palatine.—Durham Records, Calendar of the Cursitor's Records, Chancery Enrolments.—Report on the Shaftesbury Papers.—Venetian Transcripts.—Greek copies of the Athanasian Creed.	[C. 620]	1 10
1873	34	Durham Records, Calendar of the Cursitors' Records, Chancery Enrolments.—Supplementary Report on the Shaftesbury Papers.	[C. 728]	1 9
1874	35	Duchy of Lancaster Records, Calendar of Ancient Charters or Grants.—Palatinate of Lancaster; Inventory and Lists of Documents transferred to the Public Record Office. — Durham Records, Calendar of Cursitors' Records, Chancery Enrolments.—Second Supplementary Report on the Shaftesbury Papers.	[C. 1043]	1 6
1875	36	Durham Records, Calendar of the Cursitor's Records, Chancery Enrolments.— Duchy of Lancaster Records; Calendar of Ancient Charters or Grants.—Report upon Documents in French Archives relating to British History.—Calendar of Recognizance Rolls of the Palatinate of Chester, to end of reign of Hen. IV.	[C. 1301]	4 4
1876	37	Part I.—Durham Records, Calendar of the Cursitor's Records, Chancery Enrolments.—Duchy of Lancaster Records, Calendar of Ancient Rolls of the Chancery of the County Palatine.—List of French Ambassadors, &c., in England, 1509–1714.	[C. 1544]	1 2

Date.	Number of Report.	Chief Contents.	Sessional No.	Price.
				s. d.
1876	—	Part II.--Calendar of Recognizance Rolls of the Palatinate of Chester; Hen. V.- Hen. VII.	[C. 1544 i.]	4 4
1877	38	Exchequer Records, Catalogue of Special Commissions, 1 Eliz. to 10 Vict., Calendar of Depositions taken by Commission, 1 Eliz. to end of James I.—List of Representative Peers for Scotland and Ireland.	[C. 1747]	4 3
1878	39	Calendar of Recognizance Rolls of the Palatinate of Chester, 1 Hen. VIII.- 11 Geo. IV. — Exchequer Records, Calendar of Depositions taken by Commission, Charles I.—Duchy of Lancaster Records; Calendar of Lancashire Inquisitions post Mortem, &c.—Third Supplementary Report on the Shaftesbury Papers.—List of Despatches of French Ambassadors to England, 1509-1714.	[C. 2123]	[Out of print.]
1879	40	Calendar of Depositions taken by Commission, Commonwealth-James II.— Miscellaneous Records of Queen's Remembrancer in the Exchequer.— Durham Records, Calendar of the Cursitor's Records, Chancery Enrolments.—Calendar of Duchy of Lancaster Patent Rolls, 5 Ric. II.-21 Hen. VII.	[C. 2377]	3 0
1880	41	Calendar of Depositions taken by Commission, William and Mary to George I. —Calendar of Norman Rolls, Hen. V., Part I.—List of Calendars, Indexes, &c. in the Public Record Office on 31st December 1879.	[C. 2658]	4 8
1881	42	Calendar of Depositions taken by Commission, George II.—Calendar of Norman Rolls, Hen. V., Part II. and Glossary.—Calendar of Patent Rolls,1 Edw.I. Transcripts from Paris.	[C. 2972]	4 0
1882	43	Calendar of Privy Seals, &c., 1-7 Charles I. —Duchy of Lancaster Records, Inventory of Court Rolls, Hen. III.-Geo. IV., Calendar of Privy Seals, Ric. II.— Calendar of Patent Rolls, 2 Edw. I.— Fourth Supplementary Report on the Shaftesbury Papers.—Transcripts from Paris.—Report on Libraries in Sweden. —Report on Papers relating to English History in the State Archives, Stockholm.—Report on Canadian Archives.	[C. 3425]	3 10
1883	44	Calendar of Patent Rolls, 3 Edw. I.— Durham Records, Cursitors' Records, Inquisitions post Mortem, &c.—Calendar of French Rolls, 1-10 Hen. V. —Report from Venice.—Transcripts from Paris.—Report from Rome.	[C. 3771]	3 6

Date.	Number of Report.	Chief Contents.	Sessional No.	Price.
				s. d.
1884	45	Duchy of Lancaster Records, Inventory of Ministers' and Receivers' Accounts, Edw. I.-Geo. III.—Durham Records, Cursitors' Records, Inquisitions post Mortem, &c.—Calendar of Diplomatic Documents.—Transcripts from Paris.—Reports from Rome and Stockholm.—Report on Archives of Denmark, &c.—Transcripts from Venice.—Calendar of Patent Rolls, 4 Edw. I.	[C. 44 ∶	4 3
1885	46	Presentations to Offices on the Patent Rolls, Charles II.—Transcripts from Paris.—Reports from Rome.—Second Report on Archives of Denmark, &c.—Calendar of Patent Rolls, 5 Edw. I.—Catalogue of Venetian Manuscripts bequeathed by Mr. Rawdon Brown to the Public Record Office.	[C. 4746]	2 10
1886	47	Transcripts from Paris.—Third Report on Archives of Denmark, &c.—List of Creations of Peers and Baronets, 1483-1646.—Calendar of Patent Rolls, 6 Edw. I.	[C. 4888]	2 2
1887	48	Calendar of Patent Rolls, 7 Edw. I.—Calendar of French Rolls, Henry VI.—Calendar of Privy Seals, &c., 8-11 Charles I. — Calendar of Diplomatic Documents. — Schedules of Valueless Documents.	[C. 5234]	3 0
1888	49	Calendar of Patent Rolls, 8 Edw. I.—Index to Leases and Pensions (Augmentation Office).—Calendar of Star Chamber Proceedings.	[C. 5596]	3 3
1889	50	Calendar of Patent Rolls, 9 Edw. I. -	[C. 5847]	1 2
1890	51	Proceedings - - - -	[C. 6108]	0 2
1891	52	Proceedings - - - -	[C. 6528]	0 1½
1892	53	Proceedings - - - -	[C. 6804]	0 2½
		Indexes to Printed Reports, viz.:— Reports 1-22 (1840-1861) - -	—	4 0
		„ 23-39 (1862-1878) - -	—	2 0

Public Record Office,
October 1892.

SCOTLAND.

CATALOGUE OF SCOTTISH RECORD PUBLICATIONS
PUBLISHED UNDER THE DIRECTION OF
THE LORD CLERK REGISTER OF SCOTLAND.

[OTHER WORKS RELATING TO SCOTLAND WILL BE FOUND AMONG THE PUBLICATIONS OF THE RECORD COMMISSIONERS, see pp. 21-22.]

1. CHRONICLES OF THE PICTS AND SCOTS, AND OTHER EARLY MEMORIALS OF SCOTTISH HISTORY. Royal 8vo., half bound (1867). *Edited by* WILLIAM F. SKENE, LL.D. (*Out of print.*)

2. LEDGER OF ANDREW HALYBURTON, CONSERVATOR OF THE PRIVILEGES OF THE SCOTCH NATION IN THE NETHERLANDS (1492–1503); TOGETHER WITH THE BOOKS OF CUSTOMS AND VALUATION OF MERCHANDISES IN SCOTLAND. *Edited by* COSMO INNES. Royal 8vo., half bound (1867). *Price* 10s.

3. DOCUMENTS ILLUSTRATIVE OF THE HISTORY OF SCOTLAND FROM THE DEATH OF KING ALEXANDER THE THIRD TO THE ACCESSION OF ROBERT BRUCE, from original and authentic copies in London, Paris, Brussels, Lille, and Ghent. In 2 Vols. royal 8vo., half bound (1870). *Edited by* the Rev. JOSEPH STEVENSON. (*Out of print.*)

4. ACCOUNTS OF THE LORD HIGH TREASURER OF SCOTLAND. Vol. I., A.D. 1473–1498. *Edited by* THOMAS DICKSON. 1877. *Price* 10s.

5. REGISTER OF THE PRIVY COUNCIL OF SCOTLAND. *Edited and arranged by* J. H. BURTON, LL.D. Vol. I., 1545–1569. Vol. II., 1569–1578. Vol. III., A.D. 1578–1585. Vol. IV., A.D. 1585–1592. Vol. V., 1592–1599. Vol. VI., 1599–1604. Vol. VII., 1604–1607. Vol. VIII., 1607–1610. Vol. IX., 1610–1613. Vol. X. (*In the press.*) *Edited by* DAVID MASSON, LL.D., 1877–1887. *Price* 15s. each.

6. ROTULI SCACCARII REGUM SCOTORUM. THE EXCHEQUER ROLLS OF SCOTLAND. Vol. I., A.D. 1264–1359. Vol. II., A.D. 1359–1379. *Edited by* JOHN STUART, LL.D., and GEORGE BURNETT, Lyon King of Arms. 1878–1880. Vol. III., A.D. 1379–1406. Vol. IV., A.D. 1406–1436 (1880). Vol. V., A.D. 1437–1454 (1882). Vol. VI, 1455–1460 (1883). Vol. VII., 1460–1469 (1884). Vol. VIII., A.D. 1470–1479 (1885). Vol. IX., 1480–1487, Addenda, 1437–1487 (1886). Vol. X., 1488–1496 (1887). Vol. XI., 1497–1501 (1888). Vol. XII., 1502–1507. Vol. XIII., 1508–1513 (1891). *Edited by* GEORGE BURNETT. *Price* 10s. each.
   Vol. XIV. (*in progress*).

7. CALENDAR OF DOCUMENTS RELATING TO SCOTLAND, preserved in the Public Record Office. *Edited by* JOSEPH BAIN. Vol. 1. (1881). Vol. II., 1272–1307 (1884). Vol. III., 1307–1357 (1887). Vol. IV., 1357–1509 (1888). *Price* 15s. each.

8. REGISTER OF THE GREAT SEAL OF SCOTLAND. (Vol. I., A.D.. 1306–1424, see p. 21.) Vol. II., A.D. 1424–1513 (1882). Vol. III., A.D. 1513–1546 (1883). Vol. IV, A.D. 1546–1580 (1886). Vol. V., A.D. 1580–1593 (1888). Vol. VI., A.D. 1593–1609 (1890). Vol. VII. (*In the press.*) *Edited by* JAMES BALFOUR PAUL and J. M. THOMSON. *Price* 15s. each.

9. THE HAMILTON PAPERS. Vol. 1. Letters and Papers illustrating the Political Relations of England and Scotland in the XVIth century. Formerly in the possession of the Duke of Hamilton, now in the British Museum. *Edited by* JOSEPH BAIN, F.S.A. Scot. Vol. 1, A.D. 1532–1543 (1890). *Price* 15s. Vol. 2. (*In the press.*)

FAC-SIMILES OF THE NATIONAL MSS. OF SCOTLAND. Parts I., II., and III. (*Out of print.*)

Stationery Office,
    October 1891.

IRELAND.

CATALOGUE OF IRISH RECORD PUBLICATIONS.

1. CALENDAR OF THE PATENT AND CLOSE ROLLS OF CHANCERY IN IRELAND. HENRY VIII., EDWARD VI., MARY, AND ELIZABETH, AND FOR THE 1ST TO THE 7TH YEAR OF CHARLES I. *Edited by* JAMES MORRIN. Royal 8vo. (1861-3). Vols. I., II., and III. *Price* 11s. *each*.

2. ANCIENT LAWS AND INSTITUTES OF IRELAND. Senchus Mor. (1865-1880.) Vols. I., II., III., and IV. *Price* 10s. *each*. Vol. V. *in progress*.

4. Abstracts of the Irish Patent Rolls of James I. Unbound. *Price* 25s.
          ,,   ,,   With Supplement.
   Half morocco. *Price* 35s.

5. ANNALS OF ULSTER. Otherwise Annals of Senat; a Chronicle of Irish Affairs from A.D. 431 to A.D. 1540. With a translation and Notes. Vol. 1, A.D. 431-1056. 600 pp. Half morocco. *Price* 10s.

6. CHARTÆ, PRIVILEGIA ET IMMUNITATES, being transcripts of Charters and Privileges to Cities Towns Abbeys and other Bodies Corporate. 18 Henry II. to 18 Richard II. (1171 to 1395). Printed by the Irish Record Commission, 1829-1830. Folio, 92 pp. Boards (1889). *Price* 5s.

FAC-SIMILES OF NATIONAL MANUSCRIPTS OF IRELAND, FROM THE EARLIEST EXTANT SPECIMENS TO A.D. 1719. *Edited by* JOHN T. GILBERT, F.S.A., M.R.I.A. *Part* I. *is out of print*. Parts II. and III. *Price* 42s. *each*. Part IV. 1. *Price* 5l. 5s. Part IV. 2. *Price* 4l. 10s.

This work forms a comprehensive Palæographic Series for Ireland. It furnishes characteristic specimens of the documents which have come down from each of the classes which, in past ages, formed principal elements in the population of Ireland, or exercised an influence in her affairs. With these reproductions are combined fac-similes of writings connected with eminent personages or transactions of importance in the annals of the country to the early part of the eighteenth century.

The specimens have been reproduced as nearly as possible in accordance with the originals, in dimensions, colouring, and general appearance. Characteristic examples of styles of writing and caligraphic ornamentation are, so far as practicable, associated with subjects of historic and linguistic interest. Descriptions of the various manuscripts are given by the Editor in the Introduction. The contents of the specimens are fully elucidated and printed in the original languages, opposite to the Fac-similes—line for line—without contractions—thus facilitating reference and aiding effectively those interested in palæographic studies.

In the work are also printed in full, for the first time, many original and important historical documents.

Part I. commences with the earliest Irish MSS. extant.
Part II.: From the Twelfth Century to A.D. 1299.
Part III.: From A.D. 1300 to end of reign of Henry VIII.
Part IV. 1.: From reign of Edward VI. to that of James I.
In Part IV. 2.—the work is carried down to the early part of the eighteenth century, with Index to the entire publication.

ACCOUNT OF FAC-SIMILES OF NATIONAL MANUSCRIPTS OF IRELAND. In one Volume; 8vo., with Index. *Price* 10s. Parts I. and II. together. *Price* 2s. 6d. Part II. *Price* 1s. 6d. Part III. *Price* 1s. Part IV. 1. *Price* 2s. Part IV. 2. *Price* 2s. 6d.

Stationery Office,
    October 1891.

ANNUAL REPORTS OF THE DEPUTY KEEPER OF THE PUBLIC RECORDS, IRELAND.

Date.	Number of Report.	Chief Contents of Appendices.	Sessional No.	Price.
				s. d.
1869	1	Contents of the principal Record Repositories of Ireland in 1864.—Notices of Records transferred from Chancery Offices.—Irish State Papers presented by Philadelphia Library Company.	[C. 4157]	2 3
1870	2	Notices of Records transferred from Chancery, Queen's Bench, and Exchequer Offices.—Index to Original Deeds received from Master Litton's Office.	[C. 137]	1 0
1871	3	Notices of Records transferred from Queen's Bench, Common Pleas, and Exchequer Offices.—Report on J. F. Furguson's MSS. —Exchequer Indices, &c.	[C. 329]	2 0
1872	4	Records of Probate Registries	[C. 515]	0 2½
1873	5	Notices of Records from Queen's Bench Calendar of Fines and Recoveries of the Palatinate of Tipperary, 1664-1715.—Index to Reports to date.	[C. 760]	0 8
1874	6	Notices of Records transferred from Chancery, Queen's Bench, and Common Pleas Offices. —Report respecting "Facsimiles of National MSS. of Ireland."—List of Chancery Pleadings (1662-1690) and Calendar to Chancery Rolls (1662-1713) of Palatinate of Tipperary.	[C. 963]	0 7½
1875	7	Notices of Records from Exchequer and Admiralty Offices.—Calendar and Index to Fiants of Henry VIII.	[C. 1175]	0 7
1876	8	Calendar and Index to Fiants of Edward VI.	[C. 1469]	1 3
1877	9	Index to the Liber Munerum Publicorum Hiberniæ.—Calendar and Index to Fiants of Philip and Mary.	[C. 1702]	[Out of print.]
1878	10	Index to Deputy Keeper's 6th, 7th, 8th, 9th, and 10th Reports.	[C. 2034]	0 3¼
1879	11	Calendar to Fiants of Elizabeth (1558-1570)	[C. 2311]	1 4
1880	12	Calendar to Fiants of Elizabeth, continued (1570-1576).	[C. 2583]	1 3
1881	13	Calendar to Fiants of Elizabeth, continued (1576-1583).	[C. 2929]	1 5

Date.	Number of Report.	Chief Contents of Appendices.	Sessional No.	Price.
				s. d.
1882	14	Report of Keeper of State Papers containing Catalogue of Commonwealth Books transferred from Bermingham Tower.	[C. 3215]	0 6½
1883	15	Calendar to Fiants of Elizabeth, continued (1583–1586).—Index to Deputy Keeper's 11th, 12th, 13th, 14th, and 15th Reports.	[C. 3676]	1 0
1884	16	Calendar to Fiants of Elizabeth, continued (1586–1595).	[C. 4062]	1 6
1885	17	Report on Iron Chest of attainders following after 1641 and 1688.—Queen's Bench Calendar to Fiants of Elizabeth, continued (1596–1601).	[C. 4487]	1 6
1886	18	Calendar to Fiants of Elizabeth, continued (1601–1603).—Memorandum on Statements (1702) and Declarations (1713–14) of Huguenot Pensioners.	[C. 4755]	1 1
1887	19	Notice of Records of Incumbered and Landed Estates Courts.—Report of Keeper of State Papers, containing Table of Abstracts of Decrees of Innocence (1663), with Index.	[C. 5185]	0 6
1888	20	Calendar to Christ Church Deeds in Novum Registrum, 1174–1684. Index to Deputy Keeper's 16th, 17th, 18th, 19th, and 20th Reports.	[C. 5535]	0 8½
1889	21	Index to Calendars of Fiants of the reign of Queen Elizabeth. Letters A–C.	[C. 5835]	1 0
1890	22	Catalogue of Proclamations, 1618–1660 -	[C. 6180]	0 2½
		Index to Fiants of Elizabeth. D—Z. -	[C. 6180 i.]	2 0
1891	23	Catalogue of Proclamations, 1661–1767.—Calendar to Christ Church Deeds, 1177–1462.—Schedule of Places of Custody of Parish Registers.	[C. 6504]	1 1

Public Record Office of Ireland,
October 1891.

Lightning Source UK Ltd.
Milton Keynes UK
UKHW010636250321
380972UK00002B/247